Tim Brüggemann, Ernst Deuer (Hg.)

Berufsorientierung aus Unternehmenssicht

Fachkräfterekrutierung am
Übergang Schule – Beruf

© W. Bertelsmann Verlag GmbH & Co. KG
Bielefeld 2015

Gesamtherstellung:
W. Bertelsmann Verlag, Bielefeld
wbv.de

Umschlagfoto:
Shutterstock, totallyPic.com

Bestellnummer: 6004458
ISBN (Print): 978-3-7639-5509-1
ISBN (E-Book): 978-3-7639-5510-7

Printed in Germany

Das Werk einschließlich seiner Teile ist urheberrechtlich geschützt. Jede Verwertung außerhalb der engen Grenzen des Urheberrechtsgesetzes ist ohne Zustimmung des Verlags unzulässig und strafbar. Insbesondere darf kein Teil dieses Werkes ohne vorherige schriftliche Genehmigung des Verlages in irgendeiner Form (unter Verwendung elektronischer Systeme oder als Ausdruck, Fotokopie oder unter Nutzung eines anderen Vervielfältigungsverfahrens) über den persönlichen Gebrauch hinaus verarbeitet, vervielfältigt oder verbreitet werden.

Für alle in diesem Werk verwendeten Warennamen sowie Firmen- und Markenbezeichnungen können Schutzrechte bestehen, auch wenn diese nicht als solche gekennzeichnet sind. Deren Verwendung in diesem Werk berechtigt nicht zu der Annahme, dass diese frei verfügbar seien.

Bibliografische Information der Deutschen Nationalbibliothek
Die Deutsche Nationalbibliothek verzeichnet diese Publikation in der Deutschen Nationalbibliografie; detaillierte bibliografische Daten sind im Internet über http://dnb.d-nb.de abrufbar.

Inhalt

I Zur Einführung in den Band

Eine Einführung in den vorliegenden Band: Der Übergang Schule – Beruf – eine unternehmerische Herausforderung
Tim Brüggemann/Ernst Deuer 9

II Der Übergang Schule – Beruf

Betriebliche Berufsorientierung
Tim Brüggemann 17

Massenmedien, Berufsorientierung und Personalrekrutierung
Volker Gehrau/Ulrike Röttger 25

Unterstützung frühzeitiger beruflicher Entwicklungsprozesse: Theoretische Begründung und praktische Ansätze aus der Perspektive von Unternehmen am Beispiel der K + S KALI GmbH
Katja Driesel-Lange/Kerstin Staudtmeister/Silvana Krieg 43

10 Merkmale „guter" Berufsorientierung
Tim Brüggemann 65

III Handlungs- und Problemfelder der Fachkräfterekrutierung

Neuere Entwicklungen am Arbeits- und Ausbildungsmarkt und Konsequenzen für die Betriebe
Alfred Garloff 83

Ausbildungsreife – was ist das und wer entscheidet darüber?
Günter Ratschinski 93

Ausbildungsabbrüche – Ursachen, Folgen und Handlungsfelder
Ernst Deuer 103

Aufbruch durch Abbruch – Chancen für Studienabbrecher und
Rekrutierungsmöglichkeiten für Unternehmen und Betriebe
Christian Weyer 115

Gesundheitswirtschaft und Pflege – Fachkräftebedarf, Qualifikation und neue
Bildungsmodelle
Anke Simon 123

Von der Bestenauslese zum Diversity Management
Ernst Deuer 143

10 Merkmale „guter" Berufsausbildung
Ernst Deuer 153

IV Strategien, Ansätze und Impulse

Kompetenzchecks, Potenzialanalysen und Co.: Die Bedeutung von Kompetenzfeststellungsverfahren in der schulischen Berufsorientierung für die Personalrekrutierung von Unternehmen
Tim Brüggemann/Christian Weyer 163

Ausbildungsmarketing 2.0: Auszubildende rekrutieren mit Facebook
Katrin Schorrer 175

Duale Studiengänge eröffnen neue Potenziale für die betriebliche Personalarbeit
Ernst Deuer/Manfred Träger 187

Kompetenzorientierte Beratung zur Prävention von Ausbildungsabbrüchen
Bernd-Joachim Ertelt/Andreas Frey 199

Arbeitgeberattraktivität im Zeichen der Generation Y
Lisa König/Ernst Deuer/Michael Wolff 221

Optimierungsvorschläge – Gedanken zu einer erfolgreichen Berufsorientierung
Philipp Struck 229

10 Merkmale „guter" Praxisausbildung im Rahmen des dualen Studiums
Karl-Hans Brugger/Joachim Frech/Ruth Melzer-Ridinger 239

V Instrumente, Maßnahmen und Konzepte

Die azubiarena als interaktives Tool der Rekrutierungspraxis
Thomas Wagenfeld 251

Beruflicher Neuanfang
Dieter Doetsch 257

Ein Gewinn für alle Seiten: Hauptschüler zur Ausbildungsreife bringen
Angela Josephs 261

Der RWE-Ausbildungsnavigator – Eine innovative Karrierewebsite für Schüler
Joachim Diercks/Andrea Große Onnebrink 265

WITTENSTEIN AG: Nachwuchskräfte gehen auf die Walz
Bernhard Teuffel 271

Fachkräfterekrutierung durch Berufsparcours
Karin Ressel 275

VI Nachlese

Pakt für berufliche Bildung
Richard Merk 281

Willkommens- und Anerkennungskultur – mehr als schöne Worte
Lars Castellucci 303

Autorenverzeichnis 311

I Zur Einführung in den Band

Eine Einführung in den vorliegenden Band

Der Übergang Schule – Beruf – eine unternehmerische Herausforderung

Tim Brüggemann/Ernst Deuer

Problemaufriss

Ohne qualifizierte und engagierte Mitarbeiter sind relevante Wertschöpfungsprozesse kaum denkbar, dies gilt für private Unternehmen ebenso wie für öffentliche Betriebe. Trotz (oder gerade aufgrund) des technologischen Fortschritts ist die Bedeutung des „sozialen Kapitals" kontinuierlich gestiegen, eine Verlagerung hin zu höheren Kompetenzanforderungen ist unübersehbar, und der Bedarf an qualifizierten Arbeitskräften steigt weiterhin an. Gleichzeitig befindet sich auch die Angebotsseite des Arbeitsmarktes im Wandel, insbesondere durch den demografischen Wandel. Dieser führt dazu, dass die Anzahl der verfügbaren Arbeitskräfte sinken wird, selbst wenn (zum Teil ambitionierte) Zuwanderungszahlen unterstellt werden. Besonders betroffen ist hierbei der Ausbildungsmarkt, hier wird sich die Situation weiter verschärfen, wenn ihr nicht entgegengewirkt wird (vgl. Nationaler Pakt für Ausbildung und Fachkräftenachwuchs in Deutschland, 2006). Die Zahl der Schülerinnen und Schüler wird von ca. 11,3 Mio. im Jahr 2011 bis 2025 um 1,6 Mio. (13,8 %) auf ca. 9,7 Mio. zurückgehen (vgl. Kultusministerkonferenz, 2013).

Vor diesem Hintergrund verwundert es nicht, dass die Rekrutierung von Fachkräften an Bedeutung gewonnen hat und sowohl in der betrieblichen Praxis als auch in der Wissenschaft zunehmende Beachtung findet. McKinsey prägte bereits Ende des letzten Jahrhunderts die neue Formel, und seitdem ist vom „War for Talents" die Rede. Private wie öffentliche Betriebe müssen hierauf reagieren. Deutlich wird dies bereits in solchen Bereichen, die für Jugendliche offensichtlich nur in begrenztem Maße attraktiv erscheinen, beispielsweise dem Pflege- oder dem MINT-Bereich (Mathematik, Informatik, Naturwissenschaft, Technik). Hier kann der Bedarf an Nachwuchskräften schon derzeit nicht gedeckt werden (vgl. Afentakis/Maier, 2010; Renn u. a., 2012, S. 10).

Als Königsweg erscheint den betroffenen Betrieben oftmals die betriebliche Aus- und Weiterbildung, da auf diese Weise Nachwuchskräfte auf einer langen Wegstrecke aufgebaut und begleitet werden und sich somit betriebsinterne Rekrutierungspotenziale erschließen (vgl. bspw. Wolf, 2011, S. 12; Deuer 2011, S. 4 ff.). Dieser Aspekt und hierbei insbesondere die Rolle der betrieblichen Ausbildung stehen im Fokus dieses Bandes. Aus verschiedenen Blickwinkeln wird daher der Versuch unternommen, den Übergang von der Schule in den Beruf zu beleuchten. Hierbei werden verschiedene Schwerpunkte deutlich, die jeweils große Herausforderungen markieren. Dies betrifft zunächst einmal die Verhältnisse am Ausbildungsmarkt und die hierbei auftretenden Probleme, namentlich Versorgungs- und Besetzungsprobleme, die aufgrund der unterschiedlichen Gewichte von Angebot und Nachfrage entstehen. Aber selbst bei ausgeglichenen Marktverhältnissen bedeutet dies keineswegs, dass es diese Probleme nicht gibt. Stattdessen kann es vorkommen, dass die Rekrutierungsbemühungen der Betriebe und die Bewerbungen der Jugendlichen gleichzeitig ins Leere laufen, weil Angebot und Nachfrage nicht zusammenpassen oder zumindest nicht zusammenfinden. In manchen Regionen kann die Nachfrage nach Fachpersonal und Nachwuchskräften nicht gedeckt werden, und gleichzeitig finden viele Jugendliche dort keinen Ausbildungsplatz. Die Zahl unbesetzter Ausbildungsstellen lag zum Ende des Ausbildungsjahres 2012/13 bei 33.534, während gleichzeitig 21.034 Bewerber weder in eine Ausbildung noch in eine Alternative des Übergangssystems einmündeten (Bundesministerium für Bildung und Forschung, 2014, S. 11 f.). Ob dies objektiven Kriterien geschuldet ist oder auf mangelnde Informationen oder unrealistische Wünsche (beider Marktseiten) zurückgeht, bleibt jedoch offen.

Auch die Aufnahme einer Ausbildung oder eines (dualen) Studiums bedeutet nicht automatisch die erfolgreiche Bewältigung der ersten Schwelle. So wird beinahe jeder vierte Ausbildungsvertrag vorzeitig aufgelöst (vgl. BIBB, 2013, S. 185), und rund zwei Drittel dieser Abbrüche erfolgen bereits im ersten Ausbildungsjahr (siehe hierzu Deuer bzw. Ertelt/Frei in diesem Band.). Die Zahlen der „finalen" Studienabbruchquote liegen mit 23 % im Diplomstudium und 28 % im Bachelorstudium (vgl. Heublein u. a., 2012, S. 1 und Weyer in diesem Band) auf ähnlich hohem Niveau.[1] Die Heranwachsenden verlieren nicht nur die investierte Zeit, sondern riskieren durch den Bruch in der Berufsbiografie eine Beeinträchtigung der zukünftigen Berufstätigkeit (vgl. Schöngen, 2003, S. 35). Insbesondere Ausbildungsabbrüche können zudem demotivierende Effekte auf Auszubildende und Ausbildungsbetriebe haben, die auf beiden Seiten schlimmstenfalls zum Ausstieg aus der Bildungsbeteiligung führen können (vgl. BIBB, 2013, S. 181; Beicht/Walden, 2013, S. 1).

---

1   Berücksichtigt man hierbei auch Wechsel des Studienfachs oder des Studienorts, so beträgt die „Schwundquote" bis zu 39 % (Bachelorstudiengänge an Universitäten), wobei sich hier die höchsten Werte für Studiengänge des Ingenieurwesens (56 %) zeigten (Heublein u. a., 2012, S. 42 ff.).

Jugendliche, die in das Übergangssystem einmünden, erfüllen teilweise zwar die Ansprüche der Wirtschaft an Auszubildende, finden aber mancherorts dennoch keinen Ausbildungsplatz in ihrem Wunschberuf. In der Hoffnung, einige Zeit später die Wunschausbildung aufnehmen zu können, nutzen sie das Übergangssystem als „Warteschleife", häufig ohne dass sie letztlich ihren Wunschberuf ergreifen können. Nur jeder zweite Jugendliche findet eine Lehrstelle, die seinem primären Berufswunsch entspricht (vgl. Neuenschwander, 2008, S. 136). In vielen Fällen müssen die Heranwachsenden deshalb Alternativen erwägen und umsetzen. Hätten die Jugendlichen entsprechende Alternativoptionen bereits während der Schulzeit exploriert, wäre ein direkter Übergang von der Schule in den Beruf ggf. möglich gewesen. So verbringen sie durchschnittlich zwischen 14 und 18 Monate im Übergangssystem, bevor es ihnen gelingt, einen Ausbildungsplatz oder eine Anstellung zu finden (vgl. BIBB, 2013, S. 94–95). Etwa 15 % der Jugendlichen gelingt dies dauerhaft nicht (vgl. Brüggemann, 2010, S. 62).

Einführung in die Kapitel

Dieser Band widmet sich daher systematisch der Thematik der Fachkräfterekrutierung und gliedert sich dabei nach einer Einführung (Kapitel I) in vier thematische Blöcke.

Im Vordergrund steht zunächst einmal die Phase des Übergangs von der Schule in den Beruf, wobei hierbei insbesondere die Perspektive der Forschung reflektiert wird. Da es sich hierbei insbesondere um ausgewählte empirische Studien handelt, ist gleichwohl gewährleistet, dass die Sichtweisen, Verhaltensmuster und Präferenzen der Jugendlichen zumindest in aggregierter Form in Kapitel II prominente Berücksichtigung finden.

Das Kapitel III dieses Bandes beginnt mit der Darstellung neuerer Entwicklungen am Arbeits- und Ausbildungsmarkt und deren Konsequenzen für die Ausbildungsbetriebe. Vor diesem Hintergrund geht es auch darum, sowohl für die Ausbildungsbetriebe als auch für die Jugendlichen (neue) Perspektiven zu eröffnen. In diesem Sinne geht es in diesem Kapitel auch um eine Abkehr von der Logik der betrieblichen Bestenauslese zugunsten eines Diversity-Ansatzes. Diese Neuorientierung impliziert, dass auch das Konzept der Ausbildungsreife infrage gestellt wird. Obschon das Konzept der Ausbildungsreife (vgl. Kriterienkatalog zur Ausbildungsreife 2006) häufig als Individualisierung arbeitsmarktstruktureller Problemlagen kritisiert wurde und wird, ist dennoch nicht von der Hand zu weisen, dass einige Jugendliche nach der allgemeinbildenden Schule in das Übergangssystem einmünden, weil sie den Anforderungen einer Ausbildung nicht gewachsen sind (vgl. Eberhard, 2013, S. 100). Sie müssen möglichst schon während der Schulzeit gefördert werden, um den Übergang Schule – Beruf ohne Zeitverlust zu meistern.

Kapitel IV dieses Herausgeberwerkes befasst sich mit konkreten Strategien und Impulsen, die unmittelbar die Prozesse des beruflichen Übergangs berühren. Hierbei geht es u. a. um tradierte Konzepte wie das Praktikum, welches sowohl von schulischer als auch von betrieblicher Seite gestaltet wird, als auch um neuere Innovationen und Ansätze, die diskutiert werden.

Im fünften Kapitel finden sich bevorzugt Praxisbeispiele, die als solche weitgehend übertragbar erscheinen, und in Form einer Nachlese (Kapitel VI) schließt dieses Buch mit bildungspolitischen Überlegungen zu einer Willkommenskultur und einem Pakt für berufliche Bildung in Deutschland.

Ausblick

Die Übergangsprobleme der Jugendlichen von der Schule in den Beruf bringen nicht nur individuelle, sondern gesamtgesellschaftliche Konsequenzen mit sich. Der demografische Wandel wird nicht nur die Problematik des Fachkräftemangels verschärfen, sondern sorgt auch darüber hinaus für Zugzwang. Soll das bevorstehende Ausscheiden der geburtenstärkeren Jahrgänge aus dem Erwerbsleben kompensiert werden, so müssten im Jahr 2016 bereits 80 % der 25- und 26-Jährigen erwerbstätig sein. Zum Vergleich: Im Jahr 2006 war dies nur für 57 % der entsprechenden Altersgruppe der Fall (vgl. Werner/Neumann/Schmidt, 2008, S. 11). Um dieses Ziel auch nur im Ansatz zu erreichen, ist es notwendig, Jugendliche zügig und erfolgreich in die Berufs- und Arbeitswelt zu integrieren.

Um den Herausforderungen des Arbeitsmarktes, aber auch ausdrücklich den Interessen der betroffenen Jugendlichen sowie der Ausbildungsbetriebe gerecht zu werden, sind in verschiedener Hinsicht nicht weniger als Paradigmenwechsel erforderlich, welche zum Teil bereits erfolgten bzw. sich aktuell abzeichnen – dies betrifft die Berufsorientierung ebenso wie auch den Bereich der Berufsausbildung selbst. Darüber hinaus sind Brückenschläge zwischen den Sphären Schule und Wirtschaft gefordert, und genau hierzu soll der vorliegende Band einen Beitrag leisten.

Münster und Ravensburg im Frühjahr 2015

Tim Brüggemann & Ernst Deuer

Literatur

Afentakis, A./Maier, T. (2010). Projektionen des Personalbedarfs und -angebots in Pflegeberufen bis 2025. In Wirtschaft und Statistik, H. 11, S. 990–1002.

Brüggemann, T. (2010). Berufliches Übergangsmanagement – Herausforderungen und Chancen. In U. Sauer-Schiffer & T. Brüggemann (Hrsg.), Der Übergang Schule – Beruf. Beratung als pädagogische Intervention. Münster: Waxmann, S. 57–78.

Bundesinstitut für Berufsbildung, BIBB (2013). Datenreport zum Berufsbildungsbericht 2013. Informationen und Analysen zur Entwicklung der beruflichen Bildung. Bonn.

Bundesministerium für Bildung und Forschung (Hrsg.) (2014). Berufsbildungsbericht 2014. Bonn und Berlin.

Deuer, E. (2011). Die betriebliche Personalentwicklung als Kerndeterminante des betrieblichen Personalmarketings. In C. Kreklau & J. Siegers (Hrsg.), Handbuch der Aus- und Weiterbildung, Ergänzungslieferung.

Heublein, U., Richter, J., Schmelzer, R. & Sommer, D. (2012). Die Entwicklung der Schwund- und Studienabbruchquoten an den deutschen Hochschulen. HIS Forum Hochschule 3/2012. Hannover.

Kultusministerkonferenz (2013). Vorausberechnung der Schüler- und Absolventenzahlen bis 2025. Zugriff am 15.01.2015 unter http://www.kmk.org/statistik/schule/statistische-veroeffentlichungen/vorausberechnung-der-schueler-und-absolventenzahlen.html.

Nationaler Pakt für Ausbildung und Fachkräftenachwuchs in Deutschland (2006). Kriterienkatalog zur Ausbildungsreife 2006. Nürnberg: Bundesagentur für Arbeit.

Neuenschwander, M. P. (2008). Elternunterstützung im Berufswahlprozess. In D. Läge & A. Hirschi (Hrsg.), Berufliche Übergänge. Grundlagen für die Berufs-, Studien- und Laufbahnberatung. Zürich u. a.: Lit Verlag, S. 135–153.

Schöngen, K. (2003). Ausbildungsvertrag gelöst = Ausbildung abgebrochen? Ergebnisse einer Befragung. In BWP 32 (2003) 5, S. 35–39.

Werner, D., Neumann, M. & Schmidt, J. (2008). Volkswirtschaftliche Potenziale am Übergang von der Schule in die Arbeitswelt. Bertelsmann Stiftung (Hrsg.). Gütersloh.

Wolf, B. (2011). Unternehmen setzen auf Stammbelegschaft. In Die Wirtschaft zwischen Alb und Bodensee. Heft 1/2011, S. 12.

II   Der Übergang Schule – Beruf

Betriebliche Berufsorientierung

Tim Brüggemann

Einleitung

Die Bewältigung des Übergangs Schule – Beruf stellt für junge Menschen eine Statuspassage dar, denn sie manifestiert den „Anfang einer Reihe von selbstständig und eigenverantwortlich zu treffenden Lebensentscheidungen" (Schober, 1997, S. 104). Um den Übergang erfolgreich zu bewältigen, müssen Jugendliche zuvor eine Reihe von Entwicklungsaufgaben meistern (vgl. Hartkopf, 2013, S. 45–46) und scheitern nicht selten an dieser komplexen Bildungspassage (vgl. Brüggemann, 2010).

Eine Flut von Förderinitiativen und Projektschienen hat in den letzten Jahren dazu geführt, dass Instrumente und Maßnahmen zur Unterstützung am Übergang Schule – Beruf geradezu wie Pilze aus dem Boden schießen (vgl. Brüggemann, 2010) und man konstatieren kann, dass Berufsorientierung nicht nur „boomt", sondern gewissermaßen wuchert, obschon derzeit in verschiedenen Bundesländern Bemühungen zur Systematisierung existieren.

Auch bei der Anzahl von Publikationen – als ein Indikator für die gesellschaftliche Relevanz eines Themenfeldes – ist ein kontinuierlicher Anstieg, insbesondere seit der Jahrtausendwende (Abbildung 1), zu beobachten.

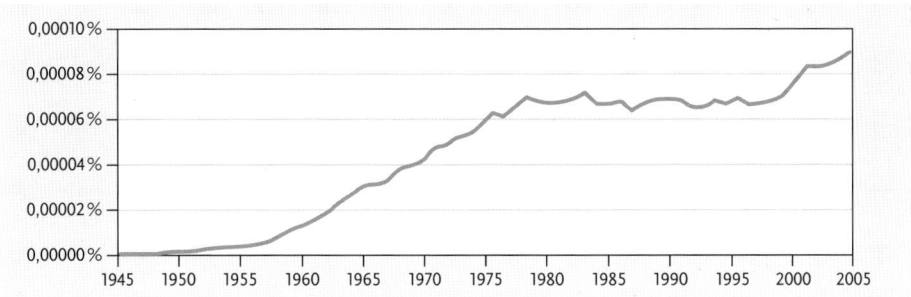

Abb. 1: Anzahl Publikationen zum Stichwort „Berufsorientierung"

Quelle: Google NGram zum Stichwort „Berufsorientierung"

In der Praxis und Literatur wurde das Thema Berufsorientierung in den letzten Jahren stark aus der schulischen Perspektive behandelt (vgl. Jung, 2013). Betrachtet man den Verlauf des Übergangs Schule – Beruf, so erscheint es durchaus nachvollziehbar, die Thematik von vorne, also zunächst als schulisches Handlungsfeld, zu betrachten. Nach deutschem Recht sind die Schulen und die Arbeitsverwaltung daher bereits auch seit Jahrzehnten zur Zusammenarbeit bei der beruflichen Orientierung und Berufswahlvorbereitung der Jugendlichen verpflichtet. Das Bemühen, die Berufsorientierung als eine kooperative Pflichtaufgabe der Regelschulen zu verankern, lässt sich anhand von bildungspolitischen Positionspapieren und rechtlichen Vorgaben ab Mitte der 1960er-Jahre nachzeichnen (vgl. Dedering, 2002). Die Dokumente zeugen „von einem breiten politischen Konsens über die Notwendigkeit einer beruflichen Orientierung in der Schule" (Dedering, 2002, S. 3), die allerdings in den Schulformen und in den einzelnen Bundesländern auf ganz unterschiedliche Weise in den Curricula und Lehrplänen verankert wurde.

Auch wissenschaftlich wurde die Bildungspassage Schule – Beruf bisher überwiegend im schulischen Kontext untersucht. Durch Schülerbefragungen zum Berufsorientierungsverhalten (Rahn et al., 2014; Ratschinski & Struck, 2012; Schmidt-Koddenberg & Zorn, 2010), durch Evaluationen von Maßnahmen der schulischen Berufsorientierung (Kracke et al., 2011; Driesel-Lange, 2011; Kupka & Wolters, 2010) und durch die Entwicklung von theoretischen Konstrukten zur Gestaltung schulischer Berufsorientierung (vgl. Driesel-Lange et al., 2010) konnten grundlegende Erkenntnisse über die eine Seite der Medaille gewonnen werden.

Niemand wird ernsthaft anzweifeln können, dass die Beschäftigung mit schulischer Berufsorientierung sinnvoll und auch weiterhin notwendig ist, sie ist aber trotz und alledem nur die eine Seite der Medaille. Die etablierten Definitionen von Berufsorientierung zeigen uns die lebenslange Perspektive der Thematik bereits auf:

„Berufsorientierung lässt sich definieren als ein lebenslanger Prozess der Annäherung und Abstimmung zwischen Interessen, Wünschen, Wissen und Können des Individuums auf der einen und den Möglichkeiten, Bedarfen und Anforderungen der Arbeits- und Berufsweltauf der anderen Seite" (Famulla & Butz, 2005).

Durch die Definition wird deutlich, dass die schulischen Prozesse und Akteure relevante und im Übergangsgeschehen früh zu beachtende Aspekte sind, die aber ohne die hinreichende Würdigung der betrieblichen Perspektive deutlich zu kurz greifen würden. Nur durch die Betrachtung und Verzahnung einer schulischen wie einer betrieblichen Berufsorientierung kann diese komplexe Bildungspassage annähernd erfasst und auch bearbeitet werden.

Problemaufriss aus betrieblicher Sicht

Der demografische Wandel bringt es mit sich, dass der regionale Pool von jungen Menschen, die für eine betriebliche Ausbildung zur Verfügung stehen, stetig abnimmt (Bellmann & Helmrich, 2014). Verschärft wird diese Verknappung durch den Trend, dass Jugendliche von sich aus immer seltener eine Ausbildung im dualen System ansteuern (vgl. Rahn et al., 2014) und sich stattdessen stark an weiteren schulischen Optionen orientieren. Selbst wenn Schülerinnen und Schüler sich während ihrer Regelschulzeit durchaus vorstellen könnten, im Anschluss eine Ausbildung im dualen System aufzunehmen, liegen zwischen dieser Aspiration und der Realisierung dieser Übergangsoption viele Hürden und Hindernisse (vgl. ebd.), die es letztlich häufig verhindern, dass die Betriebe die Jugendlichen tatsächlich als angehende Fachkräfte rekrutieren können. Aber auch aus der innerbetrieblichen Perspektive zeugen nicht zuletzt auch die zahlreichen Klagen über die mangelnde Ausbildungsreife von angehenden Auszubildenden von der derzeitig häufig unbefriedigenden Situation am Übergang Schule–Beruf. In der Folge bleiben Ausbildungsplätze unbesetzt, und selbst bei gelungener Rekrutierung ist noch nichts über einen nachhaltigen Erfolg gesagt, was allein ein Blick auf die Quote der Ausbildungsabbrüche belegt. Da die meisten Abbrüche bereits im ersten Ausbildungsjahr und die meisten davon noch in der Probezeit erfolgen, gerät die Berufsorientierung der Jugendlichen so auch immer wieder ins betriebliche Blickfeld, und verschiedenste Fragen in diesem Kontext werden aufgeworfen (vgl. Deuer in diesem Band).

Statt über die wenigen und nicht beruflich orientierten Jugendlichen zu klagen und nach verantwortlichen Akteuren zu fahnden, wie es in der Debatte um die mangelnde Ausbildungsreife an einigen Stellen mitschwingt, scheint die Zeit der aktiven Verantwortungsübernahme als gestaltender Akteur im Prozess des Übergangs Schule–Beruf geboten. Um die Thematik der Berufsorientierung als eine genuine betriebliche Aufgabe zu akzeptieren, ist es sinnvoll, dieses Handlungsfeld weiter zu fassen. Die berufliche Orientierung eines Menschen vollzieht sich, wie die o. g. Definition bereits angedeutet hat, nicht nur zum Zeitpunkt der ersten beruflichen Schwelle, sondern kann und wird sich im Verlauf einer modernen Berufsbiografie immer wieder ereignen. Die Frage, die sich aus der Perspektive der Betriebe stellt, ist die, ob sie passiv mit diesen Ereignissen umgehen sollen oder ob sie aktiv diese Prozesse bei ihren Mitarbeitern fordern und fördern und innerbetrieblich managen wollen. Eine betriebliche Berufsorientierung sollte dabei nicht nur die Fachkräfterekrutierung mit Blick auf die nachwachsenden Ressourcen (Schülerinnen und Schüler), sondern z. B. auch die rauswachsenden Ressourcen (altersbedingt ausscheidende Mitarbeiterinnen und Mitarbeiter) ins Auge fassen. Durch innovative und passgenaue Berufsorientierungsangebote für ältere Arbeitnehmer (vgl. Initiative für Beschäftigung, 2013, S. 36) können so ggf. Bedarfe, die an der ersten beruflichen Schwelle nicht gedeckt werden können, durch Rekrutierungen an der letzten beruflichen Schwelle kompensiert werden. Auch die Diagnostik, Wertschätzung und Unterstützung von beruflichen Um- oder Neuorientierungsprozessen aktiver Mitarbeiter im Betrieb trägt sicherlich eher zur Mitarbeiterbindung als zur Abwanderung von Fachkräften bei.

Wird durch die o. g. Definition von Famulla und Butz die Berufsorientierung in ihrer Gesamtheit über den Lebensverlauf definiert, so könnte eine begriffliche Abgrenzung der Handlungsfelder Schule und Betrieb wie folgt spezifiziert werden:

Zum Bereich der schulischen Berufsorientierung zählen die flankierenden Initiativen und Maßnahmen schulischer wie außerschulischer Akteure, die zum Ziel haben, die Berufsorientierungsprozesse von Schülerinnen und Schülern zu unterstützen.

Unter betrieblicher Berufsorientierung können sämtliche Initiativen und Aktivitäten gefasst werden, die die berufliche Orientierung von angehenden, aktiven oder ausscheidenden Mitarbeitern unterstützen.

Diese Unterscheidung der Handlungsfelder ist im Bereich des Übergangs Schule – Beruf nicht trennscharf und fließend, dies verdeutlicht aber einmal mehr die Notwendigkeit einer gemeinsamen Bearbeitung und geteilten Verantwortung für diesen Bildungsbereich.

Handlungsoptionen

Um sich als Betrieb aktiv an Maßnahmen und Konzepten zur Berufsorientierung zu beteiligen, ist es nicht erforderlich, das „Rad" neu zu erfinden. Gerade aufgrund der hohen o. g. gesellschaftlichen Relevanz der ersten Schwelle am Übergang Schule – Beruf sind in jeder Region zahlreiche Initiativen vorhanden, an denen sich eine betriebliche Partizipation für alle Seiten lohnt und unkompliziert und kostenarm zu realisieren ist. Zur strategischen Planung, welche Beteiligung an welcher Berufsorientierungsmaßnahme für den jeweiligen Betrieb am zielführendsten ist, empfiehlt sich zunächst die Kontaktaufnahme mit einer regionalen Instanz zur Gestaltung des lokalen Übergangsmanagements. Unter Bezeichnungen wie Kommunale Koordinierungsstelle oder Büro für Regionales Übergangsmanagement Schule – Beruf firmieren solche zentralen Einrichtungen mittlerweile in nahezu jeder Region in Deutschland. Als zentrale und vernetzende Organisation sind diese Einrichtungen in der Lage, einen Überblick über das vorhandene Angebotsspektrum an Berufsorientierungsmaßnahmen zu geben. Diese strukturelle Einschätzung macht es Unternehmen sicherlich einfacher zu erwägen, ob es im Einzelfall sinnvoll erscheint, sich an einer lokalen Berufsorientierungsmesse zu beteiligen, den Betrieb kurzfristig für Berufsfelderkundungen oder längerfristig für spezifische Schnupperpraktika zu öffnen oder sich zu einer dauerhaften Kooperation mit einer Schule zusammenzuschließen. Die Optionen sind vielfältig und lassen eine Beteiligung und Mitwirkung in nahezu jedem zeitlichen, personellen und finanziellem Umfang sowohl für kleine, mittelständische und große Unternehmen mit ihren unterschiedlichen Motiven und Möglichkeiten zu.

Nutzen betrieblicher Berufsorientierung

Empirische Befunde aus Untersuchungen zum Berufsorientierungsverhalten junger Menschen deuten es an: Wenn sich ein Betrieb in Richtung Schule öffnet, wird er als Unternehmen und werden seine Ausbildungsoptionen wahrgenommen, und nur wer im Vorfeld wahrgenommen wurde, kann häufig auch als Wahl im Anschluss an die Schulzeit in Betracht kommen (vgl. Rahn et al., 2014). Das Wecken von Berufswünschen in betrieblichen Bereichen fördert nachgewiesenermaßen auch die Orientierung in das duale System (vgl. ebd.). Dies bedeutet als Konsequenz, dass dieses Interesse aktiv und frühzeitig aus der Unternehmensrichtung gefördert werden muss, damit es auch zum Zeitpunkt der Berufswahl Früchte tragen kann.

Die Öffnung der Ausbildungsbetriebe bspw. durch die Ermöglichung von Schnupperpraktika oder assistierten Berufsausbildungen o. Ä. kann sich zudem als sogenannter „Klebeeffekt" (siehe hierzu Merkmal 4 im Artikel 10 Merkmale „guter" Berufsorientierung in diesem Band) auszahlen, wenn sowohl Betrieb als auch Jugendlicher durch diese flexibilisierte Annäherung zunächst schrittweise aufeinander zugehen können. Die Weichen für die Gewinnung zukünftiger personeller Ressourcen aus Richtung Schule müssen also auch während der Schulzeit gestellt werden. Wenn diese Berufsorientierung unter betrieblicher Beteiligung frühzeitig einsetzt, können regionale Effekte deutlich sichtbar gemacht werden (vgl. Rahn et al., 2014); sprich, betriebliche Berufsorientierung zahlt sich aus.

Fazit

Bei der Berufsorientierung verhält es sich also ähnlich wie in der Werbung; denn genauso wenig wie im Bereich des Marketing macht es im Bereich der Berufsorientierung Sinn, passiv zu sein. Durch Passivität gewinnt man weder neue Kunden noch neue Auszubildende, noch hält man Stammkunden oder vorhandene Arbeitnehmer, wenn diese im Begriff sind, sich umzuorientieren. Der in vielen Branchen aufkommende oder bereits existente Fachkräftemangel kann durch die Strategie einer betrieblichen Berufsorientierung sowohl in Richtung Schule (zur Gewinnung neuer Auszubildender) als auch mit Blick auf die Motivation und Bindung von Mitarbeitern, die bereits im Unternehmen tätig sind, als auch zur Bindung oder Rückgewinnung ausscheidender Beschäftigter im Betrieb abgefedert werden, so die Hypothese. Dies erfordert jedoch eine unternehmenseigene wie branchenspezifische Strategie, sodass es denkbar wäre, das Handlungsfeld betriebliche Berufsorientierung, ähnlich wie bspw. an Schulen in NRW, durch sogenannte Berufsorientierungskoordinatoren auch im Sektor der betrieblichen Personalarbeit zukünftig fest zu verorten. Denn langfristige und prozessuale Berufsorientierungskonzepte zeigen stets deutlich mehr gewünschte Effekte (vgl. Brüggemann, 2010) als sporadische und unkoordinierte Einzelmaßnahmen.

Literatur

Bellmann, L. & Helmrich, R. (Hrsg.) (2014). Unternehmerische Herausforderungen zu Beginn des demografischen Einbruchs. Berichte zur beruflichen Bildung. Bielefeld: Bertelsmann.
Brüggemann, T. & Rahn, S. (Hrsg.) (2013). Berufsorientierung. Ein Lehr- und Arbeitsbuch. Münster u. a.: Waxmann.
Brüggemann, T., Hartkopf, E. & Rahn, S. (2014). Das Berufsorientierungspanel (BOP). (1. Aufl.). Münster: Ecotransfer.
Brüggemann, T. (2010). Berufliches Übergangsmanagement – Herausforderungen und Chancen. In U. Sauer-Schiffer & T. Brüggemann (Hrsg.), Der Übergang Schule – Beruf. Beiträge zur Beratung in der Erwachsenenbildung und außerschulischen Jugendbildung (Bd. 3, S. 57–78). Münster: Waxmann.
Butz, B. & Famulla, G.-E. (2005). SWA-Glossar: Berufsorientierung. Zugriff unter http://www.swa-programm.de/texte_Material/glossar/index_html_stichwort=Berufsorientierung.html
Dedering, H. (2002). Entwicklung der schulischen Berufsorientierung in der Bundesrepublik Deutschland. In J. Schudy (Hrsg.), Berufsorientierung in der Schule. Grundlagen und Praxisbeispiele (S. 17–32). Bad Heilbrunn: Klinkhardt.
Driesel-Lange, K. (2011). Berufswahlprozesse von Mädchen und Jungen. Interventionsmöglichkeiten zur Förderung geschlechtsunabhängiger Berufswahl. Münster: Lit.
Driesel-Lange, K., Hany, E., Kracke, B. & Schindler, N. (2010). Ein Kompetenzentwicklungsmodell für die schulische Berufsorientierung. In U. Sauer-Schiffer & T. Brüggemann (Hrsg.), Der Übergang Schule – Beruf. Beratung als pädagogische Intervention (S. 157–175). Münster: Waxmann.
Famulla, G.-E. & Butz, B. (2005). Berufsorientierung. Stichwort im Glossar. Bielefeld, Flensburg (online). Zugriff am 15.12.2014 unter http://www.swa-programm.de/texte_material/glossar
Hartkopf, E. (2013). Berufswahlreife und Berufswahlkompetenz – zwei Schlüsselbegriffe der Berufswahlforschung und der Berufsorientierungspraxis aus psychologischer und pädagogischer Perspektive. In T. Brüggemann & S. Rahn (Hrsg.), Berufsorientierung. Ein Lehr- und Arbeitsbuch (S. 42–57). Münster: Waxmann.
Initiative für Beschäftigung (2013). Arbeit der Zukunft gestalten. Gute Beispiele für eine lebensphasenorientierte Personalarbeit. Zugriff unter http://www.google.de/url?sa=t&rct=j&q=&esrc=s&source=web&cd=3&ved=0CC4QFjAC&url=http%3A%2F%2Fwww.initiative-fuer-beschaeftigung.de%2Ffileadmin%2FPDF%2FPDF-2%2FIfB_Broschuere_Gute_Beispiele_fuer_lebensphasenorientierte_Personalarbeit.pdf&ei=mf7JVK3sNsTfPfX3gUg&usg=AFQjCNGMx5bSIWkMiWPDWY5M0RmxzNpEvw&sig2=o3J-G3pajA6yl5TZGWc2OQ&bvm=bv.84607526,d.ZWU&cad=rja

Jung, E. (2013). Didaktische Konzepte für die Studien- und Berufsorientierung für die Sekundarstufen I und II. In T. Brüggemann & S. Rahn (Hrsg.), Berufsorientierung. Ein Lehr- und Arbeitsbuch (S. 298–314). Münster: Waxmann.

Kracke, B., Hany, E., Driesel-Lange, K. & Schindler, N. (2011). Anregung zur eigenständigen Zukunftsplanung? Angebote der schulischen Studien- und Berufswahlvorbereitung aus der Sicht von Jugendlichen. In E. M. Krekel & T. Lex (Hrsg.), Neue Jugend, neue Ausbildung? Beiträge aus der Jugend- und Bildungsforschung (S. 79–93). Bielefeld: Bertelsmann.

Kupka, P. & Wolters, M. (2010). Erweiterte vertiefte Berufsorientierung. Überblick, Praxiserfahrungen und Evaluationsperspektiven (IAB-Forschungsbericht. 10/2010). Nürnberg. Zugriff unter http://doku.iab.de/forschungsbericht/2010/fb1010.pdf; http://www.iab.de/185/section.aspx/Publikation/k101111a02

Ratschinski, G. & Struck, P. (2012). Entwicklungsdiagnostik der Berufswahlbereitschaft und -kompetenz. Konzeptüberprüfungen an Sekundarschülern in einer regionalen Längsschnittstudie. bwp@ Berufs- und Wirtschaftspädagogik – online (22), 1–18. Zugriff unter http://www.bwpat.de/ausgabe22/ratschinski_struck_bwpat22.pdf

Schmidt-Koddenberg, A. & Zorn, S. (2012). Zukunft gesucht! Berufs- und Studienorientierung in der Sek. II. Opladen: Barbara Budrich.

Schober, K. (1997). Berufswahlverhalten. In D. Kahsnitz, G. Ropohl & A. Schmid (Hrsg.), Handbuch zur Arbeitslehre (S. 103–122). München: Opladen.

Massenmedien, Berufsorientierung und Personalrekrutierung

Volker Gehrau/Ulrike Röttger

1 Einleitung

Die Entscheidungen, welchen Beruf eine Person ergreifen will und bei welchem Arbeitgeber sie arbeiten will, haben weitreichende Konsequenzen. Sie haben Einfluss auf die individuelle Zufriedenheit, das Einkommen, das Ansehen im sozialen Umfeld und vieles mehr. Fehler bei dieser Entscheidung lassen sich zwar später korrigieren. Solche Korrekturen sind aber in der Regel mit hohen und nicht nur finanziellen Kosten verbunden. Insofern sind sowohl der individuelle Prozess der Berufsorientierung während der Schulzeit als auch der Bewerbungsprozess danach risikoreich, und zwar vor allem dann, wenn die individuellen Wünsche und Vorstellungen nicht mit den tatsächlichen Bedingungen übereinstimmen. Ähnliche Probleme ergeben sich auf Arbeitgeberseite. Viele Arbeitgeber suchen Fachkräfte, können für die entsprechenden Arbeitsplätze auch lukrative Bedingungen anbieten, finden aber keine geeigneten Personen oder können diese nicht langfristig halten. Das liegt zum einen daran, dass zu wenige Personen entsprechende Ausbildungswege eingeschlagen haben, und zum anderen daran, dass die rekrutierten Personen von falschen Vorstellungen ausgegangen sind und die Ausbildung oder Beschäftigung nach kurzer Zeit beenden.

In der Praxis finden sich etliche Beratungs- und Unterstützungsangebote für die Berufsorientierung sowie die Personalrekrutierung (im Überblick Lippegaus-Grünau, Mahl & Stolz, 2010). Auch die Wissenschaft hat sich der damit verbundenen Phänomene und Probleme angenommen. Vor allem die Erziehungswissenschaft und die Soziologie nehmen junge Menschen in den Blick und untersuchen, wie bei diesen Berufsorientierungsprozesse verlaufen, welchen Einfluss Individuen (z. B. aus dem Freundeskreis oder der Familie) oder Institutionen (Schule, Berufsschule, Arbeitsagenturen etc.) dabei haben und wie sich Bewerbung und Ausbildungs- beziehungsweise Arbeitsplatzauswahl gestalten. Die Arbeitgeberseite wird schwerpunktmäßig von den Wirtschaftswissenschaften sowie der Psychologie betrachtet. Hierbei stehen Fragen im Zentrum wie: Wer ist für die Personalrekrutierung verantwortlich, auf welchen Wegen wird mit welchen Maßnahmen rekrutiert und wie findet die eigentliche Auswahl statt?

Unabhängig davon, ob die Phänomene eher aus der Praxis oder aus wissenschaftlicher Perspektive beziehungsweise mit Blick auf die (potenziellen) Arbeitskräfte oder die (potenziellen) Arbeitgeber betrachtet werden, besteht Einigkeit darüber, dass Medien bei der Berufsorientierung sowie der Personalrekrutierung eine Rolle spielen. Sie sind ein wichtiger Kanal der Informationssuche und Informationsverbreitung, sie liefern Rollenmodelle und haben Einfluss auf die Vorstellungen der beteiligten Akteure. Allerdings ist festzustellen, dass die Medien in den vorliegenden Ansätzen weder systematisch als Einflussfaktor berücksichtigt werden, noch auf Ansätze und Ergebnisse aus der Kommunikationswissenschaft zurückgegriffen wird. Diesem Desiderat widmet sich der nachfolgende Beitrag in zwei Schritten: Zunächst wird aus der Sicht der Mediennutzungs- und Medienwirkungsforschung diskutiert, welche Stellung Massenmedien im Berufsorientierungsprozess junger Menschen einnehmen und welche Effekte dabei zu erwarten sind. Dann wechselt die Perspektive, und aus der Sicht der Forschung zur Organisationskommunikation wird betrachtet, welche Möglichkeiten für Unternehmen und Verbände bestehen, mittels Massenmedien Rekrutierungsprozesse zu optimieren, und welche Probleme Massenmedien dabei verursachen.

2 Massenmedien und Berufsorientierung

Berufsorientierung ist ein Prozess, der innerhalb der wissenschaftlichen Berufswahlforschung auf drei verschiedene Arten untersucht wird (im Überblick Hirschi, 2013): als Passung zwischen Berufsprofil und Individuum (z. B. Holland, 1997), als sozial-kognitiver Lernprozess (z. B. Lent, Brown & Hackett, 1994) oder als Abfolge von Entwicklungsstufen (z. B. Super, 1990), bei denen die Berufswahlkompetenz eine zentrale Rolle spielt (im Überblick Hartkopf, 2013). Aus kommunikationswissenschaftlicher Perspektive lassen sich diese Ansätze gut auf der Basis von Rogers' (2003, S. 168–218) Diffusionsprozess integrieren. Dieser verläuft über die Stufen (a) Wissen, (b) Einstellung, (c) Entscheidung und (d) Implementierung und ist je nach Stufe unterschiedlich mit der Nutzung und Wirkung von Massenmedien verknüpft. Das Modell von Rogers bezieht sich zwar auf Innovationen und lässt sich damit nicht eins zu eins auf die Berufsorientierung übertragen. Trotzdem erscheinen die Ähnlichkeiten groß genug, um unterschiedliche Einflüsse der Nutzung und Wirkung von Massenmedien auf die Berufsorientierung und Berufswahl aufzuzeigen:

(a) Im Modell von Rogers muss die Zielgruppe zunächst von der Innovation und ihrem Charakter erfahren. Im vorliegenden Fall muss also Wissen über Berufe und das Berufsleben akquiriert werden. Aus kommunikationswissenschaftlicher Perspektive sind damit zumindest drei Fragekomplexe verbunden: Welche Informationsquellen werden zur Berufsorientierung genutzt? Welche berufsbezogenen Informationen liefern Massenmedien? Welchen Einfluss haben Massenmedien auf das individuelle Wissen über Berufe?

(b) Auf der zweiten Stufe bildet sich bei der Zielgruppe eine Einstellung zur Innovation. Übertragen auf Berufsorientierung muss also eine Vorstellung von Berufen und dem Berufsleben ebenso entwickelt werden wie Vorstellungen davon, welche Berufe verbreitet und attraktiv sind. Hier ergeben sich Parallelen zur kommunikationswissenschaftlichen Kultivierungsforschung, die – übertragen auf das Feld Berufe – fragt: Wie werden Berufe und die Berufswelt in den Massenmedien dargestellt? Wie wirkt sich das auf die Vorstellung der Mediennutzer von Berufen und der Berufswelt aus?

(c) Anschließend entscheidet sich im Diffusionsmodell von Rogers das Individuum, ob es die Innovation annimmt oder nicht. Streng genommen wäre die Analogie im Berufsorientierungsprozess die Entscheidung für oder gegen jede einzelne Berufsoption. De facto kann es an dieser Stelle aber nur um Präferenzen zwischen den Optionen geben. Insofern richtet sich der Blick weniger auf die Entscheidung selbst als vielmehr auf den Entscheidungsprozess und seine Determinanten. Kommunikationswissenschaftlich relevant ist dabei: Welchen Einfluss haben Medien auf die Entscheidung für einen Berufsweg, zum Beispiel durch medienvermittelte Vorbilder? Welchen Einfluss haben Medien darauf, welche Optionen bei der Berufsentscheidung in Betracht gezogen werden?

(d) Im nächsten Schritt von Rogers' Modell steht die Implementierung der Innovation im Zentrum, das heißt Maßnahmen, mit denen die Entscheidung für einen Ausbildungs- und Berufsweg umgesetzt wird. Konkret geht es darum, Informationen über Ausbildungen und Arbeitgeber einzuholen sowie sich auf diese oder bei diesen zu bewerben. Aus kommunikationswissenschaftlicher Perspektive interessiert also wieder die Frage nach der Nutzung medialer Informationsquellen. Relevant werden aber auch die Fragen: Wird der Bewerbungsvorgang über mediale Kanäle abgewickelt? Und welche typischen Probleme, insbesondere Diskriminierungen, ergeben sich durch die medienvermittelten Bewerbungsverfahren?

2.1 Massenmedien und Wissen über Berufe

Die Frage, über welche medialen Kanäle junge Menschen Informationen über Berufe erlangen, hängt direkt mit den Erkenntnissen der Mediennutzungsforschung zusammen, denn Jugendliche werden dazu kaum Medien nutzen, die sie sonst auch nicht nutzen. 2010 dominierte bei den 14- bis 29-Jährigen die Nutzung elektronischer Medien mit jeweils grob 150 Minuten pro Tag relativ gleichauf für Fernsehen, Radio und Internet, wohingegen die Gesamtbevölkerung deutlich mehr Fernsehen und Radio, aber weniger Internet nutzte (Ridder & Engel, 2010). In den letzten Jahren sind gravierende Funktionsverschiebungen zwischen den klassischen Massenmedien deutlich geworden. Im Jahr 2000 sagten noch gut die Hälfte bis zwei Drittel der 14- bis 29-Jährigen, Fernsehen, Radio und Tageszeitungen seien besonders nützlich für den Alltag und zur Orientierung; 2010 waren es 15 bis 20 Prozentpunkte weniger Befragte. Demgegenüber konnte das Internet im selben Zeitraum von 20 auf knapp 75 Prozent zulegen (Breunig, Hofsümmer & Schröter, 2014). Allerdings sind Informationen über Berufe beziehungsweise das Berufsleben sehr spezielle Informationen, die wahrscheinlich auch über andere Informationskanäle erlangt werden.

Eine Umfrage des Zentrums für Berufsorientierungs- und Berufsverlaufsforschung (ZBB) am Fachbereich 06 der Universität Münster von 2013 unter gut 450 Jugendlichen auf Gymnasien, die an Informationsveranstaltungen von Arbeitsagenturen teilnahmen, ergab folgende Informationskanäle, die die Jugendlichen nutzen wollen, um sich über Berufe zu informieren. Drei Viertel nennen das Internet, die Hälfte Gespräche mit anderen, gut ein Fünftel wollen Firmen direkt kontaktieren, Beratungsangebote wahrnehmen beziehungsweise Informationsbroschüren nutzen. Nur grob jeder Zehnte setzt auf Informationen aus der Zeitung oder von Messen beziehungsweise Veranstaltungen. Zusätzlich wurden die Befragten gebeten, die relevanten Internetkanäle näher zu spezifizieren. Der Schwerpunkt lag eindeutig auf klassischen Internetangeboten. Jeweils grob vier von zehn Befragten nannten als sehr wahrscheinlich genutzte Quelle die Seiten der Bundesagentur für Arbeit, Homepages einzelner Firmen beziehungsweise Wikipedia. Demgegenüber war es mit unter 5 Prozent eher unwahrscheinlich, dass die Befragten Informationen über Berufe über Blogs (wie z. B. der ottoazubiblog.de) oder themennahe soziale Netzwerke (wie z. B. XING) suchen werden. Die Grundtendenz deckt sich mit einer Befragung von Erstsemesterstudierenden an der Universität Münster von 2011, bei der von den gut 800 Befragten drei Informationskanäle als besonders wichtig für Informationen über Studiengänge eingeschätzt wurden: Internetrecherchen, Onlineangebote der Universitäten und persönliche Gespräche, am unwichtigsten waren Informationen aus klassischen Massenmedien oder sozialen Netzwerken (Röttger, Gehrau & Schulte, 2013, S. 53). Nimmt man die zwar nicht repräsentativen, aber in ihrer Grundtendenz eindeutigen Ergebnisse ernst, dann ist derzeit offenbar das klassische Internetangebot der primäre Informationskanal junger Menschen, wenn sich diese über Berufe und Ausbildungen informieren wollen. Hinzu kommen die üblichen Informationen aus dem sozialen Umfeld und – wenngleich deutlich nachrangig – direkte Kontakte vor Ort. Weder die klassischen Massenmedien noch soziale Netzwerke spielen als Informationsquelle zur Berufsorientierung eine ernst zu nehmende Rolle.

Aus der Kommunikationswissenschaft liegen aber bislang kaum belastbare Daten dazu vor, welche berufsbezogenen Informationen in den primär genutzten Kanälen zur Verfügung stehen, insbesondere bei den entsprechenden Internetangeboten. Systematische Inhaltsanalysen gibt es zum Fernsehprogramm, das aber nicht zu den primären Informationsquellen zu zählen ist. Entsprechende Studien für das gesamte Fernsehangebot (Krüger, 2005), das fiktionale Angebot (Esch, 2011) oder das Serienangebot (Gehrau & vom Hofe, 2013; Gehrau 2014) belegen gleichermaßen eine Fokussierung auf wenige Berufe aus den Bereichen Gesundheit, Kriminalität oder Medien, wohingegen Bereiche wie Handwerk, Produktion oder Naturwissenschaft und Technik selten bis gar nicht dargestellt werden.

2.2 Massenmedien und Vorstellungen von Berufen

Ob beziehungsweise wie Massenmedien die Vorstellung von Berufen prägen, lässt sich am besten vor dem Hintergrund der kommunikationswissenschaftlichen Kultivierungshypothese erklären. Diese geht davon aus, dass Personen, die viel Medien (vor allem Fernsehen) nutzen, Vorstellungen von der Welt entwickeln, die so sind wie die Medienwelt, im Gegensatz zu Personen, die wenige Medien nutzen (im Überblick Rossmann, 2013).

Um Kultivierungseffekte der Massenmedien identifizieren zu können, müssen Diskrepanzen zwischen realen Phänomenen und deren Darstellung in den Medien auftreten. Typisches Beispiel dafür sind Häufigkeiten bestimmter Phänomene. Wie bereits erwähnt, sind die Darstellungen von Berufen im Fernsehen auf wenige Bereiche fokussiert. Dementsprechend weicht die Verteilung von Berufen im Fernsehprogramm deutlich von der realen Verteilung ab. Zudem ergab eine Inhaltsanalyse von Serien, dass die in diesen dargestellten Berufshandlungen sowie die diese ausführenden Personen ein verzerrtes Bild eines Berufslebens zeichnen. Die Figuren sind beliebt, einflussreich, attraktiv und verdienen relativ gut. Der Aufwand bei Berufshandlungen in den Serien ist eher gering, führt aber meist zu großer Anerkennung (Gehrau, 2014). Holzschnittartig zusammengefasst ist das Berufsleben im Fernsehen ein Unterfangen mit geringem Aufwand, aber großem Ertrag.

Verschiedene Studien untersuchen Kultivierungseffekte des Fernsehens auf die Schätzung der Verbreitung bestimmter Berufe. Ältere Studien fanden meist die vorhergesagten Unterschiede zwischen Viel- und Wenignutzern von Fernsehangeboten (z. B. Gerbner & Gross, 1976 oder Bonfadelli, 1983), neuere Studien belegten kaum noch Unterschiede nach allgemeinem oder angebotsspezifischem Fernsehkonsum (z. B. Bilandzic, 2002 oder Hetsroni, 2008). Insgesamt sind die Effekte aber gering (im Überblick Brüggemann et al., 2014). Problematisch an diesen Studien ist aber der fehlende Bezug zu abgesicherten Medieninhaltsdaten. Eine aktuelle deutsche Studie (Gehrau, 2014) identifiziert Auffälligkeiten der Berufswelt im Fernsehen durch Vergleich der Berufsverteilung im Fernsehprogramm mit der realen Berufsverteilung in Deutschland. Zudem wurden Jugendliche gebeten, die Häufigkeit bestimmter Berufe zu schätzen, um anschließend gemäß der Kultivierungshypothese zu prüfen, ob Jugendliche mit hohem Fernsehkonsum systematisch das Vorkommen von „Fernsehberufen" stärker überschätzen als andere. Die Ergebnisse zeigten die generelle Tendenz, das Vorkommen der abgefragten Berufe zu überschätzen, aber nur sehr geringe hypothesenkonforme Effekte des Fernsehkonsums. Wichtiger als die Kultivierungseffekte war ein anderer Befund: Das Vorkommen von drei abgefragten Berufen wurde weit stärker überschätzt als bei anderen Berufen, nämlich um mehr als das Hundertfache: Models, Musiker und Detektive. Da diese Berufe relativ häufig im Fernsehprogramm dargestellt werden, könnte ein Effekt des Fernsehens darin bestehen, diese eigentlich ungewöhnlichen und seltenen Tätigkeiten für normale und verbreitete Berufe zu halten.

Darüber hinaus wurden in der Studie (Gehrau, 2014) sogenannte Kultivierungseffekte zweiter Ordnung auf Einstellungen und Urteile untersucht. In Bezug auf Vorstellungen vom Berufsleben als „easy going" fanden sich keine Effekte des Fernsehkonsums. Doch für Jugendliche, die öfter fernsehen, sind Bewunderung, hohes Einkommen und großer Einfluss wichtiger für den eigenen Beruf als für andere. Ungewöhnlich stark waren die entsprechenden Effekte für Jugendliche, die viele Fernsehangebote im Bereich Mode und Styling nutzten. Insofern wäre es denkbar, dass vor allem Castingshows im Bereich Models den Wunsch nach Bewunderung und Erfolg kultivieren.

2.3 Massenmedien und Berufsentscheidungen

Die Frage, ob und inwiefern Massenmedien Einfluss auf Berufsentscheidungen haben, wird in der Regel auf der Basis von Banduras (2001) sozial-kognitiver Lerntheorie diskutiert. Diese geht grob gesagt davon aus, dass Menschen nicht nur aus eigenen, sondern auch aus medienvermittelten Erfahrungen lernen, insbesondere wenn die medial vermittelten Modelle oft präsentiert und positiv sanktioniert werden und wenn die Modelle selbst attraktiv oder den Lernenden ähnlich sind. Hipeli und Süss (2013) modellieren entsprechende Konstellationen als Einfluss medialer Vorbilder in unterschiedlichen Kontexten. Die Grundkonstellation lässt sich auch auf Berufsentscheidungen anwenden. Die Generalhypothese entspräche dann einer Nachahmung von oder Orientierung an attraktiven Medienvorbildern. Kommunikationswissenschaftliche Studien in diesem Bereich beziehen sich auf Berufswünsche und versuchen nachzuvollziehen, ob sich diese je nach Mediennutzung unterschieden, um darüber Medieneffekte zu identifizieren, oder ob Jugendliche als Begründung für den Berufswunsch auf Medieninput verweisen.

Die meisten Studien vergleichen Viel- und Wenignutzer bestimmter Medienangebote in Bezug auf deren Berufswünsche. In Deutschland liegen Ergebnisse zum Beispiel für Castingshows sowie einige Seriengenres vor. In der Studie von Nitsch, Eilders und Boger (2011) gaben Jugendliche, die viel Casting-Shows im Fernsehen nutzten, deutlich öfter einen Berufswunsch als Model oder Musikerin oder Musiker an als Jugendliche, die entsprechende Angebote selten nutzen. Gehrau und vom Hofe (2013) unterschieden nach derselben Logik zwischen Jugendlichen mit großer versus geringer Nutzungshäufigkeit von Serien der Angebotssegmente Gesundheit und Kriminalität. Zwischen den Viel- und Wenigsehern der Kriminalserien zeigten sich keine Unterschiede in Bezug auf die Berufswünsche, wohingegen die Vielnutzer von Gesundheitsserien deutlich öfter einen Berufswunsch aus dem Gesundheitsbereich äußerten als die Wenignutzer. Allerdings werfen die Resultate Zweifel in Bezug auf die Kausalität auf, denn es ist mindestens ebenso plausibel, dass die Jugendlichen die Angebote nutzen, weil sie entsprechende Berufswünsche hegen, wie dass diese Wünsche durch die Nutzung entstanden sind. Wahrscheinlich wirken de facto beide Phänomene zusammen.

Der Anlass beziehungsweise Hintergrund für Wunsch- oder Traumberufe war Gegenstand der Repräsentativbefragung deutscher Jugendlicher von Esch (2011). Circa 20 Prozent der Untersuchten nannten als Grund für ihren Berufswunsch Filme oder Serien, bei den Mädchen waren es etwas mehr, bei den Jungen etwas weniger. Etwas mehr als 5 Prozent verweisen zudem auf Unterhaltungsshows, etwas weniger als 5 Prozent auf Bücher mit jeweils leicht höheren Werten für die Mädchen. Bei den Mehrfachnennungen wurden aber andere Inspirationsquellen deutlich häufiger genannt: insbesondere der Kontakt zu Personen mit den entsprechenden Berufen mit knapp 40 Prozent oder Freunde und Verwandte mit knapp 25 Prozent. Interessant sind aber insbesondere die relativ großen Angaben beim Internet mit knapp 30 Prozent bei den Jungen und gut 35 Prozent bei den Mädchen.

2.4   Massenmedien und Berufseinstieg

Die CSI-Hypothese vermutet, dass der Wunsch, im Feld der Forensik beziehungsweise Gerichtsmedizin zu arbeiten, durch die Verbreitung von CSI-Angeboten im Fernsehen deutlich angestiegen sei. Keuneke, Graß und Ritz-Timme (2010) haben dazu die erste deutsche Studie vorgelegt. Bei ihrer qualitativen Befragung von Interessenten an Praktikumsplätzen im Bereich Rechtsmedizin gaben fast alle an, entsprechende Fernsehangebote zu nutzen, und die Mehrheit verweist auch auf die Serien als Grund für die persönliche Berufsorientierung in diesem Bereich. Ein ähnlicher Ansatz findet sich bei Lohmann (2009), die junge Frauen befragte, die eine Ausbildung oder einen Studiengang im Polizeidienst aufgenommen hatten. Die Vermutung, dass das vermehrte Auftreten von Frauen in Polizeiserien und -reihen zu dieser Berufsorientierung beigetragen habe, bestätigte sich allerdings nicht, weil die entsprechenden Figuren weder als positive Rollenvorbilder genannt wurden noch aussagekräftige Unterschiede zwischen Viel- und Wenignutzerinnen entsprechender Angebote auftraten. Van den Bulck und Beullens (2007) konnten aber zeigen, dass in Belgien die Nachfrage einzelner Studiengänge im Gesundheitsbereich immer dann deutlich anstieg, wenn zuvor entsprechende Serien erfolgreich im belgischen Fernsehen liefen.

Wenn es dann ernst wird, stellt sich die Frage, auf welchen Wegen sich Arbeitsuchende über Stellen und mögliche Arbeitgeber informieren. Darüber gibt die jährlich durchgeführte Studie Bewerbungspraxis (Weitzel, Eckardt, Laumer, von Stetten & Weinert, 2014) Auskunft. Hier dominierte eindeutig das Internet, das die vier am häufigsten genannten Informationskanäle bot: Internet-Stellenbörsen (65 Prozent häufig oder sehr häufig genutzt), Unternehmens-Websites (37 Prozent), Karrierenetzwerke wie XING (34 Prozent) und Nischen-Stellenbörsen im Internet (27 Prozent). Erst danach folgten Empfehlungen von Bekannten (24 Prozent), die Arbeitsagenturen (24 Prozent), Printmedien (23 Prozent), Berater beziehungsweise Headhunter (18 Prozent) oder Personalvermittler (15 Prozent). Andere Kanäle wie zum Beispiel soziale Netzwerke, Jobmessen oder Micro-Blogging-Dienste wie Twitter blieben deutlich unter 10 Prozent. Bei der Einschätzung der Erfolgschancen lagen die Internet-Stellenbörsen (mit gut 50 Prozent Nennungen) knapp vor Beratern/Headhuntern, Empfehlungen von Bekannten und Unternehmens-Websites, die nahezu gleichauf waren (bei ca. 40 Prozent). Auf den letzten Plätzen fanden sich Micro-Blogging-Dienste wie Twitter mit 2 und soziale Netzwerke wie Facebook mit 4 Prozent Nennungen. Die Bewerbung selbst wurde dann über E-Mail abgewickelt. Knapp 80 Prozent der Bewerbungen wurden über E-Mail verschickt plus je knapp 10 Prozent per Post oder per Internetformular. Zukünftig würden sich knapp 10 Prozent der Befragten gern über Profile in Internet-Karrierenetzwerken beziehungsweise 5 Prozent über Profile in Internet-Stellenbörsen (quasi passiv) bewerben. Auch hier spielten soziale Netzwerke mit nicht einmal einem Prozent Nennungen keine ernst zu nehmende Rolle. Allerdings handelt es sich um eine nicht repräsentative Befragung im Internet, die auf Selbstselektion basiert, was zu Verzerrungen zugunsten des Internets führen dürfte.

3 Massenmedien und Personalrekrutierung

Der Wettbewerb um qualifizierte Arbeitskräfte hat in den letzten Jahren an Intensität gewonnen. Qualifizierte Mitarbeiterinnen und Mitarbeiter sind für Unternehmen ein entscheidender Erfolgsfaktor, da sie einen wesentlichen Beitrag zur Zielerreichung und zur Erhaltung und Steigerung der Wettbewerbsfähigkeit leisten. Die Suche nach qualifizierten Mitarbeitern sowie deren mittel- und langfristige Bindung an das Unternehmen ist daher für Arbeitgeber von großer Bedeutung (vgl. Stotz & Wedel-Klein, 2013). Der „War for Talents" zeigt sich heute insbesondere im Bereich von Facharbeitern und akademischen Nachwuchskräften (vgl. Kirchgeorg & Lorbeer, 2002, S. 40), betrifft in einzelnen Branchen aber bereits auch die Suche nach geeigneten und interessierten Auszubildenden. Im Folgenden werden Kommunikationsmaßnahmen dargestellt, die zum einen die Bekanntheit und das Image eines gesamten Berufs positiv beeinflussen wollen und zum anderen auf Organisationsebene die Attraktivität eines konkreten Arbeitgebers fördern wollen.

3.1 Berufsprestige, Branchenimage und Personalrekrutierung

Es ist deutlich geworden, dass medial vermittelte Vorstellungsbilder (Images) – insbesondere über einen konkreten Beruf, eine konkrete Arbeitgeberorganisation und die jeweilige Branche, zu der der Arbeitgeber gehört – von entscheidender Bedeutung im Prozess der Berufsorientierung und der Entscheidung für einen Beruf beziehungsweise Arbeitsplatz sind. Insofern liegt es nahe, dass Arbeitgeber und die sie vertretenden Interessenorganisationen gezielt versuchen, entweder vorhandene Vorstellungsbilder bei relevanten Zielgruppen und in der allgemeinen Öffentlichkeit zu beeinflussen oder diese überhaupt erst aufzubauen. Tatsächlich offenbart der Blick in die Praxis eine unendliche Vielzahl von unterschiedlichen strategischen Maßnahmen, mit denen Wirtschaftsverbände und Berufsorganisationen versuchen, das Image eines Berufes oder einer Branche zu verbessern. In der Regel handelt es sich dabei um Kampagnen, das heißt um „dramaturgisch angelegte, thematisch begrenzte, zeitlich befristete kommunikative Strategien zur Erzeugung öffentlicher Aufmerksamkeit [...], die auf ein Set unterschiedlicher kommunikativer Instrumente und Techniken – werbliche Mittel, marketingspezifische Instrumente und klassische PR-Maßnahmen – zurückgreifen" (Röttger, 2009, S. 9). So startete das Institut der Wirtschaftsprüfer 2013 unter dem Slogan „W1RT5CH4FT5PRÜF3R – die Wirtschaftsprüfer in Deutschland" eine Imagekampagne, der Bundesverband deutscher Wohnungs- und Immobilienunternehmen e. V. warb 2009 mit dem Slogan „Du bist mehr Immobilienprofi, als Du denkst", um Nachwuchs für den Beruf zu gewinnen, das Hessische Ministerium für Arbeit, Familie und Gesundheit versuchte 2010, Nachwuchs für den Erzieherberuf zu akquirieren, und lancierte die Kampagne „GROSSE Zukunft mit kleinen HELDEN – Werde Erzieherin/Erzieher", auch die Geodätenverbände wollen ihr Image beim Nachwuchs verbessern und werben für den „Arbeitsplatz Erde". Die Liste ließe sich fortsetzen um Imagemaßnahmen für den Beruf des Hörgeräteakustikers, des Berufskraftfahrers, für Pflegeberufe und nicht zu vergessen für Handwerksberufe. Die 2010 gestartete, breit angelegte Imagekampagne des Zentralverbands des Deutschen Handwerks „Das Handwerk. Die Wirtschaftsmacht. Von nebenan." erzielte – im Unterschied zur überwiegenden Zahl der durchgeführten berufs- und branchenbezogenen Imagekampagnen – sehr breite und umfassende öffentliche Aufmerksamkeit. Ziel der Kampagne war es, zum einen die wirtschaftliche und gesellschaftliche Bedeutung des Handwerks in der breiten Öffentlichkeit bewusst zu machen und zudem insbesondere das Interesse von Jugendlichen für eine Ausbildung im Handwerk zu wecken. Die mehrfach prämierte Handwerkskampagne nutze dazu das komplette Spektrum von Kampagnenelementen und Kommunikationsmaßnahmen: von klassischer Medienarbeit über Plakate, Anzeigen und Kino- und YouTube-Spots bis hin zu einem eigenen Kampagnenmagazin, umfangreichen Werbematerialien für Handwerksbetriebe und einem breiten Set an Merchandising-Produkten.

Von berufs- und branchenbezogenen Kampagnen, die zumindest auch potenzielle Bewerber ansprechen wollen, können Imagekampagnen unterschieden werden, die sich nicht explizit an den beruflichen Nachwuchs, sondern an andere relevante Zielgruppen richten. Ein typisches Beispiel dafür ist die 2014 lancierte Kampagne „Wir arbeiten für Ihr Leben gern" der Kassenärztlichen Bundesvereinigung (KBV), die das Ziel hat, insbesondere gegenüber Patienten die Leistungen und schwierigen Arbeitsbedingungen von niedergelassenen Ärzten und Psychotherapeuten zu thematisieren.

Seitens der Forschung sind die zahlreichen unterschiedlichen berufs- und branchenbezogenen Imagekampagnen bislang weitgehend vernachlässigt worden: Zwar liegen einzelne Analysen zu Branchenimages und deren Einfluss auf Berufsentscheidungen vor (u. a. Führer, Köhler & Naumann, 2007), wissenschaftliche Studien, die sich mit den Formen, Möglichkeiten und Effekten der strategischen Beeinflussung von Vorstellungen über Berufe oder Branchen befassen und zum Beispiel konkrete Kampagnen von Verbänden oder Kammern analysieren, existieren bislang aber nicht.

3.2 Massenmedien und Arbeitgebermarke

Im Vergleich dazu ist der Forschungsstand in Bezug auf Maßnahmen zur strategischen Gestaltung und Positionierung eines Arbeitgeberimages beziehungsweise einer Arbeitgebermarke umfangreicher und differenzierter. Es liegen insbesondere aus der Betriebswirtschaftslehre einige konzeptionelle Arbeiten zur Arbeitgebermarke (Employer Brand) vor (vgl. u. a. Sponheuer, 2010; Böttger, 2012; Petkovic, 2008; Forster, Erz & Jenewein, 2008); empirische Analysen liegen demgegenüber bislang nur in überschaubarer Zahl vor. Vielfach stammen die Arbeiten aus dem Bereich des Personalmarketings oder -managements und analysieren die Arbeitgeberattraktivität bei den Zielgruppen einer Employer Brand. Demgegenüber stehen bei Arbeiten aus dem Bereich der Markenführung stärker Fragen der Gemeinsamkeiten und Unterschiede verwandter Konzepte wie zum Beispiel der Corporate Brand im Zentrum (vgl. Foster, Punjaisri & Cheng, 2010). Zudem finden sich in der Praxis- und Ratgeberliteratur zahlreiche Umsetzungsbeispiele und Hinweise zur Implementierung des Konzepts (vgl. u. a. Trost, 2013; Nagel, 2011).

Mit dem Begriff Employer Branding werden Maßnahmen zur Entwicklung, Implementierung und Führung von Arbeitgebermarken (Employer Brand) beschrieben:

> *„Employer Branding ist der entscheidungsorientierte Managementprozess der identitätsbasierten, strategischen und operativen Führung der Arbeitgebermarke. Es umfasst den außen- und innengerichteten Prozess der Planung, Koordination und Kontrolle aller Aktivitäten und Gestaltungsparameter der Arbeitgebermarke sowie die funktionsübergreifende Integration dieses Prozesses in den Managementprozess der Unternehmensmarkenführung (Corporate Branding)"* (Böttger, 2012, S. 27).

Die mit der Arbeitgebermarke verbundene Übertragung der Grundideen und Prinzipien der Markenführung auf den Personalmarkt beschränkt sich dabei ausdrücklich nicht nur auf die Rekrutierung neuer Mitarbeiter, das heißt auf das Personalmarketing. Es geht letztlich darum, sich gegenüber aktuellen, potenziellen und ehemaligen Mitarbeitern als attraktiver Arbeitgeber zu positionieren, um so einen umfassenden Beitrag zur Mitarbeitergewinnung und -bindung zu leisten. Die Employer Brand ist insofern eine Spezifikation der Corporate Brand (Unternehmensmarke), die auf die Zielgruppe der (potenziellen) Mitarbeiter ausgerichtet ist (vgl. Sponheuer, 2010, S. 13). Mit der Employer Brand beschreibt sich ein Unternehmen in seiner Rolle als Arbeitgeber und skizziert sein besonderes Leistungsversprechen und den Nutzen, den es (potenziellen) Mitarbeitern stiftet.

> *„The Employer Brand establishes the identity of the firm as an employer. It encompasses the firm's values, systems, policies, and behaviors toward the objectives of attracting,*

motivating, and retaining the firm's current and potential employees" (Conference Board, 2001, S. 3).

Es liegen in der Literatur zahlreiche unterschiedliche Definitionen zur Employer Brand vor (siehe für eine umfassende Übersicht Böttger, 2012, S. 20 ff.). Mit Blick auf den Ansatz der identitätsorientierten Markenführung nach Burmann und Meffert (2005) als dem aktuell prominentesten Markenansatz, der die derzeitige Markendiskussion am stärksten prägt, ist Marke definiert als „ein Nutzenbündel mit spezifischen Merkmalen [...], die dafür sorgen, dass sich dieses Nutzenbündel gegenüber anderen Nutzenbündeln, welche dieselben Basisbedürfnisse erfüllen, aus Sicht relevanter Zielgruppen nachhaltig differenziert" (Burmann, Blinda & Nitschke, 2003, S. 3). Der zentrale Unterschied zu klassischen Markenansätzen besteht hier darin, dass diese das Konstrukt Marke entweder als ein Merkmalsbündel *oder* als ein Vorstellungsbild im Kopf der Konsumenten definieren, wohingegen der indentitätsorientierte Ansatz beide Aspekte zusammenbringt: Für die Bedeutung einer Marke ist sowohl die Wahrnehmung der Marke durch den Kunden (Markenimage) als auch „das Selbstbild der Marke aus Sicht der internen Zielgruppe innerhalb derjenigen Institution, die die Marke trägt (z. B. Mitarbeiter, Management, Eigentümer, Absatzmittler)" (Burmann et al., 2003, S. 4) verantwortlich. Das Selbstbild der Marke bezeichnen Meffert und Burmann als Markenidentität. Ziel des Aufbaus und der Führung einer Arbeitgebermarke – dem Employer Branding – ist es daher, durch einen außen- und innengerichteten Managementprozess eine möglichst große Übereinstimmung zwischen Markenidentität und Markenimage zu erzielen, um bei internen und externen Zielgruppen eine prägnante Arbeitgebermarke zu etablieren und intendierte Markenwirkungen zu erzeugen.

Potenzielle Mitarbeiter	Aktuelle Mitarbeiter	Ehemalige Mitarbeiter
• Steigerung der Bekanntheit und Attraktivität des Unternehmens als Arbeitgeber • Gewinnung von qualifizierten und zum Unternehmen passenden Mitarbeitern • Steigerung der Bewerberzahlen • Senkung der Kosten für die Rekrutierung neuer Mitarbeiter • Beschleunigung des Rekrutierungsprozesses	• Schaffung und Stabilisierung einer emotionalen Beziehung zum Unternehmen • Stärkere Bindung von Mitarbeitern • Steigerung von Motivation, Zufriedenheit und Leistung der Mitarbeiter • Einsatz der Mitarbeiter als Markenbotschafter (Unterstützung der Personalrekrutierung)	• Aufrechterhaltung einer emotionalen Beziehung • Gewinnung Ehemaliger als Kunden • Rückgewinnung ehemaliger Mitarbeiter • Positive Beeinflussung der Unternehmenskultur durch Wertschätzung Ehemaliger • Einsatz der ehemaligen Mitarbeiter als Markenbotschafter (Unterstützung der Personalrekrutierung)

Abb. 1: Potenzielle Ziele des Employer Branding (in Anlehnung an Sponheuer, 2010, S. 99)

Um diese Ziele zu erreichen und ein unverwechselbares, in der Psyche der (potenziellen) Mitarbeiter verankertes Vorstellungsbild eines Nutzenbündels zu bilden, ist eine spezifische Positionierungsstrategie erforderlich. Sie verlangt detailliertes Wissen über die Erwartungen und Präferenzen aktueller und potenzieller Mitarbeiter an ihre Berufstätigkeit und an einen Arbeitsplatz und zielt zudem darauf ab, sich von anderen am Markt konkurrierenden Marken für die Zielgruppen gut erkennbar abzugrenzen. In diesem Sinne dient die Arbeitgebermarke sowohl zur Identifizierung als auch zur Differenzierung.

Für die Darstellung einer Arbeitgebermarke gegenüber relevanten Zielgruppen und die Realisierung der damit verbundenen Kommunikationsziele (u. a. Steigerung des Bekanntheitsgrades, Vermittlung des Attraktivitätspotenzials des Arbeitgebers, Aufbau und Festigung der Beziehungen zu [potenziellen] Mitarbeitern) muss eine geeignete Kommunikationsstrategie erarbeitet werden, die sowohl Entscheidungen über die inhaltliche und optische Ausgestaltung der Kommunikation als auch über die einzusetzenden Kommunikationsmaßnahmen beinhaltet.

Die Kommunikationsarbeit verfolgt im Rahmen des Employer Branding sowohl inhaltliche wie wirkungsorientierte Ziele (vgl. Petkovic, 2008, S. 223; Trost, 2008, S. 34): Sie will zum einen über den Arbeitgeber und die dort vorhandenen Arbeitsplätze informieren und insofern funktionale Nutzenassoziationen der Marke erzeugen. Zum anderen will das Unternehmen potenzielle und aktuelle Mitarbeiter kommunikativ von sich überzeugen und ein bestimmtes Bild des Unternehmens kreieren. Kurzum: Es sollen intendierte symbolische Nutzenassoziationen der Arbeitgebermarke erzeugt werden. Zur Erreichung dieser Kommunikationsziele kann grundsätzlich das komplette Set an Kommunikationsmaßnahmen aus dem Feld der strategischen Kommunikation eingesetzt werden. Häufig findet zudem eine inhaltliche Bündelung von Maßnahmen unter dem Dach einer kommunikativen Leitidee im Rahmen einer zeitlich begrenzten Kampagne statt (siehe die Beispiele zu Beginn des Abschnitts). In jedem Fall ist es angesichts der Komplexität und Vielschichtigkeit der intendierten Wirkungen sinnvoll, im Rahmen der Kommunikation der Arbeitgebermarke auf einen Mix von Kommunikationsinstrumenten zurückzugreifen.

In der Literatur liegen zahlreiche Versuche der Systematisierung der im Employer Branding relevanten Kommunikationsinstrumente vor (vgl. u. a. Deppe, Scharfenkamp, Schneider & Turra, 2007, S. 19 ff.; Schulze, Gürntke & Inglsperger, 2005, S. 94; Wiese, 2005, S. 64), die jedoch ganz überwiegend nicht zu überzeugen vermögen, da sie oftmals unvollständig, unsystematisch und begrifflich ungenau sind. Eine weitgehend systematische Auflistung von möglichen Maßnahmen findet sich bei Petkovic (2008, S. 213) exemplarisch für die Zielgruppe der Hochschulabsolventen. Er unterscheidet die Maßnahmen nach Art des Kontakts (direkt oder indirekt, d. h. medienvermittelt) und danach, ob sie in erster Linie der kommunikativen Darstellung des Arbeitgebers dienen oder die Arbeitgebermarke unterstützen. Zu Unterstützungsmaßnahmen zählen unter anderem Stipendien, Studentenwettbewerbe und Formen des Sponsorings. Aus kommunikationswissenschaftlicher Sicht sind insbesondere die Maßnahmen, die der Präsentation der Arbeitgebermarke dienen, von besonderem Interesse. Unternehmen versuchen, sich selbst, zum Beispiel über Plakate, Informationsbroschüren, Anzeigen oder die eigene Homepage, bei den für sie relevanten potenziellen Bewerbern bekannt zu machen und als attraktiver Arbeitgeber darzustellen. Zudem versuchen sie, über gezielte Presse- und Medienarbeit journalistische Berichterstattung in klassischen Massenmedien – im vorliegenden Beispiel der Hochschulabsolventen zum Beispiel in Campusmagazinen und Zeitschriften für Studierende – zu stimulieren.

Die Aufzählung verdeutlicht zum einen die bereits angesprochene Vielzahl an möglichen Instrumenten, die im Rahmen des Employer Branding eingesetzt werden können, und zeigt zum anderen, dass der direkten Kommunikation neben der massenmedialen Kommunikation eine wesentliche Bedeutung zukommt.

4 Fazit

Die zusammengestellte Literatur belegt, dass Ansätze aus der Kommunikationswissenschaft geeignet sind, die Forschung und Praxis zur Berufsorientierung und Personalrekrutierung zu bereichern. Sie belegt allerdings auch den bislang weitgehend fehlenden Austausch zwischen den verschiedenen Disziplinen, die sich mit diesem Thema befassen. Um diesen zu ermöglichen, schlagen wir eine Systematisierung der Phänomene vor, die es erleichtern soll, Forschungslücken und Anknüpfungspunkte zwischen den Disziplinen zu identifizieren.

Das Modell (siehe Abbildung 2) betrachtet zunächst vorhandene Informationen zum Arbeits- und Berufsleben, wodurch bei den potenziellen Arbeitnehmern rudimentäres Wissen über die Arbeits- und Berufswelt entsteht, das unterstützt durch institutionelle Angebote, zum Beispiel in Schulen oder Arbeitsagenturen, in konkrete Vorstellungen von Berufsarbeit und Berufen überführt wird. Eigene Erfahrungen, Erfahrungen anderer sowie mediale Quellen vermitteln ein Image von Berufen und Arbeitskontexten, die insbesondere mit unterschiedlichen Vorstellungen vom Prestige verschiedener Berufe sowie deren Geschlechtsorientierung verbunden sind. Diese führen individuell zu Entscheidungen für oder gegen bestimmte Berufe. Die direkt oder via Medien vermittelten Informationen über potenzielle Arbeitgeber führen zudem zu dem Wunsch, bei bestimmten Arbeitgebern zu arbeiten beziehungsweise bei bestimmten Arbeitgebern explizit nicht arbeiten zu wollen. Wenn die Zeit dafür reif ist, nehmen die Arbeitsuchenden Aktivitäten auf, um einen entsprechenden Ausbildungs- oder Arbeitsplatz zu erhalten. Dieses kann auf den eher klassischen Wegen zum Beispiel über Stellenanzeigen und schriftliche Bewerbung abgewickelt werden oder über internetbasierte Wege der Online-Ausschreibung und Online-Bewerbung.

Ansätze aus der Mediennutzungs- und Wirkungsforschung geben Hinweise darauf, wie Massenmedien diesen Prozess auf der Seite der potenziellen Fachkräfte beeinflussen könnten. Relativ gut sind die Einflüsse auf die Vorstellungen von Berufen sowie die Entscheidungen für bestimmte Berufe vor dem Hintergrund attraktiver medialer Vorbilder erforscht. Eher rudimentär ist dagegen die Forschungslage zu den medialen Quellen beruflichen Wissens sowie medialen Einflüssen auf die Vorstellung und Auswahl möglicher Arbeitgeber. Zur Frage, über welche medialen Wege die konkreten Aktivitäten zur Realisierung des Berufseinstiegs abgewickelt werden, liegen aus der Kommunikationswissenschaft bislang praktisch keine Erkenntnisse vor. Ansätze aus der PR-Forschung befassen sich seit mehreren Jahren mit den Möglichkeiten, medial das Image von Branchen oder einzelnen Berufen zu verbessern. Darüber hinaus wird aufseiten der Arbeitgeber erforscht, wie sich diese medial als positive Marke präsentieren können.

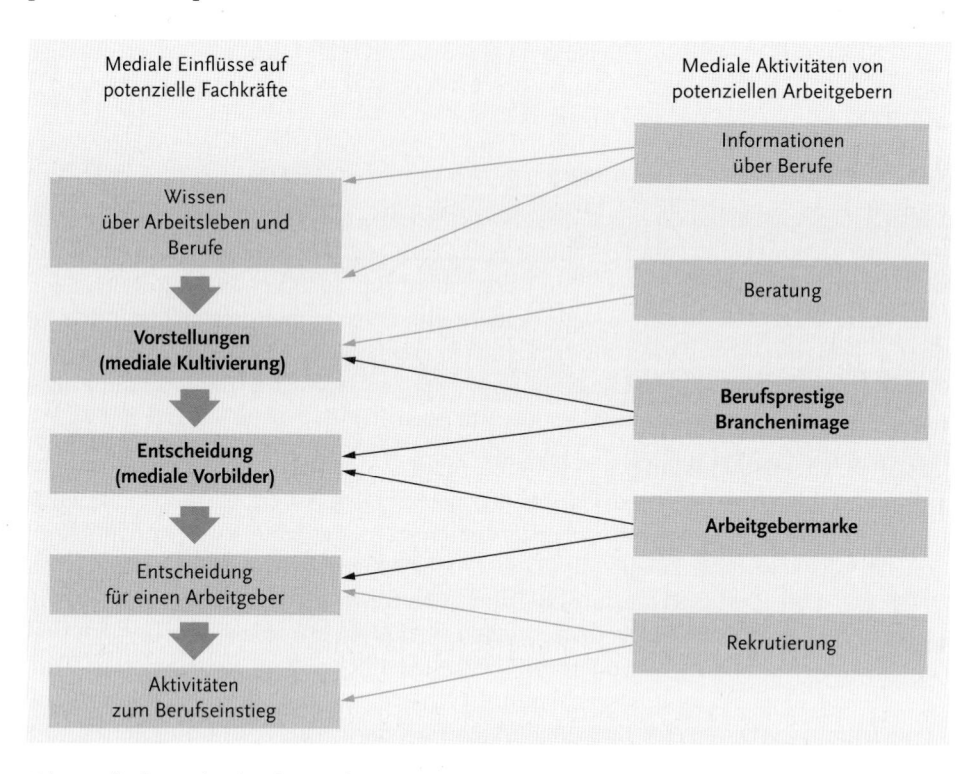

Abb. 2: Rolle der Medien bei der Berufsorientierung und Personalrekrutierung

Das hier vorgeschlagene Modell verdeutlicht vor allem, an welchen Stellen noch Forschungsbedarf besteht:

Zum einen sollte geklärt werden, über welche medialen Quellen insbesondere Berufseinsteiger, die in der Regel über wenig eigene Erfahrung verfügen, Informationen über Berufe und das Arbeitsleben primär beziehen. Darüber ließen sich Ansätze entwickeln, wie allgemeinen Problemen wie zum Beispiel dem geringen Spektrum an Berufen, die im Relevant-Set der Berufseinsteiger vorhanden sind, begegnet werden könnte (Rahn et al., 2014), aber auch wie zum Beispiel Berufsverbände oder auch einzelne Arbeitgeber effektiver mit potenziellen Arbeitnehmern in Kontakt treten können, um diesen die relevanten Informationen zu Berufen und Arbeitsmöglichkeiten zu vermitteln.

Zum anderen wäre zu klären, über welche medialen Wege der Berufseinstieg beziehungsweise die Personalrekrutierung abgewickelt werden. Hier drängt sich an einigen Stellen der Verdacht auf, Forschung und Beratung fokussiere die klassischen Wege, die aber in der Praxis kaum noch anzutreffen sind. Darüber hinaus wird bislang nicht ausreichend reflektiert, welche Gefahren die neuen Bewerbungs- und Rekrutierungswege mit sich bringen, sowohl für die Bewerber als auch für die Arbeitgeber. Vordergründig mag man dabei an den Daten- und Persönlichkeitsschutz denken. Es sollte aber zum Beispiel auch um die Frage gehen, welche Bewerber, aber auch welche Arbeitgeber kaum noch Chancen haben, weil sie die entsprechenden Wege nicht angemessen nutzen beziehungsweise anbieten können.

Um an diesen und anderen Fragen der Berufsorientierung und Personalrekrutierung mittels Massenmedien sinnvoll zu arbeiten, ist stärkere Orientierung der Kommunikationswissenschaft auf diesen Gegenstandsbereich sowie eine Ausweitung der bisherigen Forschungsgegenstände ebenso nötig wie eine stärkere Zusammenarbeit mit der pädagogischen und soziologischen Forschung zur Berufsorientierung sowie der wirtschaftswissenschaftlichen und psychologischen Forschung zur Personalrekrutierung.

Literatur

Bandura, A. (2001). Social cognitive theory of mass communication. Media Psychology, 3, S. 265–299.

Bilandzic, H. (2002). Genrespezifische Kultivierung durch Krimirezeption. Zeitschrift für Medienpsychologie, 14, S. 60–68.

Bonfadelli, H. (1983). Der Einfluss des Fernsehens auf die Konstruktion der sozialen Realität: Befunde aus der Schweiz zur Kultivierungshypothese. Rundfunk und Fernsehen, 31, S. 415–430.

Böttger, E. (2012). Employer Branding. Verhaltenstheoretische Analysen als Grundlage für die identitätsorientierte Führung von Arbeitgebermarken. Wiesbaden: Gabler.

Breunig, C., Hofsümmer, K.-H. & Schröter, C. (2014). Funktionen und Stellenwert der Medien – das Internet im Kontext von TV, Radio und Zeitung. Media Perspektiven (3), S. 122–144.

Brüggemann, T., Gehrau, V. & Handrup, J. (2015). Medien und Berufsvorstellungen im Kindesalter. Eine experimentelle Studie zum Einfluss von Kinderbüchern auf das Berufsspektrum von Kindergartenkindern. Zur Publikation akzeptiert in Diskurs – Kindheits- und Jugendforschung.

Burmann, C., Blinda, L. & Nitschke, A. (2003). Konzeptionelle Grundlagen des identitätsorientierten Markenmanagements. In C. Burmann (Hrsg.), LiM-Arbeitspapiere. Nr. 1. Bremen.

Burmann, C. & Meffert, H. (2005). Theoretisches Grundkonzept der identitätsorientierten Markenführung. In H. Meffert, C. Burmann & M. Koers (Hrsg.), Markenmanagement. Identitätsorientierte Markenführung und praktische Umsetzung (2., vollst. überarb. und erw. Auflage, S. 37–72). Wiesbaden: Gabler.

Conference Board (2001). Engaging employees through your brand. New York: The Conference Board.

Deppe, J., Scharfenkamp, N., Schneider, R. & Turra, P. (2007). Employer Branding. Kommunikation mit dem Arbeitsmarkt. In G. Bentele (Hrsg.), Kommunikationsmanagement. Strategien, Wissen, Lösungen (Artikel 3.45). Loseblatt-Ausgabe. Erscheinungsbeginn: 2002. Neuwied [u. a.]: Luchterhand.

Esch, M. (2011). STEM and equal opportunities in German TV – select results of an evaluation of German TV programmes. In M. Esch & C. Falkenroth (Hrsg.), STEM and equal opportunities in TV drama formats (S. 6–15). Berlin, Bonn: BMBF.

Forster, A., Erz, A. & Jenewein, W. (2008). Employer Branding – Ein konzeptioneller Ansatz zur markenorientierten Mitarbeiterführung. In T. Tomczak, F. R. Esch, J. Kernstock & A. Herrmann (Hrsg.), Behavioral Branding – Wie Mitarbeiterverhalten die Marke stärkt (S. 277–294). Wiesbaden: Gabler.

Foster, C., Punjaisri, K. & Cheng, R. (2010). Exploring the relationship between corporate, internal and employer branding. The journal of product & brand management, 19 (6), S. 301–409.

Führer, C., Köhler, A. & Naumann, J. (2007). Das Image der Versicherungsbranche unter angehenden Akademikern – eine empirische Analyse. In C. Rennhak & G. Nufer (Hrsg.), Reutlinger Diskussionsbeiträge zu Marketing und Management. Reutlingen.

Gehrau, V. & vom Hofe, H. J. (2013). Medien und Berufsvorstellungen Jugendlicher. Eine Studie zur Darstellung von Berufen in Fernsehserien und deren Einfluss auf die Berufsvorstellungen Jugendlicher. In T. Brüggemann & S. Rahn (Hrsg.), Berufsorientierung – ein Lehr- und Arbeitsbuch (S. 123–133). Münster u. a.: Waxmann.

Gehrau, V. (2014). Kultivierung von Berufsvorstellungen durch Fernsehen bei Jugendlichen. Medien und Kommunikationswissenschaft, 62, S. 417–438.

Gerbner, G. & Gross, L. (1976). Living with television. The violence profile. Journal of Communication, 26, S. 173–199.

Hartkopf, E. (2013). Berufswahlreife und Berufswahlkompetenz – zwei Schlüsselbegriffe der Berufswahlforschung und Berufsorientierungspraxis aus psychologischer und pädagogischer Perspektive. In T. Brüggemann & S. Rahn (Hrsg.), Berufsorientierung – ein Lehr- und Arbeitsbuch (S. 42–57). Münster u. a.: Waxmann.

Hetsroni, A. (2008). Geo-cultural proximity, genre exposure, and cultivation. Communications, 33, S. 69–90.

Hipeli, E. & Süss, D. (2013). Werther, Soap Stars und Ego-Shooter-Helden: Das Einflusspotenzial medialer Vorbilder. In W. Schweiger & A. Fahr (Hrsg.), Handbuch Medienwirkungsforschung (S. 191–205). Wiesbaden: Springer VS.

Hirschi, A. (2013). Berufswahltheorien – Entwicklung und Stand der Diskussion. In: T. Brüggemann & S. Rahn (Hrsg.), Berufsorientierung – ein Lehr- und Arbeitsbuch (S. 27–41). Münster u. a.: Waxmann.

Holland, J. L. (1997). Making vocational choices: A theory of vocational personalities and work environment. Engelwood Cliffs: Prentice Hall.

Keuneke, S., Graß, H. & Ritz-Timme, S. (2010). „CSI-Effekt" in der deutschen Rechtsmedizin. Einflüsse des Fernsehens auf die berufliche Orientierung Jugendlicher. Rechtsmedizin, 20, S. 400–406.

Kirchgeorg, M. & Lorbeer, A. (2002). Anforderungen von High Potentials an Unternehmen – eine Analyse auf der Grundlage einer bundesweiten Befragung von High Potentials und Personalentscheidern. In: HHL Arbeitspapier, Nr. 49. Leipzig.

Krüger, U. M. (2005). Berufe im Fernsehen. In W. Dostal & L. Toll (Hrsg.), Die Berufswelt im Fernsehen (S. 19–183). Nürnberg: Beiträge zur Arbeits- und Berufsforschung (BeitrAB 292).

Lent, R. W., Brown, S. D. & Hackett, G. (1994). Towards a unifying social cognitive theory of career and academic interest, choice, and performance. Journal of Vocational Behavior, 45, S. 79–122.

Lippegaus-Grünau, P., Mahl, F. & Stolz, I. (2010): Berufsorientierung. Programme und Projekte von Bund und Ländern, Kommunen und Stiftungen im Überblick. München: Deutsches Jugendinstitut e. V.

Lohmann, H. (2009). Das Fernsehen als Berufsberater? Eine Befragung zum Einfluss von Krimis im TV auf die Berufswahl am Beispiel Polizei. Unveröffentlichte Magisterarbeit, Westfälische Wilhelms-Universität Münster.

Nagel, K. (2011). Employer Branding. Starke Arbeitgebermarken jenseits von Marketingphrasen und Werbetechniken. Wien: Linde International.

Nitsch, C., Eilders, C. & Boger, L. (2011). Berufswunsch: Model oder Popstar. Eine Kultivierungsstudie zur Nutzung von Castingshows durch Jugendliche. Medien und Erziehung, 11, S. 43–50.

Petkovic, M. (2008). Employer Branding. Ein markenpolitischer Ansatz zur Schaffung von Präferenzen bei der Arbeitgeberwahl (2. Aufl.). München und Mering: Rainer Hampp Verlag.

Rahn, S., Brüggemann, T. & Hartkopf, E. (2014). Das Berufsorientierungspanel (BOP). (1. Aufl.). Münster: Ecotransfer.

Ridder, C.-M. & Engel, B. (2010). Massenkommunikation 2010: Mediennutzung im Intermediavergleich. Ergebnisse der 10. Welle der ARD/ZDF-Langzeitstudie zur Mediennutzung und -bewertung. Media Perspektiven (11), S. 523–536.

Rogers, E. M. (2003). Diffusion of Innovations (5. Aufl.). New York u. a.: Free Press.

Rossmann, C. (2013). Kultivierungsforschung: Idee, Entwicklung und Integration. In W. Schweiger & A. Fahr (Hrsg.), Handbuch Medienwirkungsforschung (S. 207–223). Wiesbaden: Springer VS.

Röttger, U., Gehrau, V. & Schulte, J. (2013). Die Reputation der WWU Münster. Münster: Forschungsbericht.

Röttger, U. (2009). Campaigns (f)or a better world? In: dies. (Hrsg.), PR-Kampagnen. Über die Inszenierung von Öffentlichkeit (4., erw. und überarb. Aufl., S. 9–23). Wiesbaden: VS.

Schulze, R., Gürntke, K. & Inglsperger, A. (2005). Employer Branding. Talente gewinnen, motivieren und binden. Absatzwirtschaft, 47 (1), S. 92–94.

Sponheuer, B. (2010). Employer Branding als Bestandteil einer ganzheitlichen Markenführung. Wiesbaden: Gabler.

Stotz, W. & Wedel-Klein, A. (2013). Employer Branding. Mit Strategie zum bevorzugten Arbeitgeber (2. Aufl.). München: Oldenbourg.

Super, D. E. (1990). A life-span, life-space approach to career development. In D. Brown & L. Brooks (Hrsg.), Career choice and development (S. 197–262). San Francisco: Jossey-Bass.

Trost, A. (2008). Employer Branding. Die klare Botschaft fehlt. Personalwirtschaft. Magazin für Human Resources, 35 (2), S. 34–36.

Trost, A. (2013). Employer Branding. Arbeitgeber positionieren und präsentieren (2. Aufl.). Köln: Luchterhand.

Van den Bulck, J. & Beullens, K. (2007). The relationship between docu soap exposure and adolescents' career aspirations. European Journal of Communication, 22, S. 355–366.

Weitzel, T., Eckardt, A., Laumer, S., von Stetten, A. & Weinert, C. (2014). Bewerbungspraxis 2014. Eine empirische Studie mit über 10.000 Stellensuchenden und Karriereinteressierten im Internet. Bamberg und Frankfurt am Main.

Wiese, D. (2005). Employer Branding. Arbeitgebermarken erfolgreich aufbauen. Saarbrücken: VDM.

Unterstützung frühzeitiger beruflicher Entwicklungsprozesse: Theoretische Begründung und praktische Ansätze aus der Perspektive von Unternehmen am Beispiel der K+S KALI GmbH

Katja Driesel-Lange/Kerstin Staudtmeister/Silvana Krieg

1 Einleitung

„Partnerschaften zwischen Schulen und Unternehmen sollen Bestandteil des schulischen Lernens sein, in ein Qualitätsmanagement eingebunden und sowohl in der Schule als auch im Unternehmen systematisch verankert sein." (Behörde für Schule und Berufsbildung Hamburg, 2010, S. 4)

Unternehmen sind in den letzten Jahren zunehmend gefordert, die Perspektiven auf ihre Rolle in der beruflichen Orientierung neu auszuloten. Mit den Veränderungen am Ausbildungs- und Arbeitsmarkt, vor allem mit Blick auf sinkende Zahlen potentieller Bewerber/-innen, die auch bedingt sind durch veränderte Anschlusswünsche von Jugendlichen, wird die Frage nach der Neugestaltung des Beitrags von Unternehmen zur Berufsorientierung bedeutsam. Zudem sind Unternehmen auch Lernorte im lokalen Lebensumfeld von Kindern und Jugendlichen, die für Lern- und Entwicklungsprozesse viel stärker nutzbar gemacht werden können. Die Stärkung eines regionalen Lebens-, Lern- und Arbeitsweltbezugs ist eine Aufgabe, die nur in Partnerschaft der Akteur/-innen vor Ort gelingen kann.

Die Zusammenarbeit von Schulen und Unternehmen hat eine langjährige Tradition. In den letzten Jahren rückte jedoch mehr die Frage nach der qualitätsvollen Gestaltung der Kooperation in den Mittelpunkt. Deutlich wurde, dass vor allem die Erwartungen an und die Ziele der berufsorientierenden Aktivitäten auf beiden Seiten klar definiert sein müssen.

Mit dem folgenden Beitrag, der einen unternehmerischen Bezug zur Berufsorientierung präsentiert, skizziert Katja Driesel-Lange berufliche Entwicklung zunächst aus der Perspektive der entwicklungspsychologischen Berufswahlforschung und leitet wichtige Ansatzpunkte für pädagogisches Handeln in Kindheit und Jugend ab. Die Autorin beschreibt, wie sich berufliche Entwicklung in einem Geflecht von Einflussfaktoren, die für Entscheidungsprozesse bedeutsam sind, vollzieht. Die Kenntnis dieser Einflussfaktoren ermöglicht eine differenzierte pädagogische Begleitung beruflicher Entwicklungsprozesse. Ziel berufsorientierender Interventionen ist die Befähigung von Mädchen und Jungen, eine fundierte und gesicherte Berufswahlentscheidung treffen und verantworten zu können. Die dafür notwendige Kompetenz ist das Ergebnis von Lernprozessen, die idealerweise durch vielfältige Lerngelegenheiten angebahnt werden. Damit diese Lerngelegenheiten ihre Wirksamkeit entfalten können, ist es wichtig, entwicklungsangemessen, auf der Basis entsprechender Diagnostik, berufsorientierende Aktivitäten zu konzipieren und umzusetzen. Empirische Befunde zur Wirksamkeit von Interventionen können dabei wegweisend sein.

Das Lernen in einem Unternehmen ist eine Möglichkeit, um zunehmend Sicherheit und Entschiedenheit in Bezug auf die eigene Berufswahl zu erlangen. In diesem Beitrag zeigen Kerstin Staudtmeister und Silvana Krieg, welche Überlegungen das Unternehmen K+S KALI GmbH seinen Aktivitäten voranstellt und welche Ziele und Strategien dabei verfolgt werden.

Am Beispiel der K+S KALI GmbH wird deutlich, wie Berufsorientierung als Zusammenspiel von Partner/-innen in der Berufsorientierung Heranwachsende darin unterstützen kann, handlungsorientierte Erfahrungen im Prozess ihrer Berufswahl zu sammeln, realistische Einblicke in die Arbeitswelt und in konkrete Berufsbilder zu bekommen. Die Autorinnen stellen dar, wie es in der Zusammenarbeit von K+S und Partner/-innen vor Ort gelingt, die Verantwortung für den Nachwuchs der Region auch in entsprechende pädagogische Konzepte zu übersetzen und vor dem Hintergrund einer herausfordernden demografischen Entwicklung unternehmerische Ziele zu verfolgen.

Die Kooperation von Schule und Unternehmen ist im Sinne einer Förderung von Berufswahlkompetenz immer dann besonders erfolgreich, wenn es gelingt, Heranwachsenden neue Perspektiven aufzuzeigen, die zum einen den Blick auf die Chancen in der Berufswelt weiten, zum anderen zukunftsträchtig sind und in selbstbestimmte berufsbezogene Entscheidungen münden.

2 Einflüsse auf die berufliche Entwicklung Heranwachsender

Die berufliche Entwicklung ist ein lebenslanger Prozess, der in der Kindheit beginnt. Im Jugendalter hat die Berufswahl eine besondere Dringlichkeit. Jugendliche nehmen verstärkt die an sie gestellten Erwartungen wahr und bewältigen den Übergang von der Schule in nachschulische Bildungswege in unterschiedlicher Weise mit unterschiedlichem Erfolg. Dieser Prozess wird sehr stark beeinflusst, vor allem die Herkunft eines jungen Menschen und sein Geschlecht bestimmen die Entwicklung. Insgesamt entfaltet ein Geflecht an Faktoren, die inner- und außerhalb eines Menschen liegen, eine Wirkung auf dessen individuelle berufliche Laufbahn.

2.1 Berufswahl als kindlicher Entwicklungsprozess

Die Berufswahl ist keine einmalige Entscheidung, sondern ein Lern- und Entwicklungsprozess, der in der Kindheit beginnt und im Jugendalter in eine erste berufliche Entscheidung mündet. Diese Entscheidung muss herbeigeführt, umgesetzt und verantwortet werden. Berufsbezogene Entscheidungen werden nicht einmalig getroffen, sondern lebenslang sind Menschen vor die Herausforderung gestellt, ihre berufliche Laufbahn zu gestalten. Aufgrund von Neu- oder Umorientierungen verändern sich biografische Schwerpunkte, die in veränderte Laufbahnen resultieren. Dieses Verständnis von Berufswahl als lebenslanger Entwicklungsprozess ist in der entwicklungspsychologischen Berufswahlforschung seit Mitte des vorangegangenen Jahrhunderts präsent (vgl. Super, 1980). Aus dieser Perspektive wurde Berufswahl nicht nur als beruflicher Entscheidungsprozess im Jugend- und Erwachsenenalter beschrieben, sondern auch die Bedeutung kindlicher berufswahlbezogener Entwicklungsprozesse herausgehoben. Das berufliche Selbstkonzept, das als zentrale Entwicklungsaufgabe im Kontext der Berufswahl beschrieben wird (vgl. Super, 1980; Savickas, 2002) entsteht zunächst in Auseinandersetzung mit der häuslichen Umwelt:

> *„Kinder lernen die (berufliche) Welt ... vor allem durch die Augen ihrer Eltern kennen und richten sich auch nach ihnen, wenn sie entscheiden, welchen sozialen Rollen sie in ihrem Leben Priorität einräumen. Sie imitieren ihre Eltern und testen diese Verhaltensweisen in einem immer breiter werdenden Spektrum aus"* (Olyai, 2013, S. 40–41).

Der Blick auf kindliche berufsbezogene Entwicklungsprozesse ist auch aus pädagogischer Perspektive so bedeutsam, weil Mädchen und Jungen ihre Interessen nicht erst entwickeln, wenn berufliche Entscheidungsprozesse durch das nahende Ende der Schulzeit eine Dringlichkeit haben. Sie beginnen sehr früh, ihre Fähigkeiten zu testen und durch Rückmeldungen Überzeugungen dahin gehend zu entwickeln, was sie gut können und was ihnen weniger gut gelingt. Die gesammelten Erfahrungen und dadurch geprägten Überzeugungen unterstützen die Entwicklung des Selbstkonzepts eigener Fähigkeiten und damit die Entstehung des beruflichen Selbstkonzepts. Für die Berufsorientierung heißt das, nicht nur solche Lerngelegenheiten zu schaffen, die sich an Jugendliche richten, sondern bereits Kindern die Möglichkeit zu geben, ihr im Kontext der sozialen Umwelt entstandenes berufsbezogenes Wissen bewusst zu machen. Dies bedeutet konsequenterweise, Mädchen und Jungen bereits im Grundschulalter zu ermuntern, berufsbezogene Fragen zu entwickeln und diesen nachzugehen. Damit einher geht die Konzeption pädagogischer Angebote zur kontinuierlichen Reflexion von Fähigkeiten und Überzeugungen. Dies ist so wichtig, da spätere positive Selbstwirksamkeitsüberzeugungen, die für eine erfolgreiche berufliche Entwicklung von Bedeutung sind, sehr früh geprägt werden (vgl. Olyai, 2013; Hartung, Porfeli & Vondracek, 2005).

Eine Interviewstudie mit Grundschulkindern der dritten und vierten Jahrgangsstufe zu ihren beruflichen Vorstellungen konnte zeigen, dass es bereits in der Kindheit eine differenzierte Auseinandersetzung mit Berufen gibt. Mädchen und Jungen äußern nicht nur ihre Berufswünsche, sondern können auch ihre Motive benennen, die für ihre Berufswünsche auschlaggebend sind: Für die Kinder ist es wichtig, dass der Beruf ihren Interessen, Wünschen und Fähigkeiten entspricht; er soll „Spaß" machen. Berufliche Perspektiven sind verknüpft mit dem Wunsch nach Erfolg und Anerkennung. Das gilt bei Mädchen und Jungen unabhängig davon, ob sie als „Schauspielerin" im Rampenlicht stehen oder als „Direktor einer Süßwarenfabrik" Verantwortung übernehmen (Baumgardt, 2012).

Die kindliche Auseinandersetzung mit der Berufswelt kann in vielfältiger Weise für eine kontinuierliche Entwicklung des beruflichen Selbstkonzepts fruchtbar gemacht werden. Nicht nur schulisches Lernen kann hier einen Beitrag leisten, sondern auch Lerngelegenheiten, die in der Familie und im lokalen Lebensweltkontext entstehen, bieten einen Ausgangspunkt für die Unterstützung kindlicher berufsbezogener Entwicklungsprozesse: „Ignoring the process of career development occuring in childhood is similar to a gardener disregarding the quality of the soil in which a garden will be planted" (Niles & Harris-Bowlsbey, 2009, S. 332).

2.2 Berufswahl im Spannungsfeld individueller Perspektiven und gesellschaftlicher Erwartungen

Während in der Kindheit eine erste Auseinandersetzung mit der Berufs- und Arbeitswelt häufig im Kontext mit der Frage nach dem Traumberuf oder eher zufälligen Lerngelegenheiten im Elternhaus und im sozialen Umfeld stattfindet, ist im Jugendalter die Berufswahl eine zentrale Entwicklungsaufgabe, die Heranwachsende bewältigen müssen. Als Entwicklungsaufgaben werden alterstypische Anforderungen bezeichnet, die sich vor dem Hintergrund körperlicher Entwicklung, gesellschaftlicher Erwartungen oder aufgrund eigener Ziele stellen. Die Berufswahl ist also eine Aufgabe, die in einem Spannungsfeld gesellschaftlicher Normierungen und individueller Perspektiven realisiert wird. Eine positive Gestaltung dieses Prozesses führt Zufriedenheit und Erfolg mit sich (vgl. Lohaus, Vierhaus & Maas, 2010).

Im Jugendalter sind Heranwachsende neben der Berufswahl vor vielfältige Herausforderungen gestellt: Sie setzen sich mit körperlichen Veränderungen auseinander und sind vor allem mit Autonomieentwicklung beschäftigt: Sie lösen sich vom Elternhaus und entwickeln ihr eigenes, unverwechselbares Selbst (Oerter & Montada, 2002). Die Entwicklung eines Selbstkonzeptes ist eng verknüpft mit beruflichen Vorstellungen. Berufe sind so etwas wie eine „Visitenkarte" der eigenen Person. Die individuellen beruflichen Vorstellungen werden durch eine Reihe von Einflussfaktoren geprägt. In diesem Kontext beschrieb Krumboltz (1979) folgende Aspekte:

- genetische Einflüsse auf Persönlichkeitseigenschaften, Interessen und kognitive Fähigkeiten
- Lernerfahrung in der Form von instrumentellen Lernerfahrungen
- spezifische Umweltbedingungen und Ereignisse
- Eltern oder Erziehungsberechtigte
- Peergroup
- strukturierte Lern- und Bildungsumgebungen

Ausgehend von der Überlegung, dass Berufswahl immer in einem Spannungsfeld von gesellschaftlichen Bedingungen und individuellen Perspektiven stattfindet, sollten Einflussfaktoren strukturell unterschieden werden. Schindler (2014) benennt exogene und endogene Einflussfaktoren. Als exogene Faktoren werden Einflüsse durch den Arbeitsmarkt, gesellschaftliche Entwicklungsprozesse, Eltern, Gleichaltrige und Medien beschrieben. Persönliche Ziele, Fähigkeiten, Werte und das eigene Geschlecht stellen endogene Faktoren dar. Diese Faktoren bilden einen Ausgangspunkt für mögliche pädagogisch motivierte Interventionen mit Blick auf die erfolgreiche Bewältigung der Entwicklungsaufgabe der Berufswahl.

2.3 Berufswahl unter Genderperspektive

Besonders stark wirken Geschlecht und Herkunft auf die berufliche Entwicklung (Maschetzke, 2009). Sehr früh entwickeln Mädchen und Jungen im Kontext ihrer Lebenswelten Traumberufe, mit denen sie spezifische Motive und Lebenswünsche verbinden. Diese verlieren nicht ihre Bedeutung, werden aber im weiteren Verlauf der beruflichen Entwicklung zumeist mit anderen beruflichen Ideen verknüpft. Diese Ideen möglicher beruflicher Perspektiven entspringen aber zunehmend einem immer kleiner werdenden Spektrum von Berufen, die infrage kommen, wenn Heranwachsende nicht aktiv Angebote zur Erweiterung des Berufswahlspektrums in Anspruch nehmen können. Bedingt durch ihre Herkunft und vielfältige gesellschaftliche Bedingungen, öffnen sich für Heranwachsende Türen oder verschließen sich diese. Zum Beispiel führen gesellschaftlich verankerte Geschlechterstereotype zu Zuschreibungen von Eigenschaften, die einem Geschlecht vorbehalten sind und für die Eignung jeweils spezifischer Berufe stehen. Berufswünsche werden unter dieser Perspektive als unrealistisch bewertet, weil sie z. B. nicht zum eigenen Geschlecht und den damit verbundenen Zuschreibungen passen (vgl. Gottfredson, 2002).

Vor diesem Hintergrund ist es wichtig, dass Mädchen und Jungen nicht nur wissen, dass Berufe nicht jeweils einem Geschlecht vorbehalten sind. Vielmehr sind eine aktive Auseinandersetzung mit den eigenen, möglicherweise stereotypen Vorstellungen und eine handlungsorientierte Erfahrung in geschlechtsuntypischen Berufen von Bedeutung. Die Reflexion der eigenen Wirksamkeit in einem für das eigene Geschlecht untypisch konnotierten Beruf kann stereotypen Beschränkungen entgegenwirken. Auch Männer und Frauen, die erfolgreich in einem geschlechtsuntypischen Beruf arbeiten, können als Modell wegweisend sein und durch ihre Vorbildwirkung Mädchen und Jungen erweiterte Perspektiven aufzeigen.

3 Berufswahlkompetenz als Ziel beruflicher Entwicklung

Die Wahl einer beruflichen Perspektive sollte nicht das Ergebnis von stereotypen Vorstellungen vermeintlicher Eignung sein, sondern auf fundierten Überlegungen hinsichtlich der eigenen Interessen, Fähigkeiten, Werte und Ziele einerseits und auf der Kenntnis der berufsbezogenen Anforderungen und Erträge andererseits basieren. Diese bewusste Entscheidung erzeugt Sicherheit. Diese gilt als einer der stärksten Prädiktoren für erfolgreiche berufliche Entwicklung (Herr, Cramer & Niles, 2004). Eine sichere Berufswahlentscheidung, die zu treffen Heranwachsende in der Lage sind, ist der zentrale Indikator für Berufswahlkompetenz. Kompetenz im Kontext der Berufswahl ist zu verstehen als Kompetenz, Berufsbiografien zu entwerfen, zu planen, umzusetzen und zu verantworten (Driesel-Lange et al., 2011; Driesel-Lange et al., 2013).

3.1 Prädiktoren für beruflichen Erfolg

Mit der Berufswahl verbunden sind spezifische Aufgaben, die Heranwachsende in einem längerfristigen Prozess bewältigen müssen, um eine sichere Berufswahlentscheidung treffen zu können (Bergmann, 2004). Zunächst ist das Bewusstwerden eigener Fähigkeiten und Interessen bedeutsam. Auf dieser Basis bzw. im Zuge dessen sammeln Heranwachsende Erfahrungen und erlangen für sie wichtige Informationen. Diese helfen ihnen dabei, realistische berufliche Möglichkeiten zu entwickeln. Diese Möglichkeiten werden eingegrenzt, es werden Alternativen entwickelt. Dieser zunehmende Eingrenzungsprozess mündet in eine berufliche Entscheidung, die als nachschulische Anschlussperspektive konkretisiert und umgesetzt wird.

Um eine sichere Berufswahlentscheidung zu treffen, benötigen Heranwachsende Selbst- und Arbeitsmarktkenntnisse, Prozesskenntnisse und -fähigkeiten wie Planung, Exploration und Entschiedenheit sowie Metakognitionen wie Selbstvertrauen und ein positives Selbstkonzept. Die genannten Aspekte sind Prädiktoren für erfolgreiche berufliche Entwicklung (Herr, Cramer & Niles, 2004). Gleichzeitig sind diese Aspekte Lernziele, denen in vielfältigen Lerngelegenheiten in Schule, Elternhaus und anderen Lernorten Rechnung getragen werden sollte, um Sicherheit und Entschiedenheit zu fördern.

Sicherheit und Entschiedenheit, so zeigt sich auch in empirischen Studien, haben eine große Bedeutung für erfolgreiche berufliche Entwicklung. Schülerinnen und Schüler, die sicher und entschieden sind,
- erleben eine geringere subjektive Belastung in der Berufswahl (Seifert, 1983),
- schaffen einen erfolgreicheren Übergang in die Arbeitswelt (Hirschi, 2007),
- zeigen aktiveres Bewerbungsverhalten und sind erfolgreicher in der Lehrstellensuche (Hirschi, 2007; Kracke & Schmitt-Rodermund, 2001),
- realisieren eher ihren Studienwunsch und sind zufriedener im Studium bzw. denken weniger an einen Studienabbruch (Bergmann, 1992; Seifert, 1993),

- sind später in der beruflichen Grundbildung erfolgreicher und auch zufriedener (Seifert, Bergmann & Eder, 1987; Seifert & Eder, 1991),
- können eher ihren Wunschberuf verwirklichen (Hirschi, 2007).

Die empirische Evidenz hinsichtlich der Wichtigkeit gezielter Förderung beruflicher Entwicklung ist wegweisend für die Konzeption berufsorientierender Aktivitäten. Neben einer fundierten und gut begründeten curricularen Grundlage ist die Entwicklungsangemessenheit ein zentrales Kriterium für erfolgreiche Berufsorientierung. Ausgangspunkt hierfür ist die Diagnostik von Berufswahlkompetenz.

3.2 Diagnostik und Förderung von Berufswahlkompetenz

Berufswahlkompetenz wird verstanden als ein Bündel spezifischer kognitiver Fähigkeiten, motivationaler Orientierungen und Handlungsfähigkeiten, die in einem längerfristigen Lern- und Entwicklungsprozess erworben werden. Die damit verbundenen Kenntnisse, Erfahrungen, motivationalen Haltungen und Einstellungen ermöglichen Heranwachsenden, ihren nachschulischen Bildungsweg begründet anzubahnen. Ausgehend von der Überlegung, dass Berufswahl ein lebenslanger Entwicklungsprozess ist, wird mit der Förderung von Berufswahlkompetenz in der Schule die Basis dafür geschaffen, sich in lebenslang wiederkehrenden berufsbiografisch relevanten Situationen (z. B. der Neu- und Umorientierung) zu bewähren (Driesel-Lange et al., 2010).

Die Förderung von Berufswahlkompetenz erfordert eine genaue Kenntnis der Unterstützungsbedarfe, die individuell verschieden sind. Um einzuschätzen, auf welchen Dimensionen der Berufswahlkompetenz Heranwachsende Unterstützung benötigen, ist ein diagnostisches Vorgehen erforderlich (Kaak et al., 2013). Dessen Ergebnis zeigt auf, welche pädagogischen Begleitmaßnahmen im Sinne einer Kompetenzförderung angemessen sind: Müssen eher Kenntnisse der Berufs- und Arbeitswelt vertieft werden, steht die Erkenntnis eigener Fähigkeiten und Interessen im Vordergrund, oder werden konkrete Handlungserfahrungen benötigt, um mögliche berufliche Optionen abzuwägen und Alternativen einzugrenzen? Die Diagnostik des Entwicklungsstandes in Bezug auf die berufliche Entwicklung sollte als Teil berufsorientierender Unterstützung verstanden werden. Hierzu gehört auch die Evaluation durchgeführter Aktivitäten, um festzustellen, welche Wirkung das Angebot entfaltet hat und welche individuellen Entwicklungsziele weiterverfolgt werden (sollten).

3.3 Interventionen zur Förderung der Berufswahlkompetenz – Wirksamkeit und Gestaltung

Kinder und Jugendliche benötigen vielfältige Lerngelegenheiten, um im Sinne von Berufswahlkompetenz ihre berufliche Entscheidung auf den Weg bringen zu können. Eine Vielzahl von erprobten Instrumenten und Aktivitäten kann dabei von Heranwachsenden in Anspruch genommen werden, um selbst- und berufsbezogenes

Wissen zu erwerben und motivationale Haltungen zu fördern sowie entsprechende Handlungserfahrungen zu sammeln. Es ist wichtig, dass Aktivitäten zur Berufsorientierung an den jeweiligen entwicklungsabhängigen Bedürfnissen von Mädchen und Jungen anknüpfen. Das heißt, einzelne Maßnahmen können durch gezielte Vor- und Nachbereitung so gestaltet werden, dass sie an den Interessen und Bedürfnissen der Heranwachsenden anschließen. Die einzelnen Aktivitäten sollten miteinander vernetzt werden, damit für Jugendliche Erkenntnisse und Erfahrungen in Beziehung gesetzt werden können. Somit übernehmen sie auch für ihren eigenen Lernprozess mehr Verantwortung, indem sie reflektieren und nächste Schritte bzw. Ziele für sich selbst ableiten.

Für die Gestaltung der pädagogischen Begleitung beruflicher Entwicklung im Allgemeinen und auch für die Kooperation mit Partner/-innen im Speziellen ist es hilfreich, einen Überblick über den Kenntnisstand zur Wirksamkeit von unterstützenden berufsorientierenden Maßnahmen zu gewinnen. Über die Wirksamkeit berufsorientierender Interventionen liegen im deutschsprachigen Raum nur wenige Befunde vor, besonders wenn der Blick auf Langzeiteffekte gerichtet wird (Hirschi & Läge, 2008; Whiston et al., 2003). Außerdem existieren nur wenige Erkenntnisse zur Förderung der berufsbezogenen Entwicklung von jüngeren Schülerinnen und Schülern sowie zu heterogen zusammengesetzten Gruppen (Hirschi & Läge, 2008; Whiston et al., 2003; vgl. auch zusammenfassend Driesel-Lange, 2011). Interessante Ergebnisse zur Wirksamkeit von Trainingsmaßnahmen zur Förderung der Entscheidungskompetenz bei Studierenden konnten durch eine neuere Studie von Fouad, Cotter und Kantamneni (2009) gewonnen werden. Die Studie konnte zeigen, dass sich berufsbezogene Entscheidungsschwierigkeiten mit gezielten Trainings reduzieren lassen. Dabei waren drei wesentliche Faktoren in der Anlage und der Durchführung des Trainings von Bedeutung:

- Erstens war die vorhergehende Durchführung eines Assessments zu Interessen, Werten und Fähigkeiten, d.h. die Förderung der Klarheit über diese Aspekte, Teil der Intervention.
- Zweitens wurden die Schülerinnen und Schüler aufgefordert, nachschulische Bildungsoptionen zu erkunden.
- Drittens stand im Mittelpunkt die Erhöhung der Selbstwirksamkeit in Bezug auf die eigene Entscheidungskompetenz. Hierfür wurden die Quellen der Selbstwirksamkeit (nach Bandura, 1997) gezielt für die Interventionen genutzt.

Berufsorientierende Lerneffekte, die direkt messbar sind, gehen aus einer Metaanalyse von Killeen und Kidd (1991) hervor (zitiert nach OECD, 2004). In sechs Kategorien wurden Effekte gefunden:

1. Einstellungen, die rationales Entscheidungsverhalten fördern, und Entscheidungsängste
2. Selbsterkenntnis
3. Erkenntnis berufsbezogener Möglichkeiten
4. Entscheidungsstrategien und -kompetenzen

5. Strategien zur Umsetzung von Entscheidungen wie Bewerbungsstrategien
6. Entschiedenheit.

Die positiven Ergebnisse der Studie werden für unterschiedliche pädagogische Interventionsansätze angegeben: Interventionen auf Klassenebene, Gruppenworkshops, Einzelberatungen, Testbesprechungen, Experimente und auch Interventionen, die einem Methodenmix unterliegen (Killeen & Kidd, 1991; zitiert nach OECD, 2004).

Die Wirksamkeit von Interventionen war auch Gegenstand einer Studie von Whiston, Sexton und Lasoff (1998), die zu dem Ergebnis kommt, dass individualisierte Angebote die größten Effekte zeigen. Für die Gestaltung berufsorientierender Angebote sind die Befunde der Metaanalyse von Brown und Ryan Krane (2000) und Brown et al. (2003) ausschlaggebend. Es wurden fünf Inhalte und Methoden identifiziert, die zur Erhöhung der Wirksamkeit der Maßnahmen einen Beitrag leisten:
1. Schriftliche Darlegung der Laufbahn- und Lebensziele (z. B. durch Führen eines Arbeitsheftes oder Verwendung von schriftlichen Übungen);
2. Beratungspersonen geben individuelle Interpretationen und ein Feedback (z. B. zu Testresultaten);
3. Beratungspersonen geben aktuelle Informationen über die Arbeitswelt und zu den Risiken und Möglichkeiten in ausgewählten Berufen;
4. Menschen lernen effektives Laufbahnverhalten nach Modellen und Mentoren;
5. Beratungspersonen helfen in der Entwicklung von unterstützenden sozialen Netzwerken zur Erreichung der Laufbahnziele.

Den empirischen Befunden zur Wirksamkeit von berufsorientierenden Angeboten wird im deutschsprachigen Raum bisher eher wenig Beachtung geschenkt. Sehr viele Maßnahmen existieren ohne einen Bezug auf diese Erkenntnisse bzw. lassen auf eine theoretische Fundierung und einen systematischen Ansatz schließen (zusammenfassend Driesel-Lange, 2011). Auch die Evaluation von berufsorientierenden Maßnahmen erfolgt noch nicht in dem Maße, wie es Anstrengungen zur Qualitätsentwicklung erforderlich machen (vgl. Kupka & Wolters, 2010; Dreer, 2013).[1]

Aus den oben genannten Aspekten lassen sich für die Gestaltung von Berufsorientierungsmaßnahmen Überlegungen ableiten, die zum einen für entwicklungsangemessene und kompetenzförderliche Lerngelegenheiten grundlegend sind. Zum anderen müssen diese Überlegungen in einen systematischen und konzeptionell gesicherten Einbezug von Partner/-innen münden. Die Entwicklung und Umsetzung systematischer, pädagogisch fundierter Konzepte, die sowohl den Bedürfnissen Jugendlicher im Berufswahlprozess gerecht werden als auch die Angebote von Partner/-innen aufgreifen und konzeptionell integrieren können, ist eine immense He-

---

1 Als beispielgebend für die Entwicklung von Maßnahmen qualitätsvoller Berufsorientierung im o. g. Sinn soll an dieser Stelle ein Vorhaben in Nordrhein-Westfalen gewürdigt werden. Nicht nur eine systematische Konzeption und standardisierte Durchführung, sondern auch eine in die Berufsorientierungsforschung eingebundene Evaluation und wissenschaftliche Weiterentwicklung sowie Kooperation mit Akteur/-innen in der Berufsorientierung sind Merkmale der angebotenen Aktivitäten, die das Institut für Bildungskooperation Münster erfolgreich umsetzt. Vgl. http://www.ifbk-muenster.de [Zugriff 28.12.2014].

rausforderung. Zunächst gilt es daher, die Perspektive von Partner/-innen in der Berufsorientierung, wie z. B. Unternehmen, sichtbar zu machen und in einem weiteren Schritt gemeinsame Ziele zu beschreiben.

3.4 Berufsorientierung als kooperative Aufgabe

Die Begleitung Heranwachsender in ihrer beruflichen Entwicklung gelingt im Sinne einer Förderung von Berufswahlkompetenz, wenn Kinder und Jugendliche Lerngelegenheiten wahrnehmen können, die sie motivieren, sich mit ihrer Zukunftsperspektive auseinanderzusetzen. Solche Lerngelegenheiten sind gegeben, wenn Mädchen und Jungen ihre Kompetenzen einbringen können, wenn ihre Interessen berücksichtigt werden und sie einen wertschätzenden Umgang mit ihrer Person und ihren Lernergebnissen erleben. Vor allem ist es wichtig, dass sie diese Lerngelegenheiten bewusst in den Kontext ihrer Berufswahl setzen können. Berufsbezogene Lerngelegenheiten mit authentischem Charakter kann die Schule nur bedingt zur Verfügung stellen. Aus diesem Grund pflegen Schulen seit langer Zeit Kooperationsbeziehungen in der Berufsorientierung. Als wichtigster Partner sind hier die Unternehmen zu nennen. Unternehmen bieten Heranwachsenden nicht nur Einblicke in bestimmte Berufsfelder, sondern eröffnen auch Perspektiven in der Auseinandersetzung mit der Arbeitswelt in einer Weise, die geeignet ist, Reflexionsprozesse jenseits einer spezifischen Berufswahlentscheidung in Gang zu setzen. In direktem Kontakt mit Arbeitnehmerinnen und Arbeitsnehmern, Auszubildenden und anderen unternehmensrelevanten Personengruppen können Fragen aufgeworfen werden wie: Entsprechen die Eindrücke und Erlebnisse meinen Erwartungen an die Arbeitswelt? Welche Herausforderungen habe ich für mich erkannt? Welchen Stellenwert nimmt Arbeit in meinem Leben ein? Wie lassen sich Beruf und Freizeit in eine Balance setzen? Was ist mir besonders wichtig in meinem späteren beruflichen Wirken?

Für die Zusammenarbeit von Schulen und Unternehmen gibt es keine allgemeingültige Vorgehensweise oder festgelegte Maßnahmen (vgl. Brüggemann in diesem Band). Entscheidend sind die Ziele und Ressourcen beider Kooperationspartner, die transparent und mit Blick auf das Schulkonzept zur schulischen Berufsorientierung reflektiert werden sollten. Die Gestaltungsoptionen für Unternehmen sind vielfältig: Dies gilt gleichermaßen für Aktivitäten, die für Jugendliche Berufsbilder greifbarer machen, Heranwachsenden helfen, ihre persönlichen und beruflichen Ziele zu klären, und Regionen durch Nachwuchsgewinnung stärken helfen.

Nachfolgend soll am Beispiel des Unternehmens K+S Kali GmbH eine breite Perspektive auf die Kooperation von Unternehmen und Schule aufgezeigt werden.

4 Die Unternehmensperspektive

Die K+S KALI GmbH ist ein Betrieb, der Berufsorientierung als Aufgabenfeld von Unternehmen versteht. Denn jedes Jahr beginnen ca. 80 junge Menschen ihre Ausbildung im Werk Werra der K+S KALI GmbH. Der Schwerpunkt liegt auf Ausbildungsberufen im gewerblich-technischen, bergbaulichen und chemischen Bereich. Ausgebildet werden:
- Bergbautechnologen Fachrichtung Tiefbohrtechnik (m/w)
- Bergbautechnologen Fachrichtung Tiefbautechnik (m/w)
- Chemikanten (m/w)
- Industriemechaniker (m/w)
- Anlagenmechaniker (m/w)
- Elektroniker für Betriebstechnik (m/w)
- Kfz-Mechatroniker (m/w)

Gerade in diesen unternehmensspezifischen Berufsfeldern fällt es innerhalb der letzten Jahre zunehmend schwerer, geeignete Auszubildende in ausreichender Anzahl zu finden. Neben tendenziell sinkenden Schülerzahlen sind an Schulen immer wieder Schülerinnen und Schüler in Abgangs- und Vorabgangsklassen vertreten, die kaum eine Vorstellung von Ausbildungsberufen haben und die wenig über Ausbildungsmöglichkeiten in der eigenen Region Bescheid wissen. Häufig entsteht der Eindruck, dass das Thema „berufliche Perspektive" in der neunten oder zehnten Klasse für die Schülerinnen und Schüler „ungelegen" kommt. Es entsteht zuweilen der Eindruck, ein Besuch einer weiterführenden Schule ist auch deshalb lohnenswert, um sich eine Entscheidung noch offenzuhalten.

Hinzu kommt, dass dort, wo Interesse an Berufsausbildung besteht, gewerblich-technische Berufe mit guten beruflichen Perspektiven in der Region von den Schülerinnen und Schülern nicht präferiert werden. Der Trend geht zu Berufen im kaufmännischen Bereich – trotz der Tatsache, dass in diesen Berufen nur eine sehr begrenzte Anzahl von Stellen, gepaart mit hohen Bewerberzahlen, zur Verfügung steht. Die Berufswahlpläne und -entscheidungen der Schülerinnen und Schüler korrespondieren zunehmend weniger mit den Erfordernissen der Wirtschaft.

Allein Klagen können hier nicht Abhilfe schaffen. Vielmehr ist K+S als Unternehmen gefordert, die Angebote und Maßnahmen an die neuen Herausforderungen anzupassen und hier auch einen gesellschaftlichen Auftrag zu übernehmen. Gesellschaftlicher Auftrag bedeutet, als Sparringpartner und Unterstützer für Schulen, Eltern und Initiativen im Entwicklungsprozess von Kindern und Jugendlichen aktiv zu sein: Unterstützung für das Entdecken, Finden und Erleben von beruflichem Dasein und beruflichen Perspektiven in der Realität zu bieten und schulische Inhalte mit der Anwendbarkeit in wirtschaftlichen Prozessen zu verbinden.

Das Unternehmen verfolgt also zwei Ziele: Erstens kann mit der direkten intensiven Ansprache der Schülerinnen und Schüler, der Lehrpersonen und Multiplikator/-innen (Berufseinstiegsbegleiter/-innen, Beratungslehrpersonen ....) das Ausbildungsangebot in der Zielgruppe bekannter gemacht werden und so auch die Akquise potenzieller Bewerber/-innen unterstützen. Zweitens wird die berufliche Orientierung der jungen Menschen gefördert. Sie rückt immer mehr in den Fokus der Bemühungen des Unternehmens. Dabei arbeitet K+S eng mit den regionalen Schulen zusammen und leistet somit aktiv einen Beitrag dazu, die potenziellen Berufswahlentscheidungen der Schülerinnen und Schüler an den Anforderungen der Wirtschaft zu spiegeln.

Über die Anforderungen des Ausbildungsmarktes und die beruflichen Perspektiven gerade im gewerblich-technischen Bereich zu informieren, sieht K+S als Aufgabe von Unternehmen an. Im Folgenden werden Maßnahmen erläutert, die im Rahmen der beruflichen Orientierung durchgeführt werden und die dazu beitragen, die Berufswahlkompetenz der Schülerinnen und Schüler zu fördern.

4.1 Unternehmerische Möglichkeiten zur Förderung der Berufswahlkompetenz

Da das Wissen über berufliche Perspektiven einen wichtigen Aspekt zur Förderung tragfähiger Entscheidungen darstellt, setzt K+S auf verschiedene Aktivitäten in diesem Kontext. Zum einen werden nach wie vor Anzeigen in Tageszeitungen oder Plakate im Rahmen des Ausbildungsmarketings platziert. Zum anderen richtet sich K+S seit 2010 jedoch kommunikationspolitisch mehr und mehr auf die persönliche Ansprache der Schülerinnen und Schüler und Partner/-innen in der Berufsorientierung aus. Im Mittelpunkt steht die Information über unternehmensspezifische „weiche Faktoren", die sich nur durch persönliche Kontakte überzeugend transportieren lassen. Diese spielen bei Schülerinnen und Schülern im Rahmen der letztendlichen Entscheidung für oder gegen ein Ausbildungsunternehmen eine große Rolle: Aspekte wie Arbeitsklima, Umgang miteinander und Betreuung durch die Ausbilder sind für die Schülerinnen und Schüler wichtig. Oft werden diese Aspekte noch vor der Höhe des Ausbildungsentgeltes genannt.

Nachfolgend werden Angebote im Kontext der beruflichen Orientierung skizziert, die K+S an die Zielgruppen richtet, die die berufliche Entwicklung von Schülerinnen und Schülern unterstützen und die Entwicklung der Region stärken.

4.1.1 Angebote für Schülerinnen und Schüler

Rückblickend auf den Beginn der Zusammenarbeit mit regionalen Schulen, war K+S zunächst vor die Herausforderung gestellt, einen ersten Kontakt aufzubauen und Ansprechpartner/-innen zu finden. Zu diesem Zwecke wurde den Schulen auf telefonischem Weg das Angebot unterbreitet, den Schülerinnen und Schülern – vorrangig der Abgangs- und Vorabgangsklassen – im Rahmen einer Schulstunde Ausbildungsberufe und Anforderungen an die Auszubildenden bei K+S vorzustellen. Die Reaktionen der Schulen waren dabei sehr unterschiedlich. Von sofortiger Begeisterung und Dankbarkeit, dass ein Unternehmen den Schülerinnen und Schülern praxisnahe Informationen darbietet, bis hin zu Skepsis und Sorge über den damit einhergehendem Unterrichtsausfall. Vor allem an Gymnasien wurde dieser Idee eher skeptisch begegnet. Mittlerweile, auch einhergehend mit einer verstärkten Diskussion um die Notwendigkeit einer praxisnahen Berufsorientierung und dem Auftrag, mehr junge Menschen für die sogenannten MINT-Berufe[2] zu gewinnen, haben sich die Einstellungen zugunsten der Kooperation zwischen Schule und Wirtschaft aus Unternehmensperspektive in der Region gewandelt. Mittlerweile pflegt K+S Kontakte zu ca. 40 regionalen Schulen. Die Schulen erhalten jährlich Besuch aus dem Unternehmen, um Ausbildungsmöglichkeiten und Karrierechancen kennenzulernen. Daraus sind bereits sechs Schulkooperationen entstanden, die intensiv gelebt und weiterentwickelt werden.

Großer Wert wird darauf gelegt, Ausbildungsberufe für die Schülerinnen und Schüler möglichst praktisch begreifbar zu machen. Hierfür bieten sich Betriebsbesichtigungen und Projekttage in der Ausbildungswerkstatt besonders an. Das praktische Erleben an der Werkbank findet in der Auszubildendengruppe statt. Hier kommen auch die oben beschriebenen „weichen Faktoren" zum Tragen. Schülerinnen und Schüler können vor Ort direkt einen Eindruck gewinnen. Die Rückmeldungen zu diesem Angebot sind sehr positiv: In 2014 nahmen elf Schülergruppen das Angebot der Projekttage mit der Möglichkeit wahr, sich selbst im Arbeitsprozess auszuprobieren.

Die im Rahmen einer Betriebsbesichtigung gesammelten Erfahrungen münden seitens der Schülerinnen und Schüler oft in schulische oder auch freiwillige Schülerbetriebspraktika, innerhalb der die Praktikant/-innen einen vertieften realistischen Eindruck vom Ausbildungsberuf und der Atmosphäre im Unternehmen bekommen. Aus diesen Praktika ergeben sich für das Unternehmen häufig motivierte Bewerber/-innen, die großes und fundiertes Interesse an einer Ausbildung und am Unternehmen zeigen.

Mit Blick auf die MINT-Förderung und besonders mit Fokus auf junge Frauen engagiert sich K+S jährlich zum Girls' Day und bietet 50 Mädchen und jungen Frauen einen Einblick in Chemie, Technik und auch direkt unter Tage in den Bergbau.

4.1.2 Angebote für Lehrpersonen

Resultierend aus der Zusammenarbeit mit den Schulen und Akteur/-innen an anderen Institutionen (z. B. Job- und Arbeitscoaches) wurde zunehmend der Wunsch von Lehrpersonen und Berufsorientierungsbeauftragten geäußert, die Wirtschaft selbst praxisnäher zu erleben. Deren wirtschaftsnahe Erfahrungen fußen häufig noch auf pädagogischen Praktika aus Studienzeiten oder der Betreuung von Schülerbetriebspraktika. Den aktuellen Anforderungen und Bedürfnissen der Wirtschaft, damit einhergehenden beruflichen Perspektiven, den genauen Inhalten der Ausbildungsberufe und dem betrieblichen Alltag kann dabei jedoch nicht ausreichend Aufmerksamkeit geschenkt werden. Hier sieht K+S es als Aufgabe von Unternehmen, Aufklärungsarbeit zu leisten. So hat K+S zahlreiche Gruppen von Lehrpersonen und

---

2 MINT steht für Mathematik, Informatik, Naturwissenschaft und Technik.

Multiplikator/-innen im Unternehmen begrüßen dürfen, die sich vor Ort über die Ausbildungsberufe und Anforderungen informiert haben. Nach eigenen Angaben haben die Lehrpersonen innerhalb der Besichtigungen ein realistischeres Bild der Ausbildung erhalten und können diese Eindrücke den Schülerinnen und Schülern praxisnäher weitergeben.

Viele Berufsorientierungsprogramme beginnen an den Schulen erst in Klasse 8. Ein besonderes Anliegen von K+S ist es, den Prozess der beruflichen Orientierung früher zu unterstützen. Dies ist auch der Erfahrung geschuldet, dass es schwierig ist, Jugendliche in diesem Alter für berufliche Orientierung zu begeistern und sie zum Nachdenken über ihre eigene berufliche Zukunft anzuregen. In jüngeren Klassenstufen ist das Interesse an Technik häufig noch nicht von vielen Eindrücken und Entwicklungen in der Pubertät verdeckt. Schülerinnen und Schüler sind hoch motiviert, begeistern sich für Technik und haben Interesse am Experimentieren und Ausprobieren. Diese Begeisterung für Technik gilt es, in Zusammenarbeit von Wirtschaft und Schule, über die Zeit der Pubertät hinaus aufrechtzuerhalten und in den Kontext eines aussichtsreichen Berufes im gewerblich-technischen Bereich oder ein Studium in den MINT-Disziplinen zu stellen. Vor diesem Hintergrund hat K+S im Jahr 2013 in Kooperation mit den Schulämtern Hersfeld-Rotenburg/Werra-Meißner und Westthüringen erstmals zu einer Fortbildung mit dem Schwerpunkt „Wann beginnt Berufsorientierung?" in unser Ausbildungszentrum eingeladen. Das Angebot richtete sich an Lehrpersonen und alle interessierten, am Berufsorientierungsprozess beteiligten Personen anderer Institutionen. 60 Teilnehmer/-innen folgten der Einladung. Die Verantwortlichen bei K+S freuten sich über angeregte Gespräche, interessante Diskussionen und sehr positive Rückmeldungen. Seitens der Teilnehmer/-innen ergab sich der Wunsch nach einer Wiederholung eines solchen Treffens, und so bat das Unternehmen im Jahr 2014 eine Fortsetzung der Veranstaltung mit Ausrichtung auf den Schwerpunkt „Stärken entdecken und fördern" an.

Als MINT-Botschafterin engagiert sich die K+S Kali GmbH auch direkt mit Veranstaltungen für Lehrpersonen in den Schulen: beispielsweise mit einem Impulsvortrag im Rahmen eines pädagogischen Tages zu den aktuellen Herausforderungen der Wirtschaft und der effektiven Zusammenarbeit zwischen Schule und Unternehmen. Ausgehend von den gesetzten Impulsen diskutierten die Lehrpersonen anschließend in Kleingruppen, wie sie den Herausforderungen begegnen können und welche Maßnahmen zeitnah ergriffen werden können, um v. a. die MINT-Bereiche zu fördern. Schrittweise leisten wir damit einen Beitrag dazu, gerade Perspektiven im MINT-Bereich in den Schulen bekannter zu machen und die Lehrpersonen dabei zu unterstützen, Schülerinnen und Schülern diese Chancen aufzuzeigen.

4.1.3 Stärkung der Region

Um die Region zu stärken, indem Fachkräfte hier ausgebildet und in der Region gehalten werden, hat K+S eine Reihe neuer, innovativer Aktivitäten auf den Weg gebracht. Dabei sind nicht nur alle Akteur/-innen in der Berufsorientierung bedeutsam, sondern aus der Perspektive eines lebenslangen Berufswahlprozesses wurden auch Konzepte entwickelt, die berufliche Entwicklung schon in der Kindheit unterstützen. Die Anstrengungen zur Berufsorientierung unter dem Aspekt, eine Region zu stärken, spielen für K+S mit einem hohen Bedarf an Auszubildenden in einer strukturschwachen Region eine große Rolle. Im letzten Bewerberzyklus musste trotz großen Engagements ein Bewerberrückgang verzeichnet werden: Ein Grund dafür sind die sinkenden Schülerzahlen, die in der Statistik der Absolventenzahlen allgemeinbildender Schulen in der Region ausgewiesen werden. Ein weiterer Grund liegt in veränderten Anschlussplänen von Jugendlichen: Heranwachsende entscheiden sich häufiger für die weiterführende Schule und damit für einen höherwertigen Schulabschluss, mit dem eine Hochschulzugangsberechtigung erworben werden kann. Gerade aber in der Region fehlen Fachkräfte im MINT-Bereich auf dem Qualifikationsniveau von Techniker/-innen und Meister/-innen. Dieser Befund korrespondiert auch mit den Angaben des Instituts der deutschen Wirtschaft Köln und der Agentur für Arbeit. Es entsteht eine sogenannte „MINT-Lücke": In 2020 fehlen 1,4 Millionen MINT-Fachkräfte und -spezialisten (Techniker/-innen, Meister/-innen). Der Bedarf bei MINT-Expert/-innen (Ingenieur/-innen ...) hat nicht diese Größenordnung. 103.000 fehlende Expert/-innen werden prognostiziert.[3]

Als aktive MINT-Botschafterin in der Initiative „MINT-Zukunft schaffen" versucht das Unternehmen K+S, die zukünftigen Fachkräfte der Region schon früh zu gewinnen. Vor diesem Hintergrund wurde im April 2014 das „Pixi-Buch-Projekt" gestartet. Dabei werden im Rahmen eines Praxistages und eingebunden in ein pädagogisches Projekt der Kindergärten eigens für K+S gezeichnete Pixi-Bücher zum Thema Bergbautechnologie an Kindergartenkinder der Region verteilt. Diese Aufgabe übernehmen eine Auszubildende und ein Auszubildender aus dem Bereich der Bergbautechnologen Tiefbautechnik, ganz authentisch in Arbeitskleidung, mit Helm, Grubenlampe und Sauerstoffselbstretter. Ziel ist es dabei, den Kindern einen Eindruck zu vermitteln, was in der Region gemacht wird, in der sie wohnen. Das heißt es wird erfahrbar und erlebbar gemacht, wie Kalisalz abgebaut wird und warum es so wichtig für die Menschen und die ganze Region ist. Dieses Projekt wird im nächsten Jahr noch stärker ausgebaut und darauf aufbauend Projekte an den Grundschulen etabliert.

Ein weiterer Schwerpunkt der zukünftigen Bemühungen von K+S ist die Intensivierung der Elternarbeit. An einigen Elternabenden unserer kooperierenden Schulen durfte K+S bereits über das Thema berufliche Orientierung aus Unternehmenssicht sprechen. Auch im Rahmen von Berufemessen, auf denen das Unternehmen regional flächendeckend vertreten ist, werden mit den Eltern intensive Gespräche geführt. Die eigenen Eltern sind sehr wichtige Ansprechpartner/-innen für die jungen Menschen in Bezug auf die Berufswahl. Es gilt also, vor allem den Eltern die Anforderungen der Wirtschaft und mögliche Karrierewege (mit und ohne Abitur) nahezubringen. So können sie ihren Kindern im Zuge der Berufsfindung besser Auskunft geben. Sie helfen dabei, die Begabungen ihrer Kinder in eine erfolgreiche berufliche

---

3   Vgl. http://www.mintzukunftschaffen.de/uploads/media/Thomas_Sattelberger.pdf [20.11.2014]

Orientierung und damit chancenreiche Zukunft in der Region zu integrieren. Für das Jahr 2015 ist geplant, in einer Kooperation mit Jugendhäusern in der Region eine Elternweiterbildung zum Thema „Abenteuer Erwachsenwerden" anzubieten. Ein Modul dieser dreiteiligen Veranstaltungsreihe wird im K+S-Ausbildungszentrum zu dem Schwerpunkt „Herausforderungen der Berufsorientierung" stattfinden. Außerdem wird im Bewerbungsprozess, neben dem Abend der offenen Ausbildung, seit diesem Jahr ein Elterninformationscafé angeboten, welches die Eltern und Begleitpersonen besuchen können, während ihre Kinder den zweistündigen Einstellungstest im Ausbildungszentrum absolvieren. Die Eltern erhalten hier umfangreiche Informationen über die Qualität, den Ablauf und die Benefits während der Ausbildung und die Weiterbildungsmöglichkeiten nach der Ausbildung. Dieses Angebot wurde von den Eltern sehr gut genutzt und geschätzt.

4.2 Erträge für Unternehmen: Ein Resümee zu den positiven Erfahrungen

Die kommunikationspolitische Ausrichtung mit einem persönlichen Bezug hat sich als sehr positiv herausgestellt. Diese Form des Ausbildungsmarketings ist natürlich zeit- und personalaufwendiger als medial basierte Kommunikationsformen. Es entstand jedoch der Eindruck, auf diesem Weg die richtigen Auszubildenden zu finden. Das positive Feedback unserer Zielgruppe und der Kooperationspartner/-innen war eine Bestärkung dahin gehend, den richtigen strategischen Weg genommen zu haben. Das Unternehmen K+S und die dort erlernbaren Ausbildungsberufe sind zunehmend auch über die Landkreisgrenzen hinaus bekannt. Damit verbunden ist der Ruf, dass eine sehr gute Ausbildung mit sehr guter Betreuung durch die Ausbilder und in einer sehr guten Arbeitsatmosphäre angeboten wird. Es ist gelungen, innerhalb der unterschiedlichen Zielgruppen – Schülerinnen und Schüler, Eltern, Lehrpersonen und Multiplikator/-innen – ein positives Arbeitgeberimage aufzubauen. Dieses wirkt sich unmittelbar auf die Anziehungskraft auf dem Auszubildendenmarkt und die Entscheidungsfindung der Zielgruppen aus. Schülerinnen und Schüler, die Betriebspraktika oder Betriebsbesichtigungen absolvierten, haben bereits einen genaueren Eindruck der erwähnten „weichen Faktoren" erhalten. Die meisten anderen Schülerinnen und Schüler haben im Vergleich dazu nur eine ungefähre Vorstellung über die Arbeitsbedingungen und die Arbeitsatmosphäre, die sie erwartet. Die Anforderungen, die ihr Ausbildungsunternehmen an sie stellt, sind für sie schwerer zu beurteilen.

Die Bemühungen im Zusammenhang mit der Stärkung eines positiven Arbeitgeberimages leisten einen Beitrag zur Förderung realistischer Einschätzungen seitens der Schülerinnen und Schüler. Im Endeffekt kann dies die Entscheidung für oder gegen ein Ausbildungsunternehmen bedingen.

Den Herausforderungen der Zukunft mit weiterhin sinkenden Schülerzahlen und dem stetigen Bewerberrückgang und dem daraus resultierenden Fachkräftemangel müssen sich alle Unternehmen stellen – jene in strukturschwachen Regionen aber in besonderem Maße. Daher ist es wichtig, aktiv zu werden und die Ausbildung erlebbar zu machen. Zentraler Erfolgsfaktor jedes Unternehmens ist der Mensch, und so ist es auch in Zukunft wichtig, geeignete junge Menschen für unsere Ausbildung zu gewinnen. „In jeder Gesellschaft gibt es Macher, Mitmacher und Miesmacher" (Rico Busse). Die Ausbildungsabteilung von K+S sieht es als ihre Aufgabe, die jungen Menschen gemäß ihren persönlichen Voraussetzungen strategisch zu entwickeln, sie zu sehr guten Fachkräften in ihren Bereichen auszubilden und damit den Grundstein für eine erfolgreiche berufliche Zukunft als „Macher" zu legen. Dies gelingt nur, wenn sich die jungen Auszubildenden für das begeistern, was sie tun, und nicht als „Miesmacher", die Dienst nach Vorschrift verrichten, agieren. Dafür ist es entscheidend, dass sie den richtigen Beruf gewählt haben, der zu ihren persönlichen Talenten und Begabungen passt. Schlussendlich beruht dies auch auf einer kontinuierlichen und frühzeitigen beruflichen Orientierung, bei der sowohl Schulen als auch Eltern und Unternehmen unterstützen müssen. Berufliche Orientierung ist ein langwieriger Prozess, der nicht erst in der 8. Klasse beginnt. Ausbildungsmarketing trägt nicht sofort Früchte und muss sich immer an der Zielgruppe orientieren. Daher ist es für K+S als Unternehmen wichtig, frühzeitig mit den Bemühungen zu beginnen, regional auf Berufemessen und an Schulen präsent zu sein, aufgebaute Kontakte kontinuierlich zu pflegen und weiterzuentwickeln und die Anforderungen der Wirtschaft authentisch weiterzugeben.

5 Perspektiven

„Insbesondere die Schülerinnen und Schüler profitieren von einer intensiven Zusammenarbeit zwischen Schule und Unternehmen, weil sie damit realitätsnah Anforderungen der Arbeitswelt kennenlernen, dabei wichtige Erfahrungen sammeln und nützliche Kontakte für die Aufnahme einer Ausbildung knüpfen können." (Behörde für Schule und Berufsbildung Hamburg, 2010, S. 6)

Nicht nur Schülerinnen und Schüler profitieren von einer Zusammenarbeit zwischen Schule und Arbeitswelt. Auch Unternehmen gewinnen durch die Kooperation. Sie erhalten Einblicke in die Schule, nehmen dadurch Anforderungen der Schule und auch bildungspolitische Entwicklungen wahr. Durch ihr Engagement in der Förderung von Berufswalkompetenz fördern auch sie den erfolgreichen Übergang in die Berufsausbildung. Sie kennen die Voraussetzungen, mit denen Jugendliche in die Arbeitswelt starten, und können aktiv auf die Integration von Heranwachsenden einwirken. Letztendlich sichern sich Unternehmen Wettbewerbsvorteile bei der Rekrutierung zukünftiger Fachkräfte. Im Handbuch „Zusammenarbeit Schule – Unternehmen" der Hansestadt Hamburg wird die Kooperation auch unter dem Aspekt der *Corporate Social Responsibility* gesehen. Dies führt zu einer Verbesserung des „Ansehen(s) in der Öffentlichkeit, wenn sie gemeinsam mit Schulen gesellschaftliche Verantwortung für die nachwachsende Generation in ihrer Region wahrnehmen" (vgl. Behörde für Schule und Berufsbildung Hamburg, 2010, S. 7).

Wie im Text beispielhaft am Unternehmen K+S gezeigt, können durch die aktive Beteiligung von Unternehmen in der Berufsorientierung frühzeitig Potenziale erkannt und gefördert werden. Gerade in Bereichen, in denen in den kommenden Jahren ein starker Fachkräftemangel droht, können durch die Sichtbarkeit der Arbeits- und Berufswelt neue Perspektiven von Jugendlichen erschlossen werden, die ohne die Beteiligung von Unternehmen für Heranwachsende gar nicht eröffnet würden. Dies gilt besonders im Hinblick auf die Gefahr geschlechtsstereotyper Berufswahlentscheidungen, die z. B. Karrierechancen im MINT-Bereich bei Mädchen und jungen Frauen im Wege stehen. Hier ist die Möglichkeit der Kooperation mit einer facettenreichen, realen Arbeits- und Berufswelt sehr wertvoll. Das Beobachten von Rollenmodellen und Vorbildern kann wegweisend sein für berufliche Wege abseits tradierter Vorstellungen.

Unternehmen sind ein unverzichtbarer Kooperationspartner von Schulen in der schulischen Berufsorientierung, die einen wichtigen Beitrag zur Förderung von Berufswahlkompetenz leisten. Jedoch sollte die Schule immer Sorge dafür tragen, dass berufliche Entscheidungen das Ergebnis selbstgesteuerter Lernprozesse sind, die von Partner/-innen gefördert, aber nicht gelenkt werden. Berufswahlkompetenz steht für eine aktive und selbstbestimmte Gestaltung berufsbiografischer Entwicklung. Diese ist das übergeordnete Ziel aller pädagogischen Bemühungen in der Berufsorientierung. Eine solche Perspektive ist konstituierend für Konzepte, die den Merkmalen „guter Berufsorientierung" (vgl. Brüggemann in diesem Band) folgen.

Zukünftig gilt es, die Optionen betrieblicher Berufsorientierung (vgl. Brüggemann in diesem Band) noch stärker in konzeptionelle Überlegungen schulischer Berufsorientierung einzubeziehen. In der letztendlichen Ausgestaltung stehen jedoch immer individuelle Ziele, Ressourcen und lokale Bedingungen der Kooperationspartner im Mittelpunkt. Wünschenswert wäre hier Unterstützung für Schulen und Unternehmen, die sich in beratender und prozessbegleitender Form äußert.

Literatur

Bandura, A. (1997). Self-efficacy: The exercise of control. New York: Freeman.
Baumgardt, I. (2012). Der Beruf in den Vorstellungen von Grundschulkindern. Baltmannsweiler: Schneider Verlag Hohengehren.
Behörde für Schule und Berufsbildung Hamburg (Hrsg.) (2010). Partnerschaft Schulen – Unternehmen. Handbuch mit Praxisbeispielen. Hamburg: Behörde für Schule und Berufsbildung. Zugriff am 27.12.2014 unter http://li.hamburg.de/contentblob/2341264/data/handbuch-mit-praxisbeispielen.pdf

Bergmann, C. (1992). Schulisch-berufliche Interessen als Determinanten der Studien- bzw. Berufswahl und -bewältigung. Eine Überprüfung des Modells von Holland. In A. Krapp & M. Prenzel (Hrsg.), Interesse, Lernen, Leistung. Neuere Ansätze zur pädagogisch-psychologischen Interessensforschung (S. 195–220). Münster: Waxmann.

Bergmann, C. (2004). Berufswahl. In H. Schuler (Hrsg.), Enzyklopädie der Psychologie. Organisationspsychologie – Grundlagen- und Personalpsychologie (Bd. 3, S. 343–387). Göttingen: Hogrefe.

Brown, S. D. & Ryan Krane, N. E. (2000). Four (or five) sessions and a cloud of dust: Old assumptions and new observations about career counseling. In S. D. Lent & S. D. Brown (Hrsg.), Handbook of counseling psychology (3. Aufl., S. 740–766). New York NY: John Wiley & Sons.

Brown, S. D., Ryan Krane, N. E., Brecheisen, J., Castelino, P., Budisin, I., Miller, M. et al. (2003). Critical ingredients of career choice interventions: More analyses and new hypotheses. Journal of Vocational Behavior, 62, S. 411–428.

Dreer, B. (2013). Kompetenzentwicklung von Lehrpersonen im Bereich Berufsorientierung. Beschreibung, Messung, Förderung. Wiesbaden: Springer.

Driesel-Lange, K. (2011). Berufswahlprozesse von Mädchen und Jungen. Interventionsmöglichkeiten zur Förderung geschlechtsunabhängiger Berufswahl. Münster: Lit.

Driesel-Lange, K., Hany, E., Kracke, B. & Schindler, N. (2010). Ein Kompetenzentwicklungsmodell für die schulische Berufsorientierung. In U. Sauer-Schiffer & T. Brüggemann (Hrsg.), Der Übergang Schule – Beruf. Beratung als pädagogische Intervention (S. 157–175). Münster: Waxmann.

Driesel-Lange, K., Hany, E., Kracke, B. & Schindler, N. (2011). Berufs- und Studienorientierung. Erfolgreich zur Berufswahl. Ein Orientierungs- und Handlungsmodell für Thüringer Schulen. In Thüringer Institut für Lehrerfortbildung, Lehrplanentwicklung und Medien (Hrsg.), Materialien Nr. 165. Bad Berka: Thüringer Institut für Lehrerfortbildung, Lehrplanentwicklung und Medien.

Driesel-Lange, K., Kracke, B., Hany, E. & Schindler, N. (2013). Das Thüringer Berufsorientierungsmodell: Charakteristika und Bewährung. In T. Brüggemann & S. Rahn (Hrsg.), Berufsorientierung: Ein Lehr- und Arbeitsbuch (S. 281–297). Münster: Waxmann.

Fouad, N., Cotter, E. W. & Kantamneni, N. (2009). The effectiveness of a Career Decision-Making Course. Journal of Career Assessment, 17 (3), S. 338–347.

Gottfredson, L. S. (2002). Gottfredson's theory of circumscription, compromise, and self-creation. In D. Brown & Associates (Hrsg.), Career choice and development (4. Aufl., S. 85–148). San Francisco: Jossey-Bass.

Hartung, P. J., Porfeli, E. J. & Vondracek, F. W. (2005). Child vocational development: A review and reconsideration. Journal of Vocational Behavior, 66, S. 385–419.

Herr, E. L., Cramer, S. H. & Niles, S. G. (2004). Career guidance and counseling through the lifespan. Systematic approaches (6. Aufl.). Boston: Pearson.

Hirschi, A. (2007). Berufswahlbereitschaft von Jugendlichen: Inhalte, Entwicklung und Förderungsmöglichkeiten. Unveröffentlichte Dissertation am Psychologischen Institut der Universität Zürich.

Hirschi, A. & Läge, D. (2008). Increasing the career choice readiness of young adolescents: An evaluation study. International Journal of Educational and Vocational Guidance, 8 (2), S. 95–110.

Kaak, S., Kracke, B., Driesel-Lange, K. & Hany, E. (2013). Diagnostik und Förderung der Berufswahlkompetenz Jugendlicher. bwp@ Spezial 6 – Hochschultage Berufliche Bildung 2013, Workshop 14, hrsg. v. K. Driesel-Lange & B. Dreer, S. 1–13. Zugriff am 27.12.2014 unter http://www.bwpat.de/ht2013/ws14/kaak_etal_ws14-ht2013.pdf

Killeen, J. & Kidd, J. (1991). Learning Outcomes of Guidance: A Review of Research (Research Paper No. 85). Sheffield: Employment Department.

Kracke, B. & Schmitt-Rodermund, E. (2001). Adolescents' career exploration in the context of educational and occupational transitions. In J. E. Nurmi (Hrsg.), Navigating through adolescence: European perspectives (S. 141–165). New York: Routledge.

Krumboltz, J. D. (1979). A social learning theory of career decision making. In M. Mitchell, G. B. Jones & J. D. Krumboltz (Hrsg.), Social learning and career decision making (S. 19–49). Cranston, RI: Caroll.

Kupka, P. & Wolters, M. (2010). Erweiterte vertiefte Berufsorientierung. Überblick, Praxiserfahrungen und Evaluationsperspektiven. Forschungsbericht. Nürnberg: Institut für Arbeitsmarkt- und Berufsforschung.

Lohaus, A., Vierhaus, M. & Maass, A. (2010). Entwicklungspsychologie des Kindes- und Jugendalters. Berlin, Heidelberg: Springer.

Maschetzke, C. (2009). Die Bedeutung der Eltern im Prozess der Berufsorientierung. In M. Oechsle, H. Knauf, C. Maschetzke & E. Rosowski (Hrsg.), Abitur und was dann? Berufsorientierung und Lebensplanung junger Frauen und Männer und der Einfluss von Schule und Eltern (S. 181–228). Wiesbaden: VS.

Niles, S. G. & Bowlsbey, J. (2009). Career development interventions in the 21st century. NJ: Pearson-Merrill-Prentice Hall.

Oerter, R. & Montada, L. (Hrsg.) (2002). Entwicklungspsychologie. Weinheim: Beltz.

Olyai, N. (2013). Das Wissen von Kindern über Berufe: Struktur, Veränderbarkeit und elterliche Einflüsse. Dissertation. Universität Erfurt.

Organisation for Economic Cooperation and Development (Hrsg.) (2004). Career Guidance and Public Policy. Bridging the Gap. Paris: Organisation for Economic Cooperation and Development. Zugriff am 27.12.2014 unter http://www.oecd.org/dataoecd/33/45/34050171.pdf

Savickas, M. L. (2002). Career construction: A developmental theory of vocational behavior. In D. Brown & Associates (Hrsg.), Career choice and development (4. Aufl., S. 149–205). San Francisco: Jossey Bass.

Schindler, N. (2014). Einflussfaktoren und Unterstützungsmöglichkeiten bei der Berufswahl von Jugendlichen. Vortrag auf der Fachtagung „Zukunftsfeld Bildungs- und Berufsberatung: Wirkung – Nutzen – Sinn." St. Wolfgang, Österreich: bifeb – Bundesinstitut für Erwachsenenbildung, 24.–25.4.2014.

Seifert, K. H. (1983). Berufswahlreife. Berufsberatung und Berufsbildung, 68, S. 233–251.

Seifert, K. H. (1993). Zur prädikativen Validität von Berufswahlreifeinstrumenten. Zeitschrift für Arbeits- und Organisationspsychologie, 4, S. 172–182.

Seifert, K. H., Bergmann, C. & Eder, F. (1987). Berufswahlreife und Selbstkonzept-Berufskonzept-Übereinstimmung als Prädiktoren der beruflichen Anpassung und Bewährung während der beruflichen Ausbildung. Zeitschrift für Arbeits- und Organisationspsychologie, 31, S. 133–143.

Seifert, K. H. & Eder, F. (1991). Berufswahl und berufliche Bewährung und Anpassung während der beruflichen Ausbildung. Zeitschrift für Pädagogische Psychologie, 5, 3, S. 187–200.

Super, D. E. (1980). A life-span, life-space approach to career development. Journal of Vocational Behavior, 16, S. 282–298.

Whiston, S. C., Brecheisen, B. K. & Stephens, J. (2003). Does treatment modality affect career counseling effectiveness? Journal of Vocational Behavior, 62, S. 390–410.

Whiston, S. C., Sexton, T. L. & Lasoff, D. L. (1998). Career-intervention outcome. A replication and extension of Oliver and Spokane. Journal of Counseling Psychology, 45, S. 150–165.

Unternehmenshintergrund

K+S ist ein internationales Rohstoffunternehmen. Wir fördern und veredeln seit 125 Jahren mineralische Rohstoffe. Die daraus hergestellten Produkte kommen in der Agrarwirtschaft, Ernährung und Straßensicherheit weltweit zum Einsatz und sind wichtige Komponenten für eine Vielzahl industrieller Prozesse. Die Nährstoffe Kali und Salz begleiten den Megatrend der Zukunft: Eine stetig wachsende Weltbevölkerung wird immer wohlhabender und strebt nach einem moderneren Lebensstandard, der einen zunehmenden Verbrauch an mineralischen Rohstoffen bedingt. Die deshalb steigende Nachfrage bedienen wir aus Produktionsstätten in Europa, Nord- und Südamerika sowie einem weltweiten Vertriebsnetz. K+S ist der größte Salzproduzent der Welt und gehört zur Spitzengruppe der internationalen Kalianbieter. Mit mehr als 14.000 Mitarbeitern erzielte K+S im Geschäftsjahr 2013 einen Umsatz in Höhe von rund 4 Mrd. Euro und ein EBIT von 656 Mio. Euro. K+S ist der Rohstoffwert im deutschen Aktienindex DAX. Die K+S KALI GmbH, ein Unternehmen der K+S Gruppe, gehört weltweit zur Spitzengruppe der Kaliproduzenten und ist in Europa der führende Anbieter. Unsere natürlichen Rohstoffe verarbeiten wir effizient, umweltbewusst und mit modernster Technologie zu einer Produktpalette, die weltweit einzigartig ist: Spezial- und Standarddüngemittel, technische und hochreine Salze für die Industrie sowie pharmazeutische Anwendungen. Für ein Plus an Lebensqualität und Wachstum.

Mit rund 4.400 Beschäftigten und 300 Auszubildenden ist das Werk Werra der K+S KALI GmbH einer der wichtigen Arbeitgeber und großen Ausbildungsbetriebe in der osthessischen und südthüringischen Region.

10 Merkmale „guter" Berufsorientierung

Tim Brüggemann

1 Einleitung

Der Übergang Schule – Beruf ist nicht nur in der Praxis und im Bereich der Bildungsadministration seit einigen Jahren verstärkt im Fokus, auch die theoretischen Überlegungen und wissenschaftlichen Forschungsbemühungen in diesem Gegenstandsbereich haben sich deutlich intensiviert, sodass mittlerweile eine „empirische Wende" (vgl. Brüggemann, 2013) die sich entwickelnden Initiativen und Veränderungen flankiert. Analog zu der explosionsartigen Vermehrung und Verbreitung von Instrumenten, Maßnahmen und Konzepten der Berufsorientierungspraxis, welche uns den sogenannten „Maßnahmendschungel" (Richter, 2012, S. 4) eingebracht haben, schreiten auch die Gelehrten in der Produktion von Theorien, Modellen und grundlegenden empirischen Befunden zügig voran.

Ergebnisse von Expertenrunden im Rahmen des Forschungsprojektes BRÜCKE (Berufsorientierung und regionales Übergangsmanagement – Chancen, Kompetenzen, Entwicklungspotenziale) konstatieren jedoch hinsichtlich der Kommunikation von Forschungsergebnissen im Feld der Berufsorientierung, dass „die Rezeption und (potenzielle) Verwertung von Forschungsergebnissen in der Praxis stark von deren Kommunikation abhängt. Zu anspruchsvolle und umfangreiche Texte würden in der Praxis kaum gelesen" (Sehrer, 2013, S. 110), so die Expertenmeinungen aus Österreich, der Schweiz und Deutschland. Stattdessen müsste die Wissenschaftskommunikation einen „Mittelweg zwischen den beiden Polen Klarheit und Komplexität" (ebd.) finden.

Diesen Impuls aus der Bodenseeregion aufnehmend, versucht der vorliegende Artikel einige Forschungsbefunde zum Themenbereich Berufsorientierung aggregiert und pointiert in Form von zehn Merkmalen „guter" Berufsorientierung anzubieten.

2 Was kennzeichnet „gute" Berufsorientierung?

Die praktische Forderung nach einer qualitativ hochwertigen Vorbereitung auf den Übergang Schule–Beruf ist naheliegend und leicht aufgestellt. Die theoretische Beantwortung der Frage, was denn genau unter „guter" Berufsorientierung zu verstehen sei, ist wiederum enorm komplex. Liegt doch der Berufsorientierung quasi schon per Definition eine doppelte Normierung zugrunde, denn Berufsorientierung lässt sich definieren „als ein lebenslanger Prozess der Annäherung und Abstimmung zwischen Interessen, Wünschen, Wissen und Können des Individuums auf der einen und den Möglichkeiten, Bedarfen und Anforderungen der Arbeits- und Berufsweltauf der anderen Seite" (Famulla & Butz, 2005). Die Krux liegt also in der Vereinbarkeit der beiden Pole Individualperspektive versus Arbeitsmarktperspektive. Wie will man also „gute" Berufsorientierung erkennen? Ist ein Berufsorientierungsprozess gelungen, bei dem der Jugendliche am Ende seiner Regelschulzeit exakt über sein berufliches Selbstkonzept (Interessen, Fähigkeiten, dazu passende berufliche Umwelten) im Bilde ist, obschon er z. B. keine Ausbildungsstelle ergattern konnte und somit nach dem Abschluss ohne Anschluss dasteht? Hier könnte man zwar von einem gelungenen individuellen Berufsorientierungsprozess auf pädagogischer Ebene sprechen, der aber dennoch ineffizient blieb. Ebenso könnte von guter Prozessqualität, aber mangelnden Outputs gesprochen werden, denn das Endprodukt, eine Vermittlung, konnte nicht erreicht werden.

Oder kann von guter Berufsorientierung gesprochen werden, wenn junge Menschen durch gezielte Beratung in freie Lehrstellen vermittelt werden, obschon unter Umständen Anforderungsprofil der Stelle und Eignungsprofil des Bewerbers nicht stimmig sind? Hier kann der Output durch eine Vermittlung zwar erreicht werden, durch die mangelnde Prozessqualität der Berufsorientierung kann es aber u. U. zu Ausbildungsabbrüchen im Nachgang der Vermittlung kommen (Deuer, 2012).

Beim ersten Beispiel liegt der Fokus stark auf dem Individuum, der Berufswahlreife (vgl. Seifert, 1984) eines Menschen, wohingegen beim zweiten Fall eher eine gesellschaftlich-ökonomische Perspektive eingenommen wird. Politisches Beispiel für das Anlegen des zweiten Maßstabes ist der Vorschlag der damaligen Bundesarbeitsministerin Ursula von der Leyen, die arbeitslos werdenden Schlecker-Mitarbeiterinnen könnten ja „vom Fachkräftemangel in anderen Berufen profitieren – vor allem bei Erziehern und Altenpflegern" (Spiegel Online, 2012). Dieser Vorschlag ist aus Effizienzgesichtspunkten (Output) durchaus naheliegend, blendet die individuelle Perspektive von Neigungen und Fähigkeiten (Prozess) jedoch komplett aus.

Die Berücksichtigung *beider* Normen (Individualperspektive und Arbeitsmarktperspektive) ist im Berufsorientierungsprozess relevant, separat voneinander betrachtet können die Sichtweisen keine umfassende Auskunft über gute oder schlechte Berufsorientierung geben. Weder hohe Übergangsquoten/Vermittlungsquoten noch hohe Werte im Bereich der Berufswahlreife oder auch der Berufswahlkompetenz (vgl. Bußhoff, 1989) an sich sind alleine Prädiktoren gelungener Berufsorientierung.

Nur durch die Betrachtung beider Maßstäbe kann ein holistisches Bild – ein ganzheitlicher Eindruck – eines Übergangs Schule – Beruf gewonnen werden.

Ergo sind auch die in diesem Artikel vorgeschlagenen Merkmale guter Berufsorientierung vor diesem Hintergrund zu reflektieren. Da sich die Merkmale, die sich hier finden, auf die subjektiven Berufsorientierungsprozesse junger Menschen stützen, kann hier demnach auch nur aus der Prozessperspektive argumentiert werden. Wenn in diesem Artikel also von „guter" Berufsorientierung die Rede ist, so ist damit eine gelungene Prozessqualität von Berufsorientierung gemeint. Aber nur wenn diese gute Prozessqualität dann im Anschluss auch zu effizienten Übergangsquoten führt, kann im engeren Sinne eine Übergangspropädeutik als „gut" deklariert werden.

3   Prozessqualität von Berufsorientierung

Betrachtet man die empirisch erfassten Phasen der Berufsorientierung nach Herzog, Neuenschwander und Wannack (2006), so lassen sich aus diesen Überlegungen durchaus Rückschlüsse für die Prozessqualität von Berufsorientierung ziehen.

Die erste Phase des Berufswahlprozesses, die Phase der diffusen Berufsorientierung, ist zeitlich schon im Kindesalter zu verorten. Bei dieser Stufe der Berufsorientierung geht es – so die Schweizer Forscher – zunächst um wenig konkrete Vorstellungen von Berufen, sondern eher um die Herausbildung grundlegender beruflicher Kompetenzen, aber auch grundlegender beruflicher Einstellungen, die dann wiederum das Berufsorientierungsverhalten im Jugendalter beeinflussen bzw. bestimmen können.

Im weiteren Verlauf der Phasen dieses Prozesses, bspw. in der Phase der konkreten Berufsorientierung, sollten Jugendliche dann aber in der Lage sein, sich von kindlichen „Traumberufen" oder diffusen Vorstellungen zu lösen und in eine realistische Berufswegplanung einzumünden. Der Zeitpunkt dieser Konkretisierung der Berufsorientierung sollte nach Untersuchungen der Schweizer Forscher (bei Annahme einer 10-jährigen Pflichtschulzeit) optimalerweise im Verlauf des 8. Schuljahres erfolgen. Dies bedeutet aber im Umkehrschluss, dass die diffuse Berufsorientierung zu diesem Zeitpunkt bereits abgeschlossen und didaktisch bearbeitet worden sein muss. Auf die Phase der Konkretisierung folgt sachlogisch die Phase der Ausbildungsplatzsuche und im weiteren Verlauf des Modells die Konsolidierung der Berufswahl. Rechnet man ausgehend vom Beginn des Ausbildungsjahres (1. August/September) und der üblichen Rekrutierungspraxis von Unternehmen die Zeitspannen zurück, so kann man ungefähre Zeitangaben zur Bewältigung der o.g. Phasen in Deutschland machen.

Ungefähr ein bis eineinhalb Jahre vor dem Beginn des Ausbildungsjahres müssten Jugendliche sich demnach bei potenziellen Ausbildungsbetrieben beworben haben,

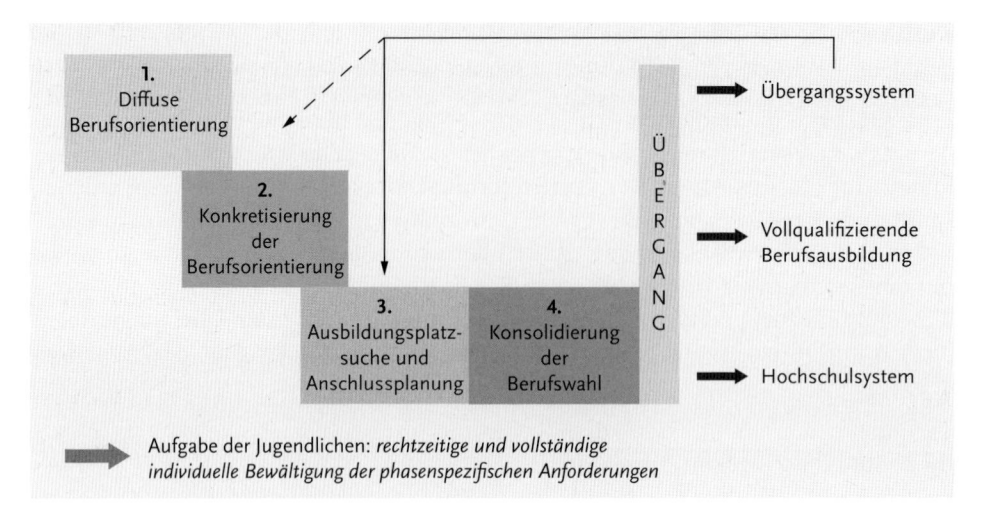

Abb. 1 Phasen der Berufsorientierung

Quelle: Eigene Darstellung in Anlehnung an das Modell von Herzog/Neuenschwander/Wannack (2006)

damit im Anschluss die häufig üblichen Bewerbungsprozedere wie Einstellungstests und Gespräche ablaufen können. Dies bedeutet, dass bereits im Verlauf des zweiten Halbjahres in der Klasse 9 mit Bewerbungsaktivitäten begonnen werden sollte, damit die Konsolidierung und mögliche alternative Aktivitäten im Verlauf der Klasse 10 abgeschlossen werden können. Mit dieser zeitlichen Abfolge kann idealerweise ein Anschluss direkt nach dem Abschluss der Schule reibungslos verlaufen.

Eine gute Prozessqualität von Berufsorientierung ist folglich dann gegeben, wenn ein Individuum durch eigene Anstrengung oder mithilfe externer Unterstützung die sich ihm stellenden phasenspezifischen Herausforderungen zur rechten Zeit meistern kann. Unterstützungsformen können helfen, diesen individuellen Prozess entweder anzustoßen, zu begleiten oder dafür Sorge zu tragen, dass keine Risikosituationen entstehen, die den Prozessverlauf hemmen könnten.

4 Merkmale guter Berufsorientierungsprozesse

Sicherlich gilt in der Berufsorientierung, wie bspw. auch in der Unterrichtsforschung, dass viele Wege und nicht nur einer nach Rom führt. Die hier im Folgenden genannten empirischen Befunde und deren pädagogisch-didaktischen Konsequenzen in Form von Merkmalen skizziert, obliegen einer selektiven Auswahl des Autors und sind somit weder vollständig, noch stellen sie eine Aufforderung dar, Berufsorientierung zu uniformieren. Diese Merkmalsbeschreibungen sollen der erste Schritt zur Skizzierung eines wissenschaftlichen Status quo, bezogen auf Berufsorientierungsprozesse junger Menschen, sein und zugleich als Orientierungshilfe für die Praxis dienen. Die Systematik der Ausarbeitung geht dabei wie folgt vor: Zunächst werden empirisch erfassbare Befunde zur Ausgangslage bzw. zur Entwicklung von Berufsorientierungsprozessen junger Menschen erläutert, um sodann daraus resultierende methodische wie didaktische Konsequenzen in Form von Merkmalen für die Gestaltung von Berufsorientierungsmaßnahmen zu ziehen. Die vorgestellten Erkenntnisse stammen aus Untersuchungen der Berufsorientierungsforschung, hauptsächlich gewonnen im Rahmen des Berufsorientierungspanels (BOP) in der Region Rhein-Erft-Kreis (vgl. Rahn, Brüggemann & Hartkopf, 2014). Im Rahmen des BOP wurden in den Jahren 2009–2013 über 3.600 Schülerinnen und Schüler auf ihrem Weg zum Übergang Schule–Beruf begleitet und in regelmäßigen Abständen zu ihrer beruflichen Orientierung befragt. Aufgrund dieser enormen Datenfülle zu Berufsorientierungsprozessen von jungen Menschen aller Schulformen ist es möglich, Ansätze für typische Effekte und Ausgangslagen zu skizzieren. Ergänzt werden die Befunde des BOP in diesem Artikel aber immer wieder auch durch Erkenntnisse anderer Studien und theoretische und normative Impulse aus der Berufsorientierungsdebatte.

Merkmal	Ausgangslage/Befunde	Pädagogische Konsequenz/ Merkmal guter Berufsorientierung
	Didaktische/Strukturelle Merkmale	
1	Frühe **Sensibilität und Bedarfe** bei den Jugendlichen erkennbar	**Frühe und intensive** Berufsorientierung anbieten
2	**Verpuffung** von Effekten zu befürchten	**Didaktische Verzahnung** notwendig
3	Starker **Elterneinbezug** zu beobachten	**Elternarbeit** konzeptionell verankern
4	Starke Ausrichtung an **Schulkarrieren** erkennbar	**Betriebliche Perspektiven** stärker fördern und fordern
5	**Heterogene Ausgangslagen** bei den Jugendlichen deutlich messbar	**Individuelle Förderung** als Prinzip verankern
	Methodische/Inhaltliche Merkmale	
6	Zusammenhang von **Berufswunsch** und **Berufsorientierungsverhalten** sichtbar	**Berufswunscharbeit** als Lernziel etablieren
7	**Riskantes Berufswahlverhalten** (zu enge Suche/zu weite Suche) immer wieder zu beobachten	**Suchverhalten** unterstützen (Alternativsuche/Konkretisierung), wo es notwendig erscheint
8	**Unklarheit über Laufbahnen** und Karrierewege bei einzelnen Jugendlichen	**Verlaufsplanung** als Lernziel verankern
9	Verzehrtes Berufsweltbild und Abbruchrisiko durch **Medieneinflüsse** in Einzelfällen zu erwarten	**Mediennutzung** und Einbindung konsequent methodisch umsetzen
10	**Spätes Explorationsverhalten** zu erkennen	**Timing**-Bewusstsein schärfen

Abb. 2: Merkmale guter Berufsorientierung (eigene Darstellung)

Die hier vorgestellten Merkmale sind nicht in ihrer Reihenfolge relevant. Es lassen sich jedoch fünf Merkmale definieren, die eher struktureller bzw. didaktischer Natur und somit eher auf der Makro- oder Mesoebene der Gestaltung von Berufsorientierung zu verorten sind. Die Merkmale 6–10 wiederum lassen sich durchaus auf der

Mikroebene, sprich auf der direkten inhaltlichen Unterstützungsebene (Unterricht, Beratung, Berufsorientierungsmaßnahme), diskutieren.

Merkmal 1: Frühe und intensive Berufsorientierung

Rauner bezeichnete bereits 2006 die Berufsorientierung in Deutschland als „unterentwickelt" und empfahl den Blick über den Tellerrand, um sich an anderen Ländern zu orientieren, die, wie beispielsweise die USA, bereits im Kindergarten und nicht erst am Ende der Schulzeit mit der Vorbereitung auf die spätere Berufswahl beginnen (vgl. Rauner, 2006). Die amerikanischen Berufswahlforscher Niles und Harris-Bowlsbey geben Rauner indirekt Recht, indem sie metaphorisch einwenden: „Ignoring the process of career development occuring in childhood is similar to a gardener disregarding the quality of the soil in which a garden will be planted" (Niles & Harris-Bowlsbey, 2009, S. 332). In Deutschland schien diese Berufs*früh*orientierung lange Zeit undenkbar, denn in Theorie und Praxis bestand Unsicherheit darüber, wann Berufsorientierung sinnvollerweise beginnen kann, also ab wann der Boden „fruchtbar" genug ist, um mit Maßnahmen der Berufsorientierung „bestellt" werden zu können. Nach Magnuson und Starr ist die Frage, ab wann die Planung von Berufslaufbahnen beginnen sollte, leicht zu beantworten: „Es ist nie zu früh" (2000). Die Bertelsmann Stiftung rät konkret, den Prozess der Berufswahlvorbereitung bereits in der 5. Klasse beginnen zu lassen, und gibt normative Impulse zur Umsetzung, bleibt aber eine Begründung für den gewählten Starttermin schuldig (Hammer, Ripper & Schenk, 2009, S. 16). Zaghaft entstehen aber auch in Deutschland Initiativen wie bspw. „Die Sandkasten-Ingenieure" oder das „Haus der kleinen Forscher" (vgl. Kleinhuber, 2013), die auf Interventionen bereits mit Dreijährigen setzen.

Betrachtet man empirische Befunde, so kann festgestellt werden, dass die schulische Berufsorientierung bei dem größten Teil der befragten Jugendlichen bereits zu Beginn der achten Klasse auf günstige Einstellungen trifft. Die Schülerinnen und Schüler sind sich offenbar der Tatsache bewusst, dass die Berufswahl eine wichtige biografische Entscheidung ist. In ihrer überwiegenden Mehrheit sind die Jugendlichen deshalb auch schon früh dazu bereit, sich mit dieser Frage auseinanderzusetzen (vgl. Rahn et al., 2014). Berufsorientierung fällt in der Sekundarstufe I aber nicht nur auf günstigen „Nährboden", da die Schülerinnen und Schüler sensibel für die Thematik sind, sondern in weiteren Befragungen äußerten die Untersuchten auch beachtliche Unterstützungsbedarfe bei der Bewältigung des Berufswahlprozesses (vgl. ebd.). Sie geben an, mehr über ihre Stärken und Schwächen erfahren zu wollen, und formulieren ihren Bedarf, etwas über ihre Chancen auf dem Ausbildungsmarkt und über verschiedene Berufe zu lernen.

Erkenntnisse der PIXI-Studie mit Kindergartenkindern (vgl. Brüggemann, Gehrau & Handrup im Druck) führen zu der Annahme, dass es möglich und auch sinnvoll erscheint, mit Maßnahmen zur Erweiterung des Berufsspektrums schon im Vorschulalter zu beginnen, wenn die ersten beruflichen Vorstellungen gerade entwickelt werden, anstelle der tradierten Praxis, bestehende Strukturen im Jugendalter aufbrechen zu wollen. Interventionen im Kindergarten zur Berufswelt, also eine Berufsfrühorientierung, kann jedoch nur im weiteren Sinne der Berufsorientierung verstanden werden, also als Grundlegung von Vorstellungen über die Berufswelt, zur frühen Weichenstellung von Vermeidung von Geschlechtsstereotypen oder eben zur Vermeidung einer zu engen Orientierung im Verlauf der Entwicklung. Berufsorientierung im engeren Sinne bezogen auf Reflexionsprozesse über persönliche Stärken und Interessen und deren Abgleich mit beruflichen Umwelten kann – auch entwicklungspsychologisch argumentiert (Brüggemann & Pichl, 2011) – erst das Ziel ab der 5. Klasse sein. Dann jedoch sollte keine Zeit mehr vergeudet und in welcher Form auch immer ein pädagogisch begleiteter Berufsorientierungsprozess in Gang gesetzt werden.

Als didaktische Konsequenz der hier beschriebenen Befunde kann der Appell an einen frühen und intensiven Berufsorientierungsunterstützungsprozess abgeleitet werden.

Merkmal 2: Didaktische Verzahnung

Befragt, ob sich Schüler der 9. Klasse im Anschluss an die bis 2007 in NRW flächendeckend durchgeführte Berufsorientierungsmaßnahme „Kompetenzcheck" (vgl. Sauer-Schiffer & Brüggemann, 2010) ein halbes Jahr später noch an das Beratungsgespräch am Ende des zweiten Tages dieses Programms erinnern, bejahten dies 81 % aller Probanden. Sogar 68 % aller Schüler aller Schulformen konnten sich noch detailliert an die im Endauswertungsgespräch besprochenen Entwicklungsschritte und Ergebnisse erinnern. Diese Zahlen sind enorm, bedenkt man den komplexen und schnelllebigen Alltag der Jugendlichen. Sechs Monate im Nachgang der Maßnahme haben jedoch 68 % aller ehemaligen Teilnehmer des Kompetenzchecks nichts von den besprochenen Ergebnissen und den entsprechenden Entwicklungsimpulsen in die Tat umsetzen können. Dieser alarmierende Wert zeigt eindrücklich, dass die Einbettung des damaligen Kompetenzchecks in vor- oder nachbereitende Maßnahmen erheblichen Optimierungsbedarf aufwies. Diese und weitere ähnliche Daten der Berufsorientierungsforschung zeigen, dass eine mangelnde Fähigkeit zur Kompetenz*entwicklung* bei den Schülern vorgelegen hat. Die Ursachen können bei den Schülern selbst oder in der unzureichenden Hilfestellung durch private oder professionelle Beratungsinstanzen begründet liegen, wodurch das Dilemma der „Verpuffung" von Wirksamkeiten bei Maßnahmen zur Berufsorientierung zu konstatieren ist.

Eine Berufsorientierungskette mit einer verzahnten Systematik der Inhalte könnte folglich dazu beitragen, Effekte auch nachhaltig zu erzielen. Die Vor- und Nachbereitung und Verzahnung von Maßnahmen ist eine große Herausforderung, die nur im Rahmen eines regionalen Übergangsmanagements und mit der Einbindung aller an diesem Prozess beteiligten Akteure zukünftig gelöst werden kann und muss.

Merkmal 3: Elternarbeit konzeptionell verankern

Rat und Hilfe erhoffen und erhalten die Jugendlichen im Berufswahlprozess vor allem von ihren Eltern und ihrem familiären Umfeld. Erst in zweiter Linie nehmen die Schülerinnen und Schüler die Schulen und außerschulischen Institutionen als Ansprechpartner wahr (vgl. Rahn, Brüggemann & Hartkopf, 2014). Dies ist eine der am besten empirisch belegten Einsichten der Berufsorientierungsforschung.

In einer Studie der Bertelsmann Stiftung (2005) mit dem Titel „Jugend und Beruf" heißt es: „Die Berufswahl ist auch einer der wenigen Bereiche, in dem Jugendliche ihre Eltern noch um Rat fragen, in dem sie ihnen noch Kompetenz einräumen" (Bertelsmann Stifung, 2005, S. 9). Dieser Stellenwert von Eltern als Beratungsinstanz muss in der Konzipierung und Implementierung von Instrumentarien zur Berufsorientierung demnach noch stärker bedacht und zukünftig in die Systematik als wichtiger Bestandteil integriert werden. Eine stärkere oder gar grundsätzliche Einbindung der Eltern in Prozesse der Berufsorientierung macht auch vor dem Hintergrund Sinn, dass Jugendliche ein mehrheitlich überaus gutes Verhältnis zu ihren Eltern haben. Entgegen etwaiger Vermutungen über ein familiäres disharmonisches Zusammenleben in Zeiten der Pubertät beschreibt die Shell Jugendstudie 2006 das Verhältnis zwischen Jugendlichen und Eltern wie folgt: „Die Mehrheit kommt trotz gelegentlicher Meinungsverschiedenheiten gut mit ihren Eltern aus. 38 % kommen sogar bestens mit den Eltern zurecht (Shell, 2006, S. 59). Eine Einbindung der Eltern macht also Sinn, da Jugendliche freiwillig und selbsttätig diese aufsuchen und die Tendenz und diese Ressource genutzt werden sollte. Die didaktische Konsequenz, Eltern oder Erziehungsberechtigte in den Prozess der Berufsorientierung systematisch zu verankern, ist aus der Forschungsperspektive zwar schlüssig, steht in der Praxis jedoch vor etlichen Herausforderungen. Wie können die Eltern eingebunden werden, die nicht eingebunden werden wollen? Müssen Eltern bei ihrer Ausübung als Akteur im Prozess der Berufsorientierung Unterstützung erhalten, oder fühlen sie sich kompetent genug, ihre Kinder an dieser Bildungspassage zu begleiten? Wer kompensiert die Lücke bei Jugendlichen, deren Eltern durch sprachliche Hürden bspw. nicht eingebunden sind, bzw. wer „korrigiert" Elterneinflüsse, die lenkend auf die grundgesetzliche Berufswahlfreiheit (Art. 12 GG) ihrer Kinder einwirken?

Merkmal 4: Betriebliche Perspektiven stärker fördern und fordern

Das BOP konstatiert, dass die Schülerinnen und Schüler in einem auffällig hohen Maße in schulischen Karrieren denken. Insbesondere die Schülerinnen und Schüler an Haupt- und Realschulen streben in den Klassen 8 und 9 in hohem Maße schulische Anschlüsse an und planen in erstaunlich geringem Maße einen direkten Übergang von der Sekundarstufe I in das duale System der Berufsausbildung (vgl. Rahn, Brüggemann & Hartkopf, 2014). Die beabsichtigte weitere Bildungsnachfrage der Jugendlichen weist somit auf die Fortsetzung des langfristigen Trends zur „Verschulung der Jugendphase" hin. Der Anteil der Jugendlichen, die sich in der Klasse 9 aktiv um einen Ausbildungsplatz bemühen, ist laut den BOP-Befunden überraschend niedrig und wirft die Frage nach den Gründen für das zunächst ausbleibende Suchverhalten auf. Nach diesen Gründen befragt, verweisen die Jugendlichen in erster Linie auf einen geplanten weiteren Schulbesuch, angesichts dessen sich die Ausbildungsplatzsuche zunächst erübrigt. Die Schülerinnen und Schüler signalisieren aber ebenfalls zusätzlichen Unterstützungsbedarf im beruflichen Orientierungsprozess, indem sie z. B. ihre ausbleibende Bewerbungsaktivität

- mit ihren noch unklaren beruflichen Wünschen,
- mit ihrem Nichtwissen, wie und bei wem sie sich bewerben könnten, sowie
- mit ihrem fehlenden Bewusstsein für das richtige „Timing"

im Übergangsprozess begründen (vgl. ebd.). Die Sinnhaftigkeit einer Intensivierung von Berufsorientierung insgesamt, der Arbeit an Berufswünschen und am Timing spiegelt sich also auch in diesen Befunden wider und wird in den Merkmalen 1, 6 und 10 aufgegriffen.

Fragt man die Jugendlichen, die in eine duale Ausbildung eingemündet sind, wie sie ihren Ausbildungsplatz gefunden haben, sind die Mechanismen, die zum Übergangserfolg beitragen, augenfällig: Neben Beratungs- und Vermittlungsbemühungen der Arbeitsagentur sind es vor allem „Klebeeffekte" der Praktika und die sozialen Ressourcen, die die Jugendlichen insbesondere im familiären Kontext bei der Ausbildungsplatzsuche mobilisieren können (ebd.). Die pädagogische Arbeit am Übergang Schule–Beruf muss demnach einerseits die Blicke deutlich auf die betrieblichen Möglichkeiten für die Jugendlichen lenken, damit diese Optionen neben den schulischen Optionen auch wahrgenommen werden, und andererseits dafür Sorge tragen, wenn ein Interesse besteht, soziale Netzwerke bei den Jugendlichen in Richtung Betriebe zu fördern, aufzuspüren und zu aktivieren, um so den Übergang fließender zu gestalten.

Merkmal 5: Individuelle Förderung als Prinzip

Das BOP stellt u. a. fest, dass die Ausgangslagen zum Stand der beruflichen Orientierung der Jugendlichen sehr heterogen sind. Schülerinnen und Schüler mit konkreten beruflichen Vorstellungen und erkennbaren Aktivitäten sitzen möglicherweise neben planlosen und inaktiven Klassenkameradinnen und -kameraden in der gleichen Klasse (vgl. Rahn, Brüggemann & Hartkopf, 2014).

Mithilfe welcher Förderkonzepte schulischer wie außerschulischer Berufsorientierung kann nun auf diese heterogenen Ausgangslagen reagiert werden? Angesichts der Unterschiede in den Entwicklungsständen der beruflichen Orientierungen der Jugendlichen ist zu erwarten, dass es nicht *die* Fördermaßnahme zu *einem* Zeitpunkt für *alle* Jugendlichen geben kann. Somit gilt für die schulische Berufsorientierung der gleiche Anspruch wie in allen thematischen Belangen der Schule, nämlich *individuell* fördern zu wollen und zu müssen. Je nach Entwicklungsstand des individuellen Berufsorientierungsprozesses müssen passgenaue Angebote erörtert und angeboten werden. Ein Portfolio von Angeboten in der Region, aus der dann gezielt Einzelmaßnahmen für Jugendliche orchestriert werden können, scheint hier optimal.

Merkmal 6: Berufswunscharbeit als Lernziel

Das (Nicht-)Vorhandensein eines Berufswunsches hängt eng mit den Übergangsplänen der Jugendlichen zusammen und wirkt sich zudem auf das Verhalten der Jugendlichen bei der Ausbildungsplatzsuche und die eingeschlagenen Übergangswege aus (vgl. Rahn, Brüggemann & Hartkopf, 2014). Wer also einen Berufswunsch vorhält, der hat häufiger auch schon einen Plan für die nächsten beruflichen Stationen im Gepäck und ein deutlich geringeres Risiko, im Leben dauerhaft ohne Ausbildung zu sein (vgl. Beicht & Ulrich, 2008). Die Konsequenz aus diesen Daten führt zu dem Schluss, dass die pädagogische Arbeit u. a. am Lernziel „Berufswunschentwicklung" ausgerichtet werden sollte. Ein beruflicher Wunsch scheint im Prozess des Übergangs Schule – Beruf als Anker oder Fixpunkt zu fungieren, ohne diesen eine Orientierung in bestimmte Richtungen und auf bestimmte weitere Schritte zumindest erschwert zu sein scheint.

Merkmal 7: Sucherhalten unterstützen

Befunde des Übergangspanels und der regionalen Übergangsstudien des Deutschen Jugendinstituts (DJI) sowie verschiedene deutsche und schweizerische Untersuchungen zeigen, dass die Wahrscheinlichkeit riskanter Übergangsverläufe von der Schule in die Berufswelt unter anderem immer dann zunimmt, wenn die Jugendlichen beispielsweise in der Klasse 9 und 10 rigide an ihren *engen* beruflichen Aspirationen festhalten (vgl. Tomasik, Hardy, Haase & Heckhausen, 2009) oder ihren beruflichen Orientierungsradius zu *breit* spannen (Herzog, Neuenschwander & Wannack, 2006, S. 117 f.).

Die angesprochene Gefahr eines beruflichen Orientierungsverhaltens, das dadurch riskant wird, dass die Schülerinnen und Schüler sich in engen Spektren orientieren bzw. sich teilweise kompromisslos auf nur einen Berufswunsch festlegen, lässt sich empirisch auch im BOP zeigen (Rahn, Brüggemann & Hartkopf, 2011). Dieses Phänomen der engen Orientierung an bestimmten Berufen wird auch in anderen Untersuchungen und bereits seit etlichen Jahren deutlich, verwundert bei weit über 340 anerkannten Ausbildungsberufen (BIBB, 2012) und Hunderten von Studiengängen aber immer wieder aufs Neue.

Für das Jugendalter – in dem die erste Berufs*wahl*entscheidung ansteht – kann ein (weiteres) Ziel schulischer und außerschulischer Berufswahlvorbereitung folglich darin beschrieben werden, dass möglichst viele Jugendliche zu dem institutionell vorgegebenen Zeitpunkt, zu dem die Ausbildungsplatzsuche einsetzen müsste, bereit und in der Lage sind, nötigenfalls ihr Spektrum an Übergangsaspirationen auch zu erweitern und alternative Pläne verfolgen zu können. Als Erweiterung des Lernziels „Berufswunschentwicklung" (Merkmal 6) könnte folglich die „Entwicklung von Berufswunschalternativen" den Prozess vertiefen.

Merkmal 8: Verlaufsplanung als Lernziel

Aber selbst wenn die Jugendlichen einen oder sogar mehrere Berufswünsche angeben können, ist die pädagogische Arbeit hinsichtlich Diagnostik und Förderung häufig noch nicht abgeschlossen. Ein im BOP beobachteter Effekt macht deutlich, dass ein Anteil von Schülerinnen und Schülern, die einen Berufswunsch angegeben haben, für dessen Erreichen bspw. ein Studium vorausgesetzt wird, dies nicht realisiert hatten. So gaben die Jugendlichen auf die Frage nach ihrem höchsten Bildungsabschluss, den sie im Leben erreichen wollen, bspw. den Hauptschulabschluss an, obschon sie als Berufswunsch z. B. Architekt angegeben hatten.

Die Planung und Diskussion über Zwischenschritte, Meilensteine und Laufbahnen scheint demnach ein weiteres wichtiges Lernziel für die Arbeit am nahenden Übergang Schule – Beruf zu sein. Neben den Lernzielen „Berufswunschentwicklung" und der Bildung möglicher „Berufswunschalternativen" könnte die „Verlaufsplanung" ein weiteres vertiefendes Lernziel ausmachen.

Merkmal 9: Mediennutzung und Einbindung

Welche Berufe in den genannten Berufswünschen der Schülerinnen und Schüler repräsentiert sind, hängt unter anderem davon ab, wie häufig diese Berufe in der Lebenswelt der Jugendlichen vorkommen und welches Image sie haben. Beide Aspekte werden u. a. auch von den Medien beeinflusst (Gehrau & vom Hofe, 2013). In der Konsequenz deuten sich auch in den Daten des BOP Medieneffekte auf die Berufswünsche der Jugendlichen an (vgl. Rahn et al., 2014). Neben dem Fernsehkonsum spielen auch das Internet und seine sozialen Netzwerke eine Rolle in der Zugänglichkeit von Berufen und deren Wahrnehmung bei den Jugendlichen. Da ja bereits ausgeführt wurde, dass das Vorhandensein eines Berufswunsches ein bedeutendes Lernziel der Berufsorientierung darstellt, ist der Einfluss von Medien auf die Entstehung von Berufsvorstellungen per se nichts Kritisches. Problematisch wird dieser Effekt nur, wenn die Jugendlichen durch die Medienwelt ein falsches oder ein verzerrtes Bild über die Berufswelt und bestimmte Berufe vermittelt bekämen, und genau dies scheint häufig der Fall (vgl. Gehrau & vom Hofe, 2013).

Die Methodik der schulischen Berufsorientierung steht also vor der medienpädagogischen Herausforderung, die durch Medieneffekte entstandenen Berufsvorstellungen im Nachgang nicht zu verteufeln, sie aber ins „rechte" Bild zu rücken bzw. deren Realitätsnähe durch praktische Erkundungen für die Jugendlichen erfahrbar zu machen. Neben dieser reaktiven korrigierenden Strategie kann eine *proaktive* Nutzung von Medien in der Berufsorientierungsmethodik zudem hilfreich sein. Nur so können zukünftig die Impulse aus der Medienwelt auch gewinnbringend in den Berufsorientierungsprozess integriert werden.

Merkmal 10: Timing-Bewusstsein schärfen

In der Berufsorientierung kommt es wie so oft auch auf das richtige Timing an, und das scheint bei einem Teil der Jugendlichen optimierungsbedürftig zu sein. Eine Teilgruppe der Jugendlichen weiß auch bspw. Ende der Klasse 9 noch nicht oder nicht mehr, was sie einmal werden will, und zu wenige Jugendliche beginnen rechtzeitig mit der Suche nach einem Ausbildungsplatz, und zwar auch dann, wenn sie ausdrücklich planen, nach der Schulentlassung in eine duale Ausbildung einzumünden (vgl. Rahn et al., 2014). Ob es an der Unwissenheit von Jugendlichen, Eltern oder Lehrkräften über die tatsächlichen sachlichen Zeithorizonte am Übergang Schule – Beruf liegt oder die Aktivität aus anderen Gründen ausbleibt, ist dabei nicht eindeutig geklärt. Als pädagogisches Lernziel kann jedoch die Sensibilisierung für die Timing-Problematik grundsätzlich festgehalten werden. Die Arbeit an individuellen Berufsorientierungsfahrplänen mit den Jugendlichen scheint als pädagogisch-methodische Konsequenz infrage zu kommen.

5 Kritik an Merkmalskatalogen

Analog zu der Entstehung (vgl. u.a. Meyer, 2004; Helmke, 2009) und der kritischen Diskussion um Sinn und Unsinn von Merkmalskatalogen für den „guten Unterricht" (vgl. Schilmöller, 2010; Gruschka, 2007) kann man auch den hier gewagten Vorstoß eines Berufsorientierungsdekalogs hinterfragen und infrage stellen. Auch die vorgestellten 10 Merkmale „guter" Berufsorientierung müssen sich vorwerfen lassen, dass schon allein die Frage, was denn „gute" Berufsorientierung sei, wie eingangs bereits schon angedeutet, die Komplexität des Gegenstandsbereichs unterschätzt. Es gibt nicht *die* Berufsorientierung, denn der Blickwinkel (Lehrkraft, Jugendlicher, Eltern, Kommune) bestimmt die Zielsetzung von „guter" Berufsorientierung mit. Arbeitsmarktpolitisch ist „gut" ggf. gleichzusetzen mit Effizienz, also hohen Übergangsquoten in Ausbildung, wohingegen „gut" für Eltern vielleicht bedeutet, dass ihr Kind den Beruf ergattert, den sie vielleicht gerne erreicht hätten, oder vielleicht dass der Nachwuchs den gesellschaftlichen Status durch seine Berufswahl erhält oder gar erhöht. Für das Individuum kann „gut" für ein Portfolio an Maßstäben wie Verwirklichung von Interessen, Vereinbarkeit von Familie und Beruf, hoher Verdienst oder nette Arbeitskollegen stehen.

Neben dieser recht fundamentalen Kritik an dem gesamten Unterfangen, sich auf die Suche nach Merkmalen „guter" Berufsorientierung zu begeben, kann der kritisch geschulte Leser aber durchaus noch weitere Mängel in dem Vorhaben ansprechen. In Kürze seien hier nur die deutlichen offenen Flanken vom Autor direkt aufgezeigt:
- Die Auswahl der genutzten Studien könnte als willkürlich und oberflächlich in der Zitation gerügt werden.
- Etliche Aspekte muten an wie „alter Wein in neuen Schläuchen".
- Die empirische Datenbasis ist an einigen Stellen (noch) recht dünn.
- Nicht alle Aspekte der Berufsorientierung lassen sich messen und steuern.

In vollem Bewusstsein dieser Schwächen scheint es trotzdem sinnvoll, diese Aufstellung von Merkmalen zu riskieren, will man den Graben zwischen Wissenschaft und Praxis verkleinern, einen Mittelweg zwischen Klarheit und Komplexität suchen und somit dem Rat der in der Einleitung zu Wort gekommenen Experten aus der Bodenseeregion folgen.

6 Fazit und Ausblick: Evidenzbasierte Berufsorientierung

Der noch immer zu tiefe Graben zwischen Berufsorientierungsforschung und Praxis kann nur gemeinsam überwunden werden. Wenn die Berufsorientierungsforschung der Praxis konsistentes Grundlagenwissen anbieten kann, so wird die praktische und bildungspolitische Gestaltung der Berufsorientierung – so die Hoffnung – zukünftig weniger auf Mutmaßungen statt auf evidenzbasiertem Fundament aufgebaut.

Die hier angebotenen 10 Merkmale einer guten Berufsorientierung sollen als Gerüst für die Gestaltung von Unterstützungsmaßnahmen am Übergang Schule – Beruf dienen, nicht als Patentrezept. Vor dem jeweiligen Handlungsfeld dieses multiprofessionellen Bereiches muss jeder Akteur vor seinem Hintergrund reflektieren, ob eines oder mehrere dieser Merkmale ggf. zu berücksichtigen wären. Als Diskussionsgrundlage und Reflexionsfolie verstanden, regen diese Merkmale vielleicht zudem die Diskussion um Qualitätsentwicklung im Feld der Berufsorientierung an und schieben diese Debatte etwas weiter in Richtung evidenzbasierter Berufsorientierung.

Unter evidenzbasierter Berufsorientierung (= beweisgestützter Berufsorientierung) versteht man die konsequente Berücksichtigung wissenschaftlicher Erkenntnisse (externe Evidenz) bei der Planung und Durchführung von Unterstützungsmaßnahmen am Übergang Schule – Beruf. Ziel einer evidenzbasierten Berufsorientierung ist die bestmögliche Unterstützung durch:

- konsequente Nutzung qualitativ hochwertiger wissenschaftlicher Quellen (externe Evidenz),
- Abgleich dieser Evidenz durch praktische Akteure mit ihren beruflichen Erfahrungen (Expertise) und ihrem Wissen über die individuellen Bedürfnisse und Ausgangslagen der Klienten (Jugendlichen) (interne Evidenz) und die
- explizite Aufforderung an den Klienten (Jugendlichen), seine Vorstellungen, Werte und Wünsche (interne Evidenz) in den Beratungs- und Orientierungsprozess mit einzubringen (Eigenverantwortung).

Ein Mittel zu finden zwischen einer zu geringen Faktenlage und einer Verwissenschaftlichung an der Bildungspassage Schule – Beruf und die Verzahnung zwischen wissenschaftlichen Erkenntnissen und praktischen Erfahrungen werden sicherlich zu den großen Herausforderungen für die Akteure am Übergang Schule – Beruf in den nächsten Jahren zählen.

Literatur

Beicht, U. & Ulrich, J. G. (2008). Welche Jugendliche bleiben ohne Berufsausbildung? Analyse wichtiger Einflussfaktoren unter besonderer Berücksichtigung der Bildungsbiografie. BIBB Report Heft 6, Oktober 2008.

Bertelsmann Stiftung (2005). Jugend und Beruf: Repräsentativumfrage zur Selbstwahrnehmung der Jugend in Deutschland. Gütersloh.

BIBB – Bundesinstitut für Berufsbildung (2012). Die anerkannten Ausbildungsberufe 2012. W. Bertelsmann.

Brüggemann, T., Gehrau, V. & Handrup, J. (im Druck). Medien und Berufsvorstellungen von Kindern. Eine experimentelle Studie zum Einfluss von Kinderbüchern auf das Berufsspektrum von Kindergartenkindern. Diskurs Kindheits- und Jugendforschung.

Brüggemann, T. & Pichl, I. (2011). Wann beginnt der Übergang Schule – Beruf? Begründungslinien und Impulse für den Start schulischer Berufsorientierung. In: Pädagogische Rundschau (65), S. 445–455.

Brüggemann T. (2013). „Die empirische Wende der Berufsorientierung." dvb forum 2/2013, S. 5–7.

Bußhoff, L. (1989). Berufswahl. Theorien und ihre Bedeutung für die Praxis der Berufsberatung (2., neu bearb. Aufl.). Stuttgart: Kohlhammer.

Deuer, E. (2012). Früherkennung und Prävention von Ausbildungsabbrüchen. In: C. Baumeler, B. J. Ertelt & A. Frey (Hrsg.), Diagnose und Prävention von Abbrüchen in der Berufsbildung. Band 1 der Reihe Arbeit, Beruf und Beratung (S. 61–73). Landau.

Famulla, G.-E. & Butz, B. (2005). Berufsorientierung. Stichwort im Glossar. Bielefeld, Flensburg (online). Zugriff am 15.12.2014 unter http://www.swa-programm.de/texte_material/glossar

Gehrau, V. & vom Hofe, H. J. (2013). Medien und Berufsvorstellungen Jugendlicher: Eine Studie zur Darstellung von Berufen in Fernsehserien und deren Einfluss auf die Berufsvorstellungen Jugendlicher. In T. Brüggemann & S. Rahn (Hrsg.): Berufsorientierung. Ein Lehr- und Arbeitsbuch (S. 123–1303). Münster.

Gruschka, A. (2007). „Was ist guter Unterricht?" Über neue Allgemein-Modellierungen aus dem Geiste der empirischen Unterrichtsforschung. Pädagogische Korrespondenz 36, S. 10–43.

Hammer, K., Ripper, J. & Schenk, T. (2009): Leitfaden Berufsorientierung: Praxishandbuch zur qualitätszentrierten Berufs- und Studienorientierung an Schulen. Gütersloh.

Herzog, W., Neuenschwander, M. P. & Wannack, W. (2006). Berufswahlprozess. Wie sich Jugendliche auf ihren Beruf vorbereiten. Bern u. a.: Haupt.

Kleinhuber, G. (2013). Irgendwas mit Tieren. Der Spiegel, 39, S. 54–55.

Magnuson, C. S. & Starr, M. F. (2000). How Early Is Too Early to Beginn Life Career Planning? The Importance of the Elementary School Years. Journal of Career Development, 27, 2, S. 89–101.

Meyer, H. (2004). Was ist guter Unterricht? Berlin: Cornelsen Verlag.

Niles, S. G. & Bowlsbey, J. (2009). Career development interventions in the 21st century and DVD package. Pearson.

Rahn, S., Brüggemann, T. & Hartkopf, E. (2014). Das Berufsorientierungspanel (BOP) (1. Aufl.) Münster: Ecotransfer.

Rahn, S., Brüggemann, T. & Hartkopf, E. (2011). Von der diffusen zur konkreten Berufsorientierung: die Ausgangslage der Jugendlichen in der Frühphase der schulischen Berufswahlvorbereitung. In Die Deutsche Schule (103) 4, S. 297–311.

Rauner, F. (2006). „Berufsorientierung ist in Deutschland unterentwickelt": Experte empfiehlt studienübergreifende Grundbildung. Zugriff am 18.04.2013 unter http://bildungsklick.de/a/50458/berufsorientierung-ist-in-deutschland-unterentwickelt/

Richter, U. (2012). Datengrundlagen als Ausgangspunkt für eine verbesserte schulische Vorbereitung auf den Übergang Schule – Beruf. Erfahrungen und Handlungshinweise aus der Förderinitiative Regionales Übergangsmanagement. Zugriff am 18.04.2013 unter http://www.sfs-dortmund.de/odb/Repository/Publication/Doc%5C1445%5CDatengrundlagen_als_Ausgangspunkt.pdf

Sauer-Schiffer, U. & Brüggemann, T. (2010). „Übergangsmanagement – Beratung am Übergang Schule – Beruf." In: Der Übergang Schule – Beruf. Beiträge zur Beratung in der Erwachsenenbildung und außerschulischen Jugendbildung, herausgegeben von U. Sauer-Schiffer & T. Brüggemann, S. 15–20. Münster: Waxmann.

Schilmöller, R. (2010). Guter Unterricht – Gute Schule. Notwendige Kontexte gelingender Unterrichtspraxis. In C. Fischer & R. Schilmöller (Hrsg.), Was ist guter Unterricht? Qualitätskriterien auf dem Prüfstand (S. 76–102).

Sehrer (2013). World Café. Gedanken zum Übergangsmanagement Schule – Beruf in Deutschland, Österreich und der Schweiz. In C. Rotmman, G. Böheim-Galehr, C. Brühwiler & P. Gonon (Hrsg.): Berufsorientierung und regionales Übergangsmanagement in der Inernationale Bodenseeregion (S. 95–112). Peter Lang, Frankfurt am Main.

Shell Deutschland Holding (2006). Jugend 2006. Eine pragmatische Generation unter Druck. Bonn.

Spiegel Online (2012). Umschulungen: Schlecker-Frauen sollen sich um Kinder und Alte kümmern. Zugriff am 10.01.2015 unter http://www.spiegel.de/wirtschaft/unternehmen/schlecker-mitarbeiter-sollen-sich-um-kinder-und-alte-kuemmern-a-837625.html

Tomasik, M. J., Hardy, S., Haase, C. M. & Heckhausen, J. (2009). Adaptive adjustment of vocational aspirations among German youths during the transition from school to work. Journal of Vocational Behavior, 74, 1, S. 38–46.

III Handlungs- und Problemfelder der Fachkräfterekrutierung

Neuere Entwicklungen am Arbeits- und Ausbildungsmarkt und Konsequenzen für die Betriebe

Alfred Garloff

Vom kranken Mann über die Krise zum Superstar? Aktuelle Arbeitsmarktentwicklungen in Deutschland

Vor 10 bis 15 Jahren war die Debatte über Deutschland eher von pessimistischen Einschätzungen geprägt. Diese reichten von der Frage, ob Deutschland noch zu retten sei (Sinn, 2003), über die Einschätzung einer Reformsklerose (Knuth, 2014) zu der Feststellung, dass Deutschland der kranke Mann Europas (Economist, 1999) sei. Einschätzungen jüngeren Datums kommen dahingegen zu ganz anderen Ergebnissen: So machen Begriffe, wie der des ökonomischen Superstars Deutschland (Dustmann et al., 2014) die Runde. In nur zehn Jahren haben sich offensichtlich die Einschätzungen über die wirtschaftliche Lage in Deutschland nahezu in ihr Gegenteil verkehrt.

In diesem Beitrag wird argumentiert, dass sich die Arbeitsmarktlage in Deutschland tatsächlich signifikant geändert hat, dass die Beschäftigten- und Arbeitslosenentwicklung sehr günstig war und zugleich die Lohnungleichheit deutlich zugenommen hat. Dabei wird auf drei Trends hingewiesen, die die Arbeitsmarktentwicklung beeinflusst haben und zumindest teilweise auch in Zukunft beeinflussen werden. Entwicklungen und absehbare Entwicklungen am Ausbildungsmarkt werden ebenso thematisiert wie Konsequenzen für Betriebe.

Aktuelle Arbeitsmarktentwicklungen in Deutschland

Im Hinblick auf die mengenmäßige Entwicklung der Beschäftigung (in Köpfen) und der Arbeitslosigkeit kann man in Deutschland spätestens seit 2005 von einer sehr günstigen Entwicklung sprechen (Walwei, 2014). Die Entwicklung des Arbeitsvolumens ist etwas weniger kräftig (Fuchs et al., 2014), da ein wichtiger Teil der günstigen Beschäftigungsentwicklung auf ein Wachstum der Frauenbeschäftigung zurückzuführen ist, welche häufig in Teilzeit erfolgt.

Die Arbeitslosigkeit befindet sich heute – wie Abbildung 1 belegt – auf einem Stand, der den Höchststand von 2005 nahezu halbiert (z. B. Stand November 2013: 2,8 Millionen Arbeitslose, Stand Februar 2005: 5,3 Millionen Arbeitslose). Ähnlich stark ist die Zahl der Erwerbslosen (nach dem Konzept der International Labour Organization [ILO]) im gleichen Zeitraumvon 4 auf 2,2 Millionen gesunken. Die Zahl der Unterbeschäftigten, ein Messkonzept der Statistik der Bundesagentur für Arbeit, das neben den Arbeitslosen u. a. auch Teilnehmer in arbeitsmarktpolitischen Maßnahmen umfasst, ist, seit das Messkonzept existiert (Vergleich der Jahresdurchschnitte 2013 und 2008), im Durchschnitt noch etwas stärker gesunken als die Zahl der registrierten Arbeitslosen. Das heißt, der starke Rückgang der Arbeitslosigkeit ist nicht auf Veränderungen in der statistischen Erfassung der Arbeitslosigkeit zurückzuführen, sondern ist real und zeigt sich gleichermaßen in unterschiedlichen Messkonzepten.

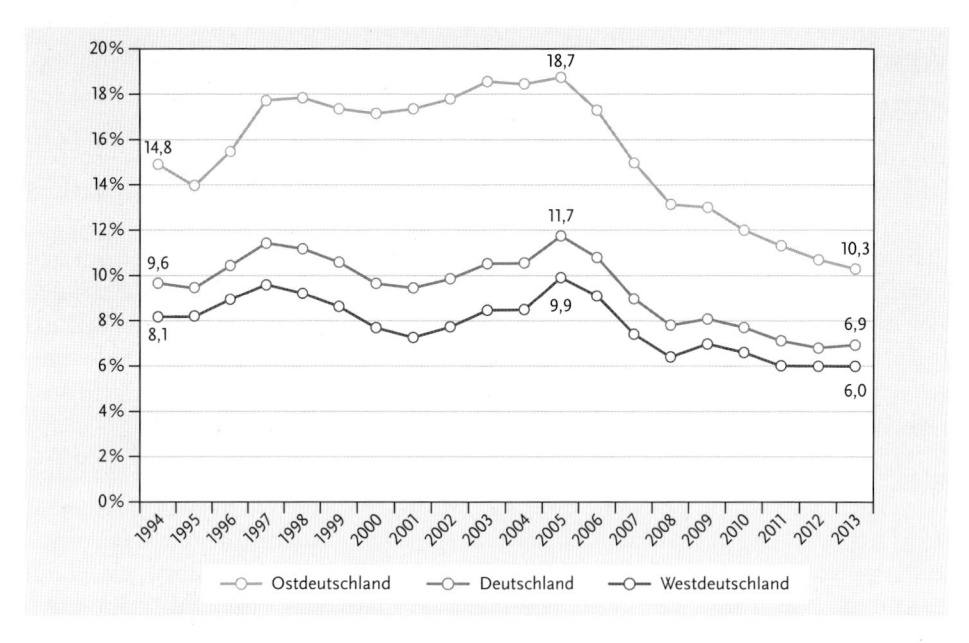

Abb. 1: Entwicklung der Arbeitslosenquoten im Jahresdurchschnitt in Ostdeutschland, Westdeutschland und Deutschland insgesamt, 1994–2013, in Prozent

Quelle: Statistik der Bundesagentur für Arbeit, eigene Darstellung

Besonders günstig entwickeln sich die Erwerbsquoten bei Frauen sowie bei älteren Arbeitnehmern. Zwar kommt bei älteren Personen der Abbau der Arbeitslosigkeit nur langsam voran,[1] aber die Beschäftigungsentwicklung ist tatsächlich beeindruckend

---

1   Das hängt teilweise auch damit zusammen, dass mit zunehmendem Alter häufiger Behinderungen auftreten (vgl. Fachkräftekommission Hessen, 2012).

positiv. So haben sich die Beschäftigungsquoten Älterer trotz größer werdender Kohorten sehr dynamisch entwickelt, und zwar je dynamischer, desto älter die betrachtete Altersgruppe ist (siehe Abbildung 2). Während die Beschäftigungsquote der 50- bis 64-Jährigen zwischen 2000 und 2012 um knapp 14 Prozentpunkte anstieg, stieg die Quote der 55- bis 64-Jährigen um über 15 Prozentpunkte. Im gleichen Zeitraum hat sich die Beschäftigtenquote der über 60-Jährigen (zugegebenermaßen von einem niedrigen Niveau) nahezu verdreifacht (ein Anstieg um 18 Prozentpunkte). Demgegenüber nimmt sich der Anstieg der Beschäftigten insgesamt mit rund 4 Prozentpunkten geradezu bescheiden aus. Dieser positive Beschäftigungstrend bei Älteren „ist auch Folge eines arbeitsmarkt- und rentenpolitischen Maßnahmenbündels der vergangenen Jahre, das die Weichen klar auf eine längere Erwerbsphase gestellt hat" (Dietz & Walwei, 2011, S. 4).

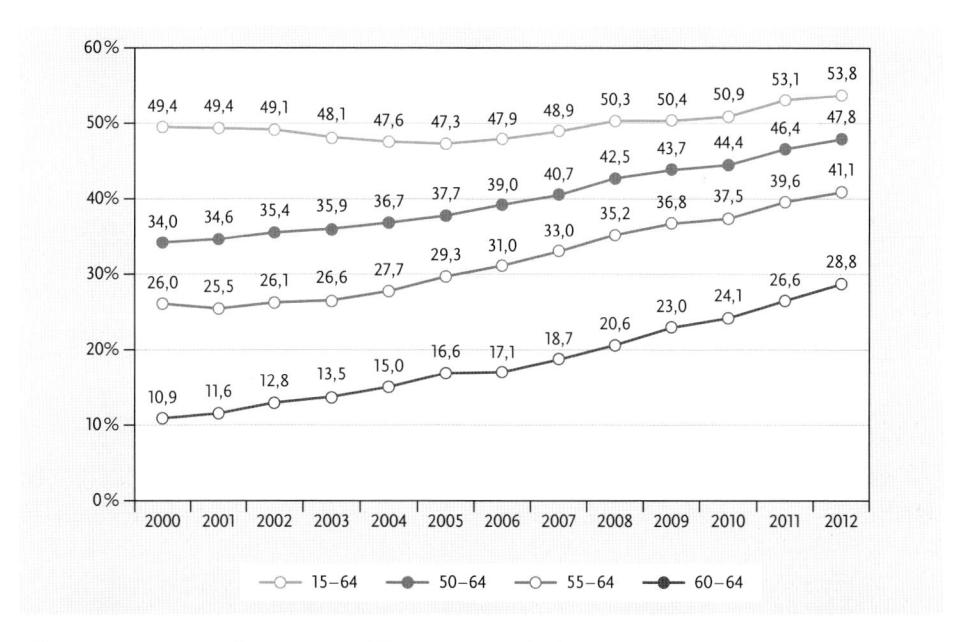

Abb. 2: Steigende Beschäftigungsquoten Älterer in Deutschland, 2000–2012, jeweils zum 31.12, in Prozent

Quelle: Statistik der Bundesagentur für Arbeit, Statistisches Bundesamt, eigene Darstellung

Schließlich ist bemerkenswert, wie gut der deutsche Arbeitsmarkt durch die tiefe Rezession von 2009 gekommen ist: Weder die Beschäftigung ist nennenswert eingebrochen, noch waren die Anstiege bei der Arbeitslosigkeit von der erwarteten Größenordnung. Diese Entwicklung ist in der Literatur als deutsches Arbeitsmarktwunder bezeichnet worden (vgl. Möller, 2010; Burda & Hunt, 2012; Burkert, Garloff & Machnig, 2012).

Als Gründe für die freundliche Arbeitsmarktentwicklung kommen mehrere Faktoren in Betracht. Dass die Hartz-Arbeitsmarktreformen zur günstigen Arbeitsmarktentwicklung beigetragen haben, ist kaum umstritten, allerdings wird über die tatsächliche Höhe des Beitrages gerungen (Dustmann et al., 2014; Walwei, 2014; Knuth, 2014; Achatz et al., 2014). Die Uneinigkeit bezüglich des Beitrages bezieht sich aber eher auf die günstige Beschäftigtenentwicklung als auf die günstige Arbeitslosigkeitsentwicklung. Insbesondere bei den Langzeitarbeitslosen gilt eine positive Wirkung der Hartz-Reformen als ausgemacht (Klinger & Rothe, 2012). Als weitere Faktoren werden die durch den günstigen Eurokurs mitverursachten hohen Exporte und die deutschen Lohnbildungsinstitutionen genannt. Insbesondere Letzteres, argumentieren Dustmann et al. (2014), habe dazu beigetragen, dass Deutschland seine Wettbewerbsfähigkeit habe verbessern können, und somit zum deutschen Arbeitsmarktwunder beigetragen.

Arbeitsmarkttrends und Fachkräfte

Der deutsche Arbeitsmarkt wird neben den bereits benannten Entwicklungen von zwei Megatrends und einem Minitrend gekennzeichnet. Megatrend Nummer 1 wird hier kurz als „Upskilling"-Trend bezeichnet: Dies ist der Trend hin zu steigender Beschäftigung im qualifizierten Bereich. Dahingegen nennen wir Megatrend 2 kurz „Demografie", der Trend zur Alterung und Verkleinerung der Bevölkerung. Schließlich bezeichnen wir den Minitrend 3 kurz als „Boom", das heißt die günstige wirtschaftliche Entwicklung der letzten Jahre und den damit verbundenen Aufschwung am Arbeitsmarkt. Im Gegensatz zu den beiden anderen Trends ist dies nur ein Minitrend, weil er eine kürzere zeitliche Dimension aufweist und kaum einschätzbar ist, ob dieser anhalten wird.

Abbildung 3 zeigt die Fakten zum „Upskilling". Zwischen 2000 und 2011 ist die Beschäftigung der Hochqualifizierten (hier: Personen mit Hochschulabschluss) in Westdeutschland um rund ein Drittel gestiegen, während die Beschäftigung der beiden anderen Qualifikationsgruppen leicht (mittlere Qualifikation) bzw. deutlich gesunken ist. Offenbar sind Angebot an und die Nachfrage nach hoher Qualifikation in diesem Zeitraum sehr deutlich angewachsen.[2] Der Trend einer steigenden Nachfrage nach hohen Qualifikationen bei sinkender Nachfrage insbesondere nach mittleren Qualifikationen wird auch als Polarisierung bezeichnet (Antonczyk, Fitzenberger & Sommerfeld, 2011). Im betrachteten Schaubild zeigt sich allerdings eher eine uniforme Entwicklung über die Qualifikationsgruppen hinweg als eine Polarisierung.

---

2   Rund 18 Prozent (2011) der Meldungen zur Sozialversicherung kann die Statistik der Bundesagentur keiner Qualifikation zuordnen. Daher erscheinen sie unter der Kategorie „keine Zuordnung möglich". Der starke Anstieg seit 2000 könnte mit einem höheren Anteil ausländischer Beschäftigter, wo die Zuordnung zu einer Qualifikation schwieriger ist, oder ganz allgemein mit einer schlechteren Qualität der Meldungen zusammenhängen.

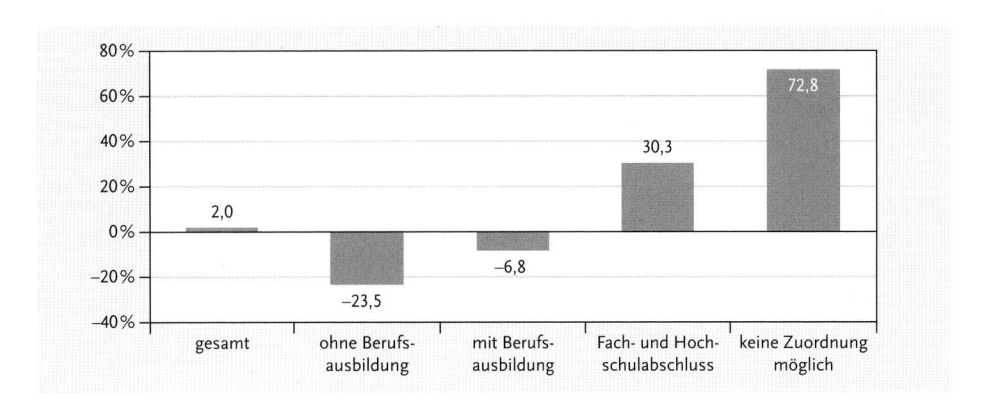

Abb. 3: Wachstum der Zahl der SVB in Deutschland nach Qualifikation, 2011/2000, jeweils Juni-Werte, in Prozent

Quelle: Statistik der Bundesagentur für Arbeit, eigene Darstellung

Als Gründe für diese Entwicklung werden in der Literatur der in Qualifikationen asymmetrische technische Fortschritt, die Globalisierung und organisationaler Wandel diskutiert (einen knappen Überblick zu diesem Thema bieten Weiss & Garloff, 2012).

Diese Entwicklung zeigt sich auch in den qualifikatorischen Arbeitslosenquoten, die auf niedrigem Niveau für die Personen mit Hochschulabschluss in den letzten zehn Jahren nochmals deutlich gesunken sind (Weber & Weber, 2013). Ebenso zeigen sich diese qualifikatorischen Ungleichzeitigkeiten in einem sehr deutlichen Anstieg der Lohnungleichheit (Kohn, 2006; Dustmann, Ludsteck & Schönberg, 2009; Antonczyk, Fitzenberger & Sommerfeld, 2010).

Der zweite Megatrend „Demografie" zeigt sich etwa in Tabelle 1. Dort zeigt sich eine bemerkenswerte Verschiebung der Altersstruktur in der Bevölkerung in der Vergangenheit. Während die Größe der jungen Kohorten in den letzten 30 Jahren sehr deutlich gesunken ist (geburtenschwache Jahrgänge), sind die Zahlen der älteren Personen (40- bis 49-Jährige und 50- bis 59-Jährige) mit Wachstumsraten über 20 Prozent sehr deutlich gewachsen. Das sind die sog. Babyboomer – die geburtenstarken Jahrgänge –, die zurzeit noch mitten im Erwerbsleben stehen. Perspektivisch deutet dies allerdings darauf hin, dass in zehn Jahren sehr große Kohorten den Arbeitsmarkt bzw. das Arbeitsmarktalter verlassen.

Deutschland wäre bereits seit Anfang der 70er-Jahre geschrumpft, hätte es in dieser Zeit keine Zuwanderung gegeben. Diese gab es aber, sodass Deutschland aufgrund von Nettozuwanderung in den letzten 40 Jahren noch etwas gewachsen ist – im Jahr 2013 sogar um rund 200.000 Personen (Nettozuwanderung knapp 400.000 Personen; Geburtendefizit rund 200.000 Personen). Die 12. Bevölkerungsvorausberechnung des Statistischen Bundesamtes sagt in ihrer Grundvariante 1W-1 einen Rückgang der Bevölkerung im erwerbsfähigen Alter (hier: 20–64) von knapp einem

Drittel bis 2060 voraus (Statistisches Bundesamt, 2009). Der Megatrend „Demografie" bleibt also aller Voraussicht nach bestehen.

Tab. 1: Die Größe der Altersgruppen über die Zeit, 1978–2008

West-deutschland	15 bis 24 Jahre	25 bis 29 Jahre	30 bis 34 Jahre	35 bis 39 Jahre	40 bis 49 Jahre	50 bis 59 Jahre	60 bis 64 Jahre	15 bis 64 Jahre
31.12.1978	9.489.338	4.354.821	3.843.088	4.848.006	8.480.682	7.297.659	2.397.826	40.711.420
31.12.2008	7.951.673	4.186.660	4.019.540	4.809.276	11.748.538	9.243.874	3.553.995	45.513.556
Veränd. in %	−19,3	−4,0	+4,4	+0,8	+27,8	+21,1	+32,5	+10,6
Anteil der 15- bis 24-Jährigen an allen 15- bis 64-Jährigen: 1978: 23,3 % / 2008: 17,5 %								

Quelle: Statistisches Bundesamt, eigene Darstellung

Schließlich gibt es noch den Minitrend „Boom". Die gute wirtschaftliche Entwicklung der letzten Jahre lässt sich hiermit beschreiben. Das deutsche Bruttoinlandsprodukt (BIP) hat sich in den letzten Jahren besser als das europäische entwickelt, während Deutschland zu Beginn des Jahrtausends noch Wachstumsschlusslicht in Europa war. Dieser Boom ist mindestens zum Teil durch Exporte getrieben.

Diese drei beschriebenen Trends haben maßgeblich dazu beigetragen, dass eine weitverbreitete Einschätzung entstanden ist, derzufolge „Fachkräftemangel" das wichtige Thema der kommenden Jahre bis Jahrzehnte sei. Davon abgesehen, dass die Wortwahl aus der Sicht des Autors unglücklich ist (Brunow & Garloff, 2011; Burkert, Garloff & Lepper, 2011), ist keinesfalls sicher, dass eine Fachkräfteverknappung, die geeignetere Wortwahl (Fachkräftekommission Hessen, 2012), tatsächlich auftreten wird. Nur falls die oben genannten Trends wie beschrieben fortbestehen, ist die zukünftige Fachkräfteverknappung wahrscheinlich.

Was wir über den Ausbildungsmarkt wissen

Der Ausbildungsmarkt ist nachfrageseitig (Schulabgänger sind potenzielle Nachfrager nach Ausbildungsplätzen) im Wesentlichen durch zwei Entwicklungen geprägt. Einerseits führen demografische Entwicklungen dazu, dass die Schulabgangskohorten ständig etwas kleiner werden (Sekretariat, 2013). Dabei ist der vorhergesagte Rückgang in den kommenden zehn Jahren (etwas über −100.000) etwa so groß wie der Rückgang der vergangenen zehn Jahre (ebd.). Andererseits könnte der Trend zur höheren Bildung dazu führen, dass von den Abgangskohorten größer werdende Anteile dem Ausbildungsmarkt nicht zur Verfügung stehen, weil sich ein größer werdender Anteil jedes Jahrgangs für die Hochschulausbildung entscheidet und dies nicht durch sinkende Zahlen ohne Abschluss kompensiert wird. Angebotsseitig gibt es viele Faktoren, die auf das Angebot von Ausbildungsplätzen Einfluss nehmen (Mohrenweiser & Zwick, 2009), die aber schwierig im Hinblick auf die zukünftige Entwicklung einzuschätzen sind. Denkbar ist, dass die Verknappung beim Fachkräfteangebot zumindest vorübergehend zu einer Ausweitung der Ausbildungsplätze führt, weil Vorzieheffekte bei Unternehmen dazu führen, dass sich Unternehmen Auszubildende sichern, solange die Kohorten dafür noch groß genug sind.

In der Vergangenheit waren häufig mehr Nachfrager nach Ausbildungsstellen registriert, als solche angeboten wurden: So liegt der durchschnittliche Überschuss der Bewerber über die betrieblichen Ausbildungsstellen (September-Werte) der Jahre 2009 bis 2013 bei knapp 20 Prozent – mit abnehmender Tendenz allerdings (Statistik der Bundesagentur, 2014). Falls sich herausstellt, dass die angebotsseitige Reaktion auf die zurückgehende Nachfrage nach Ausbildungsstellen schwächer ist als der Rückgang der Nachfrage, dann wäre eine Verbesserung der Situation am Ausbildungsmarkt aus Sicht der Ausbildungsplatzsuchenden gegeben. Diese Situation kann jedoch keinesfalls als gesichert gelten. So zeigt das Ausbildungsjahr 2012/2013, dass auch in Zeiten demografischen Wandels die Lücke zwischen Ausbildungsstellen und Bewerbern wieder wachsen kann – trotz der Diskussionen um den zukünftigen Fachkräftemangel. Insgesamt wird aber für die Größe des Ausbildungsmarkts ein deutlicher Rückgang erwartet. Die Kultusministerkonferenz sagt für die kommenden zehn Jahre ein Rückgang der Absolventenzahlen beruflicher Schulen um rund 150.000 auf rund 850.000 im Jahre 2025 voraus (Sekretariat, 2013).

Fazit und Konsequenzen für Betriebe

Der deutsche Arbeitsmarkt hat sich insgesamt betrachtet seit 2005 günstig entwickelt. Die hohe Arbeitslosigkeit insgesamt wie die Zahl der Langzeitarbeitslosen konnte deutlich zurückgeführt werden, während gleichzeitig die Beschäftigung signifikant angestiegen ist. Allerdings hat auch die Lohnungleichheit zugenommen. Der Trend hin zu höher qualifizierter Beschäftigung und die erwarteten demografischen Veränderungen haben bereits dazu geführt, dass in einigen Segmenten die Personalsuche deutlich schwieriger geworden ist (Bundesagentur für Arbeit, 2013). Ähnliche Entwicklungen sind auch für die Zukunft zu erwarten.

Empfehlenswert ist es daher für Betriebe, sich auf solche Entwicklungen vorzubereiten und Vorsorge dafür zu treffen, dass die Firma in der Zukunft über ausreichendes qualifiziertes Personal verfügt. Dies betrifft zum einen die professionelle institutionelle Verankerung des Themas in der Firma, wie Maßnahmen, die in und durch die Firmen ergriffen werden können. So empfiehlt es sich für Firmen, Strategien zu planen, wie Fachkräfte gewonnen, gehalten oder entwickelt werden können. Zu Maßnahmen des Gewinnens zählen alle Bemühungen, die potenzielle Bewerber auf das Unternehmen aufmerksam machen, aber auch attraktive Arbeitsbedingungen. Attraktive Bedingungen und personengruppenspezifische Maßnahmen zählen wie Weiterbildungsangebote zu den Maßnahmen des Haltens. Aus- und Weiterbildung sind dahingegen die wesentlichen Bausteine der Entwicklung von Fachkräften. Gerade für Betriebe, die sich nicht in attraktiven Zuzugsregionen befinden, ist eine aktive Gestaltung der Nachwuchssicherung essenziell, um sich auf die Herausforderungen zukünftig erwarteter Entwicklungen vorzubereiten.

Literatur

Achatz, J., Bender, S., Blien, U., Brücker, H., Dauth, W., Dietrich, H., Dietz, M., Fritzsche, B., Fuchs, J., Fuchs, M., Fuchs, S., Hauptmann, A., Himsel, C., Hummel, M., Hutter, C., Jahn, E., Kaufmann, K., Klinger, S., Konle-Seidl, R., Kubis, A., Kupka, P., Ludewig, O., Möller, J., Phan thi Hong, V., Ramos Lobato, P., Rhein, T., Rothe, T., Stephan, G., Stops, M., Stüber, H., Vallizadeh, E., Walwei, U., Wanger, S., Wapler, R., Weber, E. & Weigand, R. (2014). Zentrale Befunde zu aktuellen Arbeitsmarktthemen. Institut für Arbeitsmarkt- und Berufsforschung. Aktuelle Berichte, Nürnberg.

Antonczyk, D., Fitzenberger, B. & Sommerfeld, K. (2011). Anstieg der Lohnungleichheit, Rückgang der Tarifbindung und Polarisierung. Zeitschrift für Arbeitsmarktforschung, 44 (1–2), S. 15–27.

Brunow, S. & Garloff, A. (2011). Arbeitsmarkt und demografischer Wandel: Anpassungsprozesse machen dauerhaften Fachkräftemangel unwahrscheinlich. IAB-Forum, Nr. 2, S. 92–97.

Bundesagentur für Arbeit (2013). Der Arbeitsmarkt in Deutschland – Fachkräfteengpassanalyse Dezember 2013, Nürnberg. Zugriff unter http://statistik.arbeitsagentur.de/Statischer-Content/Arbeitsmarktberichte/Fachkraeftebedarf-Stellen/Fachkraefte/BA-FK-Engpassanalyse-2013-12.pdf

Burda, M. C. & Hunt, J. (2011). What Explains the German Labor Market Miracle in the Great Recession? Brookings Papers on Economic Activity. Economic Studies Program, The Brookings Institution, 42 (1), S. 273–335.

Burkert, C., Garloff, A., Lepper, T. & Schaade, P. (2011). Demographischer Wandel und Arbeitsmarkt in Hessen. IAB-Regional. IAB Hessen, 01/2011, Nürnberg.

Burkert, C., Garloff, A. & Machnig, J. (2012). Vom deutschen zum hessischen Arbeitsmarktwunder? Der hessische Arbeitsmarkt vor, in und nach der Finanz- und Wirtschaftskrise. IAB-Regional. IAB Hessen, 02/2012, Nürnberg.

Dietz, M. & Walwei, U. (2011). Rente mit 67 – Zur Beschäftigungslage Älterer. Öffentliche Anhörung von Sachverständigen vor dem Ausschuss für Arbeit und Soziales des Deutschen Bundestags am 21. Februar 2011. IAB-Stellungnahme, 01/2011, Nürnberg.

Dustmann, C., Ludsteck, J. & Schönberg, U. (2009). Revisiting the German wage structure. The Quarterly Journal of Economics, 124 (2), S. 843–881.

Dustmann, C., Fitzenberger, B., Schönberg, U. & Spitz-Oener, A. (2014). From Sick Man of Europe to Economic Superstar: Germany's Resurgent Economy. Journal of Economic Perspectives, 28 (1), S. 167–188.

Economist (1999). The sick man of the euro, June, 3rd, 1999, Zugriff unter http://www.economist.com/node/209559

Fachkräftekommission Hessen (2012). Abschlussbericht der Fachkräftekommission Hessen. Wiesbaden.

Fuchs, J., Hummel, M., Hutter, C., Klinger, S., Wanger, S., Weber, E., Weigand, R. & Zika, G. (2014). Arbeitsmarkt 2014: Zwischen Bestmarken und Herausforderungen. IAB-Kurzbericht, 04/2014, Nürnberg.

Kohn, K. (2006). Rising Wage dispersion after all! The German Wage Structure at the Turn of the Century. IZA discussion paper, No. 2098, IZA: Bonn.

Klinger, S. & Rothe, T. (2012). The impact of labour market reforms and economic performance on the matching of the short-term and the long-term unemployed, Scottish Journal of Political Economy, 59 (1), S. 90–114.

Knuth, M. (2014). Arbeitsmarktreformen und „Beschäftigungswunder" in Deutschland. Unveröffentlichtes Manuskript, Essen: IAQ.

Möller, J. (2010). The German labor market response in the world recession. Demystifying a miracle. Zeitschrift für Arbeitsmarktforschung, 42 (4), S. 325–336.

Mohrenweiser, J. & Zwick, T. (2009). Why do Firms Train Apprentices? The Net Cost Puzzle Reconsidered. Labour Economics, 16 (6), S. 631–637.

Sekretariat der Ständigen Konferenz der Kultusminister der Länder in der Bundesrepublik Deutschland (2013). Statistische Veröffentlichungen der Kultusministerkonferenz. Vorausberechnung der Schüler- und Absolventenzahlen 2012 bis 2025. Nr. 200. Mai 2013, Berlin.

Sinn, H. (2003). Ist Deutschland noch zu retten? Econ-Verlag.

Statistik der Bundesagentur für Arbeit (2014). Internetangebot. Zugriff unter http://statistik.arbeitsagentur.de/Statistikdaten/Detail/Aktuell/ausbildungsmarkt/zr-jahr-ausbm/zr-jahr-ausbm-d-0-xls.xls

Statistisches Bundesamt (2009). Bevölkerung Deutschlands bis 2060. 12. koordinierte Bevölkerungsvorausberechnung. Statistisches Bundesamt: Wiesbaden.

Walwei, Ulrich (2014). Curing the sick man: The German labour market on the way to good health? Institut für Arbeitsmarkt- und Berufsforschung. Aktuelle Berichte, Nürnberg.

Weber, B. & Weber, E. (2013). Qualifikation und Arbeitsmarkt: Bildung ist der beste Schutz vor Arbeitslosigkeit. IAB-Kurzbericht, 04/2013, Nürnberg.

Weiss, Matthias & Garloff, Alfred (2011). Skill-biased technological change and endogenous benefits: the dynamics of unemployment and wage inequality. In: Applied Economics, Vol. 43, No. 7, S. 811–821.

Ausbildungsreife – was ist das und wer entscheidet darüber?

Günter Ratschinski

Ebenso wie andere Formen der Reife bezeichnet Ausbildungsreife den Endpunkt einer Entwicklung. Ausbildungsreife Jugendliche erfüllen die persönlichen Voraussetzungen, eine Ausbildung im deutschen System der Berufsausbildung zu beginnen. Sie haben die schulischen Voraussetzungen erworben und zeigen Einstellungen, Haltungen und Arbeitstugenden, die für eine erfolgreiche Ausbildung und für den Berufsalltag notwendig sind (Ratschinski, 2013).

Darüber, welche Merkmale Jugendliche aufweisen müssen, herrscht unter Praktikern hoher Konsens. Nach einer Befragung des Bundesinstituts für Berufsbildung (BIBB) von 500 Berufsbildungsexperten halten 98 % Zuverlässigkeit für ein Merkmal, das „für alle Ausbildungsberufe bereits zu Beginn einer Lehre zwingend erforderlich ist". Ebenso oder ähnlich hohe Zustimmungsraten erhalten die Bereitschaft zu lernen (98 %), Verantwortungsbewusstsein (94 %), Konzentrationsfähigkeit (92 %) und Durchhaltevermögen (91 %). Erst danach rangiert „Beherrschung der Grundrechenarten" mit 91 % (Ehrenthal, Eberhard & Ulrich, 2005).

Diese Merkmale des Arbeitsverhaltens und der Persönlichkeit sind mit geringen Veränderungen als Merkmalsbereich 3 in den *Kriterienkatalog für Ausbildungsreife* aufgenommen worden, den der *Nationale Pakt für Ausbildung und Fachkräftenachwuchs* in Auftrag gegeben hat. Eine Expertengruppe aus Wirtschaft, Bildung und Verwaltung hat sich unter Federführung der Bundesagentur für Arbeit auf eine Liste von 25 Kriterien geeinigt, die in fünf Merkmalsbereiche gegliedert wurde. Neben dem o. g. Bereich 3 gehören *schulische Basiskenntnissen* dazu (Bereich 1: Lesen, Rechnen, Schreiben), *psychologische Leistungsmerkmale* (Bereich 2: Wahrnehmen, Denken, Behalten), *physische Merkmale* (Bereich 4: Körpermaße, Gesundheit) und im Merkmalsbereich 5 *Berufswahlreife*, die über Selbstkenntnis und Berufswissen definiert ist (Nationaler Pakt für Ausbildung und Fachkräftenachwuchs in Deutschland, 2006a).

Die Liste soll zwar allen an der Ausbildung Beteiligten und Interessierten Anregungen bieten und Klarheit schaffen, aber die Erfassung und Beurteilung der Merkmale ist deutlich am Setting der Berufsberatung und Arbeitsvermittlung orientiert. Neben

Dokumentanalysen sind diagnostische Gespräche und Selbsteinschätzungen die Hauptinformationsquellen. Sie können bei Bedarf durch Untersuchungsverfahren des Psychologischen Dienstes der Bundeagentur für Arbeit (BA) oder entsprechender Fachdienste anderer Institutionen ergänzt werden.

Für die Bundesagentur für Arbeit (BA) dient der Kriterienkatalog als Handreichung. Sie ist nach §35 Absatz 2 des SGB III verpflichtet, den Arbeitgebern nur ausbildungsreife Bewerber zu vermitteln. Nicht ausbildungsreifen Jugendlichen sollen berufsvorbereitende Maßnahmen verschiedener Art zugewiesen werden. Am Ende des diagnostischen Gespräches steht die Entscheidung, ob ein Jugendlicher Bewerberstatus erhält und in Ausbildungsstellen vermittelt wird oder ob er/sie *nachreifen* muss.

Das Vorgehen der Bundesagentur ähnelt dem berufsvorbereitender Fördermaßnahmen insofern, als es zuerst eine Potenzialanalyse vornimmt. Darin werden entsprechend dem Kriterienkatalog neben Zeugnissen auch Praktikums- und Maßnahmenbeurteilungen berücksichtigt und ggf. Testuntersuchungen veranlasst, um die psychologische und gesundheitliche Leistungsfähigkeit abschätzen zu können. Der BA-eigene Berufswahltest (BWT) z. B. erfasst kognitive Fähigkeits- und Kenntnistests, Fragebogen zu beruflichen Interessen und Selbsteinschätzungen und Rechen- und Rechtschreibtests. Auf der Grundlage der Analyseergebnisse werden die Handlungsbedarfe festgelegt, wie z. B. eine Berufseinstiegsbegleitung nach §421s SGB III oder Maßnahmen zur vertieften Berufsorientierung nach §48 SGB III. Unter Umständen kann die Potenzialanalyse auch dazu führen, dass keine grundsätzliche Eignung für eine Ausbildung im dualen System vorliegt und Maßnahmen zur beruflichen Rehabilitation oder Leistungen zur Teilhabe am Arbeitsleben nach SGB IX vorgesehen werden müssen.

Der Frage nach der Ausbildungsreife voraus geht allerdings die Frage nach der Berufswahlreife. Im Kriterienkatalog ist Berufswahlreife zwar ein Merkmalsbereich der Ausbildungsreife, aber in der Praxis der beruflichen Eignungsdiagnostik am Übergang Schule – Beruf hat sich die Trennung beider Fragestellungen als sinnvoll erwiesen. Feststellung der Berufswahlreife ist der erste Schritt diagnostischer Standortbestimmung auf dem Wege zur spezifischen Eignung für eine bestimmte Ausbildungsstelle. Die Abfolge besteht aus: Berufswahlreife – Ausbildungsreife – allgemeine Berufseignung – Vermittelbarkeit und stellenspezifische Eignung (Rübner & Höft, 2012).

Berufswahlreife ist ein zentrales Konzept der Laufbahnentwicklungstheorie Supers (z. B. 1994), der Berufswahl als psychosozialen Entwicklungsprozess begreift. In der Theorie und in der wissenschaftlichen Diskussion ist das Konzept komplexer und facettenreicher definiert als im Kriterienkatalog für Ausbildungsreife. Über Selbstkenntnisse und Berufswissen hinaus enthält es all die Einstellungen, Haltungen, Aktivitäten, Fähigkeiten, Fertigkeiten und Kompetenzen, die Heranwachsende brauchen, um die Entwicklungsaufgaben zu bewältigen, die ein erfolgreicher Ausbildungs- oder Berufseintritt erfordert. Dazu gehören (u. a.) Zukunftsorientierungen,

Planungsaktivitäten, Exploration, Entschiedenheit, Wertorientierungen, Selbstständigkeit, Wissen und Engagement. Für all diese Aspekte ist der Nachweis altersabhängiger Entwicklungsveränderungen erbracht (Crites & Savickas, 1995), der für die Merkmale der Ausbildungsreife noch fehlt.

Berufswahlreife ist insofern wichtig, als sie nicht nur ein chronologischer Vorläufer der Ausbildungsreife ist, sondern auch eine notwendige Bedingung. Wer sich seiner Entscheidung nicht sicher ist, bewirbt sich auch nicht (Gaupp, Lex, Reißig & Braun, 2008) und bricht angefangene Ausbildungen eher ab (Frey, Balzer & Ruppert, 2014). Ihr kommt im Kanon der Kriterien für Ausbildungsreife eine Schlüsselstellung zu (Ratschinski, 2012). Sie ist die Zielgröße berufsorientierender Maßnahmen im Schulkontext. Potenzialanalysen, die in den meisten Bundesländern flächendeckend eingeführt wurden, sollen dazu führen, dass Schüler sich über ihre berufliche Zukunft klar werden

Der Begriff *Reife* im Zusammenhang mit dem Berufswahlprozess wird allerdings in den einschlägigen Wissenschaften nicht mehr benutzt. Er suggeriert – wie eingangs erwähnt – den Endzustand eines Entwicklungsprozesses, der den heutigen Beschäftigungsverhältnissen und Berufslaufbahnen nicht mehr angemessen ist. Wir müssen davon ausgehen, dass viele Jugendliche in Berufslaufbahnen eintreten, die nicht mehr im gleichen Maße planbar und vorhersehbar sind wie die früherer Zeiten. Phasen von Erwerbslosigkeit und berufliche Um- oder Neuorientierungen werden zum festen Bestandteil beruflicher Laufbahnen. Die erforderlichen Fähigkeiten und Fertigkeiten zur erfolgreichen Bewältigung des Berufswahlprozesses müssen ergänzt werden um Flexibilität, Mobilität, Lernbereitschaft und Anpassungsfähigkeit an veränderte und teilweise nicht vorhersehbare Anforderungen. Für diese personalen Anforderungen sind neue Konzepte eingeführt worden, wie Beschäftigungsfähigkeit (Employability), Anpassungsfähigkeit (Adaptability), selbstbezogene Laufbahnplanung (Self Directed Career Management) und berufliche und berufswahlbezogene Handlungskompetenzen (vgl. z. B. Hirschi, 2012). Das Kompetenzkonzept bietet sich besonders als zeitgemäßer Ersatz für den Reifebegriff an, weil Kompetenzen v. a. in neuartigen und nicht vorhersehbaren Situationen verlangt werden oder zum Tragen kommen, in Person-Umwelt-Interaktionen erworben werden und selbstorganisiert angewendet und umgesetzt werden (Ratschinski, 2008).

Berufswahlkompetenz hat sich gegenüber dem ähnlichen Konzept der Berufswahlbereitschaft (z. B. Hirschi, 2006) als Zielgröße für Berufsorientierungsmaßnahmen durchgesetzt. Es wird in den Handreichungen für die Organisation schulischer Berufsorientierungsmaßnahmen empfohlen (Nationaler Pakt für Ausbildung und Fachkräftenachwuchs in Deutschland, 2006b) und dient sowohl im Thüringer Modellversuch zur Berufsorientierung als auch im Berufsorientierungsprogramm des Bundes als Indikator für den Erfolg der Maßnahmen.

In Thüringen wird Berufswahlkompetenz über die Kombination der Etappen der Berufseinmündung (Einstimmen – Erkunden – Entscheiden – Erreichen) mit den Verhaltensmodalitäten (Wissen – Motivation – Handlung) gebildet. Die resultierenden

Kombinationsfelder werden jeweils durch Fragebogenskalen erfasst, in denen Jugendliche ihre Fähigkeiten und Haltungen einschätzen sollten (Kaak, Kracke, Driesel-Lange & Hany, 2013). Neben neu entwickelten Items und Skalen kommen auch klassische Skalen zur Berufswahlreife zum Einsatz, die in deutscher Bearbeitung vorliegen (z. B. Seifert & Bergmann, 1986).

Für das Berufsorientierungsprogramm des Bundes (BOP) wurde ein Konzept erarbeitet, das orientiert am klassischen Konzept der Berufswahlreife moderne Konzepte der „Employability" und Adaptabilität integriert und um das Konzept der Resilienz erweitert (Ratschinski, Sommer & Struck, 2013). Berufswahlkompetenz ist definiert als hierarchisches System der Metakompetenzen berufliche Identität, Adaptabilität und Resilienz. Jede Metakompetenz ist durch Teilkompetenzen definiert, die Konzepte klassischer Fragebogen zur Berufswahlreife enthalten, aber auch neuere Skalen zur berufswahlbezogenen und beruflichen Selbstwirksamkeit. Die Skalen zur Adaptabilität sind eine direkte Weiterentwicklung und Rekonzeptualisierung der Berufswahlreife. Sie sind inzwischen die international am häufigsten eingesetzten Fragebogen zur Erfassung der Berufswahlkompetenz. Für die vier Skalen der CAAS (Career Adapt Ability Scale) wurden gleichzeitig Normierungen aus 13 Staaten vorgelegt (Savickas & Porfeli, 2012). Inzwischen ist auch eine deutsche Version mit Schweizer Normen veröffentlicht (Johnston, Luciano, Maggiori, Ruch & Rossier, 2013). Theoretischer Hintergrund ist die Weiterentwicklung der beruflichen Entwicklungstheorie von Donald Super zur konstruktivistischen Laufbahntheorie von Savickas (2011).

Sowohl im Thüringer Modell als auch im BOP werden Maßnahmeneffekte über Selbstaussagen der Maßnahmenteilnehmer erfasst. Ein wichtiger Vorteil dieses Ansatzes liegt darin, dass die Gefahr fundamentaler Attributionsfehler umgangen wird. Personen neigen dazu, das Verhalten anderer durch Eigenarten der Person zu erklären (zu attribuieren), ihr eigenes Verhalten durch die Zwänge der Situation. Werden Maßnahmeneffekte durch die Durchführenden der Maßnahmen eingeschätzt, leidet nicht nur die Objektivität der Aussagen, sondern es werden auch situative Einflüsse unterschätzt (Ratschinski, 2008).

Eine oft eingesetzte Checkliste – wie die *Merkmalsliste* MELBA zur *Eingliederung Behinderter in Arbeit* (Kleffmann, Weinmann & Föhres, 1997) – provoziert sogar fundamentale Attributionsfehler, weil Personenmerkmale auf relativ hohem Abstraktionsniveau vorgegeben werden, an denen Maßnahmenteilnehmer eingeschätzt werden sollen. Die Berücksichtigung situativer Einflüsse ist nicht vorgesehen oder kommt zu kurz. Um Beurteilungsfehler einzugrenzen, werden Schulungen zu dem Verfahren angeboten und mindestens zwei Beobachter vorgesehen. Aber das Ergebnis wird nicht pro Beobachter erfasst, sondern als Kompromiss in ein Profil eingetragen und mit den Einschätzungen für ein Berufsprofil verglichen. Die Beliebtheit des Verfahrens bei den Trägern von Berufsorientierungs- und Berufsvorbereitungsmaßnahmen ist durch die einfache Handhabung begründet und dadurch, dass konkrete zielgerichtete Rückmeldungen gegeben werden können. Ob Beobachtungen bei der

Bearbeitung einer beliebigen Praxisaufgabe allerdings Rückschlüsse auf so abstrakte Begriffe wie Verantwortungsbewusstsein, Zuverlässigkeit oder Konfliktfähigkeit zulassen, bleibt fraglich. Langfristig besteht die Gefahr, dass Ergebnisse der Kompetenzfeststellungsverfahren von den Betrieben angezweifelt werden und die Glaubwürdigkeit des Verfahrens und der Diagnostiker darunter leidet.

Zuverlässigere Indikatoren als Selbst- oder Fremdaussagen sind Ergebnisse von Aufgabenbewältigungen. Deshalb gehören Leistungstests, wie der *Handwerklich-Motorische Eignungstest* (HAMET) (Pfeiffer, Goll & Tress, 2002) zu den häufig eingesetzten Verfahren im Rahmen der Potenzialanalysen des BOP (Kunert, 2014). Für die handlungsbezogene Erfassung der Ausbildungsreife schlagen Reetz und Kuhlmeier (2013) vor, handlungsorientierte Situationsaufgaben lösen zu lassen. Jugendliche sollen zu möglichst typischen und authentischen Problemen des Ausbildungsalltags Stellung nehmen, auf diese Weise soll z. B. die Konfliktfähigkeit im Einzelhandel erfasst werden. Aus den Antworten wird auf das Reifeniveau geschlossen. Die Situation wurde verstanden (Stufe 1), sie wurde in Bezug auf Ursache-Wirkungs-Beziehungen angemessen interpretiert (Stufe 2), mögliche Verallgemeinerungen werden aufgezeigt (Stufe 3), und das Kompetenzmerkmal (z. B. Verantwortungsbewusstsein) wird als Lösungsprinzip in Lebensbereichen erkannt (Stufe 4). Angaben zur Reliabilität und Validität dieses Verfahrens fehlen allerdings bislang.

Durchführende von Kompetenzfeststellungsverfahren oder Potenzialanalysen, deren allgemeines Ziel die Erfassung der Ausbildungsreife oder Berufswahlkompetenz ist, stehen vor dem Dilemma, dass sie gleichzeitig diagnostizieren und motivieren wollen. Die prognostische Validität der Verfahren ist meist unzureichend. Bewährungsüberprüfungen fehlen. Ob die festgestellte Ausbildungsreife tatsächlich zu einem erfolgreichen Lehrabschluss führt, ist – zumindest von Programmanbietern – selten überprüft worden. Man begnügt sich mit Hinweisen auf motivierende Effekte (es hat Spaß gemacht, was gebracht etc.) (z. B. Lippegaus, 2005).

Für die zweite Komponente von Berufsorientierungsprogrammen: Praxistage, Werkstatttage oder Berufspraktika gilt Ähnliches, wenn sie nicht in Ausbildungsbetrieben durchgeführt werden, sondern bei freien Trägern oder in überbetrieblichen Ausbildungsstätten. Auch hier werden aus Beobachtungen in Arbeitssituationen Kompetenzurteile über die Jugendlichen und Prognosen für die Zukunft abgeleitet. Die Urteile werden in Zertifikaten, Zeugnissen oder Berichten festgehalten und können Bewerbungen beigefügt werden.

Wenn Betriebspraktika bei potenziellen Arbeitgebern in potenziellen Ausbildungsbetrieben abgeleistet werden, steigt nicht nur die Chance auf einen Ausbildungsplatz, sondern umfangreiche Merkmalskataloge werden auf einen ökonomischen Gesamteindruck reduziert. Betriebe beurteilen vornehmlich Arbeitstugenden und bis zu einem gewissen Grade Schulzeugnisse. Wenn in den regelmäßigen Befragungen der Industrie- und Handelskammern über das Hemmnis fehlende Ausbildungsreife geklagt wird, sind meist Schulleistungen und Arbeitstugenden gemeint (z. B. DIHK, 2011). Im persönlichen Umgang werden Urteile und Vorbehalte revidiert und die Relevanz schulischer Vorleistungen reduziert. Schwache Hauptschüler, die nach Ende von Förderprojekten eine Ausbildung beginnen konnten, haben in Niedersachsen zu 86 % eine Lehrstelle in ihrem Praktikumsbetrieb erhalten (Kohlrausch, Baas & Solga, 2014), in deutschlandweiten Projekten waren es sogar 90 % (Gaupp et al., 2008).

Nicht nur Betriebe reduzieren komplexe Merkmalslisten auf wenige Kriterien. Auch in Praxisfeldern und bei der Evaluation von Fördermaßnahmen werden wenige Indikatoren herangezogen. Eine Schlüsselstellung nimmt dabei der Berufswunsch ein. Er lässt Rückschlüsse auf die Angemessenheit (bezogen auf die schulische Vorbildung) und Realisierbarkeit (bezogen auf den Arbeitsmarkt) zu und kann zusammen mit Explorations- und Bewerbungsaktivitäten ein Niveau der Berufsorientierung definieren (Kohlrausch et al., 2014). An anderer Stelle definieren die Autoren der gleichen Projekte das Erreichen des Hauptschulabschlusses als Hauptkriterium für Ausbildungsreife (Kohlrausch & Solga, 2012).

Wegen der marktförmigen Ausrichtung des deutschen Ausbildungssystems ist ein formaler Schulabschluss keine notwendige Bedingung für die Aufnahme einer Berufsausbildung. Faktisch erweist er sich jedoch als Hauptkriterium. Der erfolgreiche Hauptschulabschluss ist und war ein Handicap, das auch nicht durch gute Noten ausgeglichen werden kann (Kohlrausch & Solga, 2012). Die bildungspolitischen Konsequenzen dieser Diskriminierungen sind weitreichend. In den meisten Bundesländern werden sowohl die Hauptschulen als auch die formalen Hauptschulabschlüsse abgeschafft. Die Hauptschulen gehen auf in Oberschulen, Gemeinschafts- oder Gesamtschulen, und die Hauptschulabschlüsse werden zur Berufsreife (Rheinland-Pfalz, Mecklenburg-Vorpommern), Berufsbildungsreife (Berlin, Bremen) oder – wie in Hamburg – zum ersten allgemeinbildenden Schulabschluss (Herkner & Böhss, 2013). Wir beobachten ein Paradox: Obwohl Prozesse der Reifung altersabhängige Veränderungen auf dem Wege zu Berufs- und Ausbildungsfähigkeit und -bereitschaft weder angemessen beschreiben noch erklären können, gewinnt der Reifebegriff in der Bildungspolitik sogar noch an Attraktivität.

Literatur

Crites, J. O. & Savickas, M. L. (1995). Career Maturity Inventory – sourcebook. Boulder, CO: Bridges.com.

DIHK (2011). Ausbildung 2011. Ergebnisse einer IHK-Online-Unternehmensbefragung. Berlin: Deutscher Industrie- und Handelskammertag e. V. (DIHK), Bereiche Berufliche Bildung, Bildungspolitik.

Ehrenthal, B., Eberhard, V. & Ulrich, J. G. (2005). Ausbildungsreife – auch unter den Fachleuten ein heißes Eisen – Ergebnisse des BIBB-Expertenmonitors. Bonn: Bundesinstitut für Berufsbildung.

Frey, A., Balzer, L. & Ruppert, J.-J. (2014). Transferable competencies of young people with high dropout risk in vocational training in Germany. Journal of International Vocational Guidance, online first, S. 1–16.

Gaupp, N., Lex, T., Reißig, B. & Braun, F. (2008). Von der Hauptschule in die Ausbildung und Erwerbsarbeit: Ergebnisse des DJI-Übergangspanels. Bonn/Berlin: Bundesministerium für Bildung und Forschung.

Herkner, V. & Böhss, M. (2013). Vom Hauptschulabschluss zur Berufsbildungsreife – Berufspädagogische Reflexionen zu einem neuen Label. bwp@ Berufs- und Wirtschaftspädagogik – online, Ausgabe 25, S. 1–16. Zugriff am 16.12.2013 unter http:/www.bwpat.de/ausgabe25/herkner_boehss_bwpat25.pdf

Hirschi, A. (2006). Berufswahlbereitschaft von Jugendlichen: Inhalte, Auswirkungen und Fördermöglichkeiten. Panorama (6), S. 1–4.

Hirschi, A. (2012). The career resources model: an integrative framework for counsellors. British Journal of Guidance and Counseling, 40 (4), S. 369–383.

Johnston, C. S., Luciano, E. C., Maggiori, C., Ruch, W. & Rossier, J. (2013). Validation of the German version of the Career Adapt-Abilities Scale and its relation to orientations to happiness and work stress. Journal of Vocational Behavior, 83 (3), S. 295–304.

Kaak, S., Kracke, B., Driesel-Lange, K. & Hany, E. (2013). Diagnostik und Förderung der Berufswahlkompetenz Jugendlicher. In K. Driesel-Lange & B. Dreer (Hrsg.), bwp@ Spezial 6 – Hochschultage Berufliche Bildung 2013, Workshop 14, S. 1–13. Zugriff unter http://www.bwpat.de/ht2013/ws14/kaak_etal_ws14-ht2013.pdf

Kleffmann, A. L., Weinmann, S. & Föhres, F. (1997). MELBA. Psychologische Merkmalsprofile zur Eingliederung Behinderter in Arbeit (2. vollst. überarb. u. erw. Aufl.). Bonn: Bundesministerium für Arbeit und Sozialforschung. Forschungsbericht Sozialforschung 212.

Kohlrausch, B., Baas, M. & Solga, H. (2014). Bessere Chancen am Arbeitsmarkt durch Förderung der Berufsorientierung? Erkenntnisse aus der Evaluation von BA-Projekten in Niedersachsen. Berufsbildung in Wissenschaft und Praxis (BWP), 43 (1), S. 25–29.

Kohlrausch, B. & Solga, H. (2012). Übergänge in die Ausbildung: Welche Rolle spielt die Ausbildungsreife? Zeitschrift für Erziehungswissenschaften, 15, S. 753–773.

Kunert, C. (2014). Die Potenzialanalyse im Berufsorientierungsprogramm des BMBF. Berufsbildung in Wissenschaft und Praxis (BWP), 43 (1), S. 30–33.

Lippegaus, P. (2005). Kompetenzen feststellen und entwickeln – eine neue Aufgabe für Forschung und Praxis, dargestellt am Beispiel einer Diagnose- und Trainingseinheit für Jugendliche im Übergang Schule–Beruf (DIA-TRAIN). In A. Bojanowski, G. Ratschinski & P. Straßer (Hrsg.), Diesseits vom Abseits – Studien zur beruflichen Benachteiligtenförderung (S. 130–150). Bielefeld: Bertelsmann.

Nationaler Pakt für Ausbildung und Fachkräftenachwuchs in Deutschland (2006a). Kriterienkatalog zur Ausbildungsreife. Ein Konzept für die Praxis, erarbeitet vom „Expertenkreis Ausbildungsreife" im Auftrag des Paktlenkungsausschusses, vorgelegt zur Sitzung des Paktlenkungsausschusses am 30. Januar 2006. Berlin: Nationaler Pakt für Ausbildung und Fachkräftenachwuchs in Deutschland.

Nationaler Pakt für Ausbildung und Fachkräftenachwuchs in Deutschland (2006b). Schule und Betriebe als Partner. Ein Handlungsleitfaden zur Stärkung von Berufsorientierung und Ausbildungsreife. Berlin: Nationaler Pakt für Ausbildung und Fachkräftenachwuchs in Deutschland.

Pfeiffer, G., Goll, M. & Tress, J. (2002). Die Weiterentwicklung des handwerklich-motorischen Eignungstests (HAMET) zum hamet2. Manuskript. Zugriff am 17.04.2005 unter www.aktionbildung.de/Seiten/hamet2.php

Ratschinski, G. (2008). Berufswahlkompetenz. In M. Koch & P. Straßer (Hrsg.), In der Tat kompetent. Zum Verständnis von Kompetenz und Tätigkeit in der beruflichen Benachteiligtenförderung (S. 73–90). Bielefeld: W. Bertelsmann.

Ratschinski, G. (2012). Verdient die Ausbildungsreife ihren Namen? Anmerkungen zu einer neuen Rubrik für alte Klagen. In G. Ratschinski & A. Steuber (Hrsg.), Ausbildungsreife. Kontroversen, Alternativen und Förderansätze (S. 12–25). Wiesbaden: Springer VS.

Ratschinski, G. (2013). Ausbildungsreife – Kritische Betrachtungen eines populären Begriffs. Dreizehn – Zeitschrift für Jugendsozialarbeit, 9 (1), S. 14–17.

Ratschinski, G., Sommer, J. & Struck, P. (2013). Evaluation des BMBF-Programms zur „Förderung der Berufsorientierung in überbetrieblichen und vergleichbaren Berufsbildungsstätten" – erster Zwischenbericht. Bonn: BMBF-Online-Publikation. Zugriff am 17.03.2014 unter http://www.berufsorientierungsprogramm.de/html/de/103_583.php

Reetz, L. & Kuhlmeier, W. (2013). Ausbildungsreife als bildungspolitisches, kompetenztheoretisches sowie didaktisches und diagnostisches Problem. In: bwp@ Spezial 7 – Weiterentwicklungen dualer Berufsausbildung: Konsekutiv, kompetenzorientiert, konnektiv. Erfahrungen und Impulse aus dem Schulversuch EARA, hrsg. v. K. Wirth, F. Krille, T. Tramm & T. Vollmer. Zugriff am 20.11.2013 unter http://www.bwpat.de/spezial7/reetz_kuhlmeier_eara2013.pdf (S. 1–29).

Rübner, M. & Höft, S. (2012). Berufliche Eignungsdiagnostik am Übergang Schule – Beruf. In Stadt Offenbach: Amt für Arbeitsförderung, Statistik und Integration (Hrsg.), Berufsorientierung und Kompetenzen. Methoden – Tools – Projekte (S. 25–51). Bielefeld: W. Bertelsmann.

Savickas, M. L. (2011). Career counseling. Washington, D.C.: American Psychological Association.
Savickas, M. L. & Porfeli, E. J. (2012). Career Adapt-Abilities Scale: Construction, reliability, and measurement equivalence across 13 countries. Journal of Vocational Behavior, 80 (3), S. 661–673.
Seifert, K. H. & Bergmann, C. (1986). Fragebogen „Einstellungen zur Berufswahl und beruflichen Arbeit" für Maturanten (EBwA-Mat.). Universität Linz: Unveröffentlichtes Manuskript.
Super, D. E. (1994). Der Lebenszeit-, Lebensraumansatz der Laufbahnentwicklung. In D. Brown & L. Brooks (Hrsg.), Karriere-Entwicklung (S. 211–280). Stuttgart: Klett-Cotta.

Ausbildungsabbrüche – Ursachen, Folgen und Handlungsfelder

Ernst Deuer

1 Ausbildungsabbrüche im dualen System der Berufsausbildung

Das duale System der Berufsbildung gilt als Erfolgsmodell und leistet einen erheblichen Beitrag für die gelingende Integration von Jugendlichen in den Arbeitsmarkt. Nicht zuletzt aufgrund dieser Integrationsleistung des dualen Systems ist die Jugendarbeitslosigkeit im Verhältnis zur allgemeinen Arbeitslosigkeit niedriger als in anderen Ländern. Hierbei darf allerdings der hohe Anteil vorzeitiger Vertragslösungen, welcher die „Funktionstüchtigkeit dieses Systems zumindest partiell infrage stellt" (Deuer, 2013a), nicht übersehen werden. Schließlich zieht sich ein Teil der betroffenen Betriebe in der Folge komplett aus der betrieblichen Ausbildung zurück (Beutner, 2001), ebenso stellt ein Teil der Jugendlichen nach diesem Ereignis weitere Bildungsbemühungen ein (Beicht & Walden, 2013).

Die absolute Zahl vorzeitiger Vertragslösungen sowie die relative Lösungsquote haben sich seit vielen Jahren auf einem hohen Niveau eingependelt. Trotz vielfältiger Anstrengungen ist es bislang nicht gelungen, diese Zahlen nachhaltig zu senken. Der Berufsbildungsbericht 2014 weist knapp 150.000 vorzeitige Vertragslösungen aus, was einer Lösungsquote von 24,4 % entspricht (Bundesinstitut für Berufsbildung, 2014, S. 162 ff.).

Knapp zwei Drittel der Ausbildungsabbrüche erfolgen regelmäßig im ersten Ausbildungsjahr, davon wiederum rund die Hälfte bereits in der Probezeit. Rund ein Viertel der Abbrüche erfolgt im zweiten Ausbildungsjahr und ca. ein Zehntel danach. Der hohe Anteil von Vertragslösungen im ersten Ausbildungsjahr resultiert zu einem geringen Teil auch aus Verwaltungsartefakten, da Jugendliche, die sich mehrfach für einen Ausbildungsvertrag entschieden hatten oder ihre Ausbildungsstelle gar nicht angetreten haben, ebenfalls gezählt werden.

Ein differenzierter Blick auf die Statistik zeigt deutliche branchenspezifische Unterschiede, aber auch innerhalb der Branchen variieren die Werte zum Teil sehr stark.

Die höchsten Lösungsquoten zeigten sich bei angehenden Kosmetikern und Restaurantfachleuten (jeweils mehr als 50 %), die niedrigste bei den angehenden Verwaltungsfachangestellten (weniger als 5 %). Eine Differenzierung nach Bundesländern zeigt ebenfalls deutliche Differenzen, welche aber keine einheitliche Tendenz (z. B. im Sinne Ballungsraum vs. ländlicher Raum) erkennen lassen (Bundesinstitut für Berufsbildung, 2014, S. 172 f.).

2 Ursachen

Das Bundesinstitut für Berufsbildung hat vor mehr als zehn Jahren in Zusammenarbeit mit sechs Handwerks- und sieben Industrie- und Handelskammern mehr als 2.300 Jugendliche befragt, deren Ausbildungsvertrag vorzeitig gelöst wurde, und hierbei auch nach den hauptsächlichen Gründen gefragt. Hierbei nannten 70 % der Jugendlichen betriebliche, 46 % persönliche, 34 % berufs(wahl)bezogene und 19 % schulische Gründe (Schöngen, 2003). Neuere repräsentative Studien mit einem nennenswerten Umfang liegen leider bislang nicht vor, obwohl dies regelmäßig gefordert wird – so z. B. im Berufsbildungsbericht 2012 (S. 40). Dort steht explizit: „Die Bundesregierung sieht hier weiteren Forschungsbedarf. Eine neue Erhebung zu den Gründen für Vertragslösungen und dem anschließenden Verbleib wird angesichts der gegenüber 2002 veränderten Rahmenbedingungen für erforderlich erachtet."

Als schulische Gründe nannten die Ausbildungsabbrecher häufig die mangelnde Vermittlung des Unterrichts, Überforderung und Prüfungsangst sowie Konflikte mit Lehrern. Im persönlichen Bereich verwiesen die Jugendlichen auf gesundheitliche Probleme, finanzielle Schwierigkeiten und familiäre Veränderungen (Schöngen, 2003). Auf die betrieblichen und berufswahlbezogenen Gründe, die auch in anderen Studien regelmäßig als besonders relevant eingestuft werden, wird in den folgenden Abschnitten detaillierter eingegangen.

2.1 Berufswahlbezogene Gründe

Bereits die eingangs erwähnte Tatsache, dass jeder dritte Ausbildungsabbruch bereits während der Probezeit und insgesamt zwei Drittel noch im ersten Ausbildungsjahr erfolgen, legt die Vermutung nahe, dass die Jugendlichen eine aus ihrer Sicht fehlgeschlagene Berufseinmündung möglichst kurzfristig korrigieren möchten.

Tatsächlich war in vielen Fällen der ergriffene Beruf nicht der Wunschberuf (überdurchschnittlich häufig geäußert von Hauptschülern und männlichen Jugendlichen), oder es waren falsche Vorstellungen vom Beruf (nahezu gleich verteilt in allen Gruppen) oder ungünstige Einkommenserwartungen (überdurchschnittlich häufig geäußert von Jugendlichen mit mittlerem Bildungsabschluss, aus Kleinbetrieben sowie aus den Handwerksberufen) ursächlich (Schöngen, 2003). Vielen Jugendlichen fiel es zudem schwer, den passenden Beruf für sich zu finden. Oft entscheiden sie sich einseitig, weil sie nur wenige Berufe kennen.

2.2 Betriebliche Gründe

Im Ausbildungsbetrieb treffen die Jugendlichen auf ein komplexes Geflecht von Erwartungen, erforderlichen Anpassungsleistungen und sozialen Beziehungen, betriebsspezifischen Gesetzmäßigkeiten und damit verbundenden Rollenanforderungen, welche in dieser Konzentration (und zum Teil auch in ihrer Widersprüchlichkeit) zunächst einmal adäquat verarbeitet werden müssen. Hieraus resultieren Ausbildungskonflikte, Unzufriedenheit und schließlich ein erhöhtes Risiko, dass Ausbildungsverträge vorzeitig gelöst werden. Studien zeigen, dass die Jugendlichen meist auf Konflikte mit dem Ausbilder verweisen und ausbildungsfremde Tätigkeiten, die pädagogische Kompetenz der Ausbilder, die Qualität der betrieblichen Ausbildung, ungünstige Arbeitszeiten sowie die fehlende Unterstützung und Betreuung im betrieblichen Lernprozess kritisieren (Schöngen, 2003).

Ein Langzeitprojekt des Bundesinstituts für Berufsbildung befasste sich mit der „Ausbildung aus Sicht von Auszubildenden", und in diesem Rahmen wurden auch potenzielle Abbrecher identifiziert und befragt (Hecker, 2000). Diese Analyse setzte also nicht erst beim Ausbildungsabbruch an, sondern fragte Auszubildende, ob sie einen Abbruch ihrer derzeitigen Ausbildung in Erwägung ziehen und welche Gründe sie zu dieser Überlegung veranlassen. Hierbei zeigte sich, dass die Jugendlichen, die bereits an einen Abbruch denken, insbesondere das pädagogisch-soziale Klima im Betrieb deutlich schlechter bewerteten als die anderen Auszubildenden. Bemerkenswerte Unterschiede zeigten sich hinsichtlich der Aussagen, die in Abbildung 1 dargestellt sind.

Diese Werte deuten darauf hin, dass insbesondere im betrieblichen Umfeld Potenziale zu vermuten sind, wenn man nach präventiven Lösungsansätzen sucht. Dies belegen auch neuere Studien (vgl. Deuer, 2012; Deuer, 2013a), wobei u. a. auch zwischen der wahrgenommenen Ausbildungssituation (im Sinne einer Relation von erbrachten Leistungen und erhaltenen Belohnungen) und der Ausprägung einer Abbruchneigung ein Zusammenhang besteht. Bemerkenswert war hierbei auch, dass sich insbesondere fehlende Belohnungen (bspw. im Sinne verdienter bzw. angemessener Anerkennungen) als problematisch erwiesen.

Pädagogisch-soziales Klima im Betrieb
(trifft voll und ganz bzw. überwiegend zu, Angaben in %)

- Es gibt niemanden, der sich für meine Ausbildung verantwortlich fühlt. — 36 % / 13 %
- Ich habe oft nichts zu tun. — 20 % / 9 %
- Ich mache Dinge, die nicht zu meiner Ausbildung gehören. — 52 % / 26 %
- Gute Leistungen werden gelobt. — 41 % / 64 %

■ Auszubildende, die an einen Abbruch denken
■ Auszubildende, die nicht an einen Abbruch denken

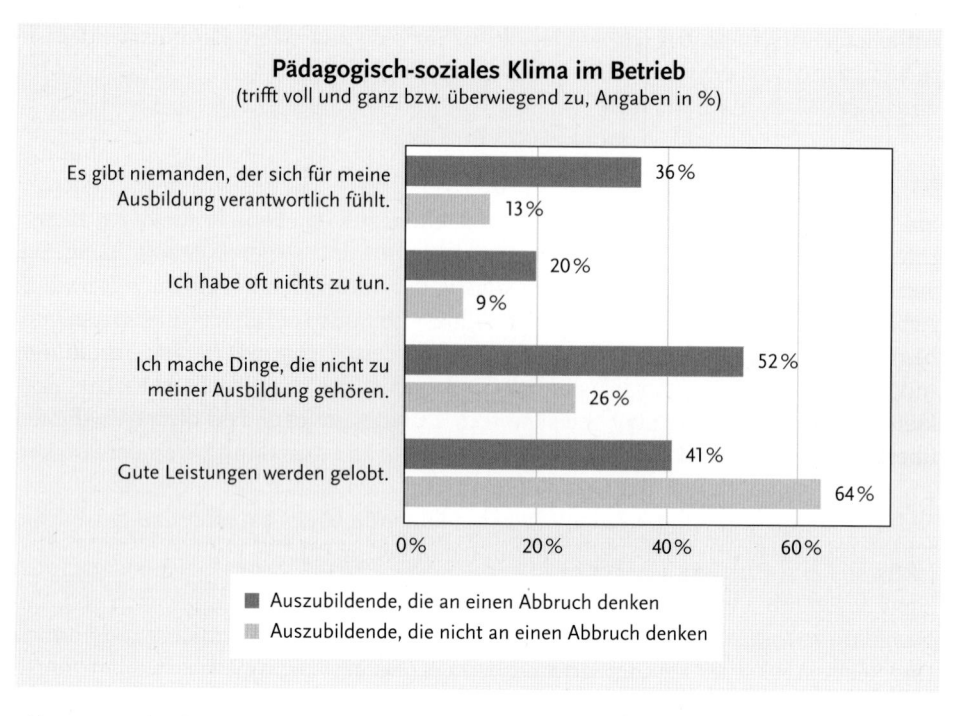

Abb. 1: Unterschiedliche Wahrnehmungen des pädagogisch-sozialen Klimas im Ausbildungsbetrieb (vgl. Hecker, 2000)

3 Folgen

Nicht jeder Abbruch bedeutet ein endgültiges Aufgeben, sondern in vielen Fällen ergeben sich neue Orientierungen, und die Jugendlichen schließen eine Ausbildung in einem anderen Betrieb und/oder einem anderen Beruf ab. Dessen ungeachtet markieren Ausbildungsabbrüche auch in diesen Fällen Brüche in der Erwerbsbiografie junger Menschen, und sie symbolisieren gleichermaßen das Scheitern von betrieblichen Personalentwicklungsmaßnahmen. In den folgenden Abschnitten werden die Folgen für die beteiligten Akteure sowie darüber hinausgehende Folgewirkungen dargestellt.

3.1 Perspektive der Jugendlichen

Die Lösung eines Ausbildungsvertrages zwingt die Jugendlichen zur Korrektur ihrer beruflichen Planungen, und sie sind hierbei mit erheblichen Einschränkungen und Problemen konfrontiert. Viele Abbrecher suchen erneut nach einer Ausbildungsstelle im selben oder einem anderen Beruf und erhöhen damit die Nachfrage nach Ausbildungsplätzen. Trotz konflikthafter Erfahrungen bleibt also in vielen Fällen der Wunsch nach einer abgeschlossenen Berufsausbildung ein fester Bestandteil der beruflichen Lebensplanung der Jugendlichen. Dies schlägt sich allerdings auch darin nieder, dass eine nicht unwesentliche Anzahl von Jugendlichen mehr als einmal eine Ausbildung abbricht.

Im günstigsten Fall findet sich ein Betrieb, in dem die begonnene Berufsausbildung ohne Zeitverlust fortgesetzt werden kann. Ansonsten sind die weiteren Aussichten am Arbeitsmarkt getrübt, was vor allem für diejenigen Jugendlichen zutrifft, die damit ihre Absicht, einen Beruf zu erlernen, endgültig aufgeben. Deren künftige Erwerbschancen leiden besonders, was sich in höheren Arbeitslosenquoten sowie in Arbeitsplätzen mit hohem Arbeitsplatzrisiko, schlechten Arbeitsbedingungen und begrenztem Zugang zu betriebsinternen Beförderungswegen und Weiterbildungsmöglichkeiten niederschlägt. Jugendliche, die eine Berufsausbildung abbrechen, riskieren damit, ihre beruflichen und privaten Zielvorstellungen nur sehr schwer oder überhaupt nicht verwirklichen zu können.

Die vorzeitige Auflösung eines Ausbildungsvertrages ist jedoch nicht in jedem Fall zu vermeiden. In manchen Situationen kann eine Vertragslösung durchaus als subjektiv sinnvolle und rationale Entscheidung der Jugendlichen interpretiert werden, bspw. wenn sie aufgrund einer Allergie oder anderer gesundheitlicher Beeinträchtigungen die Ausbildung nur unter unzumutbaren Beschwerden fortsetzen könnten. Das Recht zur Korrektur einer getroffenen Berufswahl zur Verbesserung individueller Ausbildungs- und Arbeitschancen kann ohnehin nicht einfach zur Disposition gestellt werden, insofern sind Ausbildungsabbrüche auch ein „Preis für die Freiheit der Berufswahl" (Weiß, 1982, S. 125).

3.2 Perspektive der Ausbildungsbetriebe

Die betriebliche Berufsausbildung soll den Unternehmen ein entsprechendes Potenzial an eigenen Nachwuchskräften sichern, welches sonst über den externen Arbeitsmarkt rekrutiert werden müsste. Aus bildungsökonomischer Perspektive sprechen vor allem drei Gründe für eine betriebliche Ausbildung: der Nutzen durch die Auszubildenden, der Nutzen durch die Ausgebildeten und der Nutzen durch die Ausbildung (siehe Abbildung 2).

Bei einer Gegenüberstellung der ausbildungsspezifischen Erträge und Kosten sollte allerdings nicht erwartet werden, dass sich Kosten und Erträge der Berufsausbildung bereits im Verlauf der Ausbildungszeit ausgleichen – bei einer Sachinvestition wird schließlich ebenso wenig gefordert, dass sie sich schon während der Investitionsphase amortisiert. Neben dem eher kurzfristigen Nutzen während der Ausbildung ist daher auch der potenzielle langfristige Nutzen nach Abschluss der Ausbildung zu berücksichtigen. Das bedeutet aber auch, dass sich die gesamten Vorzüge für die ausbildenden Betriebe nur ergeben, wenn der Ausbildungsbetrieb tatsächlich qualifizierte Fachkräfte benötigt bzw. diese an einer beruflichen Karriere im Ausbildungsbetrieb interessiert sind.

Nutzen durch die Auszubildenden	Nutzen durch die Ausgebildeten	Nutzen durch die Ausbildung
Auszubildende tragen zum Produktionsergebnis bei	geringere oder gar keine Kosten für das Ausleseverfahren oder die Einarbeitung bei Übernahme	Ansehensgewinn aufgrund des Engagements in der Nachwuchsförderung
Ausbildungsabbrüche reduzieren v. a. die produktiveren Zeitphasen	**Ausbildungsabbrüche** eliminieren diese Vorzüge komplett	**Ausbildungsabbrüche** relativieren die positive Imagewirkung

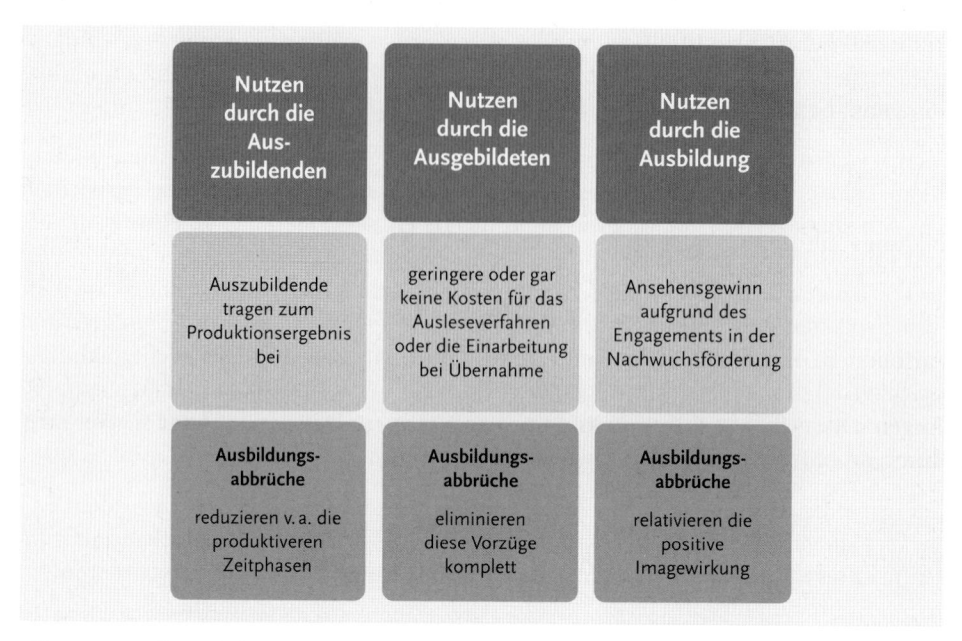

Abb. 2: Nutzen betrieblicher Ausbildungsaktivität und mögliche Einschränkungen aufgrund von Ausbildungsabbrüchen (Deuer, 2013b)

Ausbildungsabbrüche verstärken diese ungünstige Relation von unmittelbar anfallenden Kosten und unsicheren späteren Erträgen. In der frühen Phase der Ausbildung fallen schließlich nur geringe rechenbare Leistungen des Auszubildenden an, erst im weiteren Verlauf nehmen diese spürbar zu, und Ausbildungsabbrüche reduzieren somit ausgerechnet die ertragreichere Phase der Ausbildung. Insbesondere bei Kleinbetrieben decken die weiterverrechneten Leistungen von Auszubildenden mit zunehmender Ausbildungsdauer einen immer größeren Anteil der durch die Ausbildung verursachten Kosten ab. Darüber hinaus ist offensichtlich, dass Ausbildungsabbrüche jeglichen Nutzen durch die Ausgebildeten, also die erfolgreichen und gefragten Absolventen, verhindern, weil diese gar nicht mehr zur Verfügung stehen können. Auch die positive Imagewirkung, als Ausbildungsbetrieb wahrgenommen zu werden, relativiert sich, sobald neben die positive Zuschreibung („Das Unternehmen übernimmt gesellschaftliche Verantwortung und bietet den Jugendlichen Chancen und Perspektiven") eine negative Wahrnehmung tritt („Dort bleiben nur wenige Auszubildende bis zum erfolgreichen Abschluss").

Für die Betriebe stehen Ausbildungsabbrüche somit für ungenutzte Ausbildungsressourcen, den Verlust von Arbeitskapazität und einen ungerechtfertigten Aufwand für Qualifizierungsmaßnahmen. Nach einer Modellrechnung des Bundesinstituts für Berufsbildung für das Jahr 2007 entstand den betroffenen Betrieben auf diese Weise ein Verlust von etwa 580 Millionen Euro (Wenzelmann & Lemmermann, 2012). Im Sinne einer bedarfsorientierten Organisation der Berufsausbildung erhöhen Ausbildungsabbrüche zudem den Einstellungsbedarf und somit die anfallenden Kosten.

Hinzu kommen der Aufwand, neue Auszubildende suchen zu müssen, sowie mögliche Engpässe im Fachkräftenachwuchs. Dies schlägt sich auch in der betrieblichen Ausbildungsbereitschaft nieder. Eine Befragung von Ausbildungsunternehmen, die einen Ausbildungsabbruch zu beklagen hatten, zeigte, dass jeder fünfte Betrieb den frei gewordenen Ausbildungsplatz nicht wieder besetzen konnte und dies künftig auch nicht mehr anstrebte. Da viele Kleinbetriebe ohnehin nur einen einzigen Ausbildungsplatz angeboten hatten, bedeutete dies oftmals einen generellen Rückzug von der betrieblichen Ausbildung (Westdeutscher Handwerkskammertag, 2001, S. 90).

Ausbildungsabbrüche haben somit einen doppelten Effekt auf den Ausbildungsmarkt: Die Nachfrage nach Ausbildungsplätzen steigt tendenziell, während das Angebot tendenziell sinkt. Die Angebots-Nachfrage-Relation verschlechtert sich hierdurch deutlich, und in der Folge bedeutet dies für die Jugendlichen, dass die Wahlfreiheit bei der Suche nach einem Ausbildungsplatz (sofern diese überhaupt gegeben ist) in zweifacher Hinsicht eingeschränkt wird, was wiederum Folgen für den späteren Ausbildungsverlauf haben kann.

4 Handlungsfelder

Aufgrund der vielfältigen (und zumeist sehr ernsthaften) Folgen sind präventive Handlungskonzepte von hoher Relevanz. Hierbei kann – ähnlich wie in der Medizin – zwischen primären, sekundären und tertiären Präventionsformen unterschieden werden (siehe Abbildung 3). Primäre Präventionsmaßnahmen setzen bereits frühzeitig an und zielen auf Verbesserungen der allgemeinen Bedingungen ab, um das Auftreten von unerwünschten Phänomenen generell zu verhindern. Bezogen auf die vorliegende Thematik zielt dies auf stabile Ausbildungsverhältnisse, deren Abbruch nicht einmal droht. Sekundäre Präventionsmaßnahmen setzen dagegen an, wenn bereits Symptome erkennbar sind, und versuchen, eine weitere negative Entwick-

primäre Prävention	Abbruchneigung entsteht gar nicht erst	Ansatzpunkte: Berufswahlprozess & Ausbildungssituation
sekundäre Prävention	Abbruchneigung erkennen, drohende Abbrüche verhindern	Ansatzpunkte: Ansprechpartner & Beratungsangebote
tertiäre Prävention	Betroffene Akteure unterstützen, weitere Abbrüche verhindern	Ansatzpunkte: Neuorientierung & Lessons Learned

Abb. 3: Präventionsformen im Überblick

lung zu verhindern, damit auf eine erkennbare Abbruchneigung kein Abbruch folgen muss. Tertiäre Maßnahmen kommen dagegen für den konkreten Fall zu spät, sie können aber den betroffenen Betrieben und den Jugendlichen bei Folgeproblemen, negativen Begleiterscheinungen oder einer Neuorientierung helfen und dazu beitragen, dass zumindest künftige Abbrüche verhindert werden können.

Das Hauptaugenmerk sollte jedoch auf den primären und sekundären Präventionsmöglichkeiten liegen, die in den folgenden Abschnitten dargestellt werden.

4.1 Primäre Prävention

Primäre Präventionsmaßnahmen zielen nicht auf konkrete Einzelfälle, sondern es geht ja gerade darum, dass derartige Fälle möglichst gar nicht auftreten. Entsprechend kommen daher Maßnahmen infrage, die sich auf verschiedene Aspekte der Berufseinmündung bzw. die betriebliche Ausbildungssituation beziehen mit dem Ziel, die Ursachen für die Entstehung einer Abbruchneigung bereits im Vorfeld zu bekämpfen und eine Abbruchneigung erst gar nicht aufkommen lassen.

Hinsichtlich der Berufs(wahl)vorbereitung sollten sich die Schwerpunkte auf umfassende und zielgerichtete Informationen und ein entsprechendes Entscheidungstraining beziehen. Hierfür sollte ein breiter Medienmix genutzt und insbesondere auch auf Neue Medien gesetzt werden, welche eine realistische und authentische Darstellung ermöglichen.

Dies erfordert eine Vernetzung der schulischen Berufsinformationen mit Impulsen aus den Ausbildungsbetrieben, den Kammern und/oder den Arbeitsagenturen. Die Ausbildungsbetriebe können zudem verstärkt Praktika anbieten, um den Jugendlichen einen ersten und möglichst realistischen Einblick über den Berufsalltag und die geforderten Kompetenzen zu vermitteln. Darüber hinaus geht es aber auch um eine intensivere Beratung durch die Betriebe im Rahmen der Bewerbungsverfahren, indem auch negative Aspekte der Ausbildung angesprochen werden. Diese Maßnahmen erleichtern den Jugendlichen den Prozess der Berufseinmündung und wirken unrealistischen oder falschen Einschätzungen hinsichtlich der zu erwartenden Ausbildungsrealität entgegen.

Darüber hinaus gibt es inzwischen eine Reihe von Mentorenprogrammen, die sich damit befassen, das Übergangsmanagement zu verbessern. Erfahrene Berufstätige treten hierbei als Mentoren und individuelle Förderer für Jugendliche auf, die gerne eine Ausbildung beginnen möchten. Entscheidend ist hierbei, dass die Betreuung des Jugendlichen nicht mit der Unterzeichnung eines Ausbildungsvertrages oder am ersten Arbeitstag endet, sondern die sensible Startphase der Ausbildung (in der ja auch die meisten Abbrüche bereits erfolgen) ebenfalls umfasst und somit das Ausbildungsverhältnis stabilisiert.

Da bei den meisten Abbrüchen mit betrieblichen Gründen argumentiert wird, sind auch in diesem Umfeld Maßnahmen zu ergreifen. Hierbei kann davon ausgegangen werden, dass Auszubildende, die größere Spielräume für die Erledigung der eigenen Arbeitsaufgaben bzw. für eigene Lernaktivitäten wahrnehmen und die Chance zu einem reflektierten Umgang mit komplexen Problemfällen erhalten, seltener zu einem Abbruch tendieren. Außerdem sollten die Ausbilder einerseits Gelegenheiten zum Loben besser nutzen und andererseits bei notwendiger Kritik darauf achten, dass diese nicht verletzend wirkt. Darüber hinaus sollte die Schaffung einer fehlertoleranten Lehr-Lern-Umgebung angestrebt werden, welche es den Auszubildenden erlaubt, Fehler zu machen und daraus zu lernen (vgl. Deuer, 2013a).

4.2 Sekundäre Präventionsmaßnahmen

Aus einer Studie des Westdeutschen Handwerkskammertages (2001) ist bekannt, dass drei Viertel der Ausbildungsabbrecher und zwei Drittel der betroffenen Betriebe den Ausbildungsabbruch im Nachhinein als vermeidbar ansehen. Als Kernproblem wurde die mangelnde Kommunikations- und Konfliktfähigkeit identifiziert: Entweder wurden bestehende Probleme gar nicht erst erkannt, oder aber sie wurden nicht besprochen. Diese Ergebnisse zeigen, dass es einen Raum für sekundäre Präventionsmaßnahmen gibt, die dazu beitragen können, dass aus einem drohenden kein manifestierter Ausbildungsabbruch werden muss. Im Vordergrund steht hierbei das Erkennen und Erreichen der abbruchgefährdeten Auszubildenden, um in diesen Fällen gezielte Hilfestellungen und Beratung leisten zu können.

Dies erfordert jedoch eine hinreichende Vertrauensbasis zwischen den Akteuren, welche es den Jugendlichen ermöglicht, über einen potenziellen Ausbildungsabbruch zu reden. Im Rahmen einer empirischen Längsschnittuntersuchung konnte gezeigt werden, dass die Ausbilder zu Beginn der Ausbildung noch vergleichsweise großes Vertrauen genießen (Deuer, 2008). Mehr als die Hälfte der Jugendlichen gab an, dass sie sich bei Gedanken an einen Ausbildungsabbruch zuerst an den Ausbilder wenden würden; im Zeitverlauf ging dieser Anteil allerdings spürbar zurück. Bereits zu diesem frühen Erhebungszeitpunkt wurde jedoch deutlich, dass dieser positive Befund vor allem auf solche Jugendliche zurückgeht, die gar keine Abbruchneigung erkennen lassen, während die „Risikogruppe", d. h. die abbruchgefährdeten Jugendlichen, die Ausbilder in viel geringerem Ausmaß als bevorzugte Ansprechpartner ansehen. Dies liegt möglicherweise daran, dass die Ausbilder in der Wahrnehmung der Jugendlichen als ein Teil dieser problematischen Konstellation erscheinen und daher als Kontaktpersonen in den Hintergrund treten.

Dagegen zeigte sich, dass den Berufsschullehrern im Zeitverlauf wachsendes Vertrauen entgegengebracht wird und dass diese vor allem von den abbruchgefährdeten Jugendlichen als Gesprächspartner in Betracht gezogen werden. Dies deutet darauf hin, dass die Berufsschullehrer einerseits über eine ausreichende Distanz zur konkreten Problem- und Konfliktkonstellation verfügen und dass sie sich andererseits durch eine hinreichende Nähe bzw. Erreichbarkeit auszeichnen (Deuer, 2008; Deuer & Ertelt, 2001).

Darüber hinaus wurde deutlich, dass auch die Berufsberater der Arbeitsagenturen durchaus als Ansprechpartner in Betracht gezogen werden, wenn die Jugendlichen über einen Ausbildungsabbruch nachdenken. Eine neuere Querschnittstudie (Deuer, 2013a) bestätigt diese Zusammenhänge, die Bedeutung der Berufsberatung im Hinblick auf die Prävention von Ausbildungsabbrüchen wurde sogar noch deutlicher erkennbar. Ernüchternd sind dagegen in sämtlichen Studien die Werte für die Ausbildungsberater der Kammern, die in der Wahrnehmung der Jugendlichen (zu allen Zeitpunkten und in jeder Gruppe) eine untergeordnete Bedeutung haben. Hier scheint nicht zuletzt eine Verbesserung der Kommunikation und der Außendarstellung angebracht, schließlich verfügen die Ausbildungsberater über eine große Erfahrung beim Vermitteln und Schlichten von Streitfällen. Dessen ungeachtet kann nicht übersehen werden, dass jeder Ausbildungsbetreuer für eine Vielzahl von Ausbildungsverhältnissen zuständig ist und somit an natürliche Grenzen stößt.

Auch hinsichtlich der sekundären Präventionsmaßnahmen kommt den bereits angeführten Mentoringprogrammen eine Bedeutung zu, da die Mentoren aufgrund ihrer erworbenen Vertrauensstellung natürliche Ansprechpartner auch für derartige Fragestellungen sind. Eine Ausbildungspaten-Initiative in Recklinghausen hat daher sogar ausdrückliche „Alarmpaten" im Team, die für Auszubildende in akuten Krisensituationen bereitstehen. Rückmeldungen auf „Alarmrufe" oder „Alarmmails" erfolgen i. d. R. innerhalb von 24 Stunden. Die Alarmpaten bieten erste Einschätzungen und Ratschläge oder können den Kontakt zu anderen kompetenten Ansprechpartnern herstellen und somit unbedachten und übereilten Abbrüchen entgegenwirken.

5 Fazit und Ausblick

Auch zukünftig wird nicht jeder Ausbildungsabbruch zu verhindern sein – in manchen Fällen (z. B. bei schweren physischen und psychischen Belastungen) ist dieses Resultat sogar im Sinne der Betroffenen zu begrüßen. Trotzdem kann davon ausgegangen werden, dass bei der großen Anzahl von Ausbildungsabbrüchen der Spielraum für wünschenswerte präventive Maßnahmen hinreichend groß ist. Die verantwortlichen Akteure sind daher aufgefordert, geeignete Maßnahmen zu suchen (und nach Möglichkeit umzusetzen), die zu einer Verhinderung bzw. Reduzierung von Ausbildungsabbrüchen beitragen können.

Neben den Interessen der betroffenen Jugendlichen und der Ausbildungsbetriebe geht es hierbei auch um die Interessen der gesamten Gesellschaft, schließlich haben diese Jugendlichen die kommenden Lasten des Generationenvertrages später einmal zu schultern. Insofern ist es konsequent und es spiegelt die gesellschaftliche Verantwortung wider, dass 2013 erstmals ein Koalitionsvertrag einer Bundesregierung (CDU, CSU & SPD, 2013, S. 65) explizit zu diesem Thema Stellung bezieht und Hinweise für die Prävention liefert. In diesem Sinne sind alle Akteure im gemeinsamen Interesse gefordert, einen Beitrag zu leisten.

Literatur

Beicht, U. & Walden, G. (2003). Duale Berufsausbildung ohne Abschluss – Ursachen und weiterer bildungsbiografischer Verlauf. Analyse auf Basis der BIBB-Übergangsstudie 2011. In BIBB Report, Heft 21, Bonn.

Bundesinstitut für Berufsbildung (Hrsg.) (2014). Datenreport zum Berufsbildungsbericht 2014. Bonn.

CDU/CSU & SPD (Hrsg.) (2013). Deutschlands Zukunft gestalten. Koalitionsvertrag zwischen CDU, CSU und SPD. Berlin.

Deuer, E. (2008). Der lange Weg zum Ausbilder. In Personalführung, Heft 8, S. 64–68.

Deuer, E. (2012). Früherkennung und Prävention von Ausbildungsabbrüchen. In C. Baumeler, B. J. Ertelt & A. Frey (Hrsg.). Diagnose und Prävention von Abbrüchen in der Berufsbildung. Band 1 der Reihe Arbeit, Beruf und Beratung (S. 61–73). Landau.

Deuer, E. (2013a). Gratifikationskrisen und Tendenzen zur vorzeitigen Vertragslösung – Zusammenhänge und Handlungsfelder. In: Berufsbildung in Wissenschaft und Praxis, Heft 5, S. 43–47.

Deuer, E. (2013b). Transfermanagement zur Sicherung von Ausbildungserfolgen. In G. Cramer, H. Schmidt & W. Wittwer (Hrsg.), Ausbilderhandbuch, Ergänzungslieferung.

Deuer, E. & Ertelt, B.-J. (2001). Früherkennung und Prävention von Ausbildungsabbrüchen. In: Informationen für die Beratungs- und Vermittlungsdienste der Bundesanstalt für Arbeit, S. 1415–1432.

Hecker, U. (2000). Ausbildungsabbruch als Problemlösung? Überlegungen zu vorzeitigem Ausstieg aus der Ausbildung. In: Bundesinstitut für Berufsbildung (Hrsg.), Jugendliche in Ausbildung und Beruf (S. 55–65). Bonn.

Schöngen, K. (2003). Lösung von Ausbildungsverträgen – schon Ausbildungsabbruch? In: Informationen für die Beratungs- und Vermittlungsdienste der Bundesanstalt für Arbeit, Heft 25, S. 5–19.

Weiß, R. (1982). Ausbildungsabbruch im Handwerk. Ursachen und Einflußfaktoren bei der vorzeitigen Lösung von Berufsausbildungsverträgen. Köln.

Wenzelmann, F. & Lemmermann, H. (2012). Betriebliche Kosten von Vertragslösungen. In: Berufsbildung in Wissenschaft und Praxis, Heft 5, S. 4–5.

Westdeutscher Handwerkskammertag (Hrsg.) (2001). Ziellauf – Vermeidung von Ausbildungsabbrüchen. Erfahrungsbericht des Projekts. Düsseldorf.

Aufbruch durch Abbruch – Chancen für Studienabbrecher und Rekrutierungsmöglichkeiten für Unternehmen und Betriebe

Christian Weyer

Einleitung

Der Mensch sieht sich in seinem beruflichen Leben mit diversen Übergangssituationen konfrontiert, „unter diesen ist [die] erste, Schule – Beruf [beziehungsweise Schule – Studium], eine große individuelle, gesellschaftspolitische wie pädagogische Herausforderung" (Brüggemann, 2010, S. 59). In den letzten Jahren ist die gesellschaftliche und politische Bedeutsamkeit gelingender beruflicher Übergänge vermehrt in den Fokus der Öffentlichkeit gerückt (vgl. z. B. BMBF, 2014) und wird nicht zuletzt durch umfassende Berufsorientierungsmaßnahmen, wie beispielsweise dem Landesvorhaben des Landes Nordrhein-Westfalen „Kein Abschluss ohne Anschluss", unterstrichen. Mithilfe solcher Maßnahmen wird der Forderung nachgekommen, präventive Berufsorientierung zur Vorbereitung auf die erste Schwelle des beruflichen Übergangs zu betreiben (Brüggemann, 2008). Als Zieldimension für diesen ersten beruflichen Übergang wird ein möglichst reibungsloser Start in Ausbildung oder Studium ausgegeben.

Ein wichtiger Indikator, auf den in Zusammenhängen intendierter gelungener beziehungsweise nicht intendierter misslungener Übergänge immer wieder rekurriert wird, ist die Quote der Ausbildungs- und Studienabbrüche. In Deutschland zeigt sich für das Jahr 2012, dass die Mehrheit der gelösten[1] Ausbildungsverträge innerhalb des ersten Jahres erfolgt, zwei Drittel aller Vertragslösungen fallen demnach ins erste Jahr nach Vertragsbeginn. Auch in das zweite Jahr nach Vertragsbeginn fällt mit ca. 24 % noch ein großer Anteil der Lösungen (Berufsbildungsbericht, 2014; in diesem Band). Die Quote für einen Studienabbruch im Bachelorstudium ist mit der Quote der Ausbildungsvertragslösungen (Deuer, 2014, Ausbildungsabbrüche) ver-

---

1 Zur genauen Berechnung der „Lösungsquote" vgl. Datenreport zum Berufsbildungsbericht 2014 (BIBB, 2014, S. 161 f.).

gleichbar und liegt über alle Hochschularten und Fächergruppen bei 28 % (Heublein, Richter, Schmelze & Sommer, 2014). Hierbei ist jedoch zu beachten, dass es sich hierbei um „endgültige" Studienabbrüche handelt und bloße Fachwechsel oder Ortswechsel nicht berücksichtigt sind. Im Kontext der vorliegenden Thematik ist dies jedoch unkritisch.

Insgesamt fällt der Anteil der Studienabbrecher an Fachhochschulen im Vergleich zu Universitäten günstiger aus. Zwar ist die Quote auch an der Fachhochschule von der Studienabbruchsstudie 2012 zu 2014 von 19 % auf 23 % gestiegen, langfristig betrachtet konnte der Anteil der Studienabbrecher jedoch deutlich reduziert werden (von 39 %, vgl. Heublein, Schmelzer, Sommer & Wank, 2008). Ein ungünstigeres Bild zeichnet die Entwicklung an Universitäten: Die in der Studienabbruchsstudie 2008 ermittelten Quote von 25 % musste in der Studienabbruchsstudie 2012 um 10 % erhöht werden und liegt aktuell bei 33 %.

Maßnahmen schulischer Berufsorientierung für Schülerinnen und Schüler, die den Übergang in eine betriebliche Ausbildung anstreben, standen in den letzten Jahren – im Gegensatz zur Berufsorientierung für Schülerinnen und Schüler von Schulen, die zum Abitur führen – im Vordergrund. Dies betrifft auch Maßnahmen nachschulischer Berufsorientierungsangebote. Die hohe Zahl der Studienabbrecher hat – neben der Tatsache, dass viele Abiturienten am Ende ihrer Schulzeit noch nicht wissen, was sie studieren wollen, und dass einige von ihnen überhaupt nicht studieren wollen (Driesel-Lange, 2011) – zu einem allmählichen Umdenken geführt. Eine wachsende Zahl von Angeboten wird initiiert, und auch der Arbeitsmarkt entdeckt die Gruppe der Studienabbrecher zunehmend für sich.

In der Debatte um geeigneten Fachkräftenachwuchs tauchten Studienabbrecher bislang eher selten auf. Die attraktivste Zielgruppe für Betriebe sind Abiturientinnen und Abiturienten, die idealerweise direkt von der Schule in eine betriebliche Ausbildung übergehen. Junge Menschen, die nicht zu dieser Hauptzielgruppe gehören, haben es in Konkurrenzsituationen bei der Suche um einen Ausbildungsplatz deutlich schwerer (Ratschinski & Bojanowski, 2013). Diese Problematik tritt verschärft auf, wenn jungen Menschen zusätzlich der „Makel" anhaftet, eine abgebrochene Erstausbildung im Lebenslauf zu führen. Hierbei denkt man zunächst an Jugendliche, die bereits eine berufliche Ausbildung begonnen, aber wieder abgebrochen haben, an Studienabbrecher wird erst auf den zweiten Blick gedacht. Dies spiegelt sich beispielsweise in der Tatsache wider, dass Studienabbrecher in Stellenausschreibungen eher weniger angesprochen werden. Der prominenteste Zugangsweg von Studienabbrechern erfolgt über Initiativbewerbungen (60 %), darauf folgt erst die Bewerbung auf eine Stellenausschreibung, auch Empfehlungen von Kollegen oder Praktika noch im Rahmen des Studiums stellen Wege in eine Ausbildung dar (GIB, 2010).

Chancen für Betriebe

In Zeiten des Fachkräftemangels ist jedoch der Trend festzustellen, dass die Wirtschaft Studienabbrecher als neue Zielgruppe ausmacht und auf dem Arbeitsmarkt neue Perspektiven für Studienabbrecher entstehen. Somit werden Grundlagen geschaffen für eine doppelt positiv zu bewertende Entwicklung: Zum einen wird für Betriebe und Unternehmen eine neue Zielgruppe erkennbar, aus der Fachkräfte rekrutiert werden können, zum anderen eröffnen sich so auch für die ehemaligen Studierenden neue Möglichkeiten und alternative berufliche Karrieren. Unternehmen, die bereits auf Erfahrungen mit Studienabbrechern verweisen können, geben zudem sogar einige Vorteile von Studienabbrechern gegenüber Hochschulabsolventen an: Studienabbrecher identifizieren sich häufig stärker mit dem Unternehmen, weil sie das Gefühl haben, trotz des „Makels" eine Chance bekommen zu haben – was sich wiederum positiv auf das Engagement und die Motivation auswirkt. Darüber hinaus zeigen Studienabbrecher sich hinsichtlich der Gehaltsforderungen zurückhaltender, und Studienabbrecher verfügen über eine größere Lebenserfahrung und Reife, die auch durch die berufliche Neuorientierung befördert wurde (GIB, 2010). In einer Untersuchung des Bundesinstituts für Berufsbildung (BIBB, 2005) wird auf einen weiteren Aspekt eingegangen, der Unternehmen entgegenkommen müsste: Fachleute aus verschiedenen Bereichen der beruflichen Bildung wurden nach den konkreten Fähigkeiten und Fertigkeiten befragt, über die Jugendliche zu Beginn einer Ausbildung verfügen sollten. Nahezu 80 % der Befragten sind sich einig, dass Soft Skills, wie beispielsweise Zuverlässigkeit, die Bereitschaft zu lernen, die Bereitschaft, Leistung zu zeigen, Verantwortungsbewusstsein, Konzentrationsfähigkeit oder Durchhaltevermögen, auf jeden Fall vorhanden sein müssten. Diese Sozial- und Handlungskompetenzen können sich bei Studienabbrechern u. U. schon als Lebenserfahrungen angesammelt haben und sich durchaus ausgeprägter darstellen, als es bei frischen Schulabgängern der Fall ist.

Die Gruppe der Studienabbrecher als potenzielle Zielgruppe für den Arbeitsmarkt und insbesondere als eine Antwort auf den Fachkräftemangel wird zunehmend von den verschiedenen Akteuren erkannt. So bietet beispielsweise die im Rahmen der gemeinsamen Informationsoffensive „Berufliche Bildung – praktisch unschlagbar" der Bundesministerien für Bildung und Forschung (BMBF) sowie Wirtschaft (BMWi) eingerichtete Programmstelle JOBSTARTER Klein- und Mittelbetrieben Unterstützung bei der Eruierung von Möglichkeiten der Aufnahme von Studienabbrechern in eine duale Berufsausbildung an. Hierbei kann es zum Beispiel um die Anrechnung von im Studium erbrachten Leistungen auf die Ausbildung gehen, denn laut Berufsbildungsgesetz (BBiG) und Handwerksordnung (HwO) können diese Leistungen als zurückgelegte Ausbildungszeit angerechnet und die Ausbildungsdauer aufgrund der Vorbildung verkürzt werden. Das Ziel der von der Programmstelle JOBSTARTER koordinierten Initiativen und Projekte ist es, sowohl Studienabbrecher als auch die Betriebe und Unternehmen füreinander zu sensibilisieren, entsprechend zu informieren und zu beraten, um die Passung von Studienabbrechern und suchenden Betrieben und Unternehmen zu optimieren. Online von verschiedenen Ministerien zugänglich gemachte Handlungsempfehlungen bieten teilweise gute Hinweise für Unternehmen, wie die Rekrutierung und die Auswahl von zu dem jeweiligen Unternehmen passenden Studienabbrechern erfolgen kann.

Aber nicht nur die Bildungspolitik hat hier Handlungsbedarf erkannt. Auch die Industrie- und Handelskammern informieren Studienabbrecher über Ausbildungsmöglichkeiten und stellen Kontakte zu Ausbildungsbetrieben her. Es werden Beratungs-, Vermittlungs- und Bewerbungsgespräche angeboten, in denen individuelle Bewerberprofile erstellt werden, sodass ein Abgleich mit den Anforderungen der Unternehmen erfolgen kann. Viele Universitäten haben ihr Beratungsangebot mittlerweile ebenfalls erweitert und beraten auch bei einem Abbruch des Studiums, um den jungen Menschen die Perspektiven für alternative Karrieren aufzuzeigen. An einigen Standorten kooperieren verschiedene Akteure aus Hochschulen, Industrie- und Handelskammern, der Agentur für Arbeit und Unternehmen bereits im Hinblick auf Fachkräfterekrutierung aus der Gruppe der Studienabbrecher. Derartige Kooperationen lassen erkennen, dass Betriebe Studienabbrecher als eine interessante und zunehmend wichtiger werdende Zielgruppe wahrnehmen, die mit ihren im Studium erworbenen Kenntnissen und Fähigkeiten auch zunehmend bei den Unternehmen punkten können. Aus Sicht der Studienabbrecher bieten solche Netzwerke die zusätzliche Möglichkeit, in der Region zu verbleiben (vgl. Deuer, 2014, 10 Merkmale guter Berufsorientierung, in diesem Band).

Schwierigkeiten aus betrieblicher Sicht

Desiderata für die vermittelnde und einstellende Seite liegen unter anderem im Bereich der häufig noch fehlenden Beurteilbarkeit der erbrachten Studienleistungen. Studien- und Prüfungsordnungen von Hochschulen sind für Unternehmen in der Regel ein fremdes Terrain, sodass einzelne fachliche Leistungen im Vergleich zu Abschlusszeugnissen o. Ä. nur schwer eingeschätzt werden können (GIB, 2010). Hier kann der Nachweis von Einzelnoten in einem Transcript of Records, das die bisherigen Studienleistungen nach einem europaweiten Standard dokumentiert, etwas Abhilfe schaffen wie auch die Tatsache, dass mit dem Einzug von Modulen in die Studien- und Prüfungsordnungen auch eine Beurteilung von Leistungen auf einem niedrigschwelligen Niveau möglich ist. Dennoch besteht hier die Herausforderung, Leistungen transparenter zu machen, um einerseits u. U. Studienleistungen auf eine Ausbildung anrechenbar zu machen und andererseits Potenziale der Bewerber nicht ungenutzt zu lassen.

Des Weiteren gilt es, Hemmnisse aus Sicht der Betriebe abzubauen. Neben formalen Vorgaben, wie beispielsweise der Tatsache, dass bestimmte Positionen nur mit den entsprechenden formalen Qualifikationen zugänglich sind, können auch informelle Hemmnisse auftreten. Dies kann sich zum Beispiel darin ausdrücken, dass

Positionen aufgrund einer Außenwirkung einen Hochschulabschluss erforderlich machen oder dass sich in der Belegschaft Akzeptanzprobleme äußern.

Natürlich muss auch die Informationspolitik gegenüber den Studienabbrechern vorangetrieben werden, um transparent zu machen, welche Unterstützungs- und Beratungsangebote von welchen Akteuren zur Verfügung stehen. Betriebe könnten ihrerseits mehr Aufmerksamkeit erzielen, wenn sie Studienabbrecher in Stellenausschreibungen konkret als Adressaten ansprechen. Um auf verschiedene Möglichkeiten aufmerksam zu machen, könnte es sich für Unternehmen auch anbieten, vermehrt Präsenz in Hochschulen zu zeigen, sei es durch Angebote von Praktika oder durch das Bekanntmachen von Optionen des Quereinstiegs. Auch die Kammern sind hinsichtlich der Informationsverbreitung gefragt: Einerseits gilt es, Studierende auf die diversen Möglichkeiten aufmerksam zu machen, beispielsweise mithilfe von Jobbörsen, und andererseits die Betriebe mit Umsetzungsmöglichkeiten anhand von Erfahrungsberichten aus anderen Unternehmen zu versorgen. Eine wichtige Informationsfunktion kommt auch den Arbeitsagenturen zu: Die Arbeitsagenturen können durchaus als mögliche erste Anlaufstelle für Jugendliche betrachtet werden, die sich umorientieren wollen. Viele Arbeitsagenturen haben die Zielgruppe der Studienabbrecher erkannt und spezielle Anlaufstellen sowie Beratungs- und Informationsangebote, auch im Internet, initiiert. Die Arbeitsagenturen, die über die regionalen Gegebenheiten und den Bedarf an Fachkräften informiert sind, sind dafür prädestiniert, Unternehmen bei der Rekrutierung zu helfen.

Nicht zuletzt kommt in der Diskussion über Studienabbrecher auch den Hochschulen eine zentrale Bedeutung zu: Es ist zwar beruhigend, dass sich auch Studienabbrechern vielfältige berufliche Perspektiven eröffnen und dass die Zeit, die vor dem Abbruch in das Studium investiert wurde, nicht umsonst gewesen sein muss. Dennoch kann sich Deutschland in seinem Verständnis als Bildungsnation nicht damit zufriedengeben, dass so viele junge Menschen ihr Studium nicht abschließen und volkswirtschaftliches Potenzial ungenutzt bleibt. Die Verbesserung äußerer Rahmenbedingungen, wie zum Beispiel die BAföG-Reform, soll dazu beitragen, dass sich Studierende besser auf ihr Studium konzentrieren können. Hochschulen müssen Beratungsangebote im Rahmen der Studienberatung offensiver publik machen, die individuellen Bedürfnisse Studierender bedienen und sowohl als Anlaufstellen während des Studiums dienen als auch im Zuge einer eventuellen Exmatrikulation nochmals beratend tätig werden. Wünschenswert wäre auch ein Frühwarnsystem, dass potenzielle Studierende anhand beispielsweise langer Studiendauer als potenzielle Abbrecher identifiziert und auch hier prophylaktisch beratend auftritt.

Schluss

Es konnte aufgezeigt werden, dass viele Akteure ein Interesse an der Zielgruppe der Studienabbrecher haben (sollten) und dass es im Sinne einer doppelten Verpflichtung vielfältige Empfehlungen an die Akteure die Beratung und Betreuung betreffend gibt: Studienabbrüche müssen auf der einen Seite vermieden und auf der anderen Seite die betroffenen Jugendlichen versorgt werden. Insgesamt sollten Studienabbrecher mit ihren nicht linear und idealtypisch verlaufenden Berufsorientierungsprozessen wahrgenommen werden, für die eine kontinuierliche Beratung, bestenfalls einsetzend bereits vor der Entscheidung des Studienabbruchs bis zur Einmündung in einen Beruf, bereitgestellt werden muss. Die Umsetzung muss von der Politik mitgestaltet werden, die die regionalen Gegebenheiten und Bezüge mitberücksichtigt. Dann stellt die Gruppe der Studienabbrecher eine sehr attraktive Zielgruppe für Unternehmen und Betriebe dar.

Literatur

Brüggemann, T. (2008). Kompetenzchecks. Implementations- und Wirksamkeitsforschung des kompetenzdiagnostischen Instrumentariums „Kompetenzcheck Ausbildung NRW" am Beispiel eines definierten Konzeptes. Münster: Ecotransfer.

Brüggemann, T. (2010). Berufliches Übergangsmanagement – Herausforderungen und Chancen. In U. Sauer-Schiffer & T. Brüggemann (Hrsg.), Der Übergang Schule – Beruf. Beiträge zur Beratung in der Erwachsenenbildung und außerschulischen Jugendbildung (Band III) (S. 57–78). Münster: Waxmann Verlag.

Bundesinstitut für Berufsbildung (BIBB) (2005). Ausbildungsreife – auch unter den Fachleuten ein heißes Eisen. Ergebnisse des BIBB-Expertenmonitors. Bonn. Zugriff unter http://www.bibb.de/de/21840.htm

Bundesinstitut für Berufsbildung (BIBB) (2014). Datenreport zum Berufsbildungsbericht 2014. Informationen und Analysen zur Entwicklung der beruflichen Bildung. Bonn: Bundesinstitut für Berufsbildung.

Bundesministerium für Bildung und Forschung (BMBF) (2014). Berufsbildungsbericht 2014. Berlin: BMBF.

Driesel-Lange, K. (2011). Berufswahlprozesse von Mädchen und Jungen – Interventionsmöglichkeiten zur Förderung geschlechtsunabhängiger Berufswahlen. Universität Erfurt: Unveröffentlichte Dissertation.

Gesellschaft für Innovationsforschung (GIB) und Beratung mbH (2010). Berufliche Integration von Studienabbrechern vor dem Hintergrund des Fachkräftebedarfs in Deutschland. Berlin. Zugriff unter http://www.bmwi.de/DE/Mediathek/publikationen, did=359294.html

Heublein, U., Schmelzer, R., Sommer, D. & Wank, J. (2008). Die Entwicklung der Schwund- und Studienabbruchquoten an den deutschen Hochschulen. Statistische Berechnungen auf der Basis des Absolventenjahrgangs 2006. Hannover: HIS.

Heublein, U., Richter, J., Schmelzer, R. & Sommer, D. (2014). Die Entwicklung der Studienabbruchquoten an den deutschen Hochschulen. Statistische Berechnungen auf der Basis des Absolventenjahrgangs 2012. Hannover: HIS.

Ratschinski, G. & Bojanowski, A. (2013). Benachteiligtenförderung in der Berufsorientierung. In T. Brüggemann & S. Rahn (Hrsg.), Berufsorientierung. Ein Lehr- und Arbeitsbuch (S. 185–197). Münster: Waxmann Verlag.

Richter, U. (2012). Datengrundlagen als Ausgangspunkt für eine verbesserte schulische Vorbereitung auf den Übergang Schule – Beruf. Erfahrungen und Handlungshinweise aus der Förderinitiative Regionales Übergangsmanagement. München.

Gesundheitswirtschaft und Pflege – Fachkräftebedarf, Qualifikation und neue Bildungsmodelle

Anke Simon

1 Gesundheitswirtschaft als Wachstumsmarkt

Die Gesundheitswirtschaft gilt als Wachstumsmarkt Nummer eins nicht nur in Deutschland, auch in vielen anderen OECD-Ländern. Als wichtigster ökonomischer Indikator gilt hier die hohe Gesundheitsquote, das heißt die jährlichen Ausgaben für Gesundheit im Verhältnis zum Bruttoinlandsprodukt. Deutschland liegt hier mit einem Wert von über 11 Prozent regelmäßig auf Rang 3 oder 4 des OECD-Rankings (Gesundheitsquote 2011 von 11,2 Prozent) (OECD, 2013a). Gemessen an den Beschäftigtenzahlen nimmt der Gesundheitssektor sogar eine größere Bedeutung als die Automobilindustrie ein (Statistisches Landesamt Baden-Württemberg, 2011). Jeder 9. Beschäftigte arbeitet mittlerweile im Gesundheitswesen, wobei der Frauenanteil mit 80 Prozent überproportional hoch ist (Bundesagentur für Arbeit, 2011). Gemessen an der 10-Jahres-Entwicklung (2000–2010) sind die Wachstumsraten in den Gesundheitsberufen von +21 Prozent im Vergleich mit den Dienstleistungsberufen von +6 Prozent und der Beschäftigung insgesamt von −0,4 Prozent äußerst positiv zu werten (Bundesagentur für Arbeit, 2011). Als weiterer Indikator gilt das steigende Interesse privater Investoren, was sich beispielsweise an der zunehmenden Privatisierung im Krankenhaussektor zeigt. Insbesondere der zweite und dritte Gesundheitsmarkt mit der Pharmabranche, den Biotechnologie- und Medizintechnikunternehmen entwickelt sich gut. Hier sei insbesondere die hohe Exportrate, die keine unwesentliche Rolle für die deutsche Außenwirtschaft spielt, hervorgehoben.

Was in der ökonomischen Theorie der langen Welle, den sogenannten Kontratjew-Zyklen, schon länger prognostiziert wird, scheint Realität zu werden (Nefiodoff, 1996). Folgt man den Vorhersagen, liegt der nächste Paradigmenwechsel und der damit zusammenhängende starke Konjunkturimpuls bzw. der über mehrere Dekaden wirkende gesellschaftsumfassende Aufschwung im Gesundheitsbereich. Der letzte langwellige Wirtschaftszyklus wurde durch Basisinnovationen in der Informations- und Kommunikationstechnologie ausgelöst und hat damit das Zeitalter der Informationsgesellschaft eingeleitet, verbunden mit den bekannten fundamentalen Umwälzungen in Industrie und gesamter Gesellschaft.

Natürlich haben die Akteure des Gesundheitsmarktes auch mit diversen Problemen und Herausforderungen zu kämpfen, welche hauptsächlich auf die vielschichtigen Regulierungen und Gesetze zurückzuführen sind (man spricht daher auch von einem regulierten bzw. Planmarkt). Der demografische Wandel mit der alternden Bevölkerung, die epidemiologischen Entwicklungen, hier insbesondere die Zunahme von chronischen Krankheiten und multimorbiden Patienten, und die Errungenschaften des medizinisch-technischen Fortschritts in Form von neuen Medikamenten und Geräten der Hochleistungsmedizin setzen insbesondere den durch die GKV finanzierten Anteil des Gesundheitswesens (den sogenannten 1. Gesundheitsmarkt) regelmäßig unter starken Druck. Das Spannungsfeld zwischen Kostenexplosion und hohen Erwartungen an die Gesundheitsversorgung der Bevölkerung wird dann in Form von Gesundheitsreformen, die nicht selten in sehr kurzen Abständen folgen, langwierigen und komplexen Verhandlungen zwischen den Interessengruppen bzw. Akteuren auf Bundes- sowie Landesebene (z. B. im Bund zu dem derzeitigen Mittelüberschuss im Gesundheitsfonds oder in einzelnen Bundesländern derzeit die Einführung einer Pflegekammer) und auch in der direkten Patientenversorgung (z. B. Einführung und dann wieder Wegfall der Praxisgebühr, Schließung von Krankenhäusern, der Fachkräftemangel im Krankenhaus oder in der Altenpflege) deutlich spürbar. Gesundheitspolitische Themen sind daher nicht selten in den Medien zu finden (leider häufig mit negativem Tenor).

Im internationalen Vergleich gilt das deutsche Gesundheitssystem als eines der besten der Welt mit einem nahezu lückenlosen Krankenversicherungsschutz durch die GKV, der im Vergleich mit anderen Ländern einen umfangreichen Leistungskatalog mit geringer Selbstbeteiligung umfasst. Hinzu kommen der hohe Versorgungsstandard durch die freie Arztwahl, nahezu keine Wartezeiten und die niedrigen Zugangsbarrieren durch eine hohe Arzt- und Krankenhausdichte (SVR Gesundheit, 2012).

Dennoch lässt die unterdurchschnittliche Lebenswartung gemessen am OECD-Schnitt und die z. T. deutlich überproportionale Zahl an Operationen und stationären Eingriffen auf schwerwiegende Schwächen im deutschen Gesundheitssystem schließen (OECD, 2013b; Kumar & Schönstein, 2013). Weitere Studien belegen eindeutige Probleme u. a. in der Koordination zwischen den Sektoren, beim Entlassmanagement aus dem Krankenhaus und der partizipativen Kommunikation und Entscheidung gemeinsam mit dem Patienten im Behandlungsprozess, dem sogenannten Shared Decision Making (The Commonwealth Fund, 2011; Health Consumer Powerhouse, 2012). Kritiker zeichnen daher als pointiertes Bild, „dass die deutschen Bürger bzw. Versicherten für ihre Gesundheitsversorgung zwar den ‚Preis eines Mercedes' entrichten, aber nur ‚einen Golf' erhalten" (SVR Gesundheit, 2012, S. 15).

2 Pflege(kräfte)mangel und neue Versorgungsanforderungen

Eine wesentliche Herausforderung der derzeitigen und auch zukünftigen Gesundheitsversorgung stellt der Pflegemangel dar. Bartens (Arzt, bekannter Medizinkritiker und Journalist) formulierte das Dilemma in einer Paneldiskussion einmal so: „Wenn das Essen nicht allein geht und keine Zeit ist zum Füttern, wird eine Ernährungssonde gelegt … Wenn das Trinken schwerfällt und keine Zeit zum Unterstützen ist, wird eine Infusion gelegt … Wenn keine Zeit ist, den Patienten auf die Toilette zu bringen oder beim Wasserlassen zu helfen, wird ein Katheder gelegt … Bei Unruhe in der Nacht wird fixiert" (Bartens, 2013).

Unabhängig von dieser emotionalen und doch sachlich klaren Feststellung zeigen auch alle Statistiken (z. T. schon seit Jahren) ein geradezu alarmierendes Zukunftsbild auf. Während die Anzahl der Krankenhausärzte von 1993 bis 2010 um über 35 Prozent gestiegen ist (SVR Gesundheit, 2012), kann in der Pflege kein generelles Wachstum der Beschäftigtenzahlen festgestellt werden. „So hat sich im Krankenhaussektor zwischen 1996 und 2007 – gegenläufig zum Stellenzuwachs bei den Ärzten – ein kontinuierlicher Stellenabbau in der Pflege vollzogen, obschon sie ebenso von der sich dort seit Einführung der DRGs vollziehenden Arbeitsverdichtung betroffen ist und mehr Patienten in gleicher Zeit versorgt werden müssen" (SVR Gesundheit, 2012). Die Zukunftsprognosen belegen nach aktueller Studienlage eine weitere Verschärfung des bereits momentan sehr ernst zu nehmenden Pflegekräftemangels (siehe Tabelle 1).

Ausgehend von der demografischen Entwicklung und der damit zwar erfreulicherweise deutlich gestiegenen Lebenserwartung der Bevölkerung, verbunden mit steigender Erkrankungswahrscheinlichkeit, Multimorbidität und Chronifizierung mit zunehmendem Alter, ergibt sich für die Zukunft ein erhöhter Versorgungs- und damit auch Pflegebedarf. Neben dem beschäftigungsintensiven Krankenhaussektor ist insbesondere auch die Altenpflege betroffen. Auf die in früheren Zeiten üblichen Pflege- und Betreuungsmöglichkeiten innerhalb der Familie (die sogenannte informelle Pflege) kann aufgrund der geänderten Mobilitäts- und Familienstrukturen in Zukunft nicht mehr im selben Maße zurückgegriffen werden (gestiegener Anteil erwerbstätiger Frauen, Kinder und Enkel wohnen häufig in anderen Regionen oder sogar im Ausland).

Tab. 1: Fachkräftemangel in der Pflege – Ergebnisse verschiedener Studien (Berechnung und Darstellung aus SVR Gesundheit, 2012)

Autor (Jahr)	Versorgungs-einrichtungen	Beruf	Status	Morbiditäts-entwicklung	Mangel an Pflegekräften (Jahr) in VZÄ
Afentakis und Maier (2010)*	Krankenhäuser, ambulante und stationäre Pflegeeinrichtungen	Gesundheits- und Krankenpfleger, Gesundheits- und Krankenpflegehelfer, Altenpfleger	nur ausgebildete Pflegekräfte	SQ**	193.000 (2025)
				MK***	135.000 (2025)
			inkl. an-/ungelernter Pflegekräfte	SQ**	112.000 (2025)
				MK***	55.000 (2025)
Ostwald et al. (2010)****	ambulante und stationäre Einrichtungen des Gesundheitswesens	Gesundheits- und Krankenpfleger	–	k.A.	128.400 (2020)
					393.100 (2030)
		Gesundheits- und Krankenpflegehelfer	–	k.A.	36.400 (2020)
					84.634 (2030)
Hackmann (2010)	ambulante und stationäre Pflegeeinrichtungen	„Altenpflegekräfte"	–	SQ	430.000 (2050)

* Dargestellt sind die Ergebnisse bei einer Fortschreibung der Beschäftigungsstruktur wie in Deutschland im Jahr 2005. Die Autoren haben auch Effekte bei Anpassung der Beschäftigungsstrukturen auf das Niveau von Ost- bzw. Westdeutschland (unterschiedliche Teilzeitquoten) dargestellt.
** Status-quo-Prognose.
*** Prognose unter der Annahme einer Morbiditätskompression.
**** Bei Ostwald et al. werden für ambulante und stationäre Einrichtungen getrennte Prognosen ausgewiesen. Zur vereinfachten Darstellung ist hier eine Summe gebildet.

Gleichzeitig stehen aufgrund des Geburtenrückgangs und der sinkenden Attraktivität des Pflegeberufes immer weniger Bewerber auf dem Arbeitsmarkt zur Verfügung. Dazu kommt eine erhöhte Fluktuationsquote im Vergleich zu anderen Berufen (Isford, Weidner & Gehlen, 2012). Insbesondere verlassen nicht wenige Fachkräfte gleich nach der Ausbildung oder nach wenigen Jahren Berufstätigkeit das Berufsfeld der Pflege. Dabei genießt der Pflegeberuf innerhalb der Bevölkerung eine herausragende Reputation (siehe Abbildung 1) und ist nicht selten mit einer hohen Achtung und Wertschätzung für die Berufstätigen in der Pflege verbunden. Nur nützt dieses gute Image wenig, wenn immer weniger Schulabgänger an der Pflege und anderen Gesundheitsfachberufen interessiert sind.

Demgegenüber haben sich die qualitativen Anforderungen an den Pflegeberuf in den letzten Jahrzehnten deutlich erhöht. Im Krankenhaussektor hat die Umstellung auf die leistungsorientierte Abrechnung nach dem Diagnosis-Related-Group-System (kurz DRG, in Deutsch: diagnosebezogene Fallgruppen) zu einer starken Verkürzung der Verweildauern und damit zu einer enormen Arbeitsverdichtung auf Station geführt. Verstärkt wird dies durch Leistungsverschiebungen zwischen den Sektoren, z. B. das ambulante Operieren, sodass nur noch Patienten mit schwerwie-

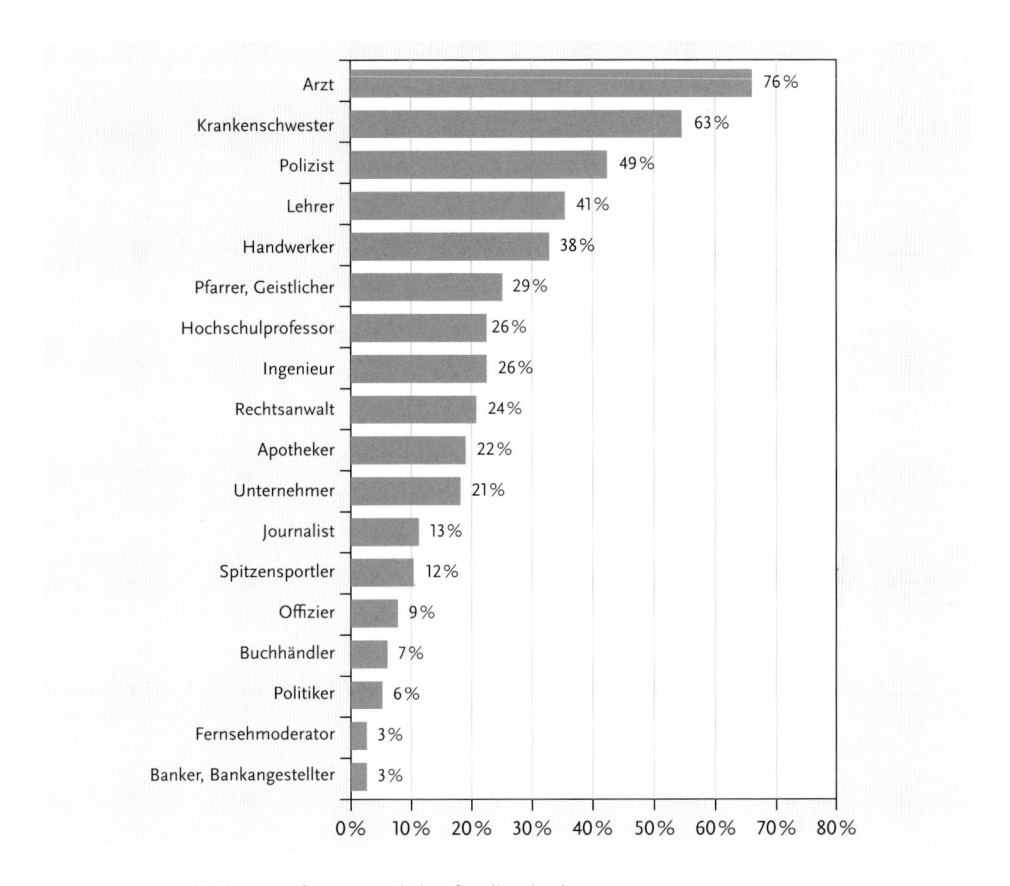

Beruf	Prozent
Arzt	76%
Krankenschwester	63%
Polizist	49%
Lehrer	41%
Handwerker	38%
Pfarrer, Geistlicher	29%
Hochschulprofessor	26%
Ingenieur	26%
Rechtsanwalt	24%
Apotheker	22%
Unternehmer	21%
Journalist	13%
Spitzensportler	12%
Offizier	9%
Buchhändler	7%
Politiker	6%
Fernsehmoderator	3%
Banker, Bankangestellter	3%

Abb. 1: Die Allensbacher Berufsprestige-Skala (IfD Allensbach, 2013)

Datenbasis: Bundesrepublik Deutschland, Bevölkerung ab 16 Jahre

In der Umfrage wurde die Frage gestellt: „Hier sind einige Berufe aufgeschrieben. Könnten Sie bitte die fünf davon heraussuchen, die Sie am meisten schätzen, vor denen Sie am meisten Achtung haben?" (Vorlage einer Liste)

genden Erkrankungen stationär behandelt werden (häufig multimorbid, älter und nicht selten mit kognitiven Einschränkungen z. B. durch Demenz).

Die Innovationen des medizinisch-technischen Fortschritts verlangen erhöhte Kompetenzen bei der Durchführung von komplexen Behandlungsprozeduren und dem Umgang mit hochmodernen Geräten und Instrumenten nicht nur auf Intensivstationen und im OP.

Chronische Erkrankungen wie Diabetes mellitus oder koronare Herzerkrankungen erfordern eine intensive Patientenanleitung und Schulung bzw. Angehörigenbetreuung. Hinzu kommen steigende Erwartungen im Hinblick auf die kompetente Organisation der Vielzahl von Aktivitäten rund um den Patienten, selbstverständlich unter möglichst hocheffizientem Ressourceneinsatz, der optimalen Zusammenarbeit in interdisziplinären Teams, der professionellen Führung anderer Mitarbeiter und diverser anderer Managementtätigkeiten.

Auch in der Altenpflege sind die Leistungsanforderungen enorm. Neben den gestiegenen Erwartungen der Altenheimbewohner sowie Angehörigen im Hinblick auf Wohnkomfort und Verköstigung, möglichst auf dem Niveau eines modernen Hotelbetriebes, müssen die Pflegekräfte auch in hohem Maße über fachliche Kompetenzen z. B. im Umgang mit Demenzpatienten, Schmerzmanagement sowie der psychologischen Führung von Angehörigen verfügen. Hinzu kommen überfachliche Aufgaben wie die gestiegenen Anforderungen in Bezug auf Patientensicherheit und Qualitätsmanagement.

3   Entwicklungstendenzen in der Pflegequalifikation

Es ist nicht neu, dass neben einem angemessenen Gehalt, gutem Betriebsklima und anderen Faktoren vor allem auch das Personalentwicklungskonzept eines Arbeitgebers eine große Rolle spielt, wenn es darum geht, Schulabgänger für den Pflegeberuf zu interessieren sowie bereits qualifizierte Mitarbeiter zu gewinnen und zu halten. Krankenhäuser haben hier wie andere Unternehmen auch die Option, entsprechende Aus-, Weiter- und Fortbildungsmaßnahmen selbst vorzuhalten oder am Bildungsmarkt einzukaufen. Mit Blick auf die derzeitigen Bildungsangebote lassen sich einige wesentliche Entwicklungen feststellen.

Um den Anforderungen aus der Praxis gerecht zu werden, entstanden in den letzten Jahren vielfältige Fachkräfte- und Qualifizierungsinitiativen, sowohl auf Bundes- oder Landesebene (z. B. die bundesweite Pflegeimagekampagne oder das Jahr der Pflege in Baden-Württemberg 2013) als auch auf der Ebene einzelner Leistungsanbieter oder Krankenhausverbünde (z. B. Einführung des Pflegeassistenten oder Arztassistenten, Um- bzw. Anpassungsqualifizierung von Pflegepersonal aus dem Ausland). Auch wenn die Lücke zwischen dem wachsenden Fachkräftebedarf und dem Angebot an qualifizierten Arbeitskräften und Kompetenzen nicht geschlossen werden konnte, sind doch eine große Anzahl von Qualifikationsmöglichkeiten und Abschlüssen entstanden. Eine aktuelle Studie zum Thema Berufsbilder im Gesundheitssektor berichtet über 36 Gesundheitsfachberufe im engeren Sinne (akademische Heilberufe sowie bundes- und landesrechtlich geregelte Pflege- u. a. Gesundheitsfachberufe), über 800 Gesundheitsberufe innerhalb der Gesundheitsbranche (Gesundheitshandwerk, z. B. Optiker, oder auch Kaufmann im Gesundheitswesen) und bis zu 1.900 Berufsbilder, die im weiteren Sinne mit der Gesundheitswirtschaft verbunden sind. Die Autoren stellen daher nicht unbegründet ein breites Spektrum „zwischen monotoner Anlerntätigkeit und komplexer Gestaltungsaufgabe" (Bräutigam, Evans & Hilbert, 2013) fest.

Ein weiterer Entwicklungstrend stellt die zunehmende Akademisierungsbestrebung dar.

„*I am proud to be a nurse*" – so lautet der Titel eines Berichts über den ICN (International Council of Nurses)-Kongress 2009 in Durban/Südafrika, an dem über 5.600 Pflegekräfte aus 129 Ländern teilnahmen (Linner, 2009). Allein diese Aussage impliziert, dass sich im beruflichen Selbstverständnis der Pflege seit einiger Zeit ein Wandel vollzieht. Anstatt lediglich als „Beiprodukt" medizinischer Versorgung zu gelten, etabliert sich die Pflege immer mehr als qualifizierter und mitunter hoch spezialisierte Profession. Dabei steht der Begriff der „Akademisierung" „in erster Linie für den Prozess der Etablierung einer Disziplin an der Universität bzw. für die Durchdringung eines Berufes durch akademisch ausgebildete Personen" (Mayer, 2009). Gegenüber einem (einfachen) Beruf zeichnet sich eine Profession dadurch aus, dass es sich hierbei um (akademische) Qualifikationen mit hohem gesellschaftlichem Prestige handelt, insbesondere bei internationaler Betrachtungsperspektive (Bräutigam, Evans & Hilbert, 2013).

Die Notwendigkeit für eine Akademisierung in der Pflege resultiert aus vielschichtigen, in der Literatur nahezu unisono dargestellten Beweggründen zur Verbesserung der Qualität und Effizienz in zunehmend komplexen Versorgungssituationen – hier beispielhaft nach Wagner:

- Begründung des pflegerischen Handelns (dies bildet sich u. a. ab in Evidenzbasierung und dem beruflichen Selbstverständnis der Pflegenden)
- Analytische und konzeptionelle Herangehensweise an Aufgaben als professionelle Norm
- Positive Veränderung des Berufsstatus im Gesundheitssystem (durch aktive bzw. führende Mitarbeit in interdisziplinären Teams, offene Karriereplanung und angemessene Entgeltpolitik)
- Steigerung der Attraktivität des Pflegeberufs (Wagner, 2010)

Es verwundert kaum, dass ähnliche Motive auch in anderen Ländern zur Maxime der z. T. bereits seit Jahrzehnten etablierten Studiengänge geführt haben – hier exemplarisch das Statement des Nursing and Midwifery Council in England: "We believe that degree-level nurses will be able to provide a better standard of care. We also foresee a workforce that is able to:

- be more independent and innovative and able to use higher levels of professional judgement and decision-making in an increasingly complex care environment;
- assess and apply effective, evidence-based care safely and with confidence, managing resources and working across service boundaries;
- be members, and often leaders, of multi-disciplinary teams where colleagues are already educated to at least graduate level; and
- provide leadership in promoting and sustaining change and developing clinical services" (Nursing and Midwifery Coucil, 2011).

In Deutschland hat die Einführung von primärqualifizierenden, grundständigen Pflegestudiengängen erst seit einigen Jahren begonnen. So stehen mittlerweile zwar nicht wenige Studienangebote zur Verfügung. Eine Synopse des DBFK listet in 2012

37 Studiengänge auf (Stöcker & Reinhardt, 2012). Im letzten Gutachten des Wissenschaftsrates wird ein Anstieg von 600 (2005) auf 1.100 (2010) Studienanfänger in Pflegewissenschaft und -management ausgewiesen (Wissenschaftsrat, 2012). Jedoch ist die Anzahl an Absolventen, die bereits in der Praxis tätig sind, gering.

Auf der Ebene der Gesundheits- bzw. Bildungspolitik sind damit korrespondierende Entwicklungen zu verzeichnen. So soll ein neues Pflegeberufegesetz auf den Weg gebracht werden. Das von einer Länder- und Bundesarbeitsgruppe erarbeitet Eckpunktepapier beinhaltet zwei Säulen der Pflegeausbildung – einerseits eine generalistisch angelegte berufliche Ausbildung und andererseits eine akademische Qualifikation auf Hochschulniveau. Dabei entspricht die Vorlage den Bedürfnissen der Arbeitgeber nach möglichst flexiblen Einsatzmöglichkeiten der generalistisch ausgebildeten Pflegekräfte. Gleichzeitig wurde gleichermaßen eine Vertiefung bzw. Profilbildung im derzeitigen Ansatz berücksichtigt, welche zum einen den traditionellen Pflegeberufen Kranken-, Kinderkranken- und Altenpflege nachempfunden ist, zum anderen aber mit weiteren Spezialisierungsoptionen weit darüber hinausgeht. Zudem wird der Bedarf nach höher qualifizierten Pflegekräften durch die Hinzunahme der in den bisherigen Regelungen völlig fehlenden akademischen Pflegequalifikation mit einem erweiterten Ausbildungsziel gerecht (Bund-Länder-Arbeitsgruppe Weiterentwicklung der Pflegeberufe, 2012):

- Hochschulausbildung leistet einen wesentlichen Beitrag zur Evidenzbasierung des beruflichen Handelns
- Absolventen als reflektierende Praktiker insbesondere in der Pflege und Betreuung von Pflegebedürftigen mit hochkomplexen Pflegebedarfen
- selbstständige Ausübung von Heilkunde

In diesem Zusammenhang ist die weiterführende Übertragung heilkundlicher Tätigkeiten durch Pflegende im Rahmen von Modellvorhaben zu nennen. Gemäß § 63 Absatz 3c SGB V werden für ausgewählte Diagnosen (z. B. Diabetes mellitus, chronische Wunden, Hypertonus oder Demenz) definierte Tätigkeiten ausgewiesen, die entsprechend qualifiziertes Pflegepersonal eigenverantwortlich durchführen kann. Der Gesetzgeber sieht hier eine Qualifikation auf Hochschulniveau vor.

Auch der deutsche Wissenschaftsrat hat sich mit der Frage zur Weiterentwicklung der Gesundheitsberufe befasst und explizit die Notwendigkeit der hochschulischen Qualifikation unterstrichen, da die berufliche Ausbildung allein nicht mehr ausreicht. „Der Wissenschaftsrat empfiehlt daher, das in komplexen Aufgabenbereichen der Pflege, der Therapieberufe und der Geburtshilfe tätige Fachpersonal künftig an Hochschulen auszubilden" (Wissenschaftsrat, 2012), und empfiehlt eine Akademikerquote von 10–20 Prozent bei der Ausbildung (ebd.). Kritiker schätzen diese Quote zwar als zu gering ein, insgesamt kann das Gutachten jedoch als ein Schritt in die richtige Richtung betrachtet werden.

Aus Arbeitgebersicht eines Krankenhauses oder einer Pflegeeinrichtung können die bisher aufgezeigten Entwicklungen der letzten Jahre durchaus positiv bewertet werden. Der Wandel bringt jedoch auch neue ungelöste Fragen für die Fachkräfterekrutierung sowie Personalentwicklung mit sich. Bräutigam und Kollegen kritisieren daher in ihrem Bericht nicht unberechtigt: „Die Entwicklung ist [...] von stark heterogenem Charakter und vermittelt teilweise den Eindruck eines heiteren Berufsbastelns" (Bräutigam, Evans & Hilbert, 2013).

Die Vielfalt an Bildungsangeboten ist kaum zu überblicken. Nicht selten bleibt unklar, auf welchen Stellen mit welchen Aufgabenfeldern und Befugnissen und unter welchen Bedingungen die Qualifizierten tätig werden sollen.

Die Vielfalt setzt sich bei der wachsenden Zahl von Studienprogrammen fort, die bezogen auf Studiengangsaufbau und curriculare Inhalte höchst unterschiedlich sind (Bartels, Simon & Plohmann, 2012). So bleibt die Frage der Berufsfähigkeit bzw. Berufseinmündung nach Abschluss des Studiums nicht selten offen. Entsprechende Absolventen bzw. Berufseinmündungsstudien fehlen nahezu vollständig. Darüber hinaus fokussieren viele bestehende primarqualifizierende, grundständige Studienprogramme stark auf Pflege- und Gesundheitsfächer. Überfachliche Studieninhalte, z. B. Managementfähigkeiten zur Gestaltung der notwendigen Rahmenbedingungen, beispielsweise in einem Krankenhaus, werden oftmals kaum angeboten. So bringt es wenig, die Studenten intensiv im Fach Patientenkommunikation auszubilden, ohne das Augenmerk auf die notwendigen Voraussetzungen auf Managementebene zu lenken, die ebenso geschaffen werden oder sichergestellt sein müssen, um diese Kompetenz auch in der Praxis zum Nutzen des Patienten einzusetzen (siehe Abbildung 2). Studierte Pflegekräfte sollten das Rüstzeug hierfür gleichermaßen vermittelt bekommen.

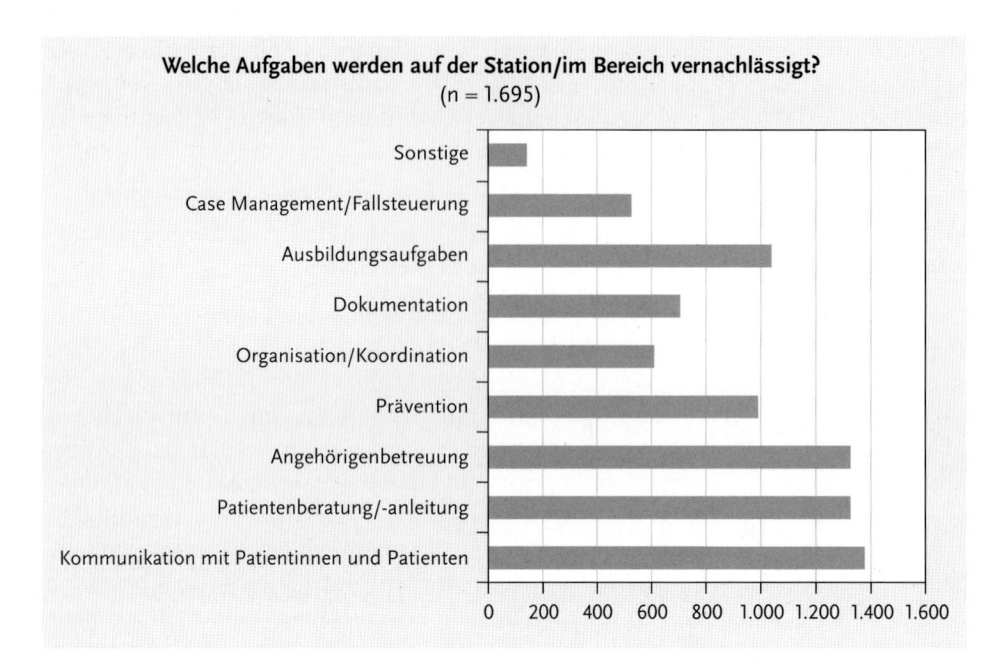

Abb. 2: Art der vernachlässigten Aufgaben (Bräutigam, Evans & Hilbert, 2014)

Erste Systematisierungsansätze versuchen, Licht ins Dunkel zu bringen. So unterscheiden Stöcker & Reinhart zwischen dual-verzahnten, dual-integrierten und Studiengängen ohne Berufsabschluss (ebd., 2012). Eine Überblicksarbeit von Moers und Kollegen beleuchtet insbesondere die dualen Studienangebote und schlägt ein Ordnungsschema nach dem Grad der curricularen Vernetzung und Abstimmung zwischen Berufsfachschule/Praxiseinrichtung und Hochschule vor und differenziert zwischen Anerkennungs-, Ergänzungs-, Ersetzungs- und Verschränkungsmodellen (Moers, Schöniger & Böggemann, 2012). Auf der Basis einer qualitativen Inhaltsanalyse zeigt eine Arbeit von Bartels et al. die Gemeinsamkeiten und Unterschiede in Studienstruktur und -inhalten von 23 grundständigen Pflegestudienprogrammen (Bartels, Simon & Plohmann, 2012).

Aus Sicht des Arbeitgebers und auch für die Studieninteressierten bleibt die Intransparenz weiter bestehen. Dazu kommen die nicht ausreichend geklärten Berufsfelder bzw. Aufgabenbereiche für Höherqualifizierte im Krankenhaus und den Pflegeeinrichtungen. Hier spiegelt sich das gesundheitspolitische Spannungsfeld direkt in der täglichen Versorgungspraxis wider. Der Wandel im Gesundheitssektor hat einen starken Einfluss auf das durch diverse Akteure und Interessengruppen mit z. T. divergenten Zielvorstellungen verknüpfte höchst sensitive Gleichgewicht. So beklagen die Pflege und unisono auch die anderen nicht ärztlichen Gesundheitsfachberufe den jahrelangen Rückstand bei der Akademisierung vor allem im internationalen Vergleich. Dazu kommen die als eng und starr wahrgenommenen diversen gesetzlichen Regelungen auf Bundes- und Landesebene. Die Medizin wünscht sich einerseits eine Entlastung, befürchtet aber andererseits ein Einbrechen der Pflege in ärztliche Hoheitsgebiete und damit Machtverlust. Diese gesundheits- bzw. berufspolitischen Konflikte sind dann auf Mikroebene nicht selten in den einzelnen Einrichtungen zu beobachten, z. T. noch verstärkt durch die in anderen Branchen kaum noch vorzufindenden traditionellen Organisationshierarchien verbunden mit patriarchalischen bzw. autoritären Kommunikationsstrukturen und Führungsstilen.

4 Neue Bildungsmodelle

Wie bereits ausgeführt, ist es für Arbeitgeber wie auch für Studieninteressierte derzeit sehr schwierig, aus der Vielzahl an Bildungsmöglichkeiten das „Richtige" auszuwählen. Bereits 2002 kritisiert Bartholomeyczik ein „Wirrwarr" speziell im Bereich der Pflegestudiengänge und deren Unübersichtlichkeit (Bartholomeyczik, 2002). Nachvollziehbar sind deshalb die aktuellen Forderungen von Experten, eine stärkere Marktorientierung bei den Bildungsangeboten sicherzustellen (Robert Bosch Stiftung, 2013). Das Studienzentrum für Gesundheitswissenschaften & Management hat diesen Bedarf aufgegriffen und zwei Studienangebote für die Pflege entwickelt (Simon, Flaiz & Elze, 2014). Das duale Studienmodell als Grundphilosophie der DHBW entspricht dabei in ganz besonderer Weise den Anforderungen an hochschulisch Qualifizierte im Gesundheitssektor, insbesondere die Kombination von ausgeprägten wissenschaftlich-fachlichen Lehrinhalten mit vertieftem Handlungs- und Erfahrungswissen in der Praxis. Im Folgenden werden die Kernmerkmale beider Studienmodelle dargestellt und diskutiert.

4.1 Ausbildungsverzahntes, duales Studium

Dual studieren ist deutlich mehr als Praxisorientierung! Mit hoher Praxisorientierung bzw. Praxisbezug werben nahezu alle Anbieter für Pflegestudiengänge. Duales Studieren geht über die üblichen Praxissemester bzw. -einsätze hinaus. Die Dualität ist eine Grundphilosophie an der DHBW. Auf allen Ebenen der Hochschule und des Studiums haben Praxis und Theorie gleichermaßen einen hohen Stellenwert. So wurden bereits die Studienprogramme und das Curricula mit den kooperierenden Krankenhäusern gemeinsam in Arbeitsgruppen entwickelt (u. a. Klinikum Stuttgart, Robert-Bosch-Krankenhaus, Universitätsklinikum Ulm, Klinikum Ludwigsburg, Klinikum Göppingen, DIAK Schwäbisch Hall, Klinikum Reutlingen u. a.). Ebenso floss die Expertise hochrangiger Vertreter der Berufs- und Fachverbände im Rahmen des Wissenschaftlichen Beirates ein (Mitglieder u. a. Vizepräsident Deutscher Pflegerat; stellv. Bundesvorsitzender Bundesverband Lehrende Gesundheits- und Sozialberufe; Bundesvorsitzender Verband Pflegemanagement; stellv. Vorsitzende des Bundesverbandes Kinderkrankenpflege).

Die Praxisnähe durchzieht das gesamte Studium. In der Lehre wirken neben den Hochschulprofessoren eine Vielzahl an Gastdozenten mit, die neben der einschlägi-

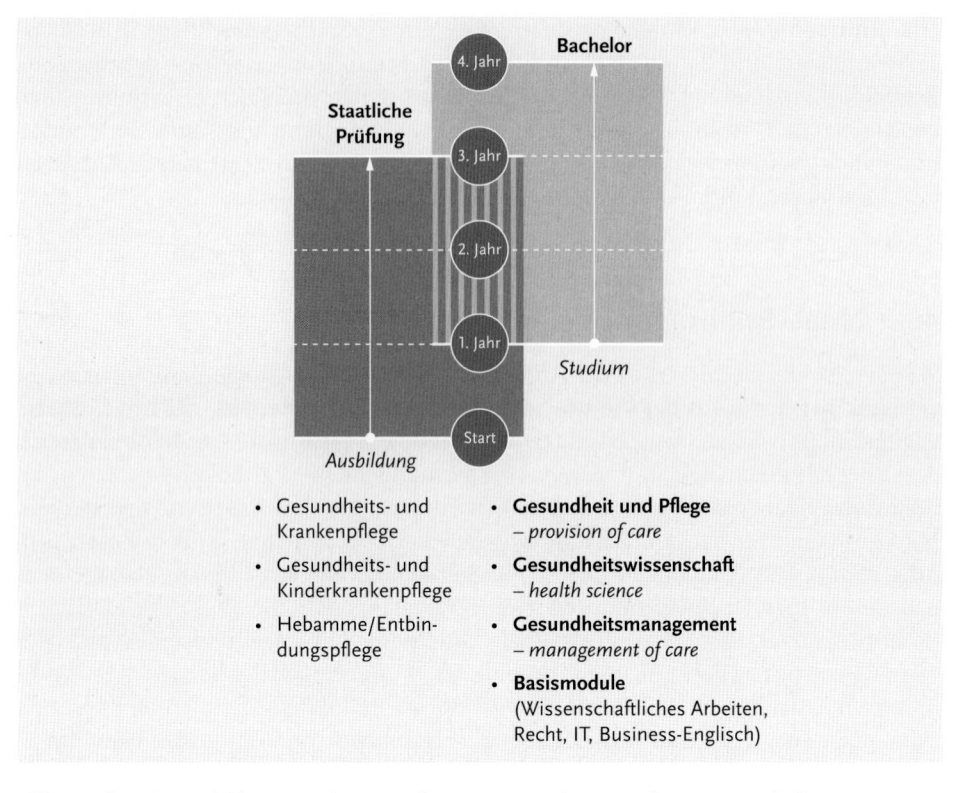

Abb. 3: Aufbau des ausbildungsverzahnten Studiums Angewandte Gesundheitswissenschaften

gen Fachexpertise über jahrelange Berufs- und Führungserfahrung verfügen. Die Studierenden entwickeln während ihres Studiums, eingebettet in die entsprechenden Praxismodule, zwei Projektarbeiten. Diese Arbeiten beschäftigen sich mit aktuellen Pflegethemen aus der Praxis. Gleichzeitig müssen alle Anforderungen an eine publikationsreife wissenschaftliche Arbeit erfüllt werden. Viele Studierende nehmen die Projektarbeiten (Umfang ca. 20 Seiten) als gute Vorbereitung für die spätere Erstellung der Bachelorarbeit wahr.

Die beiden pflegebezogenen Studiengänge im Studienzentrum Gesundheitswissenschaften & Management unterscheiden sich insbesondere durch die Zielgruppen, die curricularen Studienschwerpunkte und die Studienorganisation. Beim Studiengang Angewandte Gesundheitswissenschaften (für Pflege und Geburtshilfe) handelt es sich um einen ausbildungsintegrierten Studiengang, der Ausbildung und Studium miteinander verzahnt (siehe Abbildung 3). Diese Konzeption ermöglicht die Erlangung von zwei Berufsabschlüssen innerhalb von vier Jahren. Ausschlaggebend für die Entwicklung des Studiengangs waren die zunehmende Komplexität der Versorgungssituation sowie hohe Qualitätsstandards, die eine wissenschaftlich fundierte Erstqualifikation vermehrt erfordern. Der Ablauf startet im ersten Ausbildungsjahr in der Klinik bzw. im Krankenhaus. Ab dem zweiten Ausbildungsjahr beginnt das duale Studium. Hier wechseln sich im ersten und zweiten Studienjahr Theoriephasen im Studienzentrum und Praxisphasen in der Klinik ab (ebenso eingebettet sind der Theorieunterricht an der Berufsfachschule). Am Ende des dritten Ausbildungsjahres wird das staatliche Examen als Gesundheits- und KrankenpflegerIn, Gesundheits- und KinderkrankenpflegerIn oder Hebamme/Entbindungspfleger abgelegt. Daran anschließend wird nach Ende des dritten Studienjahres der international anerkannte Abschluss Bachelor of Arts erreicht. Auch im dritten (letzten) Studienjahr werden neben den theoretischen zwei weitere praktische Phasen durchlaufen, sodass der Kontakt zum dualen Partner nicht unterbrochen und eine hohe Berufseinmündung für die Absolventen sichergestellt wird.

Der Studienplan umfasst grundständige Studienfächer der Gesundheit und Pflege angereichert mit Modulen der Gesundheitswissenschaften und der Betriebs- bzw. speziellen Gesundheitswirtschaft. Zusätzlich stehen weitere einschlägige Basismodule zur Vermittlung von Schlüsselkompetenzen und methodischen Grundlagen im Studienplan, wie etwa wissenschaftliches Arbeiten, Englisch, Recht, IT und Projektmanagement. Das Curriculum des Studienganges wurde in Zusammenarbeit mit dem Bildungszentrum des Klinikums Stuttgart entwickelt.

In 2014 werden die ersten Absolventen des Studiengangs AGW ihr Studium abschließen. Nicht nur aufgrund des bestehenden Fachkräftemangels in der Pflege dürften die Berufsaussichten sehr positiv sein. Das Studienprogramm wird in enger Kooperation mit den Partnerkrankenhäusern durchgeführt, die ebenso für den berufsschulischen Part und die Praxiseinsätze verantwortlich sind. Daher besteht die berechtigte Hoffnung, die Mehrzahl der Absolventen für das eigene Haus zu gewinnen. Vor dem Hintergrund der starken Nachfrage der dualen Partnerkrankenhäuser ist die Anzahl an Studienanfängern von 13 auf 63 innerhalb von nur drei Jahren gewachsen. Für das neue Wintersemester 2014 liegen bereits ca. 90 Anmeldungen vor. Nach nunmehr 3 Jahren Laufzeit kann eine positive Bilanz gezogen werden. Herausforderungen für die Studierenden sind jedoch die ausgeprägten intensiven Theoriephasen, die mit jedem dualen Studium verbunden sind. Die Verzahnung mit der Ausbildung bringt jedoch im Unterschied zu den traditionellen dualen Studienmodellen eine weitere Herausforderung. Die Studierenden befinden sich zwischen drei sozialen Rollen: „Azubi" auf Station im Praxiseinsatz, „Berufsschüler" in der Berufsfachschule und „Student" an der DHBW Stuttgart. Der Rollenwechsel bringt spezielle Anforderungen bzw. entsprechende Verhaltensanpassungen je nach Kontext und soziokulturellem Umfeld mit sich. Eine weitere Herausforderung stellen die Aufgabenfelder und Verantwortungsbereiche für die Absolventen nach Abschluss des Studiums dar. In gleichem Maße wie die Pflegebildung im Wandel ist, verändert sich momentan die Pflegeorganisation auf Station. Die entsprechenden Anpassungen im Qualifikationsmix der Belegschaft sind in vielen Krankenhäusern noch nicht abgeschlossen. Ebenso fehlen nahezu deutschlandweit die entsprechenden Tarife, um höher qualifizierte Pflegeleistung auch angemessen zu entgelten.

4.2 BMBF-Forschungsprojekt OPEN

Während der Studiengang AGW auf Berufsanfänger ausgerichtet ist, wird mit dem Studiengang APW explizit die Zielgruppe der bereits beruflich Qualifizierten adressiert.

Dabei ist der Name des Forschungsprojekts, in dem das Studienprogramm entwickelt wurde, **OPEN** – **OP**en **E**ducation in **N**ursing (DHBW, 2014) als durchgängige Grundphilosophie zu verstehen (der Studiengang wird aufgrund seiner innovativen Elemente im Rahmen des Forschungsprogramms „Offene Hochschulen" vom Bundesministerium für Bildung und Forschung sowie der EU gefördert). Das Programm ist darauf ausgerichtet, offene Bildungswege zu generieren und Elemente zur Steigerung der Durchlässigkeit zu schaffen.

Für bereits beruflich Qualifizierte mit Berufserfahrung und angestrebter oder bereits erreichter Führungsposition in der Pflegepraxis (Führung im Sinne der Übernahme von Mitarbeiterverantwortung) fehlten bisher geeignete akademische Weiterbildungsmöglichkeiten. Die traditionellen Studienangebote der Gesundheits- oder Pflegewirtschaft bzw. des Pflegemanagements fokussieren oftmals stark auf betriebswirtschaftliche Inhalte zulasten der patientennahen Studienfächer in Gesundheit und Pflege. Eine Pflegekraft mit Leitungsaufgaben sollte jedoch gleichermaßen über Management- und Führungsfähigkeiten als auch erweiterte Fachkompetenzen in der Pflege und relevanten Bezugsfächern verfügen.

Der berufsbegleitende Studiengang Angewandte Pflegewissenschaften an der Dualen Hochschule BW in Stuttgart schließt diese Lücke. Die Qualifizierung auf akademischem Niveau adressiert die Weiterentwicklungsbedürfnisse und Karriereambitionen der Pflegekräfte, ohne dabei die Patientennähe zu verlieren. Dabei werden Managementfächer wie Grundlagen der Betriebswirtschaftslehre, Krankenhausfinanzierung, Mitarbeiterführung und Gesundheitsmarketing mit erweiterten pflegefachlichen Studieninhalten kombiniert (im Sinne der Advanced Nursing Practice).

Engagierte Pflegekräfte mit dem Wunsch nach einer fachlichen Weiterqualifizierung oder der Übernahme von Führungsaufgaben stehen in Deutschland nicht selten in einem Entscheidungsdilemma. Soll beispielsweise die zweijährige Fachweiterbildung zur Stationsleitung oder besser gleich ein Studium auf akademischem Niveau gewählt werden? Liegen enge zeitliche Restriktionen vor, wird häufig der Fachweiterbildung der Vorzug gegeben, weil ein vollständiges Studium zu umfangreich erscheint. Eine sinnvolle Durchlässigkeit zwischen beruflicher Bildung und akademischen Angeboten wie in vielen Ländern, z. B. Großbritannien, den Niederlanden, Finnland, Australien und den USA üblich, fehlt in Deutschland fast vollständig. Das neu entwickelte Studienprogramm an der DHBW Stuttgart bietet hier einen Ausweg. Als Alternative zum kompletten Bachelorstudiengang können Studieninteressierte auch einzelne Module im Rahmen eines Kontaktstudiums als Hochschulzertifikatskurs belegen. Hierzu wurden enge Kooperationen mit Bildungszentren und Weiterbildungsakademien der Krankenhäuser geschlossen. Es bietet sich dadurch die Möglichkeit, die gewünschten Kompetenzen der Fachweiterbildung in Form eines Studienmoduls auf akademischem Niveau mit angereicherten Inhalten zu erwerben. Besteht später der Wunsch, das gesamte Bachelorstudium zu absolvieren, gelten die Zertifikatsmodule als bereits erbrachte Studienleistungen. Zertifikate können in den Lehrmodulen Gesundheitsmanagement, Erweiterte Pflegepraxis, Intensivpflege, Geriatrie und Gerontologie, Praxisanleitung und Edukation u. a. erworben werden.

Pflege ist immer noch ein Frauenberuf. In den Gesundheitsberufen sind zu über 80 Prozent Frauen tätig (in der Altenpflege ist der Anteil von weiblichen Beschäftigten zum Teil noch höher). Dies hat großen Einfluss auf die Zugangsmöglichkeiten bzw. die Inanspruchnahme von Bildungsmöglichkeiten in der Pflege. Die Vereinbarkeit von Familie und Beruf, finanzielle Aspekte sowie die zeitliche Belastung als wesentliche Merkmale der Studierbarkeit sind neben den Studieninhalten an sich erfolgsentscheidend. Klassische Fern- oder konventionelle berufsbegleitende Studienangebote mit einschlägig bekannten, kaum zu bewältigenden Zeitaufwendungen bzw. hohem Workload im Selbststudium ohne adäquate Strukturhilfen sind häufig genannte Gründe gegen ein Studium dieser Art oder Ursache für einen vorzeitigen Studienabbruch.

Der Studiengang Angewandte Pflegewissenschaften der DHBW Stuttgart wendet sich insbesondere an beruflich Qualifizierte mit Familienpflichten und orientiert sich an den realen zeitlichen Möglichkeiten von Pflegekräften. Die Studierbarkeit als wesentliches Kriterium des neuen Studiengangs ist von Anfang an in die Entwicklung des Studienprogramms und des Curriculums eingeflossen. Die bereits erworbene Berufserfahrung und die damit vorhandenen Kompetenzen werden wertgeschätzt und führen nach Ablegen einer Äquivalenzprüfung zur Anrechnung von zwei Semestern, die entsprechende Studienzeit wird damit gespart. Weitere Anrechnungsmöglichkeiten, z. B. Fachweiterbildungen, zur Studienzeitverkürzung sind möglich. Ebenso kann die Studienzeit flexibel gestaltet und im Bedarfsfall verlängert werden. Hinzu kommen die bereits ausgeführte enge Kooperation mit den beteiligten Krankenhäusern sowie Gesundheitsunternehmen und die damit verbundene individuelle Unterstützung des Studierenden vonseiten des Arbeitgebers. Für Bewerber ohne formale Hochschulzugangsberechtigung wurden geeignete Zulassungswege zum Studium geschaffen (Baden-Württemberg, 2014).

Das Studienprogramm hat mit einem Pilotkurs in 2013 den Probelehrbetrieb aufgenommen. Im Rahmen der Evaluationsforschung sind diverse Studien zur empirischen Begleitung angelegt. Erste Ergebnisse sind veröffentlicht. Nach dem jetzigen Erfahrungsstand zeigen die Studierenden (in der Mehrheit gestandene Pflegekräfte mit i. d. R. mehrjähriger Praxiserfahrung) ein außerordentlich hohes Engagement und nehmen das Studium sehr ernst. Obwohl das Studienmodell als Teilzeitstudium angelegt ist und damit bessere Rahmenbedingungen für die Zielgruppe geschaffen wurden, bleiben einige Herausforderungen bestehen. So ist es für manche Studieninteressenten sehr schwierig, ihre Arbeitszeit auf eine Teilzeitbeschäftigung von empfohlenen 75 Prozent zu reduzieren. Ebenso erfordert das Teilzeitstudium und die damit verbundene regelmäßige Abwesenheit vom Arbeitsplatz eine entsprechende Berücksichtigung in der Dienstplanung des betroffenen Pflegeteams, bei den derzeitigen Personalengpässen in vielen Krankenhäusern und Pflegeeinrichtungen keine kleine Schwierigkeit.

5 Herausforderungen und Ausblick

Die größte Berufsgruppe im Gesundheitssektor ist die Pflege. Arbeitgeber sind mit einem ausgesprochenen Pflegefachkräftemangel konfrontiert. Die neuen Entwicklungen in der Gesundheitspolitik sowie auf dem Bildungsmarkt eröffnen vielversprechende Möglichkeiten. Insbesondere hilft die zunehmende Akademisierung der Pflegeberufe bei der Fachkräfteentwicklung. Die beiden vorgestellten dualen Studienmodelle sind erfolgreich implementiert. Im jüngsten Gutachten des Wissenschaftsrates über das duale Studium findet diese Entwicklung an der DHBW eine positive Bestätigung: „Eine sinnvolle Akademisierung klassischer Ausbildungsberufe, die zum Teil durch stark veränderte berufliche Anforderungen erforderlich geworden ist, zeigt sich im Gesundheitsbereich besonders deutlich. Das duale Studium ist hier ein Erfolgsmodell und stellt aus Sicht des Wissenschaftsrates ein geeignetes Instrument zur Schaffung neuer Qualifizierungs- und Aufstiegsperspektiven für den Bereich der Gesundheitsfachberufe dar" (Wissenschaftsrat, 2013).

Die dualen Kooperationskrankenhäuser unserer Studienprogramme berichten zudem über eine höhere Bewerberzahl und eine verbesserte Bewerberlage (mehr Bewerber mit Hochschulreife ohne Kanibalisierungseffekte bei den Bewerbern anderer Schulabschlüsse). Offenbar steigt für Schulabgänger mit Interesse an einem Gesundheitsfachberuf die Attraktivität des Arbeitgebers Krankenhaus bzw. Pflegeeinrichtung. Für den Arbeitgeber ergeben sich klare Vorteile bei der Personalgewinnung, Personalbindung und den Einsatzbedarfen in komplexen Versorgungssituationen. Darüber hinaus bilden die akademisch Qualifizierten einen (heranwachsenden) Pool für die Rekrutierung zukünftiger Führungskräfte (Teamleistung, Stationsleitung, PDL).

Momentane Schwachstellen ergeben sich aus der Umbruchsituation in der praktischen Versorgungsrealität, sprich unklare Einsatzfelder und Verantwortungsbereiche, sowie den momentanen Tarifsystemen geschuldeten fehlenden Möglichkeiten der leistungsgerechten Entlohnung. Diese Unsicherheiten müssten sich jedoch durch geeignete Maßnahmen der Organisationsentwicklung wie in anderen Branchen auch lösen lassen. Hier kommt es eher auf das „Wollen" der verantwortlichen Führungskräfte und Entscheidungsträger an. Eine schnellstmögliche Entwicklung in die richtige Richtung wäre hier sehr anzuraten, da der Gesundheitssektor (bei aller Attraktivität und gezeigten wirtschaftlichen Bedeutung) im branchenweiten Wettbewerb steht. Der schon fast abgenutzte Slogan „War for Talents" trifft auf jeden Fall den Kern des Problems, umso mehr in der personalintensiven Gesundheitsbranche mit einem Viertel der Beschäftigten jünger als 30 Jahre (Bundesagentur für Arbeit, 2011).

Ärzte und Pflegende besitzen ein starkes Berufsethos im Hinblick auf die Gesundheit und Versorgung der Patienten in ihrem Verantwortungsbereich.

Wie eine aktuelle Studie belegt, resultiert die Pflegeakademisierung nicht aus einer berufspolitisch (einseitig) getriebenen Aufwertung des Berufsstandes, sondern wirkt in erster Linie ernst zu nehmenden Defiziten in der Patientenversorgung entgegen. Je mehr Pflegekräfte mit einem Hochschulabschluss in einem Krankenhaus arbeiten, desto besser sind die Patienten dort aufgehoben (die Studie bestätigt damit andere Untersuchungen in der Vergangenheit). Die Autoren belegen auf der Basis von 420.000 Patientenfällen in neun Länder (Belgien, England, Finnland, Irland, Norwegen, Spanien, Schweden, die Schweiz und die Niederlande), dass nach gängigen Operationen dort deutlich weniger Patienten sterben als in Krankenhäusern mit weniger gut ausgebildetem Pflegepersonal. Im Ergebnis der Studie sinkt das Sterberisiko um 7 Prozent, wenn der Anteil von Krankenpflegern mit einem Hochschulabschluss um 10 Prozent steigt (Aiken et al., 2014).

Leider hat sich Deutschland nicht an der Erhebung beteiligt, da die relevanten Daten nicht bereitgestellt werden konnten. Damit zeigt sich ein weiterer Mangel im deutschen Gesundheitswesen – die ungenügend ausgeprägte gesundheits- und pflegewissenschaftliche Forschung. Dies wäre aber ein neues Kapitel bzw. Thema, welches sich lohnen würde, an anderer Stelle zu vertiefen.

Literatur

Afentakis, A. & Maier, T. (2010). Projektionen des Personalbedarfs und -angebots in Pflegeberufen bis 2025. Wirtschaft und Statistik, Heft 11, S. 990–1002

Aiken, L. H., Sloane, D. M., Bruyneel, L. et al. (2014). Nurse staffing and education and hospital mortality in nine European countries: a retrospective observational study. The Lancet. Zugriff am 21.03.2014 unter http://dx.doi.org/10.1016/S0140-6736(13)62631-8

Baden-Württemberg (2014). Studieninformation Baden-Württemberg. Zugriff am 18.03.2014 unter https://www.studieninfo-bw.de/studieren/bachelormaster/leistungspunkte_ects_punkte/

Bartels, Y., Simon, A. & Plohmann, D. (2012). Pflegeakademisierung in Deutschland – Bedarf und Angebot. Ergebnisse einer exploratorischen, qualitativen Analyse. Pflegewissenschaften 10/12, S. 548–558.

Bartens, W. (2013). Aus der Podiumsdiskussion auf der Konferenz „AOK im Dialog" am 22.04.2013 in Stuttgart.

Bartholomeyczik, S. (2002). Zum Stand der Akademisierung der Pflegeausbildung in Deutschland. Pflege, Jg. 15. Bern: Hans Huber, S. 281–283.

Bräutigam, C., Evans M. & Hilbert, J. (2013). Berufsbilder im Gesundheitssektor. Vom „Berufebasteln" zur strategischen Berufsbildungspolitik. Friedrich-Ebert-Stiftung. Bonn.

Bräutigam, C., Evans M. & Hilbert, J. (2014). Vorläufige Ergebnisse „Arbeitsreport Krankenhaus" (i. E.).

Bundesagentur für Arbeit (2011). Der Arbeitsmarkt in Deutschland. Zugriff am 07.03.2014 unter http://statistik.arbeitsagentur.de/Statischer-Content/Arbeitsmarktberichte/Berichte-Broschueren/Arbeitsmarkt/Generische-Publikationen/Gesundheits-und-Pflegeberufe-Deutschland-2011.pdf

Bund-Länder-Arbeitsgruppe Weiterentwicklung der Pflegeberufe (2012). Eckpunkte zur Vorbereitung des Entwurfs eines neuen Pflegeberufegesetz. Zugriff am 17.03.2014 unter http://www.bmg.bund.de/fileadmin/dateien/Downloads/P/Pflegeberuf/20120301_Endfassung_Eckpunktepapier_Weiterentwicklung_der_Pflegeberufe.pdf

DHBW (2014). BMBF-Projekt OPEN. Zugriff am 21.03.2014 unter http://www.dhbw-stuttgart.de/themen/kooperative-forschung/fakultaet-wirtschaft/bmbf-projekt-open.html

Hackmann, T. (2010). Arbeitsmarkt Pflege: Bestimmung der künftigen Altenpflegekräfte unter Berücksichtigung der Berufsverweildauer, Sozialer Fortschritt, Heft 59 (9), S. 235–244

Health Consumer Powerhouse (2012). Euro Health Consumer Index. 2012 Report. Danderyd.

IfD Allensbach (2013). Allensbacher Berufsprestige-Skala 2013. Allensbacher Kurzbericht – 20. August 2013.

Isfort, M., Weidner, F. & Gehlen, D. (2012). Pflege-Thermometer 2012. Eine bundesweite Befragung von Leitungskräften zur Situation der Pflege und Patientenversorgung auf Intensivstationen im Krankenhaus. Herausgegeben von: Deutsches Institut für angewandte Pflegeforschung e. V. (dip), Köln. Zugriff am 03.07.2014 unter http://www.dip.de

Kumar, A. & Schoenstein, M. (2013). Managing Hospital Volumes. Germany and Experiences from OECD Countries. OECD Health Working Papers, No. 64. OECD Publishing. Zugriff am 07.03.2014 unter http://dx.doi.org/10.1787/5k3xwtg2szzr-en

Linner, M.-Th. (2009). I am proud to be a nurse. In: Heilberufe, 63, 10, S. 64–66.

Mayer, H. (2009): Entwicklung der Pflegewissenschaft und -forschung. Bedeutung, problematische Aspekte und gezielte Strategien der Forschungsförderung. In H. Mayer (Hrsg.), Pflegewissenschaft – von der Ausnahme zur Normalität. Schriftenreihe Pflegewissenschaft, Band 1 (S. 26–45). Wien.

Moers, M., Schöniger, U. & Böggemann, M. (2012). Duale Studiengänge – Chancen und Risiken für die Professionalisierung der Pflegeberufe und die Entwicklung der Pflegewissenschaft. Pflege und Gesellschaft, 17, 3, S. 232–248.

Nefiodow, L. A. (1996). Der sechste Kondratieff. St. Augustin: Rhein-Sieg Verlag.

Nursing and Midwifery Coucil (2011). Nurse education: Now and in the future. Zugriff am 15.12.2011 unter http://www.nmc-uk.org/Get-involved/Consultations/Past-consultations/By-year/Pre-registration-nursing-education-Phase-2/Nurse-education-Now-and-in-the-future-/

OECD (2013a). Health at a glance. Zugriff am 07.03.2014 unter http://www.oecd.org/health/healthataglance

OECD (2013b). Overtreatment and demographic change a challenge to Germany's health and long-term care system. Zugriff am 07.03.2014 unter http://www.oecd.org/health/healthataglance

Ostwald D. A., Ehrhard, T., Bruntsch, F., Schmidt, H. & Friedl, C. (2010). Fachkräftemangel. Stationärer und ambulanter Bereich bis zum Jahr 2030. Zugriff am 26.05.2015 unter http://www.pwc.de/de/gesundheitswesen-und-pharma/assets/fachkraeftemangel.pdf

Robert Bosch Stiftung (2013). Gesundheitsberufe neu denken, Gesundheitsberufe neu regeln. Grundsätze und Perspektiven – Eine Denkschrift der Robert Bosch Stiftung. Stuttgart: Robert Bosch GmbH.

Simon A., Flaiz B. & Elze M. (2014). Im Fokus: Das Studienzentrum für Gesundheitswissenschaften & Management an der Dualen Hochschule Baden-Württemberg. Von der Theorie zur Praxis. Pflegezeitschrift, 67, 5 (i.E.).

Statistisches Landesamt Baden-Württemberg (2011). Gesundheitsökonomische Indikatoren für Baden-Württemberg. Zugriff am 07.03.2014 unter http://www.statistik-bw.de/veroeffentl/806211004.pdf

Stöcker, G. & Reinhart, M. (2012). Grundständige Pflegeberufsausbildende Studiengänge in Deutschland. Zugriff am 17.03.2014 unter http://www.dbfk.de/DBR/de/index.php?id_mnu=103

SVR Gesundheit (2012). Sondergutachten 2012. Wettbewerb an der Schnittstelle zwischen ambulanter und stationärer Gesundheitsversorgung. Zugriff am 07.03.2014 unter http://www.svr-gesundheit.de/index.php?id=378

The Commonwealth Fund (2011). 2011 International Health Policy Survey of Sicker Adults in Eleven Countries. Zugriff am 07.03.2015 unter http://www.commonwealthfund.org/Events/2012/International-Health-Policy-Survey.aspx

Wagner, F. (2010). Akademisierung der Pflege – bringt sie Vorteile und Anerkennung. Endo-Praxis, 26, 4, S. 174–177.

Wissenschaftsrat (2012). Empfehlungen zu hochschulischen Qualifikationen für das Gesundheitswesen. Zugriff am 18.03.2014 unter http://www.wissenschaftsrat.de/download/archiv/2411-12.pdf

Wissenschaftsrat (2013). Empfehlung zur Entwicklung des dualen Studiums. Positionspapier. Zugriff am 18.03.2014 unter http://www.wissenschaftsrat.de/download/archiv/3479-13.pdf

Von der Bestenauslese zum Diversity Management

Ernst Deuer

1 Aktuelle Rahmenbedingungen der Nachwuchsrekrutierung

Der Arbeitsmarkt in Deutschland hat sich in den letzten Jahren stark verändert, die Arbeitswelt ist „breiter und bunter" geworden (Statistische Ämter des Bundes und der Länder, 2012, S. 124). Dies erfordert auch differenzierte Ansätze der betrieblichen Personalarbeit, was insbesondere im Diversity-Konzept zum Ausdruck kommt. Vielfalt wird hierbei als (angestrebter) Normalfall und Bereicherung und nicht länger als Belastung gesehen.

Diversity Management ist mit dem Anspruch verbunden, bestehende Strukturen, Instrumente und Verfahren auch im Hinblick auf verdeckte Diskriminierungen zu überprüfen (Weiß, 2009). Dieser Aufwand ist auch insofern gerechtfertigt, da sich auf diese Weise neue Zielgruppen erschließen lassen und gleichzeitig die Grundsätze zur allgemeinen Gleichbehandlung bzw. Antidiskriminierung beachtet und eingehalten werden. Hierzu sind Arbeitgeber im Sinne des Allgemeinen Gleichbehandlungsgesetzes (AGG) ohnehin verpflichtet.

1.1 Vielfalt als Herausforderung und Chance

Der reale bzw. drohende Fachkräftemangel in vielen Branchen und Regionen nimmt bei aktuellen Diskussionen einen wachsenden Raum ein. Daneben klagen Ausbildungsbetriebe in zunehmendem Maße über Schwierigkeiten, ihre Ausbildungsplätze zu besetzen. Als Gründe geben mehr als zwei Drittel der Unternehmen an, dass keine geeigneten Bewerbungen vorlagen (Deutscher Industrie- und Handelskammertag, 2012), aus anderen Studien sind Klagen über eine mangelnde Ausbildungsreife (vgl. hierzu Dobischat, Kühnlein & Schurgatz, 2012) der Jugendlichen bekannt. Dies wirft die Frage auf, welche Vorstellungen von „geeigneten" oder „ausbildungsreifen" Bewerbern hierbei zugrunde lagen, denn möglicherweise ist ein zu eng gefasster Eignungsbegriff ein Teil des Problems. In diesem Sinne könnten eine bewusste Öffnung für neue Zielgruppen und damit einhergehende positive Wertschätzungen von Diversity (im Sinne von Vielfalt) und Heterogenität (im Sinne von Verschiedenheit) einen Beitrag zur Rekrutierung leisten und gleichzeitig bislang eher vernachlässigten Zielgruppen Chancen und Perspektiven eröffnen.

1.2 Rechtliche Rahmenbedingungen

Die Antidiskriminierungsrichtlinien der Europäischen Union wurden in Deutschland insbesondere durch das Allgemeine Gleichbehandlungsgesetz (AGG) umgesetzt. Hierbei geht es explizit darum, „Benachteiligungen aus Gründen der Rasse oder wegen der ethnischen Herkunft, des Geschlechts, der Religion oder Weltanschauung, einer Behinderung, des Alters oder der sexuellen Identität zu verhindern oder zu beseitigen" (§1 AGG). Dieser Anspruch bezieht sich auf sämtliche Lebensbereiche, und die betriebliche Sphäre ist daher mehrfach tangiert. Hierzu zählen u. a. explizit die Auswahlkriterien und Einstellungsbedingungen, die Arbeitsbedingungen und die Bildung (§2 AGG).

Darüber hinaus hat Diversity Management auch eine Compliance-Dimension erhalten, denn bei Nichteinhaltung bestimmter Diversity-Standards drohen Sanktionen (vgl. Merx & Vassilopoulou, 2007). Bei Verstößen gegen das Benachteiligungsverbot können die Betroffenen Schadensersatz- und Entschädigungsansprüche geltend machen (§15 AGG). Im Streitfall liegt die Beweislast dafür, dass kein Verstoß vorlag, bei den Betrieben, sofern die Beschäftigten oder (abgelehnte) Bewerber entsprechende Indizien vorlegen (§22 AGG). Allerdings erlaubt §5 AGG sogenannte positive Maßnahmen. Diese sind gerechtfertigt, wenn bestehende Nachteile aufgrund eines der in §1 AGG genannten Merkmale verhindert oder ausgeglichen werden sollen. Somit sind etwa betriebliche Maßnahmen zur Frauenförderung oder zum Abbau der Unterrepräsentation von Migranten in verschiedenen Bereichen weiterhin möglich.

Diversity Management geht allerdings deutlich über Antidiskriminierung im Sinne des AGG hinaus, weil sich die Akteure hiervon neben der Einhaltung gesetzlicher Regelungen und der Erschließung bislang ungenutzter Ressourcen einen zusätzlichen Mehrwert im Vergleich zu homogenen Gruppen versprechen (Kimmelmann, 2009). In diesem Sinne öffnet Diversity Management den Blick für neue Zielgruppen, die bislang übersehen oder sogar (bewusst oder unbewusst) benachteiligt wurden, und macht somit „aus der Not eine Tugend", denn hiermit kann nicht nur auf gesetzliche Regelungen sowie auf aktuelle Rekrutierungsschwierigkeiten reagiert werden (defizitorientiert), sondern es können darüber hinaus noch weitere Potenziale und Kompetenzen erschlossen werden (potenzialorientiert).

2 Diversityorientierte Rekrutierung

Die Rahmenbedingungen der Personalrekrutierung haben sich verändert. Aufgrund der demografischen Entwicklung wird es immer unwahrscheinlicher, dass es den

Unternehmen gelingt, die eigenen Wunschvorstellungen (ausgedrückt in einem differenzierten Anforderungsprofil) vollumfänglich zu erfüllen. An dieselben Grenzen stoßen Ausbildungsbetriebe, die sich daran gewöhnt haben, eine vergleichsweise homogene Gruppe von Jugendlichen mit sehr ähnlichen schulischen wie auch persönlichen Voraussetzungen und sozialem Hintergrund im Sinne einer selbst definierten „Bestenauslese" zu rekrutieren. Stattdessen sind die Betriebe mit zunehmender Heterogenität und einer geringeren Bewerberzahl konfrontiert und sehen sich gezwungen, Bewerber zu akzeptieren, die nicht bzw. nur partiell den ursprünglichen Anforderungen entsprechen (Kienbaum Management Consultants, 2010). Konsequenterweise geben inzwischen bereits 70 % der Ausbildungsbetriebe an, „auch schwächeren Jugendlichen eine Chance" zu geben (Deutscher Industrie- und Handelskammertag, 2013, S. 5).

Nach Erhebungen des Deutschen Industrie- und Handelskammertags (2013) reagieren die Ausbildungsbetriebe mit einem vielfältigen Maßnahmenmix. Hierbei geht es um die Erschließung neuer Bewerbergruppen, gesenkte Anforderungen an die Vorbildung sowie die gezielte Ansprache leistungsschwächerer Bewerber – aber ebenso forcieren die Betriebe auch die Zusammenarbeit mit Hochschulen und beteiligen sich bspw. an dualen Studienangeboten oder bieten Zusatzqualifikationen und Auslandsaufenthalte an, um gezielt auch leistungsstärkere Bewerber zu erreichen (Stifterverband für die deutsche Wissenschaft & Bundesverband der Deutschen Arbeitgeberverbände, 2011, S. 8). Dies zeigt, dass Diversity Management ausdrücklich nicht auf eine Förderung von Minderheiten oder einzelne (zuvor ggf. benachteiligte) Zielgruppen reduziert werden darf, vielmehr geht es darum, unterschiedliche Angebote für verschiedene Zielgruppen zu etablieren.

Die zunehmende Heterogenität bietet somit auch die Chance, das Rekrutierungspotenzial zu vergrößern. Hierfür ist es allerdings erforderlich, bestehende Personalmarketingaktivitäten sowie die betrieblichen Prozesse der Bewerberselektion einer kritischen Prüfung zu unterziehen. Einerseits ist zu hinterfragen, ob die genutzten Medien und Informationskanäle tatsächlich die verschiedenen Zielgruppen erreichen, andererseits ist zu prüfen, ob die praktizierten Auswahlverfahren den Ansprüchen der Gleichbehandlung gerecht werden. Relevant erscheinen hierbei auch mittelbare Benachteiligungen, also scheinbar neutrale Maßnahmen, die aber faktisch diskriminierend wirken. So kann zum Beispiel eine Stellenanzeige über bestimmte Medien einzelne Zielgruppen von vornherein ausschließen, ebenfalls können bestimmte sprachorientierte Auswahlverfahren Bewerber mit Migrationshintergrund benachteiligen (Weiß, 2009).

2.1   Erschließung neuer Zielgruppen

Grundsätzlich ist darauf zu achten, dass die konkreten Stellenangebote und auch die allgemeinen Informationen über das Arbeitsumfeld auf eine Art und Weise präsentiert werden, die leicht verständlich, ansprechend und zielgruppengerecht gestaltet ist. Dies erfordert ggf. verschiedene sprachliche Versionen und die Veröffentlichung in verschiedenen Medien. Darüber hinaus sollte sprachlich wie inhaltlich deutlich werden, dass das Unternehmen tatsächlich an Bewerbungen von ganz unterschiedlichen Zielgruppen interessiert ist. Grundsätzlich ist bei der Beschreibung der Stellenanforderungen auf eine realistische Darstellung zu achten, da entsprechende Übertreibungen zwar der Logik der „Bestenauslese" entsprechen mögen, jedoch wenig zielführend sind.

In Berlin hat sich 2006 ein Konsortium von öffentlichen Betrieben sowie Betrieben mit Landesbeteiligung zusammengeschlossen und die Kampagne „Berlin braucht dich!" (www.berlin-braucht-dich.de/) gestartet. Ziel ist hierbei, Jugendliche mit Migrationshintergrund rechtzeitig anzusprechen und diese für die Möglichkeiten der dualen Ausbildung zu sensibilisieren. Durch geeignete Maßnahmen soll darauf hingewirkt werden, dass der Anteil der Migranten unter den Auszubildenden perspektivisch dem Anteil an der Bevölkerung im Land Berlin (25 %) entspricht – tatsächlich stieg allein zwischen 2006 und 2012 der Anteil der Migranten an den Neueinstellungen von 8,6 % auf 19,1 % an.

2.2   Gestaltung des Bewerbungsprozesses

Die „klassische" Bewerbungsmappe umfasst in Deutschland traditionell auch ein Foto der Bewerber. Die Unternehmen forderten dazu auf, man versprach sich hiervon einen schnellen, unmittelbaren Eindruck von den Bewerbern, und auch aus organisatorischen Gründen war dies hilfreich, da Beobachtungen und Erkenntnisse aus dem Auswahlprozess entsprechend leichter zugeordnet werden konnten. Seit Inkrafttreten des AGG hat sich diese Praxis zumindest aufseiten der Betriebe gewandelt. Auch wenn heute noch viele Bewerber entsprechende Bilder beifügen, so geschieht dies meist freiwillig und ohne explizite Aufforderung der ausschreibenden Betriebe. Dies spiegelt sich auch in den Online-Bewerbungsportalen wider, welche meist keinen Upload von Bewerbungsfotos vorsehen, obwohl dies technisch ohne nennenswerten Aufwand realisierbar wäre. Auf diese Weise vermeiden die Betriebe eine mögliche Angriffsfläche für spätere Klagen, die sich auf dieses Indiz stützen könnten – so z. B. eine Absage aufgrund einer auf dem Foto erkennbaren dunklen Hautfarbe. Gleichzeitig reduzieren die Betriebe durch diese Veränderung aber auch die Gefahr, dass ein Foto bei dem Betrachter positive oder negative Emotionen, Sympathie oder Antipathie auslöst und somit von den eigentlich zu prüfenden Qualifikationen ablenkt. In diesem Sinne profitieren somit durchaus auch die Betriebe selbst von diversitygemäßen und zudem sachgerechten Auswahlprozessen.

Ein vergleichsweise weitreichender Lösungsansatz ist in diesem Kontext die „anonyme Bewerbung". Hierfür hatte die Antidiskriminierungsstelle des Bundes ein Pilotprojekt angestoßen, an dem sich privatwirtschaftliche und öffentliche Organisationen beteiligten. Zum Einsatz kamen Online-Fragebögen, die bestimmte Informationen bewusst nicht abfragten und darüber hinaus sicherstellten, dass die sensiblen Angaben nur verschlüsselt weiterverarbeitet und verwendet werden konnten. Ebenso gab es auch klassische Papierbewerbungen, bei denen entsprechende Teile geschwärzt wurden. Für die Vorentscheidung standen somit objektive Kriterien wie Abschlüsse und Berufserfahrung im Vordergrund.

Der Aufwand, der für anonyme Bewerbungen betrieben werden muss, ist durchaus beträchtlich. Vor dem Hintergrund, dass Studien jedoch regelmäßig zeigen, dass bspw. Bewerber mit fremd klingenden Namen bei objektiv gleichwertiger Qualifikation seltener zu einem persönlichen Gespräch oder zu einem Test eingeladen werden, relativiert sich dieser Aufwand allerdings.

2.3 Gestaltung des Auswahlprozesses

Der gesamte Auswahlprozess ist so weit wie möglich zu objektivieren. Hierbei geht es zunächst einmal darum, bereits im Vorfeld die objektiven Auswahlkriterien möglichst präzise zu identifizieren. In diesem Zusammenhang ist bspw. auch zu beachten, dass zu hohe (und somit zumindest teilweise verzichtbare) Anforderungen an die Deutschsprachkenntnisse eine unzulässige Benachteiligung wegen der ethnischen Herkunft i. S. des AGG bedeuten können, sofern die geforderten Sprachkenntnisse keine wesentliche berufliche Anforderung darstellen. Darüber hinaus geht es darum, dass das Auswahlverfahren nach einem festgelegten und verlässlichen Schema durchgeführt wird.

Die Deutsche Bahn hat im Sommer 2013 entschieden, künftig bei der Rekrutierung von Auszubildenden im ersten Selektionsschritt völlig auf Schulzeugnisse zu verzichten und stattdessen alle Bewerber für einen Internettest zuzulassen. Auf diese Weise sollen Bewerber identifiziert werden, deren Kompetenzen den jeweiligen Anforderungen entsprechen, und hierbei vertrauen die Verantwortlichen weniger auf Schulnoten, sondern auf den eigenen Online-Test. Dieser ist abgestimmt auf die Fähigkeiten, welche für die angestrebte Fachrichtung nötig sind (Deutsche Bahn, 2013).

Allerdings können auch vermeintlich objektive Testverfahren wie ein Rechentest eine mittelbare Diskriminierung darstellen. Da derartige Tests häufig unter Zeitdruck durchgeführt werden, messen sie insbesondere die Konzentrationsfähigkeit und die Stressresistenz der Bewerber. Hierbei bleibt allerdings oftmals unberücksichtigt, dass Bewerber mit Migrationshintergrund ggf. mehr Zeit zur Bearbeitung brauchen, weil bspw. Textaufgaben entsprechende Sprachkenntnisse und somit zusätzliche Transferleistungen erfordern oder weil Rechentechniken angewandt werden, die im Ausland erlernt wurden, die zeitlich aufwendiger sind und somit schlechtere Testergebnisse innerhalb der begrenzten Bearbeitungszeit mit sich bringen können. Eine Alternative bieten hier „Cultural Fair Tests", die Intelligenz sprachneutral testen, um Kulturbarrieren zu neutralisieren – allerdings um den Preis, dass sich der Testbereich v. a. auf geometrisches und logisches Verständnis konzentriert. Darüber hinaus gilt es zu beachten, dass auch Bewerbern mit motorischen Schwierigkeiten, die aus diesem Grund mehr Zeit für das Ausfüllen der Fragebögen benötigen, zu Unrecht schlechtere kognitive Fähigkeiten etc. attestiert werden.

3 Diversityorientierte Gestaltung des Ausbildungsalltags

Neben der Rekrutierung tangiert Diversity Management auch sämtliche Fragen der Ausbildungsorganisation. Hierbei sind die Unternehmen gefordert, die verschiedenen Bedürfnisse und Präferenzen der Auszubildenden, die sich zudem nach Geschlecht, Alter, Vorbildung, kulturellen Hintergründen etc. unterscheiden lassen, zu berücksichtigen.

Oftmals sind es gerade die vermeintlich „kleinen Dinge" des Arbeitsalltags, die hier Potenziale eröffnen. So bietet bspw. die Betriebskantine hierfür vielfältige Ansatzpunkte. Dort, wo früher das Einheitsessen ohne jede Wahlmöglichkeit dominierte, findet sich heute in vielen Fällen eine beeindruckende Variantenvielfalt, die auf unterschiedliche Vorlieben oder Unverträglichkeiten ebenso wie auf religiöse Besonderheiten Rücksicht nimmt. Die Deutsche Telekom AG geht noch einen Schritt weiter und organisiert regelmäßig eine „Intercultural Week" und bietet in dieser Zeit in der Kantine landestypische Gerichte verschiedener Unternehmensstandorte an (Bundesvereinigung der Deutschen Arbeitgeberverbände, 2013, S. 9). In Gastronomiebetrieben ergeben sich darüber hinaus noch deutlich weiter gehende Möglichkeiten, die sogar die Kunden mit einbeziehen können. Interessant sind hierbei Projekte wie bspw. „Cook your own Culture", welche die Auszubildenden selbst organisieren können und hierbei im notwendigen Umfang unterstützt und begleitet werden. Auf diese Weise wird Vielfalt erfahrbar und buchstäblich „greifbar", die Beteiligten werden sensibilisiert und gewinnen ein Verständnis für unterschiedliche Sichtweisen.

4 „Diverse" Zielgruppen

Die Auszubildenden unterscheiden sich in vielerlei Hinsicht. Nachfolgend werden besonders markante Unterschiede herausgegriffen und thematisiert.

4.1 Differenzierungskriterium „Leistungsstärke"

Der Aspekt der Leistungsstärke ist bei der Rekrutierung von Auszubildenden höchst relevant. Die betrieblichen Ausbildungsangebote richten sich grundsätzlich an Jugendliche mit ganz unterschiedlicher schulischer Vorbildung, in diesem Sinne erhalten die Betriebe Bewerbungen von Jugendlichen ohne Schulabschluss ebenso wie von Jugendlichen mit Hochschulzugangsberechtigung, bereits abgeschlossener Berufsausbildung und/oder Berufserfahrung. Hieraus ergeben sich verschiedene Herausforderungen für die Betriebe: einerseits im Hinblick auf die Förderung der schwächeren Jugendlichen, andererseits im Hinblick auf die Gestaltung der Ausbildungsbedingungen, damit diese auch für leistungsstärkere Jugendliche attraktiv erscheinen. Nach einer Studie des Bundesinstituts für Berufsbildung im Jahr 2009 förderte jeweils mehr als ein Drittel der Betriebe gezielt leistungsschwächere bzw. -stärkere Jugendliche, allerdings zog die Mehrheit der Betriebe eine Implementierung solcher auf die Individualisierung der Ausbildung gerichteten Verfahren (noch) nicht in Betracht (Ebbinghaus, 2009).

Für die Rekrutierung von leistungsstärkeren Jugendlichen ist es von Bedeutung, bereits frühzeitig Weiterbildungs- und Entwicklungsmöglichkeiten zu kommunizieren, und hierbei haben solche Betriebe einen Vorteil, die Ausbildungen mit Zusatzqualifikationen oder duale Studienplätze anbieten. Diese Einschätzung vertritt auch der Wissenschaftsrat (2014, S. 71): „Für einen großen Teil der Hochschulzugangsberechtigten ist diese praxisnahe, angesehene und in der Regel verlässliche Karriereperspektiven bietende Form des Studiums in hohem Maße attraktiv."

Die Vodafone Stiftung Deutschland hat zusammen mit der stiftung neue verantwortung Betriebe untersucht, die bereits erfolgreich Hauptschulabsolventen ausbilden. Hierbei zeigte sich, dass diese Betriebe durch eine besonders lange Betriebszugehörigkeit und hohe Loyalität zum Arbeitgeber belohnt werden (Vodafone Stiftung Deutschland/stiftung neue verantwortung, 2013). Nach einer Studie des Bundesinstituts für Berufsbildung sind es v. a. die kleineren Betriebe, die Jugendlichen mit einem Hauptschulabschluss eine Chance geben. Bemerkenswert ist hierbei auch, dass die Einschätzungen der Betriebe bzgl. der Kompetenzen „durchaus zufriedenstellend" und somit besser als erwartet ausfielen (Gerhards, Troltsch & Walden, 2013, S. 3 ff.).

Darüber hinaus bieten einige Großunternehmen gezielte Angebote für leistungsschwächere Jugendliche. So initiierte die Deutsche Telekom AG (2009) das Pilotprojekt „Meine Chance – Ich starte durch". Unter diesem Motto ermöglicht sie in Zusammenarbeit mit der Bundesagentur für Arbeit benachteiligten Jugendlichen konkrete Perspektiven für den Berufseinstieg. Die Jugendlichen werden hierbei voll in die Berufsausbildung integriert und nicht in einem gesonderten Programm isoliert. Solche Unternehmensbeispiele sind insofern bemerkenswert, weil derartige Großunternehmen vergleichsweise geringe Rekrutierungsprobleme haben und sich ansonsten v. a. um die besonders leistungsstarken Schulabgänger bemühen, nicht zuletzt auch durch das Angebot dualer Studienplätze (die Deutsche Telekom AG unterhält hierfür sogar eine eigene Hochschule).

Hierdurch entsteht in den Betrieben ein Mix verschiedener Qualifikationen, was trotz differenzierter Lernangebote keineswegs mit strengen Gruppenaufspaltungen (und somit homogenen Teilgruppen) einhergehen sollte. Schließlich ist aus Studien bekannt, dass einerseits leistungsschwächere Jugendliche in heterogenen Lerngruppen stärker motiviert werden als in leistungshomogenen Gruppen und ihre Lernbereitschaft länger erhalten bleibt. Relevant ist in diesem Kontext, dass dies andererseits nicht zwingend mit schlechteren Lernergebnissen der leistungsstärkeren Jugendlichen korreliert (Forschungsinstitut Betriebliche Bildung, 2011). Dies liegt u. a. darin begründet, dass Jugendliche, die anderen im Lernprozess helfen, einerseits selbst weiter dazulernen, andererseits sind sie gefordert, Einfühlungsgabe und Hilfsbereitschaft sowie eine hohe kognitive Leistung zu zeigen. Hierfür eignen sich bspw. offene Projektstrukturen, bei denen alle Auszubildenden gemäß ihren Stärken einen Beitrag zur Lösung leisten können (vgl. Siemann, 2013).

4.2 Differenzierungskriterium „Herkunft"

Der Anteil von Schulabgängern mit Migrationshintergrund wird auf ca. 40 % anwachsen (Kienbaum Management Consultants, 2010). Dies kann spezifische Vorteile für die Ausbildungsbetriebe begründen, bspw. in Form von Mehrsprachigkeit, Multiperspektiven oder Migrationserfahrungen. Bei anfallenden Übersetzungen, Konflikten im Betrieb oder auch in Beratungs- und Verkaufsgesprächen mit Kunden kann insbesondere Mehrsprachigkeit wertvoll sein, wobei Internationalität im Kontext der Globalisierung immer mehr an Bedeutung gewinnt. Trotzdem wird der Migrationshintergrund oftmals eher als Defizit und weniger als Nutzen verstanden. Hierauf deuten auch Studien hin, die gezeigt haben, dass Bewerber mit typisch fremd klingendem Namen deutlich seltener zu einem Vorstellungsgespräch eingeladen wurden als Bewerber mit einem typisch deutschen Namen – wohlgemerkt bei gleicher Qualifikation (Kaas & Manger, 2010). Aus der Statistik ist zudem bekannt, dass ausländische Jugendliche im Berufsbildungssystem unterrepräsentiert sind, selbst bei vergleichbaren schulischen Voraussetzungen sind ihre Chancen beim Übergang in eine berufliche Ausbildung deutlich schlechter als die von Bewerbern ohne Migrationshintergrund (Forschungsinstitut Betriebliche Bildung, 2011).

4.3 Differenzierungsmerkmal „Geschlecht"

Bereits bei der Berufswahl zeigen sich geschlechtsspezifische Aspekte. So ist einerseits das Spektrum der gewählten Berufsausbildungen bei den weiblichen Schulabgängern noch immer deutlich enger als bei den männlichen Schulabsolventen. Andererseits fällt auf, dass der Anteil der weiblichen Auszubildenden insbesondere in den naturwissenschaftlichen und technischen Berufen deutlich unterdurchschnittlich ausfällt. Vor diesem Hintergrund gilt es zu prüfen, ob die gewählten Ansätze des Personalmarketings geeignet sind, weibliche und männliche Jugendliche gleichermaßen anzusprechen. Ebenso ist zu prüfen, ob die konkrete Ausgestaltung der Ausbildungsbedingungen den verschiedenen Geschlechterbedürfnissen und -interessen gerecht wird.

Die wiederkehrenden Aktionstage wie der „Girls' Day" oder „Boys' Day" haben sich inzwischen etabliert. Beide verfolgen das Ziel, geschlechtsbezogene Ungleichheiten bei der Berufsorientierung zu berücksichtigen, und es geht darum, einerseits verstärkt Mädchen und junge Frauen für naturwissenschaftlich geprägte und technische Berufe zu interessieren, andererseits sollen bspw. Berufe in den Bereichen Erziehung oder Pflege den männlichen Jugendlichen nahegebracht werden.

5 Diversity Management als Handlungskonzept

Die Unternehmen stehen vor einer doppelten Herausforderung: Einerseits geht es darum, Laufbahnen, Entwicklungspotenziale sowie die Rahmenbedingungen der betrieblichen Arbeit für eine Vielzahl von Beschäftigten zu entwerfen, während andererseits jeweils die individuelle Situation zu berücksichtigen ist. Dies erfordert auf allen Ebenen ein hohes Maß an Offenheit gegenüber Verschiedenheit und Vielfalt, die als Bereicherung für den Arbeitsprozess zu begreifen sind (vgl. Forschungsinstitut Betriebliche Bildung, 2011). Wichtig ist hierbei, Vorurteile zu erkennen und abzubauen und ein Klima der Toleranz zu schaffen. Diversity Management liefert hierfür eine breite Palette an Instrumenten, wobei es im Kern oftmals darum geht, den Beschäftigten mit Anerkennung, Wertschätzung, Offenheit und Gleichbehandlung zu begegnen, was eigentlich ohnehin zu den guten Standards der betrieblichen Personalarbeit zählen sollte.

Literatur

Bundesvereinigung der Deutschen Arbeitgeberverbände (Hrsg.) (2013). Willkommenskultur – Ein Leitfaden für Unternehmen. Berlin.

Deutsche Bahn AG (Hrsg.) (2013). Deutsche Bahn stellt Bewerberauswahl für Schulabgänger um: Schulnoten nicht mehr ausschlaggebend. Presseinformation vom 15.7.2013. Zugriff am 01.04.2014 unter www.deutschebahn.com/de/presse/presseinformationen/pi_k/4191262/h20130715.html

Deutscher Industrie- und Handelskammertag (Hrsg.) (2013). Ausbildung 2013. Berlin.

Deutsche Telekom AG (2009). Deutsche Telekom und Bundesagentur für Arbeit bauen Brücken für benachteiligte Jugendliche. Presseinformation vom 31.08.2009. Zugriff am 01.03.2014 unter http://www.telekom.com/medien/konzern/5340

Dobischat, R./Kühnlein, G. & Schurgatz, R. (2012). Ausbildungsreife – Ein umstrittener Begriff beim Übergang Jugendlicher in eine Berufsausbildung. In Hans-Böckler-Stiftung (Hrsg.), Arbeitspapier 189. Düsseldorf.

Ebbinghaus, M. (2009). Instrumente zur Qualitätssicherung in der betrieblichen Ausbildungspraxis. Berufsbildung in Wissenschaft und Praxis, Heft 5, S. 14–18.

Forschungsinstitut Betriebliche Bildung (Hrsg.) (2011). Heterogene Lerngruppen in der Ausbildung. Qualifizierungskonzept für das Ausbildungspersonal. Bielefeld.

Gerhards, C., Troltsch, K. & Walden, G. (2013). Jugendliche mit Hauptschulabschluss in der Berufsausbildung: Wer bildet sie (noch) aus, welche Erfahrungen gibt es und wie können ihre Chancen verbessert werden? BIBB Report 22/2013.

Kaas, L. & Manger, C. (2010). Ethnic Discrimination in Germany's Labour Market: A Field Experiment. Discussion Paper No. 4741, Bonn.

Kienbaum Management Consultants (Hrsg.) (2010). Paradigmenwechsel in der Betrieblichen Berufsausbildung. Der War for Talent hat den Ausbildungsmarkt erreicht. Berlin.
Kimmelmann, N. (2009). Diversity Management – (k)ein Thema für die berufliche Bildung? Berufsbildung in Wissenschaft und Praxis, Heft 1, S. 7–10.
Merx, A. & Vassilopoulou, J. (2007). Das arbeitsrechtliche AGG und Diversity-Perspektiven. In I. Koall, V. Bruchhagen & F. Höher (Hrsg.), Diversity Outlooks. Diversity zwischen Antidiskriminierung, Ethik und Profit (S. 354–385). Berlin u. a.
Siemann, C. (2013). Die Zeit der Bestenauslese ist vorbei. Personalwirtschaft, Heft 2, S. 12–14.
Statistische Ämter des Bundes und der Länder (Hrsg.) (2012). Arbeitsmärkte im Wandel. Wiesbaden.
Stifterverband für die deutsche Wissenschaft & Bundesverband der Deutschen Arbeitgeberverbände (Hrsg.) (2011). Erfolgsmodell Duales Studium. Leitfaden für Unternehmen. Essen und Berlin.
Vodafone Stiftung Deutschland & stiftung neue verantwortung (Hrsg.) (2013). Headhunter an die Hauptschulen: Oft vernachlässigte Talente sind Fachkräfte von morgen. Pressemitteilung vom 22.8.2013.
Weiß, R. (2009). Vielfalt anerkennen und entwickeln. Berufsbildung in Wissenschaft und Praxis, Heft 1, S. 3–4.
Wissenschaftsrat (Hrsg) (2014). Empfehlungen zur Gestaltung des Verhältnisses von beruflicher und akademischer Bildung. Erster Teil der Empfehlungen zur Qualifizierung von Fachkräften vor dem Hintergrund des demographischen Wandels. Darmstadt.

10 Merkmale „guter" Berufsausbildung

Ernst Deuer

Nach den vorangegangenen Ausführungen von Brüggemann in diesem Band zu den Merkmalen guter Berufsorientierung soll an dieser Stelle der Versuch unternommen werden, auch in Bezug auf die Ausbildung selbst eine entsprechende „Positivliste" relevanter Merkmale vorzulegen. Die bereits genannten Schwächen und Einschränkungen solcher Kataloge gelten entsprechend, zumal es im Folgenden weniger um gesicherte Handlungsempfehlungen auf Basis spezifischer wissenschaftlicher Einzelstudien geht, sondern eher um „summarische" Schlussfolgerungen und Empfehlungen, welche auf empirischen Studien ebenso wie auf nachahmenswerten Praxisbeispielen beruhen können.

Was kennzeichnet eine „gute" Ausbildung?

So verständlich und berechtigt der Anspruch sein mag, dass Ausbildung qualitativen Standards entspricht und auf dieser Basis als „gut" bewertet werden kann, so schwierig erweist sich dieser Nachweis in der Praxis. Hierzu trug auch bei, dass die Situation am Ausbildungsmarkt traditionell und auch heute noch vorwiegend unter quantitativen Gesichtspunkten geführt wurde bzw. wird. Im Vordergrund stand bzw. steht die jährliche Bilanz am Ausbildungsmarkt, und es wurden bzw. werden entsprechende „Versorgungsprobleme" (aus Sicht der Jugendlichen) oder „Besetzungsprobleme" (aus Sicht der Betriebe) beklagt, oftmals sogar beides gleichzeitig (vgl. hierzu bspw. Matthes, Ulrich, Krekl & Walden, 2014).

Sieht man von den jüngsten Entwicklungen am Ausbildungsmarkt ab, so war die Diskussion in den vergangenen zwei Jahrzehnten überwiegend von der Versorgungsproblematik dominiert, und die Wirtschaft und weite Teile der Politik waren von der Sorge getrieben, dass aufgrund der vielen „unversorgten" Bewerber die Einführung einer Ausbildungsumlage droht. Vor diesem Hintergrund wurde das Übergangssystem massiv ausgebaut, und jeder Vertrag war nach dieser Logik ein guter Vertrag, weil er der Statistik diente – unabhängig davon, ob die Jugendlichen eine

Ausbildung oder sonstige Qualifizierungsmaßnahme ergriffen, die ihren Präferenzen und Vorstellungen entsprach. Die Politik ging sogar so weit, zeitweilig auf einen Nachweis im Sinne der Ausbilder-Eignungsverordnung (AEVO) als Voraussetzung für ausbildende Betriebe zu verzichten, mit der expliziten Begründung, dass diese Maßnahme mehr Ausbildungsplätze schaffen könne. Deutlicher kann ein Vorrang der quantitativen Sichtweise zulasten der qualitativen Aspekte wohl kaum artikuliert werden.

Aufgrund der grundlegenden Änderungen der Marktverhältnisse am Ausbildungsmarkt kommt der Ausbildungsqualität wieder eine steigende Bedeutung zu. Im Folgenden werden daher zehn Merkmale „guter" Ausbildung beschrieben, die jeweils als Anregung zu verstehen sind. Hierbei wird zwischen solchen Merkmalen unterschieden, die auf den Erwerb beruflicher Kompetenzen abzielen, und solchen, die sich auf eine zielgruppenorientierte Ausgestaltung beziehen.

Merkmal	Herausforderung	Pädagogische Konsequenz/ Merkmal guter Berufsausbildung
	Ausbildungskonzept im Fokus	
1	Erwerb berufsrelevanter Kompetenzen	Theoretisch fundiertes und praxisorientiertes Lernen
2		Angemessene inhaltliche Breite und Tiefe („general und spezial")
3		Persönliche Betreuung und mediale Unterstützung
4		Anleitung und Feedback
5		Quantitative und qualitative Erfolgskriterien
	Auszubildende im Fokus	
6	Zielgruppenorientierte Ausgestaltung	Systematische Ausbildungsgestaltung und individuelle Förderung
7		Regionale Nähe und Mobilitätschancen
8		Schwächere fördern, Stärkere fordern
9		Ausbildung und Privatleben in Balance
10		Kein Abschluss ohne Anschluss

Abb. 1: Merkmale guter Berufsausbildung (eigene Darstellung)

Merkmal 1: Theoretisch fundiertes und praxisorientiertes Lernen

Jede Qualifizierungsmaßnahme steht im Spannungsfeld zwischen der theoretischen Wissensvermittlung einerseits und den praktischen Umsetzungsmöglichkeiten andererseits. Im dualen System der Berufsbildung rückt dieses Spannungsfeld jedoch in den Mittelpunkt und erfährt eine konstruktive Wendung. Theorie und Praxis bleiben getrennt, aber nicht als Gegensätze, sondern als sich ergänzende und stimulierende Elemente. In diesem Sinne erlaubt eine duale Ausbildung Einblicke in die relevanten theoretischen Wissensgebiete, und ebenso werden konkrete Handlungsmöglichkeiten aufgezeigt und erste Handlungsroutinen erfahrbar. Neben der fachlichen Kompetenz wird somit auch die Entwicklung der Sozial- und Methodenkompetenz bereits frühzeitig unterstützt, wovon Auszubildende wie Ausbildungsbetriebe gleichermaßen profitieren.

Merkmal 2: Angemessene inhaltliche Breite und Tiefe („general und spezial")

Die Ansprüche an die Berufsausbildung sind hoch: Einerseits erwarten die Ausbildungsbetriebe die Vermittlung konkreter Inhalte sowie das Erlangen von Kompetenzen, die im Arbeitsalltag unmittelbar relevant sind, und dies zum Teil in sehr anspruchsvoller Tiefe. Andererseits erwarten die Auszubildenden und ebenso künftige Arbeitgeber, dass die Absolventen über ein Wissens- und Kompetenzbündel verfügen, welches übertragbar ist und die Jugendlichen auch in die Lage versetzt, jeweils auch mit neuen Aufgaben und Herausforderungen im Beruf zurechtzukommen. An Letzterem haben natürlich auch die aktuellen Ausbildungsbetriebe ein vitales Interesse. Vor diesem Hintergrund müssen die Lehr-Lern-Arrangements im Betrieb und an der Berufsschule diesen Spagat zwischen der notwendigen inhaltlichen Breite und Tiefe leisten. Hierfür eignet sich das duale System mit den verschiedenen Lernorten in besonderer Weise, da hier der Austausch und das Zusammenspiel der beiden Erfahrungsräume institutionalisiert sind. Während die Berufsschule insbesondere dazu beiträgt, allgemeine und übertragbare Kenntnisse zu vermitteln, findet im Betrieb eine stärkere Fokussierung auf die konkreten Inhalte des Arbeitsalltags statt. So ist bei den Einzelhandelsberufen grundsätzlich festgelegt, dass die eher allgemeine Warenverkaufskunde in der Berufsschule vermittelt wird, während die spezifische Warenkunde besser und konkreter auf betrieblicher Ebene vermittelt werden kann. Dieses Zusammenwirken muss regelmäßig überprüft und ggf. neu justiert werden.

Merkmal 3: Persönliche Kontakte und mediale Unterstützung

Der direkte, unmittelbare Kontakt zwischen „Meister und Zögling" ist ein Wesensmerkmal der Ausbildung, was insbesondere im Handwerk eine sehr lange Tradition hat. Auch heute lässt sich Ausbildung im Handwerk ebenso wie im kaufmännischen Bereich kaum vorstellen, ohne diesen persönlichen Austausch zwischen Ausbilder und Auszubildenden. Vielmehr liegt hierin ein elementarer Erfolgsfaktor begründet, denn nicht zuletzt die Qualität dieses Verhältnisses beeinflusst die Wahrscheinlichkeit, ob es zu einem erfolgreichen Ausbildungsabschluss oder einem Abbruch kommt. Aufgrund des technischen Fortschritts existiert heute eine große Bandbreite an Möglichkeiten, um den Ausbildungsalltag (bspw. im Hinblick auf Kommunikation oder Koordination) zu unterstützen und zu bereichern. Exemplarisch sei hier auf Pilotversuche zum „elektronischen Berichtsheft" verwiesen. Hierbei wird ein traditionelles Instrument nahezu neu erfunden, wenn auf diese Weise einerseits eine direkte, schnelle und zielführende Kommunikation zwischen sämtlichen Akteuren ermöglicht wird und andererseits der relevante Theorie-Praxis-Transfer eine konkrete Institutionalisierung erfährt. Wichtig ist hierbei die Klarstellung, dass die mediale Unterstützung additiv ist und die Kommunikation zwischen Ausbilder und Auszubildenden unterstützen und verbessern, aber keinesfalls ersetzen kann.

Merkmal 4: Anleitung und Feedback

Bildungsprozesse zeichnen sich dadurch aus, dass neues Wissen erschlossen und neues Handeln ermöglicht wird. Dies erfordert zunächst eine hinreichende Anleitung, die allerdings viel mehr umfasst, als „dem Meister über die Schulter zu schauen", sondern es geht auch darum, grundsätzlich neue, individuelle Erfahrungsräume zu eröffnen, was auch eigenständige Recherchen oder eigenständige Lösungsversuche (ohne vorherige Kenntnis einer „Best Practice") mit einschließt. Das Internet bietet hierfür viele Möglichkeiten – dies setzt aber in vielen Fällen eine entsprechende Begleitung und Unterstützung (bspw. in Form von online verfügbaren Tutorials etc.) voraus. Auch die Feedbackfunktion hat an Bedeutung gewonnen und muss mehr sein als die Erfolgskontrolle bei wohlstrukturierten Aufgabenstellungen. Vielmehr sind umfassende und insbesondere auch wertschätzende Rückmeldungen erforderlich, welche auch die individuelle Initiative und Kreativität berücksichtigen und wichtige motivierende Impulse setzen können. Genau hier zeigt sich im Übrigen regelmäßig, dass zwischen den Feedbackwünschen und dem tatsächlich erfahrenen Feedback quantitative und qualitative Diskrepanzen bestehen (vgl. König, Deuer & Wolff, 2014).

Merkmal 5: Quantitative und qualitative Erfolgskriterien

Trotz aller Einschränkungen ist es plausibel, davon auszugehen, dass Ausbildungsbetriebe mehr oder weniger rational abwägen, ob und wie sehr sie sich im Bereich der Berufsbildung engagieren. Während die Aufwands- und Kostenseite vergleichsweise einfach ermittelt werden kann, fällt dasselbe Vorgehen auf der Nutzenseite erheblich schwerer, und es stellt sich die grundsätzliche Frage, welche Kriterien und Kennzahlen hierbei relevant und gleichzeitig pragmatisch anwendbar erscheinen. Hierbei spielen zunächst einmal quantitative Kriterien eine Rolle: Konnten alle Ausbildungsplätze (den betrieblichen Anforderungen entsprechend) besetzt werden? Gab es Ausbildungsabbrüche? Wie hoch war der Anteil bestandener Prüfungen? Wie viele Spitzenleistungen (bspw. Kammerbeste etc.) gab es? Wie hoch war die Übernahmequote bzw. die Annahmequote bezogen auf die ausgesprochenen Übernahmeangebote? Auf Basis dieser Kenngrößen lässt sich ein Bild von der Ausbildungssituation im Betrieb zeichnen – aber dies bleibt notwendigerweise unvollständig. Denn aus diesen Zahlen geht nicht hervor, welchen qualitativen Beitrag die betriebliche Ausbildung zu leisten vermag, weshalb weitere Kriterien zu beachten sind. Hierbei stehen bspw. folgende Fragen im Vordergrund: Welche Kompetenzen haben sich die Auszubildenden während der Ausbildungszeit aneignen können? Welche Motive treiben sie an und inwiefern passt das Ausbildungsumfeld bzw. das künftige Tätigkeitsfeld hierzu? Welches Engagement der Jugendlichen (bspw. im Rahmen eines betrieblichen Vorschlagswesens oder die freiwillige Mitwirkung in Qualitätszirkeln) ist erkennbar? Erst das Zusammenspiel von quantitativen und qualitativen Faktoren offenbart das gesamte Potenzial, welches die Berufsausbildung entfalten kann.

Merkmal 6: Systematische Ausbildungsgestaltung und individuelle Förderung

Bei der Konzeption und Organisation der betrieblichen Ausbildungsprozesse geht es letztlich um nichts weniger als eine individualisierte „Massenkarriereplanung" (vgl. Feuersinger & Kiehne, 2010, S. 60). Dieser in Deutschland noch wenig gebräuchliche Begriff beschreibt sehr zutreffend die doppelte Herausforderung, vor der die Ausbildungsbetriebe stehen: Einerseits geht es um systematische Ansätze, die möglichst alle Jugendlichen erreichen, andererseits bedarf es einer Ausrichtung auf die jeweils individuellen Hintergründe, Bedürfnisse und Potenziale.

Zu den systematischen Ansätzen zählt neben der klassischen Ausbildungsplanung und Ausbildungsorganisation bspw. die Etablierung eines Betrieblichen Gesundheitsmanagements oder eines Betrieblichen Vorschlagswesens, wobei jeweils ganz gezielt auch die Auszubildenden als innerbetriebliche Zielgruppe angesprochen werden können. Darüber hinaus können die Auszubildenden in Qualitätszirkel eingebunden werden, auf Fachabteilungsebene ebenso wie bei speziellen Qualitätszirkeln, bei denen Ausbildungsthemen ohnehin explizit im Vordergrund stehen. Hierbei ist entscheidend, dass keineswegs jeder Auszubildende in all diesen Bereichen beteiligt und entsprechend aktiv ist. Vielmehr geht es darum, in Abhängigkeit von der individuellen Situation Schwerpunkte zu setzen und in diesen Bereichen Entwicklungsräume zu erschließen. Profiteure finden sich dann auf beiden Seiten. Die Jugendlichen erfahren ein ansprechendes Ausbildungsumfeld (was die Loyalität fördern dürfte), und sie erhalten bereits konkrete Einblicke in spätere Tätigkeitsbereiche. Dies liegt auch im Interesse der Betriebe, die hierdurch relevante Informationen für potenzielle Einsatzbereiche sowie für die Nachfolgeplanung erhalten.

Merkmal 7: Regionale Nähe und Mobilitätschancen

Ein Erfolgsfaktor der dualen Berufsausbildung ist deren weite Verbreitung: Flächendeckend beteiligen sich Unternehmen verschiedenster Branchen an diesem System, sodass den Jugendlichen grundsätzlich eine stattliche Auswahl in ihrer Herkunfts- und/oder Wunschregion zur Verfügung steht. Dies ist wichtig, da aus Studien bekannt ist, dass regionale Nähe ein wichtiges Argument bei der Berufswahl ist. Ebenso zieht es viele Jugendliche „in die weite Welt" hinaus – zumindest gedanklich. Es gibt das Bedürfnis, „etwas anderes" zu sehen und erleben zu können bzw. mindestens die Chance hierfür zu haben. Der tatsächliche Sprung in die Fremde fällt dagegen oftmals schwer und unterbleibt ggf. aufgrund von Unwägbarkeiten etc. In diesen Fällen ist es besonders attraktiv, wenn durch eine „solide" Berufsausbildung gleichzeitig überregionale oder sogar internationale Erfahrungsräume eröffnet werden – sei es als Teil der Ausbildung selbst oder als spätere Entwicklungsperspektive im Unternehmen. Die Entscheidung für eine duale Ausbildung bzw. ein duales Studium kann unter diesen Umständen nicht als Beschränkung, sondern als Möglichkeit der Potenzialentfaltung verstanden werden.

Merkmal 8: Schwächere fördern, Stärkere fordern

Die Heterogenität der individuellen Leistungsstärke hat zugenommen und wird den Ausbildungsalltag künftig noch stärker prägen. Dies liegt einerseits daran, dass die formale schulische Vorqualifikation der Schulabgänger im Zeitverlauf permanent und deutlich gestiegen ist. Das Gymnasium und dessen Absolventen haben stark an Bedeutung gewonnen. In diesem Kontext haben sich auch die Präferenzen bei der Studien- und Berufswahl gewandelt, da ein höherer Anteil der Jugendlichen nicht nur die formale Hochschulzugangsberechtigung besitzt, sondern diese auch nutzen möchte. Den Ausbildungsbetrieben gehen auf diese Weise eine ganze Reihe von besonders attraktiven Kandidaten in den klassischen Ausbildungsberufen verloren. Die Ausbildungsbetriebe stehen daher vor der Herausforderung, diesen Ansprüchen zu begegnen. Um als attraktiver Arbeitgeber wahrgenommen zu werden, eignen sich duale Studiengänge oder systematische und kommunizierbare Weiterbildungsperspektiven im Betrieb, die aus Sicht der leistungsstarken Jugendlichen attraktiv sind.

Auf der anderen Seite bringt es aber die demografische Situation mit sich, dass es generell schwerer werden dürfte, sämtliche Ausbildungsplätze zu besetzen. Vor diesem Hintergrund müssen bislang benachteiligte Gruppen besser erschlossen werden, wofür bereits heute zahlreiche Maßnahmen stehen, welche die Einstiegsqualifizierung der Jugendlichen verbessern sollen. Diese Maßnahmen richten sich insbesondere an ehemalige Hauptschüler (mit und ohne Abschluss) und sollen diesen Jugendlichen einen Weg in eine Berufsausbildung ermöglichen, welcher traditionell schwerfiel bzw. faktisch verbaut war. Insofern hat sich das Leistungsspektrum dramatisch vergrößert, und es liegt nun an den Betrieben, diesen Herausforderungen entsprechend zu begegnen und die hiermit verbundenen Chancen zu erkennen und zu nutzen.

Merkmal 9: Ausbildung und Privatleben in Balance

„Work-Life-Balance" steht für ein ausgewogenes Verhältnis von Berufs- und Privatleben. Ziel ist es hierbei, private Interessen und Familienleben einerseits mit den Anforderungen der Arbeitswelt andererseits in Einklang zu bringen. Dies betrifft alle Beschäftigten, aber auch ausdrücklich die Auszubildenden. Diese sehen sich zu Beginn ihrer Ausbildungszeit mit neuen und zum Teil völlig unbekannten Herausforderungen der Berufs- und Arbeitswelt konfrontiert. Dies betrifft die vorgegebenen Arbeitszeiten, die Zusammenarbeit mit Kollegen und die Einordnung in eine betriebliche Hierarchie ebenso wie die neuen Herausforderungen in der Berufsschule. Vielen Auszubildenden fällt es schwer, neben einem vielstündigen Arbeitstag noch Zeit für Freunde und Hobbys zu finden. Die Auszubildenden erleben somit unmittelbar, dass zwischen Arbeitszeit und Freizeit ein grundsätzliches Spannungsverhältnis besteht, da verschiedene Interessen um knappe Zeitkapazitäten konkurrieren. Ausbildungsbetriebe sollten für die Wahrnehmungen und Stimmungen der Auszubildenden sowie ggf. auftretende Konflikte sensibilisiert sein. Denn Work-Life-Balance mag auf den ersten Eindruck zwar als „weiches" Kriterium erscheinen, die Konsequenzen und Folgen können dagegen ausdrücklich „hart" sein und bis zu einem Ausbildungsabbruch reichen.

Merkmal 10: Kein Abschluss ohne Anschluss

Das betriebliche Ausbildungsengagement ist zunächst mit Aufwand verbunden, und direkte wie indirekte Kosten fallen an. Auch für die Auszubildenden entsteht ein Aufwand, denn in zeitlicher Hinsicht nimmt die Ausbildung einen breiten Raum in ihrem Leben ein. Es handelt sich hierbei jedoch um eine Investition, denn alle Akteure gehen davon aus, dass sich dieser Aufwand zwar nicht sofort, aber zumindest perspektivisch rechnen soll. Insofern darf eine ganzheitliche und nachhaltige Ausbildungsplanung nicht nur bis zum Ende der Ausbildungszeit reichen, sondern muss bereits frühzeitig auch die weiteren betrieblichen Entwicklungsperspektiven in den Blick nehmen. Hierbei kommt den betrieblichen Erfordernissen (Kompetenzmanagement, Nachfolgeplanung etc.) ebenso Bedeutung zu wie den individuellen Entwicklungsbedürfnissen und Entwicklungspotenzialen. Das Spektrum an Möglichkeiten ist hierbei denkbar breit und reicht von betrieblichen Nachwuchsförderkreisen, fachlichen oder methodischen Weiterbildungsaktivitäten bis hin zu dualen Studiengängen, die auch im Anschluss an eine erfolgreiche Berufsausbildung berufsbegleitend und praxisintegriert studiert werden können. Allein der Ausblick auf potenzielle Entfaltungsmöglichkeiten ist bereits in einem frühen Entscheidungsstadium der Studien- und Berufswahl relevant (Deuer, 2014). Diese frühzeitigen Informationen über mögliche Perspektiven dürften zudem die empfundene Loyalität stärken und die Wahrscheinlichkeit einer von beiden Seiten gewünschten Weiterbeschäftigung nach dem Ende der Ausbildungsphase erhöhen. Und dies trägt wiederum dem Investitionsgedanken Rechnung, denn nur unter Einbeziehung der Phase nach einer erfolgreichen Übernahme besteht die Möglichkeit, dass die ausbildungsbezogenen Erträge die ausbildungsbezogenen Aufwände übersteigen und somit zu einer positiven Rendite (aus Sicht der Betriebe wie der Auszubildenden) führen können.

Fazit

Die Auswahl ist weder vollständig noch objektiv, ebenso handelt es sich um keine innovativen Ansätze im engeren Sinne. Schließlich lassen sich alle Merkmale bereits heute in der betrieblichen Ausbildungsrealität finden, eine flächendeckende Verbreitung sämtlicher Merkmale darf jedoch bezweifelt werden. In diesem Sinne bietet der Merkmalskatalog die Möglichkeit, einerseits bereits etablierte Stärken zu erkennen und zu würdigen, andererseits werden (zum Teil ganz konkrete) Verbesserungspotenziale deutlich.

Literatur

Deuer, E. (2014). Berufsstart in Industrie und Handel – Selbstverwirklichung oder Notlösung? In G. Cramer, H. Schmidt & W. Wittwer (Hrsg.), Ausbilderhandbuch, Ergänzungslieferung.

Feuersinger, N. & Kiehne, J. (2010). Talente fördern in der Krise. In Personalwirtschaft, Heft 12, S. 58–60.

König, L., Deuer, E. & Wolff, M. (2014). Feedback und Work-Life-Balance erwünscht. Neue Herausforderungen im Zeichen der Generation Y. Wirtschaft und Erziehung, Heft 3, S. 7–9.

Matthes, S., Ulrich, J. G., Krekl, E. M. & Walden, G. (2014). Wachsende Passungsprobleme auf dem Ausbildungsmarkt: Analysen und Lösungsansätze. Bonn.

IV Strategien, Ansätze und Impulse

Kompetenzchecks, Potenzialanalysen und Co.

Die Bedeutung von Kompetenzfeststellungsverfahren in der schulischen Berufsorientierung für die Personalrekrutierung von Unternehmen

Tim Brüggemann/Christian Weyer

Einleitung

Der Einsatz von Kompetenzfeststellungsverfahren im Prozess der schulischen Berufsorientierung ist mittlerweile in vielen Bundesländern verbreitet und wird dort nicht selten flächendeckend umgesetzt. Sowohl für die Rekrutierung als auch vor dem Hintergrund betriebseigener Kompetenzmanagementkonzepte macht es Sinn, dieses Vorgehen im Vorfeld des Übergangs Schule – Beruf aus unternehmerischer Perspektive zu beleuchten und zu reflektieren. Welchen Nutzen können Ergebnisse solcher schulischen Instrumente zur Kompetenzfeststellung möglicherweise für die späteren Ausbildungsbetriebe haben?

Nach begrifflicher Klärung, was unter Kompetenzfeststellungsverfahren zu fassen ist, und der exemplarischen Darstellung von Erfahrungen aus NRW skizziert der vorliegende Artikel ausgewählte empirische Befunde aus dem Feld der Messung beruflicher Kompetenzen von Jugendlichen. Aufgrund dieser Impulse werden die Chancen und Grenzen dieser Berufsorientierungsmethoden aus Sicht von Ausbildungsbetrieben diskutiert.

Kompetenzfeststellungsverfahren im Rahmen schulischer Berufsorientierung

Es existiert eine Vielzahl von Kompetenzfeststellungsverfahren, die seit Ende der 90er-Jahre immer häufiger Anwendung finden und mittlerweile in vielen Regionen fester Bestandteil der Berufsorientierung sind (vgl. Schäfer 2008, S. 146). Mit Petra Lippegaus-Grünau kann man konstatieren: „Kompetenzfeststellung ist angesagt" (2012, S. 75). Dabei kann man von der weiten Verbreitung nicht ohne Weiteres auf einen abgesicherten Effekt dieser Verfahren schließen, denn ein entsprechender wissenschaftlicher Nachweis steht bislang noch aus (vgl. Brüggemann, 2013).

An dieser Stelle sollen jedoch zunächst einige terminologische Klärungen erfolgen. Konsensuales Verständnis aller in diesem Kontext verwendeten Begriffe kann nämlich keinesfalls vorausgesetzt werden. Auch maßgebliche Teilnehmer dieser Debatte beklagen zuweilen eine „babylonische Sprachverwirrung" (Lippegaus-Grünau & Voigt, 2012, S. 21).

Das liegt zum einen daran, dass es keine allgemeingültige Definition des Begriffes Kompetenz gibt. Zwar besteht Einigkeit darüber, dass Kompetenz von der Qualifikation zu unterscheiden ist, da sich Qualifikation als „eine Wissens- und Fertigkeitsdisposition, die durch Normierung und Zertifizierung erfasst werden kann" (Enggruber & Bleck, 2005, S. 7; in Anlehnung an Erpenbeck & Rosenstiel, 2007, S. XIX), auf plan- und vorhersehbare Situationen bezieht, Kompetenz hingegen das beschreibt, was „Handeln in offenen, unsicheren, komplexen Situationen" (ebd., S. XII) ermöglicht. Bei Kompetenzen komme zur Qualifikation „etwas hinzu [...] als ‚Ordner' selbstorganisierten Handelns" (ebd., S. XII). Unklar ist jedoch, was genau hinzutritt, sodass zwischen verschiedenen Definitionen Uneinigkeit darüber herrscht, inwiefern „Emotionen, Einstellungen, Motivationen, Bereitschaften, Werte etc. Berücksichtigung finden sollen" (Preißer, 2009, S. 42). Erpenbeck und Heyse (1999) argumentieren, eine abschließende Definition sei letztlich unmöglich, denn man habe es bei Kompetenzen mit „psychologisch-sozialwissenschaftlichen Konstrukten zu tun, die nur bestimmte Merkmale der Realität hervorheben und funktionell zugänglich machen wollen" (ebd., S. 156). Verschärft wird dieses Problem dadurch, dass vielerorts Begriffe wie Soft Skills oder Schlüsselqualifikationen synonym zu dem der Kompetenz verwendet werden (Enggruber & Bleck, 2005, S. 6).

Nicht weniger problematisch ist der Begriff des Potenzials, der durch die Potenzialanalyse auf Bundes- wie auf Landesebene in den letzten Jahren Einzug in die Diskussionen um die Kompetenzfeststellung im Rahmen schulischer Berufsorientierung gehalten hat. Lippegaus-Grünau, Mahl und Stolz (2010, S. 10) begreifen Potenziale beispielsweise als „verborgene, (noch) nicht entwickelte Kompetenzen" oder Talente, die „noch schlummern, sich aber entfalten könnten". Tatsächlich ist der Potenzialbegriff jedoch „in den wissenschaftlichen Diskursen noch weniger eindeutig und einheitlich als der der Kompetenz", wie auch Lippegaus-Grünau (2012, S. 78), eine der federführenden Akteure im Bundesprogramm zur Potenzialanalyse, eingesteht. Deshalb ist auch „unklar, ob und – wenn ja – worin sich Kompetenzfeststellung und Potenzialanalyse voneinander unterscheiden" (Lippegaus-Grünau & Voigt, 2012, S. 21).

Grundsätzlich bestünde eine Möglichkeit zur Potenzialfeststellung in der Ermittlung von Konstrukten, die im Zusammenhang mit Kompetenzen stehen und „als Vorbedingungen für die Entstehung von Kompetenzen aufgefasst werden" (Lang-von Wins, 2007, S. 773) können. Dazu bedürfte es aber „fundierte[r] Hypothesen darüber, in welcher Beziehung die erfassten Konstrukte zu der Entwicklung von Kompetenzen stehen" (ebd., S. 786). Bislang existiert kein theoretisches Modell für die Berufsorientierung, das dies zu leisten vermag. Deshalb geht es auch in Potenzialanalysen lediglich um die Feststellung von Kompetenzen (vgl. Enggruber & Bleck, 2005, S. 12), sodass auch die Potenzialanalyse sich „in das breite Feld der Kompetenzfeststellung im Übergang Schule – Beruf einordnen lässt" (Lippegaus-Grünau & Voigt, 2012, S. 39). Der Potenzialbegriff ist also nicht programmatischer Natur, sondern bietet eine sprachlich attraktive Alternative zum Kompetenzbegriff, der die Entwicklungsmöglichkeit, die Kompetenz – in progressiver wie degressiver Weise – ohnehin kennzeichnet, betont. Im Folgenden soll davon ausgegangen werden, dass, wo die Feststellung von Potenzialen proklamiert wird, eigentlich die Feststellung von Kompetenzen gemeint ist, da eine exakte Abgrenzung der Begriffe zugunsten des Potenzialterminus letztlich nicht konsequent durchzuhalten ist.

Erfahrungen aus Nordrhein-Westfalen

Kein Abschluss ohne Anschluss (KAoA) – mit dieser Zielsetzung führte Nordrhein-Westfalen als erstes Flächenland 2011 ein einheitlich gestaltetes und verbindliches neues Übergangssystem ein. Das neue Übergangssystem nimmt alle Schülerinnen und Schüler von allgemeinbildenden Schulen in den Blick und soll für eine frühzeitige Sensibilisierung im Hinblick auf die Berufs- und Studienorientierung sorgen, um gleichzeitig Warteschleifen im Übergangssegment zu vermeiden. Die Umsetzung des neuen Übergangssystems erfolgt auf Ebene des Landes wie auch auf kommunaler Ebene und wird von einer Vielzahl von Akteuren aus Wirtschaft und Schule auf der Grundlage des Ausbildungskonsenses NRW bewerkstelligt, der sich aus der Landesregierung, der Bundesagentur für Arbeit, den Sozialpartnern sowie den Kammern und Kommunen zusammensetzt. Das Handlungsfeld der Studien- und Berufsorientierung soll mithilfe sogenannter Standardelemente den Prozess der Berufs- und Studienorientierung schulisch begleiten und Schülerinnen und Schüler darin unterstützen, ihre Potenziale, Stärken und Interessen zu erkennen und weiterzuentwickeln, praxisnahe Einblicke in Studium und Beruf zu ermöglichen sowie Anschlussmöglichkeiten zielgerichtet in den Blick zu nehmen.

Die Umsetzung des KAoA-Programms läuft zunächst in sieben Referenzkommunen an. Flächendeckend soll KAoA bis spätestens Ende 2018 umgesetzt werden (MAIS, 2012, S. 9). Der Übergang soll auf vier Handlungsfeldern reformiert werden:
1. Berufs- und Studienorientierung,
2. Übergangssystem,
3. Steigerung der Attraktivität des dualen Systems,
4. Kommunale Koordinierung.

Das Handlungsfeld der Studien- und Berufsorientierung[1] soll mithilfe sogenannter Standardelemente der Berufs- und Studienorientierung (SBOs) als **„flächendeckendes, verbindliches, nachhaltiges, transparentes und geschlechtersensibles System"** (ebd., S. 10, Hervorhebung im Original) an allen Schultypen etabliert und auf ein vergleichbares Mindestniveau gebracht werden.

Das Konzept des KAoA basiert auf der Annahme, dass Studien- und Berufsorientierung sich im Wesentlichen in vier Phasen gliedern lässt (vgl. ebd., S. 11 ff.):
1. Das Erkennen eigener Potenziale
2. Das Kennenlernen von Berufsfeldern
3. Die Erprobung der Arbeitspraxis
4. Die Konkretisierung der Berufs- und/oder Studienwahl, Gestaltung des Übergangs.

Berufsorientierungsmaßnahmen setzen im KAoA ab der achten Jahrgangsstufe ein. Die verschiedenen SBOs kommen dabei in unterschiedlichen Phasen oder phasenübergreifend zum Einsatz (vgl. Abbildung 1).

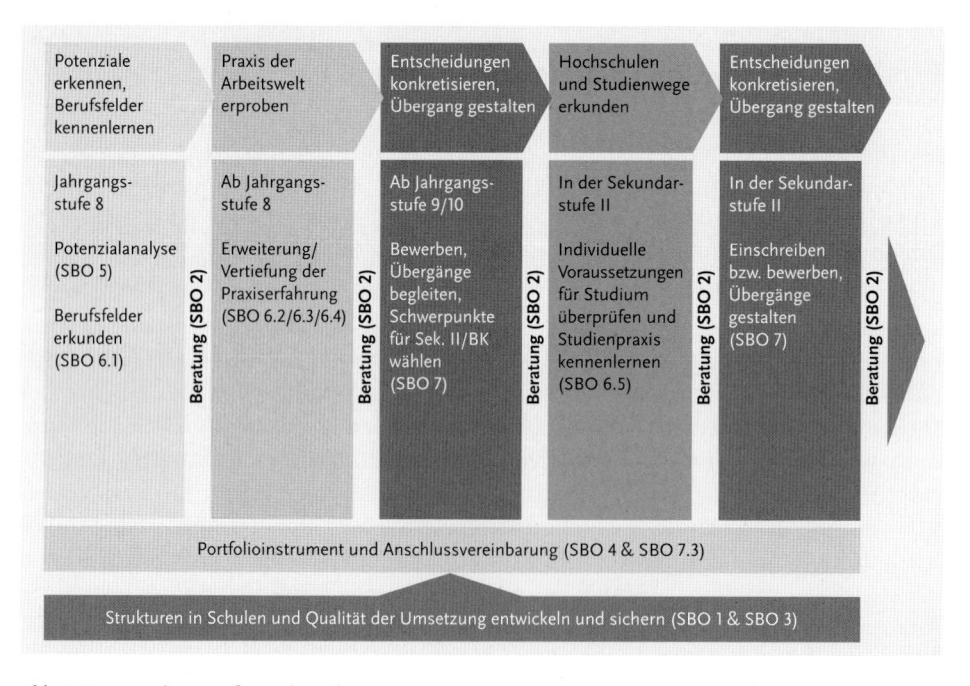

Potenziale erkennen, Berufsfelder kennenlernen	Praxis der Arbeitswelt erproben	Entscheidungen konkretisieren, Übergang gestalten	Hochschulen und Studienwege erkunden	Entscheidungen konkretisieren, Übergang gestalten
Jahrgangsstufe 8	Ab Jahrgangsstufe 8	Ab Jahrgangsstufe 9/10	In der Sekundarstufe II	In der Sekundarstufe II
Potenzialanalyse (SBO 5)	Erweiterung/ Vertiefung der Praxiserfahrung (SBO 6.2/6.3/6.4)	Bewerben, Übergänge begleiten, Schwerpunkte für Sek. II/BK wählen (SBO 7)	Individuelle Voraussetzungen für Studium überprüfen und Studienpraxis kennenlernen (SBO 6.5)	Einschreiben bzw. bewerben, Übergänge gestalten (SBO 7)
Berufsfelder erkunden (SBO 6.1)				

Beratung (SBO 2) — durchgängig

Portfolioinstrument und Anschlussvereinbarung (SBO 4 & SBO 7.3)

Strukturen in Schulen und Qualität der Umsetzung entwickeln und sichern (SBO 1 & SBO 3)

Abb. 1: Prozess der Berufs- und Studienorientierung im KAoA, eigene Darstellung in Anlehnung an www.berufsorientierung-nrw.de/start/

Die Potenzialanalyse (SBO 5) als Instrument zur Kompetenzfeststellung bildet den Startpunkt für die weitere Berufsorientierung. Sie ist trotz Namensgleichheit nicht identisch mit der Potenzialanalyse, die im Rahmen der „Initiative Bildungsketten"

---

[1] Die anderen Handlungsfelder können aus Platzgründen an dieser Stelle nicht diskutiert werden.

des Bundesministeriums für Bildung und Forschung (BMBF) durchgeführt wird, da die Vorgaben zur Potenzialanalyse auf Landes- und Bundesebene nicht identisch sind.

An die Maßnahme Potenzialanalyse schließt sich die Erkundung der Berufswelt durch praktische Erfahrungen an, die auf den durch die Potenzialanalyse gewonnenen Erkenntnissen basieren soll. Diese Exploration soll zunächst kurzzeitig in verschiedenen Berufsfeldern, in der 9. Klasse dann in einem zwei- bis dreiwöchigen Betriebspraktikum erfolgen. Die praktische Erfahrung soll zudem zur Kompetenzentwicklung beitragen. Jugendliche mit besonderem Förderbedarf sollen in zusätzlichen Praxiskursen, ggf. auch in einem Langzeitpraktikum, ihre fachlichen und sozialen Kompetenzen vertiefen (vgl. ebd., S. 30 ff.).

Die Potenzialanalyse (SBO 5) als erster Baustein dieser Berufsorientierungskette in NRW ist per Definition zu dem Maßnahmenspektrum der Kompetenzfeststellungsverfahren zu zählen und hat auch in NRW bereits Vorläufer aufzuweisen. Unter dem Terminus „Kompetenzcheck" wurde ein ähnliches Verfahren bis zum Jahre 2007 in NRW flächendeckend angeboten, und in ausgewählten Kommunen wurden im Anschluss unter Begrifflichkeiten wie bspw. „Potenzialcheck" Nachfolgekonzepte zum ausgelaufenen Kompetenzcheck ab 2007 ins Rennen geschickt (bspw. im Rhein-Erft-Kreis).

Die Durchführung solcher oder ähnlicher Kompetenzfeststellungsverfahren der schulischen Berufsorientierung mit Jugendlichen variiert häufig stark, da jede durchführende Organisation bedingt durch die Auswahl der Übungen oder durch besondere Bedarfe einzelner Zielgruppen und aufgrund gegebener Örtlichkeiten eigene Konzepte entwirft und sich somit die Tagesabläufe deutlich unterscheiden können. Man kann also eigentlich nicht von *der* Potenzialanalyse oder *dem* Kompetenzcheck usw. sprechen und muss sich diesem Gegenstandsbereich häufig auf einer Metaebene nähern.

Vielfach zählen aber folgende Zielsetzungen zu den gewünschten Effekten:
- Vermeidung von Ausbildungs- und Studienabbrüchen
- Diagnostik von Schlüsselkompetenzen
- Diagnostik berufsfeldbezogener Neigungen und Interessen
- Diagnostik der Ausbildungs- und Studienreife.

Um diese Zielsetzungen zu erfüllen, wurden bspw. im Rahmen des Kompetenzchecks in NRW bis zum Jahre 2007 folgende Merkmale beobachtet und bewertet:
- Personale Kompetenzen
- Soziale Kompetenzen
- Methodische Kompetenzen
- Art der Arbeitsausführung.

Die Kompetenzchecks wurden dabei durch Bildungsträger als außerschulische Maßnahme angeboten und erstreckten sich über zwei volle Tage und kombinierten dabei PC-gestützte und handlungsorientierte Methoden mit Beratungsverfahrensweisen.

Die Aufgaben wurden im Wechsel als Einzel-, Paar- oder Gruppenaufgaben absolviert und entsprachen Verfahrensweisen wie sie bei Accessment-Center-Programmen in der Personalentwicklung bekannt sein dürften. Durch eine persönliche Rückmeldung von Kompetenzen, Interessen, Stärken und Entwicklungsimpulsen am Ende der zwei Tage sollte die Wahl des passenden beruflichen Werdegangs erleichtert werden.

Die Ergebnisse solcher Testungen werden den Jugendlichen in der Regel im Anschluss schriftlich ausgehändigt. Im Rahmen der Potenzialanalysen in NRW wird derzeit ähnlich verfahren wie damals zu Zeiten des Kompetenzchecks, obschon die Dauer der Durchführung insgesamt auf einen Tag reduziert wurde. Die Ergebnisse der Potenzialanalysen finden sich im Nachgang – so zumindest die Planung – jedoch auch im Berufswahlpass der Schülerinnen und Schüler wieder.

Empirische Befunde zu Kompetenzfeststellungsverfahren

Im Rahmen einer größer angelegten Untersuchung zur Berufsorientierung, dem Berufsorientierungspanel (BOP), wurde auch die bereits angesprochene Maßnahme zur Kompetenzfeststellung „Potenzialcheck" im Rhein-Erft-Kreis untersucht (vgl. Rahn, Brüggemann & Hartkopf, 2014).

Als zentrale Ergebnisse der Auswertung des Potenzialchecks sind folgende festzuhalten (Rahn, Brüggemann & Hartkopf, 2014):
- Ein Jahr nach der Durchführung kann sich ein Großteil der Haupt- und Realschüler an das Auswertungsgespräch des Potenzialchecks erinnern.
- Die Erinnerung an die Ratschläge des Auswertungsgespräches fällt geringer aus. Dennoch kann die Umsetzungsquote der Ratschläge jener Schüler, die sich daran erinnern, als relativ hoch erachtet werden.
- Die Ergebnisse werden größtenteils mit Eltern nachbesprochen. Hauptschüler nutzen Lehrer häufiger zur Nachbesprechung als Realschüler.
- Die Evaluation des Potenzialchecks fällt ein Jahr nach seiner Durchführung größtenteils positiv aus. Ausnahmen bilden hier die Items „Ich habe die Ergebnisse des Potenzialchecks für die Auswahl eines Praktikumsplatzes genutzt" und „Die Ergebnisse des Potenzialchecks haben Einfluss auf meine beruflichen Vorstellungen gehabt", die unterdurchschnittlich bewertet sind.
- In der 10. Klasse (zwei Jahre nach Durchführung des Potenzialchecks) hingegen empfinden etwa zwei Drittel der Schüler das Instrument „im Rückblick für ihre berufliche Orientierung betrachtet" als *eher nicht hilfreich* oder *gar nicht hilfreich*.

Vergleicht man diese Ergebnisse des Potenzialchecks aus dem Rhein-Erft-Kreis mit bereits vorliegenden Forschungsergebnissen zu dem Instrumentarium Profil-AC (aus Baden-Württemberg) und dem damaligen Kompetenzcheck[2] in NRW, so fallen einige Parallelen ins Auge. Allerdings ist anzumerken, dass die Interpretation dieser Vergleiche Vorsicht erfordert. Gründe dafür liegen in der unterschiedlichen Zusammensetzung (z. B. andere Schulformen) und Größe der jeweiligen Stichproben sowie in den unterschiedlichen Messzeitpunkten und Bundesländern. Der Vergleich wird dennoch angeführt, um zu einer breiteren Einschätzung von Kompetenzfeststellungsverfahren insgesamt zu gelangen.

Beide Instrumente werden von den Schülern nach der Durchführung (Kompetenzcheck: ein halbes Jahr danach, Potenzialcheck: ein ganzes Jahr danach) insgesamt positiv bewertet. So fanden 87 % der teilnehmenden Schüler den Kompetenzcheck hilfreich (vgl. Brüggemann, 2008, S. 95). Circa 78 % der Haupt- und Realschüler fanden, dass der Potenzialcheck „alles in allem eine gute Sache" war. Diese Ergebnisse könnten den Eindruck erwecken, dass Kompetenzfeststellungsverfahren von den Schülern grundsätzlich als positiv erachtet werden. Jedoch ist eine Relativierung dieser These vorzunehmen. Im Rahmen von „Schulabgangsbefragungen im Kreis Göppingen" (Rahn, Brüggemann & Hartkopf, 2013) wurden unter anderem Haupt- und Realschüler der 9. Klasse nach ihrer Bewertung des Profil-AC und anderer Kompetenzanalysen befragt. Im Gegensatz zu dem Kompetenzcheck und dem Potenzialcheck wurde der Profil-AC überwiegend negativ bewertet: Mehr als 58 % der Schüler gaben an, dass der Profil-AC *eher wenig* oder *gar nicht* für die Wahl eines Berufes geholfen habe (vgl. Rahn, Brüggemann & Hartkopf, 2013, S. 10). Daraus könnte gefolgert werden, dass Kompetenzfeststellungsverfahren nicht per se wirksam sind, sondern einer adäquaten Einbindung in den schulischen Berufsorientierungsprozess bedürfen.

Neben den Bewertungen der Instrumente sind in den Untersuchungen zu dem Kompetenzcheck und dem Potenzialcheck die Erinnerungsleistungen der Schüler erfragt worden. Die Datenauswertung beider Instrumentarien zeigte eine hohe Erinnerungsleistung an das Auswertungsgespräch: An das Gespräch des Kompetenzchecks konnten sich 81 % der befragten Schüler erinnern (vgl. Brüggemann, 2008, S. 104). Die Erinnerungsquote an das Auswertungsgespräch des Potenzialchecks lag bei den Hauptschülern bei 66,7 % und bei den Realschülern bei 84,1 %.

Die Datenauswertung der Erinnerungsleistung im Hinblick auf die in dem Gespräch entwickelten Ratschläge fiel zugunsten des Kompetenzchecks aus (vgl. Abbildung 2). 67 % aller befragten Schüler gaben an, sich an die Ratschläge des Auswertungsgespräches des Kompetenzchecks erinnern zu können (vgl. Brüggemann, 2008, S. 104). Die Untersuchung des Potenzialchecks ergab geringere Werte: 51,2 % und 39,3 %. Allerdings ist die Befragung im Vergleich zu der des Kompetenzchecks ein ganzes Jahr nach der Durchführung angestellt worden.

---

2 Die Ergebnisse sind der Evaluationsstudie zum Instrument „Kompetenzcheck Ausbildung NRW" von Brüggemann entnommen worden (Zeitraum: 2006–2007). Für einen Überblick über den Aufbau der Studie vgl. Brüggemann, 2008, S. 74 f.

Bei beiden Untersuchungen konnte eine Problematik hinsichtlich der Umsetzung dieser Ratschläge aufgedeckt werden: Auch wenn die Erinnerungsquote unter Berücksichtigung der Schnelllebigkeit des Jugendalters als relativ hoch erachtet werden kann, wurden die Ratschläge nur von einer Minderheit in die Tat umgesetzt (vgl. Abbildung 3).

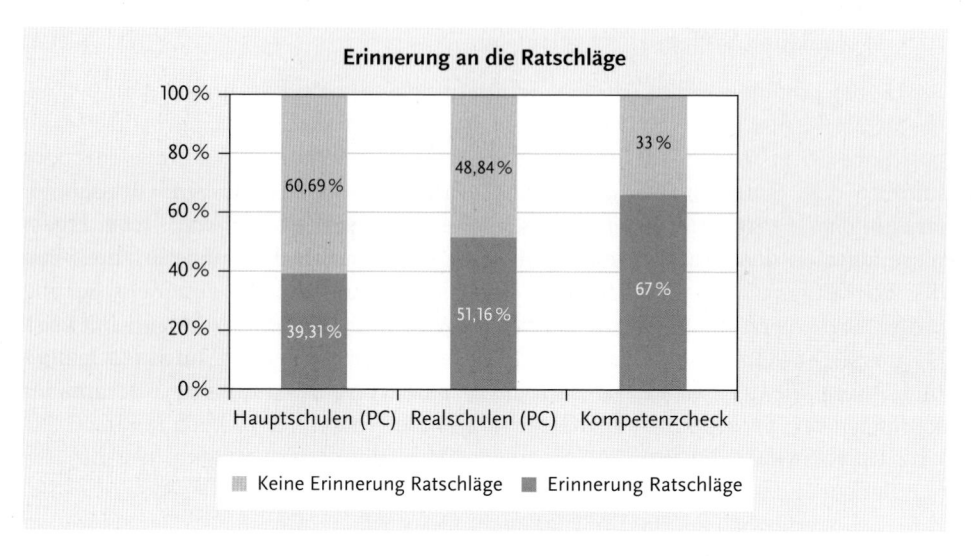

Abb. 2: Erinnerung an Ratschläge des Potenzial- bzw. Kompetenzchecks (eigene Darstellung)

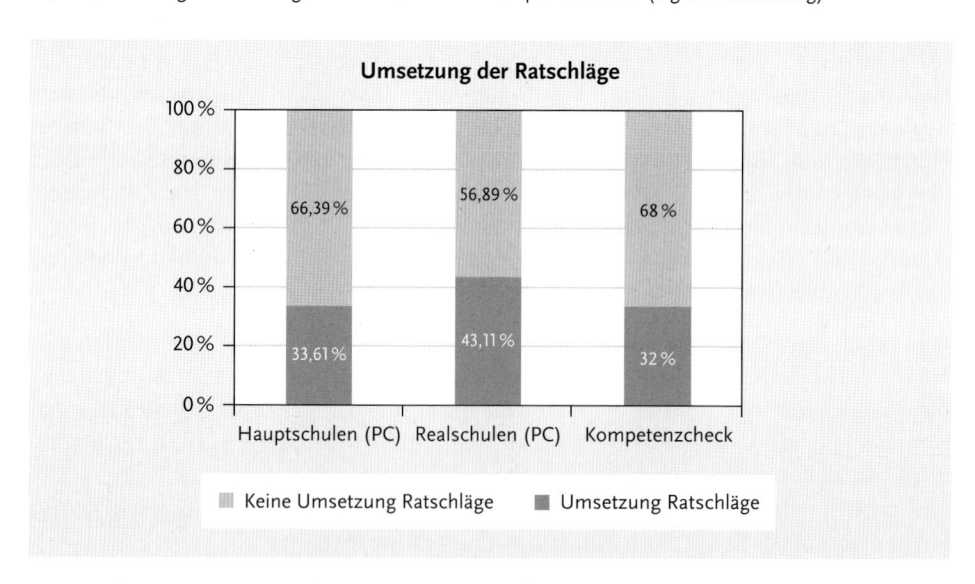

Abb. 3: Umsetzung der Ratschläge des Potenzial- bzw. Kompetenzchecks (eigene Darstellung)

Die Umsetzung der Ratschläge des Kompetenzchecks hatten lediglich 32 % aller Teilnehmer verfolgt (vgl. Brüggemann, 2008, S.106). *Bei der Umsetzung der Ratschläge* des Potenzialchecks könnte zunächst der Eindruck entstehen, dass diese von einer erheblich höheren Teilnehmerzahl umgesetzt worden sind: 89,9 % der *Hauptschüler* vs. 86,1 % der *Realschüler*. Jedoch muss darauf geachtet werden, dass diese relativen Werte nur einen Teil der Gesamtstichprobe berücksichtigen (nur jene, die sich an die Ratschläge erinnern). Werden diese relativen Werte für die Gesamtstichprobe neu berechnet, ergeben sich folgende Werte: 33,6 % der Hauptschüler und 43,1 % der Realschüler (39,6 % beider Schulformen) setzten die Ratschläge des Auswertungsgespräches um. Dieser Wert scheint ein wenig höher zu liegen als bei dem Kompetenzcheck. Er sollte dennoch kritisch betrachtet werden: Nicht einmal jeder zweite Schüler setzte die Ratschläge aus dem Auswertungsgespräch des Potenzialchecks um.

Aufgrund der unterschiedlichen Zusammensetzung der Stichproben und der verschiedenen Messzeitpunkte können die aus dem Vergleich resultierenden Ergebnisse nicht generalisiert werden. Dennoch können vorsichtig folgende Rückschlüsse gezogen werden: Die Nachhaltigkeit sollte weiterhin stärker in den Fokus gerückt werden, da vor allem in diesem Bereich Handlungsbedarf besteht. Möglicherweise könnte die Nachhaltigkeit durch eine Optimierung der Einbettung des Instrumentes in den Schulkontext gestärkt werden. Eine verstärkte Systematisierung wie bspw. im Rahmen des aktuellen KAoA-Konzeptes in NRW könnte hierbei hilfreich sein.

Ein weiterer wichtiger Aspekt, der im Hinblick auf Zielsetzung und Durchführung bedacht werden muss, ist, dass jegliche Konzepte von Kompetenzfeststellungsverfahren zum Zeitpunkt der achten Klasse offen und subjektorientiert gestaltet sein müssen. Hierbei gilt es zu berücksichtigen, dass die Konzepte nicht zu eng gefasst werden und fälschlicherweise als Diagnoseinstrument für eine konkrete Berufseignung oder als Instrument der Berufsvermittlung verstanden werden, sondern dass sich alle Jugendlichen mit ihren vielfältigen Interessen stets wiederfinden und sich wertgeschätzt fühlen. Andernfalls besteht die Gefahr, dass ein solches Kompetenzfeststellungsverfahren an den Bedarfen und Belangen der Jugendlichen vorbeigeht und u. U. sogar zu nicht intendierten, negativen Effekten bezüglich der Berufsorientierung führen kann (vgl. Bonin et al., 2012).

Chancen und Grenzen für Unternehmen

Kompetenzfeststellungsverfahren, ganz gleich unter welchem Namen sie firmieren, sind aus der schulischen Berufsorientierung nicht mehr wegzudenken. Sie sollen Jugendlichen durch frühzeitige Messung von beruflichen Kompetenzen und Auseinandersetzung mit beruflichen Aufgabenstellungen helfen, ein realistisches Bild über ihre Fähigkeiten sowie über ihre berufsfeldbezogenen Neigungen zu erlangen. In vielen Regionen Deutschlands bereits flächendeckend im Einsatz und durch Gelder des Europäischen Sozialfonds unterstützt, bilden Kompetenzfeststellungsverfahren nicht selten ein zentrales Element im Übergangsmanagement Schule – Beruf einer ganzen Region. Abgesehen davon, dass aus wissenschaftlicher Perspektive keine eindeutigen Wirksamkeitsaussagen zu dieser sehr heterogenen Kategorie der Berufsorientierungsinstrumente existieren, sollten Personalverantwortliche in Ausbildungsbetrieben dennoch über dieses Tätigkeitsfeld im Vorfeld des Übergangs Schule – Beruf im Bilde sein.

Zur Gestaltung einer unternehmenseigenen Personalrekrutierungsstrategie ist es notwendig, sowohl die regionale als auch die landesweite Vorgehensweise zur Berufswahlunterstützung zu kennen, um die betriebliche Planung mit dem regionalen Übergangsmanagement zu verzahnen. Nur durch abgestimmte Strategien zwischen Schulen, Unternehmen und Bildungs- und Beratungsanbietern vor Ort können die Interessen einzelner Ausbildungsbetriebe auf breiter Basis Gehör finden und Einzelbetriebe von den schon vorhandenen Konzepten und Ressourcen profitieren. Dies bezieht sich nicht nur auf die generelle Personalrekrutierungsstrategie, sondern auch ganz speziell auf das Thema Kompetenzmanagement. Betriebe müssen wissen, dass Jugendliche heutzutage ggf. bereits Erfahrungen aus an Assessment-Centern angelehnten Verfahrensweisen mitbringen, wenn sie bspw. die betriebseigenen Personalauswahlverfahren durchlaufen. Personalverantwortliche können im Gegenzug aber auch in Bewerbungsgesprächen gezielt nach den Ergebnisdokumentationen solcher Kompetenzfeststellungsverfahren während der Schulzeit fragen, um die in der Bewerbung zum Ausdruck gebrachte Interessenlage der Jugendlichen mit den Eindrücken aus den Berufsorientierungsinstrumenten abzugleichen. Gerade für kleinere Betriebe ohne eigene Personalauswahlinstrumentarien bietet sich die Nutzung der Ergebnisse von im Vorfeld durchgeführten Verfahren an. In den meisten Regionen werden sämtliche Ergebnisse des Berufsorientierungsprozesses, nicht nur der Kompetenzfeststellung, in einem Portfolioordner (z. B. Berufswahlpass) gesammelt. Die systematische Sichtung einer solchen Sammlung von Informationen zur Vorbereitung auf den Übergang Schule – Beruf eines Jugendlichen würde sowohl jedem potenziellen Ausbildungsbetrieb wertvolle Impulse zur Ergänzung der eigenen Auswahlprozesse liefern als auch die (teils mäßige) Akzeptanz solcher Portfolios im schulischen Berufsorientierungsprozess enorm steigern. Somit kann es durchaus erstrebenswert sein, die Ergebnisse von Kompetenzfeststellungsverfahren bzw. die Portfolioordner zukünftig als ein gut geeignetes und sinnvolles Standardelement von Bewerbungsunterlagen zu betrachten.

Bei allen Vorteilen, die die Nutzung von Ergebnissen von Kompetenzfeststellungsverfahren mitbringt, darf nicht vernachlässigt werden, dass diese teilweise nur ein- bis zweitägigen Verfahren nur einmalig im Prozess der schulischen Berufsorientierung von den Jugendlichen absolviert werden. Das heißt, die Ergebnisse einer solchen Einschätzung sind hinsichtlich ihrer Validität (Gültigkeit) nicht nur aus diesem Grunde mit einer gewissen Vorsicht zu interpretieren und können bedingt durch verschiedene Faktoren eben nur einen Tageseindruck vermitteln. Ebenso wird die Entwicklung von beruflichen Kompetenzen häufig nicht in ähnlich systematischer Form in den Prozess schulischer Übergangsvorbereitung implementiert, wie es bei den Instrumenten zur Messung von Kompetenzen der Fall ist. Nur in ausgewählten Regionen werden im Anschluss an eine Kompetenzfeststellung – mit zusätzlicher finanzieller Unterstützung örtlicher Betriebe und Kammern (bspw. im Rhein-Erft-Kreis) – auch Instrumente zur individuellen Kompetenzentwicklung angeboten. Gemeinsam bieten IHK und Stadtverwaltung des Rhein-Erft-Kreises Jugendlichen hier freiwillig die Möglichkeit, im Anschluss an den örtlichen Potenzialcheck bspw. eine Maßnahme zur Entwicklung ihrer sozialen Kompetenzen zu nutzen.

Um die Chancen und Grenzen von Kompetenzfeststellungsverfahren der schulischen Berufsorientierung für die Verwendung des betrieblichen Kompetenzmanagements und der Personalrekrutierung eines Unternehmens optimal beurteilen zu können, sind Hospitationen jedoch unerlässlich. Viele Anbieter oder Schulen sind für Besuche von Mitarbeiterinnen und Mitarbeitern von Unternehmen sicherlich offen und auch dankbar, denn auch diese Form von Kooperation hilft nicht nur der betrieblichen Seite, sondern nutzt auch wiederum der Akzeptanz des Kompetenzfeststellungsverfahrens selbst, da die berufliche Authentizität des Instrumentariums in der Wahrnehmung der Jugendlichen durch die Anwesenheit eines betrieblichen Vertreters sicherlich steigt.

Literatur

Bonin, H., Fries, J., Maier, M. F., Matk, I., Mohrenweiser, J., Niedlich, F., Pfeiffer, F., Ziemendorff, J. & Ziesmann, L. (2012). Abschlussbericht Forschungsprojekt BERUFSSTART plus. Mannheim. Zugriff unter ftp://ftp.zew.de/pub/zew-docs/gutachten/BS_plus_Abschlussbericht_121212.pdf

Brüggemann, T. (2008). Kompetenzchecks. Implementations- und Wirksamkeitsforschung des kompetenzdiagnostischen Instrumentariums „Kompetenzcheck Ausbildung NRW" am Beispiel eines definierten Konzeptes. Münster: Ecotransfer.

Brüggemann, T. (2013). „Bestandsanalysen, Schülerbefragungen und Evaluationen – Berufsorientierung regional managen." In Schulentwicklung am Übergang von der Schule in die Ausbildung, herausgegeben von Projektträger im DLR (S. 7–17). Bielefeld: W. Bertelsmann Verlag.

Enggruber, R. & Bleck, C. (2005). Modelle der Kompetenzfeststellung im beschäftigungs- und bildungspolitischen Diskurs – unter besonderer Berücksichtigung von Gender Mainstreaming. Zugriff am 02.07.2014 unter www.equal-sachsen-sozialwirtschaft.de/download/Modelle_gesamt.pdf

Erpenbeck, J. & Heyse, V. (1999). Die Kompetenzbiographie. Wege der Kompetenzentwicklung (1. Aufl.). Münster: Waxmann.

Erpenbeck, J. & Rosenstiel, L. von (Hrsg.) (2007). Handbuch Kompetenzmessung. Erkennen, Verstehen und Bewerten von Kompetenzen in der betrieblichen, pädagogischen und psychologischen Praxis (2. Aufl.). Stuttgart: Schäffer-Poeschel.

Helmke, A. (2009). Unterrichtsqualität: Erfassen, Bewerten, Verbessern. Seelze: Kallmeyersche Verlagsbuchhandlung.

Lang-von Wins, T. (2007). Die Kompetenzhaltigkeit von Methoden moderner psychologischer Diagnostik-, Personalauswahl- und Arbeitsanalyseverfahren sowie aktueller Management-Diagnostik-Ansätze. In J. Erpenbeck & L. von Rosenstiel (Hrsg.), Handbuch Kompetenzmessung. Erkennen, Verstehen und Bewerten von Kompetenzen in der betrieblichen, pädagogischen und psychologischen Praxis (2. Aufl., S. 758–792). Stuttgart: Schäffer-Poeschel.

Lippegaus-Grünau, Petra (2012): Kompetenzfeststellung, Potenzialanalyse – viel Wind und nichts dahinter? In: Stadt Offenbach, Amt für Arbeitsförderung, Statistik und Integration (Hrsg.): Kompetenzen feststellen (S. 77–90). Bielefeld.

Lippegaus-Grünau, P., Mahl, F. & Stolz, I. (2010). Berufsorientierung – Programme und Projekte von Bund und Ländern, Kommunen und Stiftungen im Überblick. München u. a.: Deutsches Jugendinstitut.

Lippegaus-Grünau, P. & Voigt, B. (2012). Potenziale erkennen und fördern. Qualität entwickeln. Band 2: Anregungen zur Gestaltung der Potenzialanalyse. Offenbach: Institut für berufliche Bildung Arbeitsmarkt- und Sozialpolitik (INBAS GmbH).

Ministerium für Arbeit, Integration und Soziales des Landes Nordrhein-Westfalen (MAIS) (2012). Kein Abschluss ohne Anschluss – Übergang Schule – Beruf in NRW. Zusammenstellung der Instrumente und Angebote. Düsseldorf.

Preißer, R. (2009). Kompetenzen von benachteiligten Jugendlichen feststellen und fördern. Forschungsergebnisse und Handreichung für die sozialpädagogische Praxis (Reihe Praxisforschung in Bildung und sozialer Arbeit). Paderborn, Freiburg: In-VIA-Verl.

Rahn S., Brüggemann T. & Hartkopf E. (2014). Das Berufsorientierungspanel (BOP) (1. Aufl.). Münster: Ecotransfer.

Rahn, S., Brüggemann, T. & Hartkopf, E. (2013): Schulabgangsbefragungen im Rahmen der Förderinitiative „Regionales Übergangsmanagement" im Landkreis Göppingen. Paderborn u. a.

Schäfer, B. (2008). Instrumente zur Kompetenzfeststellung in der Berufsorientierung. In Wissenschaftliche Begleitung des Programms „Schule/Wirtschaft – Arbeitsleben" (Hrsg.), Berufsorientierung als Prozess (S. 142–175). Baltmannsweiler: Schneider Verlag Hohengehren.

Ausbildungsmarketing 2.0: Auszubildende rekrutieren mit Facebook

Katrin Schorrer

1 Der demografische Wandel und seine Herausforderungen

Die demografische Entwicklung sowie die zunehmende Abwanderung junger Fachkräfte sind Faktoren, die langfristig den Arbeitsmarkt in Deutschland beeinflussen und Unternehmen vor Herausforderungen in der Personalarbeit stellen. Um auch zukünftig den Fachkräftebedarf decken zu können, setzen viele Unternehmen auf die Maßnahme der dualen Berufsausbildung. Diese ermöglicht es, eigene Nachwuchskräfte nach unternehmensspezifischen Anforderungen und Bedürfnissen zu qualifizieren und sie frühzeitig an das Unternehmen zu binden.

Aufgrund der Auswirkungen des demografischen Wandels werden in Zukunft weniger Absolventen die Schulen verlassen, wodurch die Zahl der potenziellen Bewerber für Ausbildungsberufe sinken wird (IHK Stuttgart, 2013). Nachdem sich in den vergangenen Jahren noch ausreichend viele geeignete Jugendliche beworben haben, werden Unternehmen in der Zukunft vor einer neuen Herausforderung bei der Besetzung von Ausbildungsplätzen stehen. Es wird sich der Wettbewerb um qualifizierte Auszubildende, der sogenannte „War for Young Talents", zwischen Unternehmen verschärfen (Deuer, 2008). Viele Unternehmen, speziell in ländlichen Regionen, befürchten die langfristige Auswirkung dieser Entwicklungen in Form sinkender Bewerberzahlen für die angebotenen Ausbildungsberufe. Um diesen Veränderungen entgegenzuwirken, können gezielt Ausbildungsmarketingaktivitäten durchgeführt werden. Eine Fanpage auf Facebook stellt ein neuartiges, digitales Instrument für das Ausbildungsmarketing dar. Die Legitimation der Betrachtung einer Fanpage als potenzielles Ausbildungsmarketinginstrument verdeutlicht Abbildung 1. Sie zeigt, wie sich die Zielgruppe, Schüler und Schülerinnen, derzeit über die verschiedenen Ausbildungsmöglichkeiten informiert.

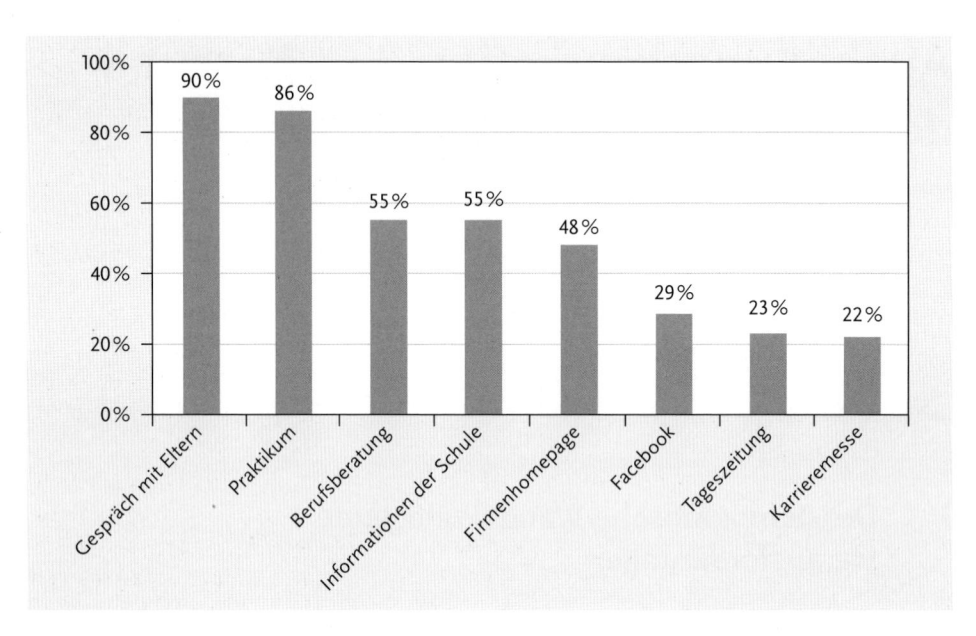

Abb. 1: Nutzung der Informationsmöglichkeiten (n = 486 Schüler und Schülerinnen, eigene empirische Studie)

Aus der Abbildung wird ersichtlich, dass die Schüler und Schülerinnen nicht auf eine spezielle Art der Informationsgewinnung über Ausbildungsberufe zurückgreifen, sondern eine eher breit gefächerte Informationsgewinnung betreiben. Facebook als Informationsquelle wird bereits häufiger genutzt als die klassischen Instrumente Tageszeitung und Karrieremesse. Die junge Generation ist mit dem Internet aufgewachsen und tauscht sich über soziale Netzwerke weltweit aus (Rath & Salmen, 2012). Nach den Großunternehmen, die als Pioniere beim Einsatz von Social Media in der Personalarbeit gelten, ziehen heute zahlreiche mittelständische Unternehmen begeistert mit. Für die Unternehmen stellt sich vor diesem Hintergrund die Frage, ob eine Fanpage ein geeignetes Instrument für das Ausbildungsmarketing darstellt. Im Folgenden werden daher die Potenziale und Risiken des Einsatzes einer Fanpage aufgezeigt und bewertet, basierend auf Erkenntnissen aus wissenschaftlicher Fachliteratur sowie einer eigenen empirischen Studie an verschiedenen Realschulen im Landkreis Sigmaringen. 486 Schüler und Schülerinnen aus den Klassenstufen 8, 9 und 10 haben hierzu im Juli 2013 einen Fragebogen zum Thema „Informationsmöglichkeiten über Ausbildungsberufe" schriftlich beantwortet.

2 Theoretische Grundlagen einer Facebook-Fanpage

Das 2004 von Harvard-Student Mark Zuckerberg gegründete soziale Netzwerk Facebook gilt heute als weltweit größtes Netzwerk, mit 70 Sprachversionen und weltweit laut eigenen Angaben 1,1 Milliarden aktiven Nutzern (Facebook, 2013; Adda, 2012).

Im Januar 2014 hatte Facebook in Deutschland nach Erhebungen des Instituts SocialBakers sowie dem Statistik-Portal statista 27.400.000 Nutzer, die monatlich aktiv sind, was ca. 34 % der Gesamtbevölkerung darstellt (statista, 2014; destatis, 2014). Facebook bietet neben den privaten Profilseiten auch für Unternehmen verschiedene Möglichkeiten, sich innerhalb des Netzwerkes öffentlich zu präsentieren, um mit Fans direkt in Kontakt zu treten (Gysel, Michelis & Schildhauer, 2012). Dazu gehören im Kern die Fanpage wie auch Facebook-Gruppen, Facebook-Anwendungen, Facebook-Werbeanzeigen und der Facebook OpenGraph, also ein Facebook-Protokoll, welches Websitebetreiber in ihrer Seite einbetten können und somit eine Schnittstelle zwischen dem Netzwerk und der eigenen Website schaffen (Gysel, Michelis & Schildhauer, 2012; Adda, 2012). Fanpages besitzen den großen Vorteil gegenüber Gruppen, Anwendungen und Werbeanzeigen, dass sie vollkommen offen für Suchmaschinen und für nicht angemeldete User sind (Grabs & Bannour, 2013). Fanpages sind Seiten auf Facebook, die von Unternehmen, Organisationen, Institutionen, Marken, Produkten, öffentlichen Personen oder sonstigen Gruppierungen erstellt werden können. Social-Media-Berater Henner Knabenreich definiert die spezielle Art der Karriere-Fanpage als „eine Fanpage, bei der ein Unternehmen über sich als potenzieller Arbeitgeber informiert, Einblicke ins Arbeitsleben (in Wort und/oder Bild/Video) gibt, sich via Administrator oder Botschafter des Unternehmens (Mitarbeiter) mit seinen Fans austauscht und über aktuelle Jobs informiert" (Knabenreich, 2011). Eine Karriere-Fanpage speziell für Auszubildende dient den Unternehmen dazu, sich als attraktiver Arbeitgeber zu präsentieren und durch authentischen Dialog und Einblick potenzielle Bewerber für die Ausbildungsstellen zu gewinnen. In der Praxis werden diese Seiten häufig als Fanseiten, Fanpages, Facebook-Seiten oder Unternehmensseiten bezeichnet, welche alle identische Bedeutung haben (Grabs & Bannour, 2013). Im April 2010 führte Facebook den offiziellen Namen „Seite" ein (Grabs & Bannour, 2013). Die Bestandteile einer Fanpage werden im Folgenden erläutert.

I. Das *Titelbild*, in der Praxis auch Fotocover oder Seitenbanner genannt, ist für den ersten Eindruck der Seite ausschlaggebend (Adda, 2012).

II. Seit der Einführung der Timeline hat sich die Rolle des *Profilbildes* elementar verändert. Früher war es der Blickfänger, heute stellt es jedoch nur noch ein kleines Quadrat inmitten des Titelbilds dar und hat somit an Relevanz verloren. Die Wahl des Profilbildes ist jedoch nicht unwesentlich, da dieses Bild jeden Kommentar und Beitrag in den Newsfeeds der Fans ziert (Adda, 2012).

III. Der Bereich *Inhalte und Anwendungen* umfasst alle Arten von Kooperationen, Gewinnspielen und archivierten Fotos, die auf einer Fanpage in der Vergangenheit gepostet wurden. Die häufig verwendeten Felder „Fotos, Videos und Notizen" werden bereits durch Facebook angeboten (Gysel, Michelis & Schildhauer, 2012).

IV. Das Kernstück der Fanpage stellt die *Timeline* dar, auf der sämtliche Aktionen angezeigt werden. Hier findet der Dialog zwischen dem Unternehmen und den Fans

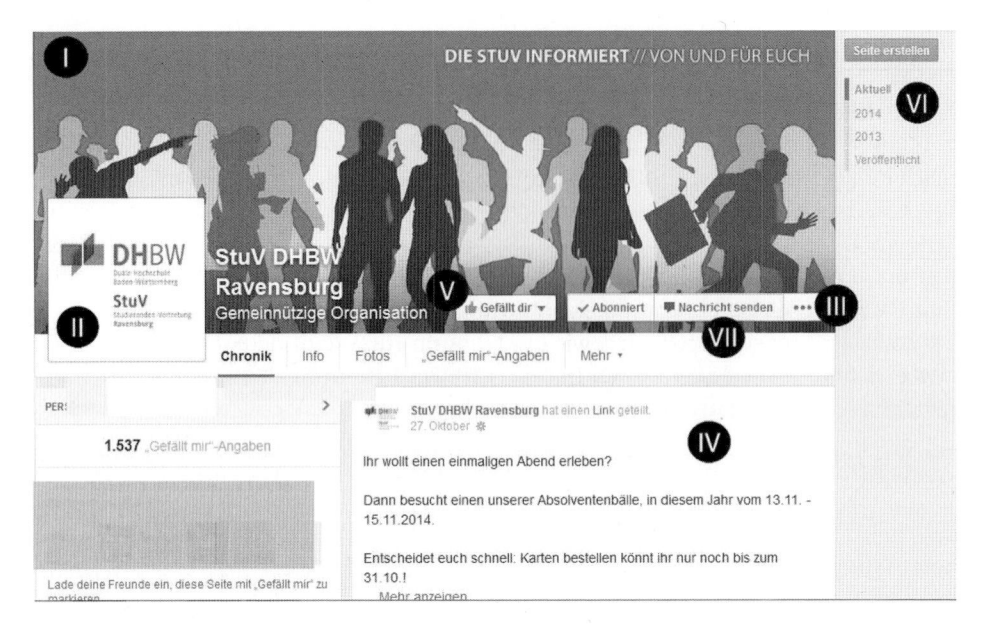

Abb. 2: Aufbau einer Fanpage (Eigene Darstellung)

sowie den Fans untereinander statt. Alle Aktivitäten werden chronologisch angezeigt und gespeichert, weshalb sie als eine Art Archiv dient (Adda, 2012).

V. Nutzer haben die Möglichkeit, Seiten als *„Gefällt mir"* zu markieren, mit der Folge, regelmäßig auf ihrem Newsfeed über Neuigkeiten der Fanpage informiert zu werden (Sebastian, 2012). Vor Änderungen seitens Facebook im April 2010 wurde dieser Vorgang als „Fan-werden" bezeichnet (Grabs & Bannour, 2013).

VI. Die *Chronik* kann für die eigene Unternehmensgeschichte genutzt werden, indem auf die Gründung sowie auf bestimmte Meilensteine verwiesen wird (Adda, 2012).

VII. Die *Nachrichtenfunktion* bietet den Nutzern die Möglichkeit, eine direkte und nicht öffentliche Nachricht an den Seiteninhaber zu senden. Diese Art der Kontaktaufnahme kann jedoch nur von Nutzerseite aus angestoßen werden. Die Funktion stellt eine freiwillige Option dar und kann vom Seiteninhaber deaktiviert werden (Adda, 2012).

3 Potenziale einer Facebook-Fanpage

3.1 Hohe Reichweite

In der Frage nach dem passendsten Kommunikationskanal im Ausbildungsmarketing gilt es, die Zielgruppe dort anzusprechen, wo sie sich aufhält. Primärzielgruppe sind potenzielle Bewerber für die angebotenen Ausbildungsstellen. Diese aktuell auf den Arbeitsmarkt strömende Generation wird in der Literatur meist als Generation Y oder Digital Natives bezeichnet. Hierzu werden die zwischen 1980 und 2000 geborenen Personen gezählt, die alle in einer Zeit aufwachsen, in der die rasante technische Entwicklung zur Normalität gehört (Wilbs, 2009; ebenso König, Deuer & Wolff in diesem Band). Sie sind die Transparenz durch das Internet als auch den Zugang zu Informationen rund um die Uhr gewohnt und sehen es als selbstverständlich an, diese Vorteile zu nutzen, um sich breit gefächert informieren zu können (Rath & Salmen, 2012). Für die Reichweite einer Fanpage ist es entscheidend, wie oft das soziale Netzwerk Facebook sowie das Medium Internet innerhalb der Zielgruppe verwendet wird. Die Nutzung des Internets ist von Bedeutung, da eine Fanpage auch für nicht angemeldete User zugänglich ist.

Die hier referierte Befragung an ausgewählten Realschulen ergab, dass 88 % der befragten Schüler und Schülerinnen das Internet mindestens täglich nutzen: 35 % einmal täglich und 53 % sogar mehrmals täglich. Kein anderes Medium wird so häufig von der Zielgruppe genutzt wie das Internet. Insgesamt sind 85 % der Schüler und Schülerinnen mit einem Nutzerprofil in Facebook vertreten. Facebook ist das mit großem Abstand am häufigsten genutzte soziale Netzwerk. Die Ergebnisse bestätigen somit eindeutig die in der Literatur als Hauptargument für eine Fanpage angeführte hohe Reichweite von Facebook.

3.2 Interaktion und Dialog statt Monolog

Interaktion bedeutet Aktion und Teilnahme von Unternehmensseite als auch von Nutzerseite. Bedingt durch die Entwicklungen im Bereich Social Media ist es die Generation Y gewohnt, nicht ausschließlich als Konsument, sondern ebenfalls als Produzent von Inhalten zu agieren (Filk & Schauer, 2013). Aus diesem Grund werden die User der Generation Y häufig als Prosumenten bezeichnet (Filk & Schauer, 2013). Oberstes Ziel einer Fanpage ist der direkte Dialog und die Interaktion mit den Nutzern (Bärmann, 2012). Durch die Möglichkeiten, private Nachrichten an das Unternehmen zu verfassen, Beiträge zu kommentieren oder zu „liken" sowie neue Beiträge zu erstellen, werden den Usern auf Fanpages verschiedenste Interaktionsmöglichkeiten angeboten. Ziel ist es, bereits im Vorfeld einer möglichen Bewerbung intensiven Kontakt zu Bewerbern herzustellen und durch nachhaltigen, informativen und helfenden Dialog eine Beziehung zum Unternehmen sowie eine Bindung an dasselbe aufzubauen (Rath & Salmen, 2012). Weiterhin ermöglicht der direkte Dialog Unternehmen, zeitnah Kritik, Wünsche und Anregungen der Bewerber aufzunehmen und umzusetzen (Hempel, 2012).

3.3 Statistikfunktionen zur Analyse der User

Hinter www.facebook.com/insights verbirgt sich das Monitoringinstrument *„Facebook-Insights"*, das durch seine umfangreiche und detaillierte Statistikfunktion ein gezieltes Controlling der Maßnahmen ermöglicht. Facebook bietet damit den Seitenadministratoren einen kostenlosen Basisanalysedienst zur Auswertung des Traffics und der Mitgliederentwicklung (Fiege, 2012).

3.4 Einblick in Unternehmen durch authentische Kommunikation

Für die Generation Y haben die Punkte Selbstverwirklichung, Spaß an der Tätigkeit und Freiräume zur eigenen Entfaltung tendenziell einen höheren Stellenwert als für die vorangegangenen Generationen. Somit ist es für die Generation Y von hoher Wichtigkeit, nicht nur generelle Informationen zum Unternehmen zu erhalten, sondern tiefer greifende Einblicke in die Atmosphäre, das Kollegium und auch die genauen Arbeitsabläufe zu gewinnen, um zu prüfen, ob ein Unternehmen zu ihnen passt (Rath & Salmen, 2012). Dies fordert weiter greifende Informationen, als es die klassische Unternehmenshomepage unter der Rubrik Karriere in der Regel bietet. Hierzu gehören neben den auf der Homepage im Fokus stehenden Hard Facts die sogenannten Soft Facts, wie Stimmung, Klima und Image. Um authentische Einblicke zu erhalten, werden oftmals Tätigkeitsberichte, Bilder, Videos und Erfahrungsberichte der eigenen Auszubildenden eingesetzt. Facebook bietet somit Unternehmen die Möglichkeit, sich mit einer Fanpage erlebbar zu machen (Rath & Salmen, 2012). Nahezu 80 % der in der Studie befragten Schüler und Schülerinnen finden es gut, wenn Unternehmen auf Fanpages über ihre Ausbildungsmöglichkeiten informieren. Daraus kann weiterhin abgeleitet werden, dass sich bei der Mehrheit der Zielgruppe eine Fanpage positiv auf das Image auswirken dürfte.

4 Risiken einer Facebook-Fanpage

4.1 Privater Charakter des Netzwerkes

Die Motivationslage der User und der Unternehmen in sozialen Netzwerken widersprechen sich. Die überwiegende Mehrheit der User sucht in den sozialen Netzwerken Kontakt, erwartet Spaß, Raum zum Reden und Möglichkeiten zur privaten Vernetzung (Wolber, 2012). Dies alles hat nichts mit potenziellen Arbeitgebern zu tun, sondern zählt als reine Privatsache (Wolber, 2012). In der Literatur streiten sich bis heute Kritiker und Befürworter, inwieweit Fanpages im privaten Netzwerk Facebook von den Usern erwünscht sind. 76 % der befragten Schüler und Schülerinnen finden es allerdings gut, wenn Unternehmen auf Fanpages über ihre Ausbildungsmöglichkeiten informieren. Eine Abneigung der Zielgruppe gegenüber dem Einsatz von Fanpages kann somit hier nicht bestätigt werden. 52 % der Schüler und Schülerinnen geben sogar explizit an, sich für solche Fanpages zu interessieren. Von den Schülern und Schülerinnen, die sich bereits über Ausbildungsmöglichkeiten informierten, haben 34 % in der Vergangenheit Facebook als Informationsinstrument eingesetzt. Hierbei fällt die Verteilung nach Klassenstufen auf. Bereits 38 % der

Schüler und Schülerinnen der 8. und 9. Klasse, aber nur 24 % der Schüler und Schülerinnen der 10. Klasse haben Facebook bisher eingesetzt. Dies zeigt eine deutliche Tendenz der jüngeren Generation zur Nutzung des Mediums Facebook. Der private Charakter des Netzwerkes scheint daher kein Indiz dafür zu sein, dass die Zielgruppe keine Informationen von Unternehmen auf diesem Weg erhalten möchte. Für die Entscheidung über den Einsatz einer Fanpage muss ungeachtet dessen berücksichtigt werden, dass 57 % noch keine Fanpage kennen und daher ihre Angaben nur bedingt aussagekräftig sind. Jedoch finden es von den Schülern und Schülerinnen, die eine Fanpage kennen, 86 % gut, wenn ein Unternehmen auf einer Fanpage informiert, was diesen Kritikpunkt entkräftet. Weiterhin ist auffallend, dass trotz des hohen Interesses nur 14 % der Schüler und Schülerinnen bereits Fan einer Fanpage sind. Dies lässt die Vermutung aufkommen, dass Schüler und Schülerinnen Fanpages zur Informationsgewinnung zwar rege nutzen, jedoch keine direkte „Beziehung" mit einem Unternehmen eingehen möchten.

4.2 Unklare Zukunft von Facebook

Facebook könnte ein Verschwinden drohen, wie seinen Vorgängern MySpace und den VZ-Netzwerken (Frickel, 2013). Social-Media-Experte Sascha Lobo vermutet vage, „Facebook kann in 5 Jahren unwichtig sein" (Lobo, 2012). Auch Knabenreich gibt zu bedenken, dass die Zukunft von Facebook ungewiss ist, da sie keiner kennt oder vorhersagen kann (Knabenreich, 2012). Facebook selbst scheint diese Problematik ebenfalls zu erkennen. Im Jahresbericht an die Börsenaufsicht SEC im Dezember 2012 äußert Facebook selbst die Erkenntnis und gibt zu bedenken, dass manche Nutzer, vor allem die jüngeren, andere Produkte und Dienste, die denen von Facebook ähneln, kennen und als Ersatz für Facebook aktiv nutzen. Facebook selbst schließt eine Reduzierung der Nutzung und einen dadurch resultierenden Rückgang der eigenen Geschäfte also nicht aus. Ob Facebook weiterhin die Nummer eins sein wird, ist unklar. Es ist jedoch anzunehmen, dass an sozialen Medien in Zukunft kein Unternehmen mehr vorbeikommen wird. Das Phänomen, dass User mitreden wollen, wird bestehen bleiben, und somit werden soziale Netzwerke nicht ganz verschwinden (Lobo, 2012). Wird Facebook also von einem anderen Netzwerk „abgelöst", können die vorhandenen Freunde in dem neuen Netzwerk wieder aufgenommen werden. Weiterhin ist die Adaption an ein neues Netzwerk mit geringem Aufwand möglich, wenn bereits in sozialen Netzwerken agiert wird. Zum Beispiel muss die vorhandene Social Media Guideline (Leitlinie, in der Regeln für das Verhalten von Mitarbeitern in sozialen Medien aufgestellt werden, vgl. Schwenke, 2012) nur an die Besonderheiten des jeweiligen Netzwerkes angepasst und nicht komplett neu entworfen werden.

4.3 Abhängigkeit von Systemänderungen seitens Facebook

Bezüglich der Gestaltung einer Fanpage und deren Details sind Unternehmen stark abhängig von den Vorgaben seitens Facebook. Unternehmen haben keinerlei Einfluss auf technische Änderungen oder Features und haben in Bezug auf die Funktionalität wie auch die Implementierung weiterer Funktionen nur eingeschränkte Möglichkeiten (Rauschnabel, Ivens & Hillebrandt, 2013). Besondere Wichtigkeit bekommt dieser Punkt beim Thema Datenschutz. Facebook Insights ist eine von Facebook kostenlos angebotene Analysefunktion, die in Deutschland datenschutzrechtliche Probleme aufwirft. Jedoch besteht für Unternehmen keine Möglichkeit, diese Funktion zu deaktivieren. Weiterhin besteht Ungewissheit darüber, ob Facebook in Zukunft Gebühren für die kommerzielle Nutzung einer Fanpage erheben wird. Je länger und intensiver dann ein Unternehmen bereits Facebook-Marketing betrieben hat, desto schwieriger wird die Entscheidung gegen das Netzwerk, was den Verlust der vorhandenen Fans mit sich bringen würde.

4.4 Verbreitung von Kritik und Shitstorms

Fanpages bieten eine breite Angriffsfläche, da publizierte Inhalte sofort an die breite Öffentlichkeit gelangen, die wiederum beliebig teilen und kommentieren kann. In sozialen Netzwerken können Meldungen schnell eine Eigendynamik entwickeln, was speziell bei negativen Inhalten weitreichende Konsequenzen für Unternehmen haben kann (Lembke, 2011). Dies führt zu einer mangelhaften Inhaltskontrolle für die Unternehmen, wobei an dieser Stelle kritisch hinterfragt werden muss, ob Unternehmen diese Kontrolle überhaupt jemals besaßen (Ceyp & Scupin, 2013). Vielmehr wird schon immer über potenzielle Arbeitgeber geredet, und es werden Informationen ausgetauscht, beispielsweise in Schulen, auf Familienfeiern, Festen und im Freundeskreis. Bärmann vertritt die Auffassung, dass Unternehmen sogar Teile einer noch vorhandenen Kontrollfunktion abgeben, wenn sie nicht in sozialen Netzwerken aktiv sind, da sie dann auf die Inhalte keinen aktiven Einfluss mehr nehmen können (Bärmann, 2012). Ungeachtet dieser Bedenken stellen die extrem hohe Reichweite und die Möglichkeit, Inhalte zu teilen, einen Nachteil dar, da negative Beiträge sehr schnell an ein breites Publikum gelangen. Es besteht die Gefahr, dass sich hieraus ein sogenannter Shitstorm entwickelt. Als Shitstorm wird laut Adda ein „Diskussionsverlauf zwischen Usern im Netz beschrieben, in dem konstruktive Kommentare von negativen und unsachlichen Beiträgen überlagert werden" (Adda, 2012). Shitstorms können sich zwar auch in und über klassische Medien verbreiten, doch durch die hohe Reichweite sowie die viralen Effekte von Social Media entstehen sie meist in der virtuellen Welt (Rauschnabel, Ivens & Hillebrandt, 2013).

4.5 Rechtliche Risiken

Betreibt ein Unternehmen eine Fanpage, so müssen die allgemeinen Anforderungen des Telemediengesetzes (TMG) beachtet werden (Ulbricht, 2012). Dieses sieht vor, dass geschäftsmäßige Auftritte im Internet der Impressumspflicht unterliegen (§ 5 TMG), dies wurde am 19.08.2011 durch ein Urteil des LG Aschaffenburg speziell für Social-Media-Kanäle gerichtlich bestätigt (LG Aschaffenburg, 2011). Das Impressum des Fanpageschalters muss leicht erkennbar, ständig verfügbar und unmittelbar erreichbar sein (Schwenke, 2012). Ebenfalls können Risiken durch Urheberrechtsverletzung sowie aus der Haftung für die veröffentlichten Inhalte entstehen. Weiterhin ergibt sich eine Datenschutzproblematik bei Facebook-Seiten. Mithilfe des Werkzeugs „Insights" stellt Facebook detaillierte Statistikinformationen über die registrierten Nutzer und die ihnen zugeordneten Facebook-Seiten, -Anwendungen oder Webseiten zur Verfügung, die nicht datenschutzkonform sind (Unabhängiges Landeszentrum für Datenschutz Schleswig-Holstein, 2011). Unklar ist derzeit noch, ob die Fanpagebetreiber für Facebooks potenzielle Datenschutzverstöße mithaften. Gegen das Urteil des Verfassungsgerichts Schleswig Holstein vom 09.10.2013, laut dem die Fanpagebetreiber nicht mithaften, hat das Unabhängige Landeszentrum für Datenschutz Schleswig-Holstein Berufung eingelegt (2013). Der Streit geht nun in die zweite Runde, und der Ausgang ist daher noch offen.

5 Schlussbetrachtung und Ausblick

Mithilfe der Erkenntnisse aus der empirischen Studie und der Literaturanalyse wurden die Potenziale und Risiken des Einsatzes einer Fanpage analysiert, überprüft und bewertet. Das größte Potenzial einer Fanpage, die hohe Reichweite, konnte auf Basis der Umfrageergebnisse bestätigt werden. Weiterhin stellen die Möglichkeit, Einblicke in das Unternehmen zu gewinnen, die auf Interaktion und Dialog ausgerichtete Kommunikation sowie die Statistikfunktion Potenziale dar. Diesen Potenzialen stehen als Risiken das Eintreten von Kritik und Shitstorms, die Abhängigkeit von Systemänderungen seitens Facebook und dessen unklare Zukunft gegenüber. Weiterhin können durch ein fehlerhaftes Impressum, Haftungsfälle sowie Urheberrechts- und Datenschutzverletzungen rechtliche Risiken entstehen. Ein aus dem privaten Charakter des Netzwerkes resultierendes Risiko konnte nicht bestätigt werden. Die aufgezeigten Potenziale und Risiken des Einsatzes einer Fanpage müssen speziell auf die Bedürfnisse und Besonderheiten eines jeden einzelnen Unternehmens abgestimmt und bewertet werden. So kann eine objektive und auf spezifischen Gegebenheiten basierende Informationsgrundlage bereitgestellt werden, die es dem einzelnen Unternehmen ermöglicht, eine Entscheidung für oder gegen den Einsatz einer Fanpage zu treffen. Da es sich hierbei um ein dynamisches Gebiet handelt, muss beachtet werden, dass sich die Entscheidungsgrundlage schnell verändern kann. Aus diesem Grund besitzt eine Empfehlung keine langfristige Gültigkeit, weshalb für die zukünftige Sicherstellung eine Überprüfung in kurzen Zeitabständen notwendig ist. Änderungen können sich vor allem in der Rechtsprechung ergeben, da hier die Gesetzeslage den schnellen Entwicklungen und Änderungen hinterherhinkt. Weiterhin sollte neben den objektiven Veränderungen im Rechtsbereich die subjektive Einstellung der Zielgruppe gegenüber dem Instrument kontinuierlich beobachtet werden.

Literatur

Adda, L. (2012). Face to Face (1. Aufl.). Bonn: Galileo Press.
Bärmann, F. (2012). Social Media im Personalmanagement (1. Aufl.). Heidelberg: Hüthing Jehle Rehm.
Ceyp, M. & Scupin, J. (2013). Erfolgreiches Social Media Marketing (1. Aufl.). Wiesbaden: Springer Gabler.
destatis (2014). Statistische Wochenberichte – Bevölkerung, Soziales, Arbeit. Zugriff am 21.04.2014 unter https://www.destatis.de/DE/Publikationen/StatistischeWochenBerichte/WochenBerichte_Bevoelkerung.pdf?__blob=publicationFile
Deuer, E. (2008). Werben um Bewerber. Personal – Zeitschrift für Human Resource Management, 5, S. 14–16.
Facebook (2013). Form 10-Q (Quarterly Report). Zugriff am 20.05.2013 unter http://www.sec.gov/Archives/edgar/data/1326801/000132680113000011/fb-3312013x10q.htm
Fiege, R. (2012). Social Media Balanced Scorecard (1. Aufl.). Wiesbaden: Springer Vieweg.
Filk, C. & Schauer, H. (2013). Generation Facebook? merz, 1, S. 57–63.
Frickel, C. (2013). Kommt der große Facebook-Exodus? Zugriff am 03.02.2014 unter http://www.focus.de/digital/internet/facebook/tid-31040/weniger-nutzer-bei-zuckerbergs-netzwerk-kommt-der-grosse-facebook-exodus_aid_979611.html
Grabs, A. & Bannour, K. P. (2013). Follow me! (2., aktualisierte Aufl.). Bonn: Galileo Press.
Gysel, S., Michelis, D. & Schildhauer, T. (2012). Die sozialen Medien des Web 2.0: Strategische und operative Erfolgsfaktoren am Beispiel der Facebook-Kampagne des WWF. In: D. Michelis & T. Schildhauer (Hrsg.), Social Media Handbuch (2. Aufl., S. 259–274). Baden-Baden: Nomos Verlagsgesellschaft.
Hempel, M. (2012). Social Media in der Kunden- und Bewerberansprache. Hamburg: Diplomica Verlag.
IHK Stuttgart (2013). IHK-Ausbildungsumfrage. Zugriff am 10.08.2013 unter http://www.stuttgart.ihk24.de/aus_und_weiterbildung/bildungspolitik/Berufliche_Bildung/961440/Ausbildungsumfrage.html
Knabenreich, H. (2011). Facebook Karriere-Pages als Personalmarketing-Instrument. Oscar.trends, 1, S. 44–48.
Knabenreich, H. (2012). Die Karriere-Website – die Visitenkarte Ihres Unternehmens. Zugriff am 20.04.2014 unter http://e-recruiting.eco.de/wp-content/blogs.dir/3/files/120328_knabenreich_knabenreich-consult.pdf
Lembke, G. (2011). Social Media Marketing (1. Aufl.). Berlin: Cornelsen Verlag.
LG Aschaffenburg. Urteil vom 19.08.2011, Az. 2 HK O 54/11, openJur 2011, S. 3–6.
Lobo, S. (2012). Für Social Media braucht man eine Strategie. DGUV Forum, 10, S. 8–11.
Rath, B. H. & Salmen, S. (2012). Recruiting im Social Web (1. Aufl.). Göttingen: BusinessVillage.

Rauschnabel, P. A., Ivens, B. S. & Hillebrandt, I. (2013). Einsatzmöglichkeiten von Facebook Fanpages für Unternehmen. In H. H. Baur, J. Rösger & B. Toma (Hrsg.), Social Media und Brand Community (1. Aufl., S. 139–165). München: Vahlen.

Schwenke, T. (2012). Social Media Marketing & Recht (1. Aufl.). Köln: O'Reilly Verlag.

Sebastian, T. (2012). Facebook Fanpages Plus. Zugriff am 01.04.2014 unter http://allfacebook.de/pages/mit-5-schritten-zum-sicheren-facebook-impressum-update-nach-designanderungen

statista (2014). Nutzer von Facebook in Deutschland bis 2014. Zugriff am 21.04.2014 unter http://de.statista.com/statistik/daten/studie/70189/umfrage/nutzer-von-facebook-in-deutschland-seit-2009/

Ulbricht, C. (2012). Social Media und Recht (1. Aufl.). Freiburg: Haufe-Lexware.

Unabhängiges Landeszentrum für Datenschutz Schleswig-Holstein (2011). Datenschutzrechtliche Bewertung der Reichweitenanalyse durch Facebook. Zugriff am 29.05.20013 unter https://www.datenschutzzentrum.de/facebook/facebook-ap-20110819.pdf

Unabhängiges Landeszentrum für Datenschutz Schleswig-Holstein (2013). ULD legt Berufung gegen Urteil des VG Schleswig in Sachen Facebook-Fanpages ein. Zugriff am 21.04.2014 unter https://www.datenschutzzentrum.de/presse/20131101-berufung-fanpages.htm

Wilbs, D. (2009). Die Generation Y – selbstbewusst, anspruchsvoll und erlebnishungrig. Wirtschaftspsychologie aktuell, 1, S. 26–32.

Wolber, H. (2012). Die 11 Irrtümer über Social Media (1. Aufl.). Wiesbaden: Gabler Verlag.

Duale Studiengänge eröffnen neue Potenziale für die betriebliche Personalarbeit

Ernst Deuer/Manfred Träger

1 Duales Studium an Hochschulen und Berufsakademien

Eine Studie des Deutschen Industrie- und Handelskammertages (DIHK, 2011, S. 12) zeigte, dass viele Unternehmen über Schwierigkeiten bei der Rekrutierung von Hochschulabsolventen berichten. Umso schmerzlicher ist es, wenn sich die mühsam errungenen Rekrutierungserfolge schon in der Probezeit wieder relativieren. Dies liegt einerseits an den Bewerbern, die aufgrund enttäuschter Erwartungen oder alternativer Angebote das neue Arbeitsverhältnis wieder kündigen. Aber auch die Betriebe nutzen die Probezeit und trennen sich ggf. wieder von den neuen Mitarbeitern. In der genannten DIHK-Studie (2011, S. 13) betraf dies ein gutes Drittel der Betriebe, und der häufigste Grund für eine Trennung war die problematische Praxisferne der Hochschulabsolventen. Dies lenkt den Blick auf duale Studiengänge, deren Markenzeichen gerade der hohe Praxis- und Anwendungsbezug ist, welcher abhängig von Studiengang und Hochschule variiert. Hinzu kommt, dass duale Studiengänge tendenziell auch dazu beitragen, weitere Zielgruppen für die Aufnahme eines Hochschulstudiums zu erschließen.

1.1 Entstehung und Verbreitung des dualen Studienkonzepts

Mit der Errichtung der Berufsakademien vor rund vierzig Jahren wurde in Baden-Württemberg das erfolgreiche Konzept der dualen Bildung auf den tertiären Sektor übertragen: Zwischen den Unternehmen und den Studierenden besteht ein Vertragsverhältnis, die Rahmenlehrpläne umfassen auch Lehrinhalte, die in der betrieblichen Praxis zu vermitteln sind, und die Ausbildungseinrichtungen sind in den maßgeblichen Gremien meist paritätisch vertreten.

Die praxisorientierte und zugleich wissenschaftsbezogene Ausbildung hat sich im Laufe ihrer Entwicklung als herausragendes berufsqualifizierendes Erfolgsmodell erwiesen, und bereits 1993 bezeichnete der Wissenschaftsrat Studiengänge, „die nach dem dualen System mit den beiden Lernorten Hochschule und Betrieb organisiert sind", als „einen Erfolg versprechenden Weg zur weiteren Differenzierung des Hochschulwesens" (Wissenschaftsrat, 1993).

In den 1990er-Jahren wurden Berufsakademien in Sachsen, Berlin und Thüringen nach dem Modell Baden-Württemberg gegründet. Die Berufsakademie Berlin ist inzwischen Teil der Berliner Fachhochschule für Wirtschaft und Recht. In Schleswig-Holstein, Hessen, Niedersachsen, Hamburg und dem Saarland gibt es Berufsakademien in privater Trägerschaft. Die meisten dualen Studiengänge werden in den Fachrichtungen Wirtschaftswissenschaften, Informatik, Maschinenbau/Verfahrenstechnik sowie im Bereich der sozialen Arbeit angeboten. Als neue Schwerpunkte zeichnen sich inzwischen die Bereiche Gesundheit und Pflege sowie das Erziehungswesen ab, was neue Formate des dualen Studiums ebenso ermöglicht wie erfordert (siehe hierzu auch den Beitrag von Anke Simon in diesem Handbuch).

Auch an Fachhochschulen und Universitäten werden in zunehmendem Maße duale Studiengänge angeboten. Während es an Fachhochschulen bereits knapp 600 duale Studiengänge und mehr als 26.600 Studierende gibt, bieten erst wenige Universitäten und Gesamthochschulen (wie z. B. die Universität des Saarlandes in Saarbrücken oder die Universität Paderborn) derartige Studiengänge an. Insgesamt sind an 57 Universitäten 869 Studierende in dualen Studiengängen eingeschrieben (Stand April 2013, vgl. www.ausbildungplus.de/html/1055.php). Darüber hinaus gibt es länderspezifische Ansätze, die sich ebenfalls dem dualen Studium verschrieben haben, ohne jedoch hiermit eigenständige Institutionen geschaffen zu haben. Hierzu zählen die Dachmarken „hochschule dual" in Bayern, „Duales Studium Hessen" sowie die „Duale Hochschule Rheinland-Pfalz".

Im Jahr 2009 erfolgte der Zusammenschluss der baden-württembergischen Berufsakademien zur Dualen Hochschule Baden-Württemberg (DHBW). Auf diese Weise entstand die erste duale, praxisintegrierende Hochschule in Deutschland. Bundesweit einzigartig ist die am US-amerikanischen State-University-System orientierte Organisationsstruktur mit zentraler und dezentraler Ebene. Das Präsidium der DHBW bildet dabei das gemeinsame organisatorische Dach, unter dem die über das gesamte Bundesland verteilten Standorte der Hochschule mit ihren lokalen Organisationsstrukturen vereint sind. Die Organisation auf zentraler und dezentraler Ebene ermöglicht es, Synergieeffekte gemeinsam zu nutzen und die spezifischen Stärken der Standorte zu erhalten. Des Weiteren sind die Praxispartner nun Mitglieder der Hochschule, was eine noch engere institutionelle Verzahnung der Kooperationspartner mit sich brachte. Im Zeitverlauf zeigte sich ein kontinuierlicher Anstieg der Studierendenzahlen auf mehr als 34.000 Studierende. Im Jahr 2011 hat sich die DHBW als eine der ersten Hochschulen bundesweit erfolgreich einer Systemakkreditierung unterzogen und verantwortet seitdem selbstständig die Qualitätssicherung in Studium und Lehre.

Duale Studiengänge bilden inzwischen ein eigenes Segment im tertiären Bildungssektor, mehr als 64.000 Studienplätze werden bundesweit angeboten – hierbei sind die verwaltungsinternen Fachhochschulen der öffentlichen Verwaltung, die ebenfalls nach einem dualen System organisiert sind, noch gar nicht mitgezählt. Die weiteren Ausführungen beziehen sich insbesondere auf die DHBW, sie sind jedoch in ihren Grundzügen auf andere duale Studiengänge in Deutschland übertragbar, zumal rund zwei Drittel aller dualen Studienplätze ausdrücklich auf das Modell „Berufsakademie Baden-Württemberg" zurückgehen bzw. an diesem Maßstab vom Wissenschaftsrat evaluiert wurden.

1.2 Besonderheiten und Erfolgsfaktoren

An Berufsakademien und an den dualen Hochschulen sind die Praxisphasen in einer Ausbildungsstätte zu absolvieren, in der die Studierenden für die Zeit ihres Studiums angestellt sind und eine durchgängige Ausbildungsvergütung erhalten. Daher erfolgt die Bewerbung für einen dualen Studiengang fast immer direkt bei den jeweiligen Unternehmen, bevor im nächsten Schritt die individuelle Zulassung an der Hochschule erfolgt. Die Unternehmen haben somit die Aufgabe – aber v.a. die Chance –, gezielt Nachwuchskräfte zu rekrutieren, die zum Unternehmen passen und sich für die Besetzung potenzieller Vakanzen empfehlen (vgl. hierzu auch Landmesser, 2003). Nach einer Erhebung des Bundesinstituts für Berufsbildung erhielten die befragten Unternehmen im Durchschnitt 33 Bewerbungen für jeden dualen Studienplatz (Kupfer, 2013, S. 27).

Das besondere Merkmal des dualen Studiums ist die durchgehende und konsequente Verzahnung des wissenschaftlichen Studiums mit anwendungsbezogenem Lernen in der Arbeitswelt. Auf diese Weise werden attraktive Qualifikationen vermittelt, umfassende Erfahrungen in der Praxis ermöglicht und die Voraussetzung für eine frühzeitige Übernahme herausfordernder Aufgaben und eine erfolgreiche berufliche Weiterentwicklung geschaffen (vgl. DHBW, 2010; ebenso Stifterverband für die Deutsche Wissenschaft & Bundesvereinigung der Deutschen Arbeitgeberverbände, 2011, S. 9). Darüber hinaus bedürfen duale Studiengänge nach Einschätzung der Bund-Länder-Kommission für Bildungsplanung und Forschungsförderung (BLK) „Partner, die das Mitwirken des jeweils anderen in ihrem Kompetenzbereich zulassen" (BLK, 2003, S.16).

Im Einzelnen zeichnen folgende Besonderheiten und Erfolgsfaktoren ein duales Studium aus:
- Duale Hochschulen und Berufsakademien bieten dual aufgebaute Studiengänge an, die **am Bedarf der Wirtschaft und der Sozialeinrichtungen orientiert** sind und systembedingt schnell und flexibel auf veränderte Anforderungsprofile des Beschäftigungssystems im Sinne eines ständigen Verbesserungsprozesses reagieren können.
- Das Markenzeichen der dualen Hochschulen wie der Berufsakademien ist die enge **Verzahnung von Theorie und Praxis.** In einem kurzen, effizienten Studium

wechseln sich theoretische Studienabschnitte im Dreimonatsrhythmus mit Praxisphasen in kooperierenden Unternehmen und sozialen Einrichtungen ab.
- Voraussetzungen für die **Zulassung** sind grundsätzlich die allgemeine oder fachgebundene Hochschulreife und der Abschluss eines Ausbildungsvertrages mit einem geprüften oder lizenzierten dualen Partner. In den letzten Jahren wurde auch für andere Zielgruppen der Zugang zu einem dualen Studium geöffnet. So können heute auch besonders qualifizierte Berufstätige und Kandidaten mit Fachhochschulreife zugelassen werden, sofern sie entsprechende Eignungstests erfolgreich absolvieren.
- Die Studierenden erhalten von ihrer Ausbildungsstätte für die gesamte Studiendauer eine **monatliche Vergütung.** Diese orientiert sich an den branchenüblichen Tarifverträgen für Auszubildende und beträgt im Durchschnitt rund 800 Euro (Deuer & Träger, 2011).
- Das **duale Lernkonzept** zielt auf eine intensive didaktisch-curriculare Verzahnung von Theorie und Praxis ab, woraus die bestmögliche Nutzung beider Erfahrungsräume und Handlungskompetenzen resultiert, welche bloßen Parallelerfahrungen in Form studienbegleitender Praktika weit überlegen sind (Beverungen & Vogel, 2009; Wissenschaftsrat, 2013).
- Die **Studienbedingungen** sind durch kleine Arbeitsgruppen, eine individuelle Betreuung durch die Professoren, eine gute Labor- und Rechnerausstattung mit hochwertigen Arbeitsgeräten sowie durch die enge Zusammenarbeit mit den Betrieben gekennzeichnet. Darüber hinaus können die Studierenden in den Praxisphasen „insbesondere die sogenannten Schlüsselqualifikationen (employability skills) und Sozialkompetenz erlernen, die während des hochschulischen Studiums allein nur schwer zu vermitteln wären" (BLK, 2003, S. 36).
- Das Studium endet i. d. R. nach drei Jahren mit dem **Bachelorabschluss.** Dieser Abschluss ermöglicht eine qualifizierte Berufstätigkeit ebenso wie eine weitere wissenschaftliche Qualifizierung. An der DHBW besteht auch die Möglichkeit, ein viersemestriges **Masterstudium** berufsbegleitend zu absolvieren, was wiederum unter Einbindung der dualen Partner geschieht. Diese Masterstudiengänge stehen auch Bachelorabsolventen anderer Hochschulen offen.

2 Duales Studium als Alternative zum traditionellen Hochschulstudium

2.1 Erschließung gesellschaftlicher Bildungsreserven

Eine Studie der Hochschul-Informations-System GmbH (HIS) fragte auf Basis eines repräsentativen Jahrgangspanels nach den Gründen, weshalb sich studienberechtigte Jugendliche gegen ein Hochschulstudium entschieden haben. Hierbei verwies jeweils eine Mehrheit der Jugendlichen auf die nötigen finanziellen Voraussetzungen für die Aufnahme eines Universitäts- oder Fachhochschulstudiums (Abbildung 1).

Auffallend war hierbei auch, dass diese Gründe meist überproportional von jungen Frauen genannt wurden – nur der Wunsch, möglichst schnell selbst Geld zu verdienen, wurde häufiger von männlichen Jugendlichen genannt. Neben den finanziellen Argumenten fielen auch verschiedene studiengangsorganisatorische Aspekte ins Gewicht. So bemängelten viele Jugendliche ausdrücklich den geringen Praxisbezug und die Dauer eines Hochschulstudiums (Heine, Quast & Beuße, 2010, S. 107).

Gründe, die gegen die Aufnahme eines Hochschulstudiums sprechen

finanzielle Aspekte
- die nötigen finanziellen Voraussetzungen eines Universitäts- oder FH-Studiums: 77% / 73%
- der Wunsch, möglichst bald selbst Geld zu verdienen: 78% / 80%
- Schulden zu machen aus Krediten zur Ausbildungsfinanzierung: 74% / 66%
- Studiengebühren übersteigen die finanziellen Möglichkeiten: 72% / 63%

studienorganisatorische Aspekte
- geringer Praxisbezug eines Hochschulstudiums: 59% / 51%
- Dauer eines Hochschulstudiums: 51% / 53%

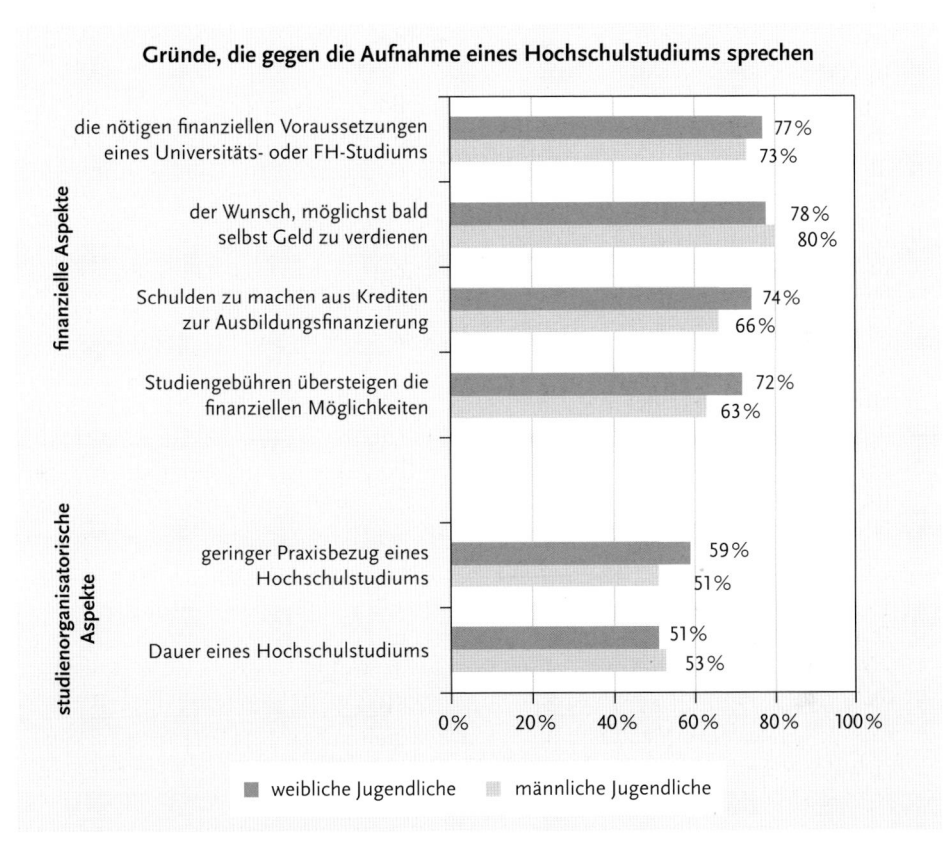

■ weibliche Jugendliche   ▪ männliche Jugendliche

Abb. 1: Finanzielle und studienorganisatorische Aspekte, die gegen die Aufnahme eines Studiums an einer Universität oder Fachhochschule sprechen

Quelle: eigene Auswahl/Darstellung, Datenquelle: Heine et al., 2010, S. 107

Die vorgebrachten Argumente gegen die Aufnahme eines traditionellen Studiums lesen sich wie ein „Plädoyer für das duale Studienkonzept" (Deuer, 2010). Neben der markanten Verbindung von Theorie und Praxis, den hohen Erfolgsaussichten im Studium und einer dank der Studiengangsorganisation weitgehend kalkulierbaren Studiendauer sowie den anschließenden beruflichen Perspektiven fallen insbesondere die finanziellen Aspekte ins Gewicht. Die durchgängige Vergütung ermöglicht die individuelle Finanzierung des Studiums, und oftmals beteiligen sich die kooperierenden Ausbildungsstätten auch darüber hinaus an den aufzubringenden Gebühren, oder sie gewähren ein regelmäßiges Büchergeld.

Da bislang überdurchschnittlich häufig Kinder aus bildungsfernen Schichten auf ein Hochschulstudium verzichten (müssen), leisten Berufsakademien und duale Hochschulen auch einen wichtigen Beitrag für individuelle Karriereoptionen und zur Erschließung von gesellschaftlichen Bildungsreserven (vgl. hierzu auch Heine et al., 2010, S. 27; Kramer et al., 2011, S. 483; BLK, 2003, S. 37; Deuer, 2010). Denn auch aus anderen Studien ist bekannt, dass duale Studiengänge insbesondere „für Abiturienten mit weniger günstigem familiären Hintergrund", die den Wunsch haben, „rasch finanziell unabhängig zu sein", eine attraktive Alternative zum traditionellen Hochschulstudium darstellen (Trautwein et al., 2006). Schließlich ermöglicht das duale Studium in besonderem Maße Bildungsaufstiege – dieses „bildungspolitisch bedeutsame Indiz" würdigte auch das Centrum für Hochschulentwicklung, „weil das deutsche Hochschulsystem gerade im Hinblick auf den familiären Bildungshintergrund besonders selektiv ist" (Berthold, Leichsenring, Kirst & Voegelin, 2009).

2.2 Attraktives Studienangebot für leistungsstarke Jugendliche

Duale Studiengänge sind für die Jugendlichen eine Alternative und keine Verlegenheitslösung. Dies belegt bspw. eine empirische Studie der Universität Tübingen (Kramer et al., 2011), welche die Unterschiede zwischen Studierenden an Universitäten, Fachhochschulen und der Dualen Hochschule Baden-Württemberg untersuchte. Hierbei zeigte sich, dass an der DHBW im Durchschnitt die Abiturienten mit dem besten Notendurchschnitt und den besten Mathematikkenntnissen studieren (Wiarda, 2011; Universität Tübingen, 2011).

Von der Attraktivität des dualen Studiums profitieren nicht zuletzt solche Branchen, die ansonsten in der Gunst der Bewerber nicht unbedingt die ersten Ränge einnehmen. So zeigte eine Untersuchung der Studien- und Berufswahl (Deuer, 2008), dass die Berufsstarter im Einzelhandel ihre eigene Berufswahl höchst unterschiedlich bewerten. Während von den angehenden Einzelhandelskaufleuten und Verkäufern jeweils zwei Drittel den Eindruck hatten, sich gar nicht frei entscheiden zu können, sondern nach Notlösungen suchen zu müssen, so traf dies bei den DHBW-Studierenden derselben Branche nur in jedem zehnten Fall zu. Diese Befunde konnten in späteren Studien bestätigt werden (Deuer, 2011; Deuer, 2014). Es liegt die Vermutung nahe, dass viele Auszubildende nicht nur diese Entscheidungsphase als Suche nach einer Notlösung empfanden, sondern dass sie auch ihre tatsächliche Einmündung bzw. die konkreten Ausbildungsbedingungen als Notlösung empfinden. Die DHBW-Studierenden waren dagegen von diesen Sorgen kaum geplagt, was für eine weitgehend souveräne Wahl des Studiengangs bzw. der kooperierenden Ausbildungsstätte spricht. Dies deutet darauf hin, dass es dem Einzelhandel zumindest im Segment der dualen Studiengänge gelingt, als ansprechender Arbeitgeber wahrgenommen zu werden. In diesem Sinne sehen die Betriebe in dualen Studiengängen zu Recht einen wachsenden und attraktiven Rekrutierungsraum (vgl. hierzu auch Harney, Hartz & Weischet, 2001).

3 Studienangebot an der Dualen Hochschule Baden-Württemberg

3.1 Einbindung der Berufspraxis auf allen Ebenen

Die DHBW reagiert auf die veränderten Anforderungsprofile der Arbeitswelt und trägt den Erfordernissen einer wissenschaftlichen Weiterentwicklung Rechnung. Hierfür wurde auf verschiedenen Ebenen ein Gestaltungsrahmen institutionalisiert, um diese vielfältigen Transferaufgaben leisten zu können:

- Durch das **didaktische Konzept** der DHBW bringen Lehrbeauftragte und Studierende die betrieblichen Anforderungen in die wissenschaftliche Lehre ein.
- Auf der Ebene der **Studiengänge** wird in Ausbildungsleiterkonferenzen die Feinplanung von Qualifikationsveränderungen abgestimmt.
- An sämtlichen Standorten berät und entscheidet der paritätisch besetze **örtliche Hochschulrat** u. a. über Weiterentwicklungen von Studienprofilen und schlägt die Einführung neuer Studiengänge vor.
- In den landesweiten **Fachkommissionen** wird unter Einbeziehung von externen wissenschaftlichen Sachverständigen und Studierenden sowie der paritätischen Einbeziehung von Vertretern der Ausbildungsstätten eine Evaluation und ggf. Novellierung von Studien- und Ausbildungsplänen sowie Prüfungsstrukturen beraten.
- Auch im **Vorstand** der DHBW ist die Berufspraxis durch ein nebenberufliches Mitglied vertreten.

Auf diese Weise ist stets gewährleistet, dass das Spektrum der Studiengänge sowie die Studieninhalte einerseits wissenschaftlichen Ansprüchen genügen, aber andererseits ebenso die Bedürfnisse des Arbeitsmarktes reflektieren und somit die Interessen der Absolventen wie der Unternehmen im Blick behalten.

Die inhaltliche und institutionelle Verzahnung ist ein wesentliches Erfolgskriterium. Nicht alle Hochschulen leisten dies in ausreichendem Maße, wie Untersuchungen des Bundesinstituts für Berufsbildung (Kupfer, 2013, S. 6 f.) zeigen und was zu Recht auch vom Wissenschaftsrat (2013) in aktuellen Stellungnahmen kritisiert wird. Dieselbe Richtung gibt der Stifterverband für die Deutsche Wissenschaft vor, der 2013 ein „Qualitätsnetzwerk Duales Studium" gründete u. a. mit dem expliziten Ziel zu ergründen, wie Hochschulen und Betriebe ihre Zuständigkeiten sowie die Vermittlung von theoretischem und praktischem Wissen bestmöglich aufeinander abstimmen.

3.2 Spektrum der dualen Studiengänge

Das Bachelorstudienangebot ist weitgehend standardisiert (gemeinsame Rahmenstudienpläne und Prüfungsordnungen, gemeinsame Modulbeschreibungen), gleichwohl lässt es eine standortspezifische Profilbildung zu. Landesweit gibt es über 20 Studiengänge mit mehr als einhundert Studienrichtungen und zahlreichen Vertiefungen in den Studienbereichen Wirtschaft, Technik und Sozialwesen. Die Abschlussbezeichnungen lauten je nach Studienprofil „Bachelor of Arts", „Bachelor of Engineering" oder „Bachelor of Science".

Eine wachsende Bedeutung besitzt der Bereich Gesundheit und Pflege. Hier sind in den letzten Jahren verschiedene (und zum Teil sehr innovative) Studienprofile entstanden, die von der BWL-Studienrichtung „Gesundheitsmanagement" bis hin zur Physiotherapie reichen. Insbesondere dieser Bereich stellt nach Ansicht des Wissenschaftsrats (2013) „ein geeignetes Instrument zur Schaffung neuer Qualifizierungs- und Aufstiegsperspektiven" dar.

Bereits seit vielen Jahren gibt es an verschiedenen Standorten Masterstudiengänge, die in Kooperation mit anderen Hochschulen im In- und Ausland angeboten und durchgeführt werden. Seit dem Studienjahr 2011/12 existieren eigenständige Masterstudiengänge der DHBW in allen Studienbereichen, und hierbei werden aktuelle Anforderungen der dualen Partner in den Bereichen Wirtschaft, Technik und Sozialwesen aufgegriffen. Alle Studienangebote sind berufsbegleitend konzipiert und befriedigen so den Weiterbildungsbedarf von Ausbildungsfirmen und Absolventen gleichermaßen (Abbildung 2).

Nutzen für Teilnehmer	Nutzen für duale Partner
vertiefte wissenschaftliche Basis für theoretische Analysen und empirische Fragestellungen	bedarfsgerechte und gezielte Personalentwicklung, um leistungsstarke Mitarbeiter zu fördern und zu binden
Vereinbarkeit von Arbeitsleben, Weiterbildung und Privatleben	Weiterbildung von Nachwuchskräften mit beruflicher Erfahrung, Leistungsbereitschaft und klarem Studien- und Karrierefokus
Zugang zu branchenspezifischen Netzwerken	Bearbeitung und Lösung aktueller unternehmerischer Problemstellungen über Forschungsprojekte und Masterarbeiten
Zugang zum höheren Dienst, Möglichkeit zur weiterführenden Promotion	Einbindung von Experten kooperierender Unternehmen durch Praxisprojekte

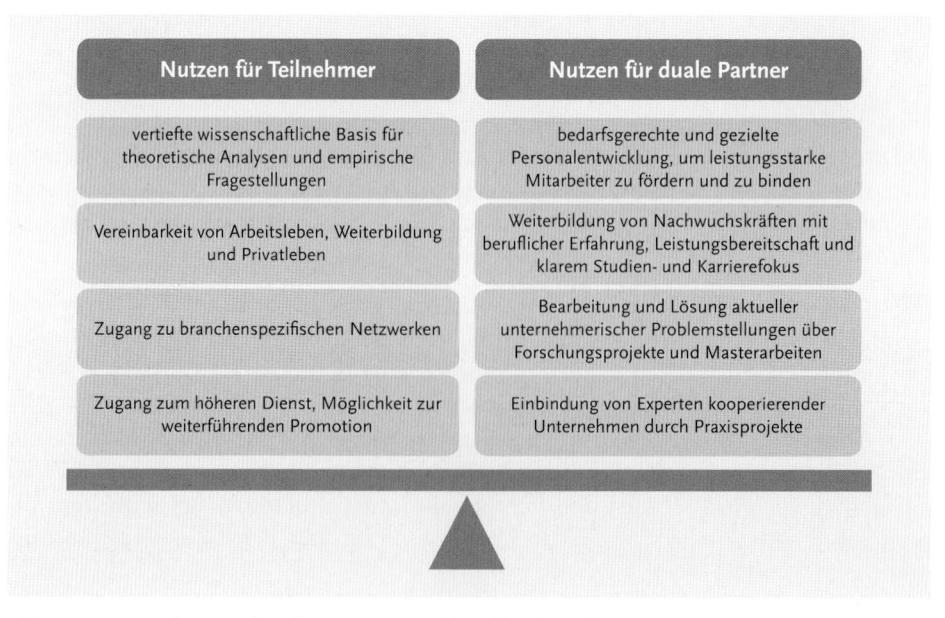

Abb. 2: Nutzenaspekte eines berufsintegrierten und berufsbegleitenden Masterstudiums

Das Masterstudienkonzept sieht vor, dass die berufliche Tätigkeit und das akademische Studium konzeptionell und inhaltlich aufeinander bezogen sind, und es werden unternehmerische Problemstellungen der Teilnehmer aufgriffen, kritisch reflektiert und vertieft. Hierbei sind die Lehrinhalte zielgerichtet mit der Unternehmenspraxis der Teilnehmer verknüpft, und es wird ein reger Gedankenaustausch zwischen den Teilnehmern des Masterprogramms initiiert. Der Zeitplan dieses Studienkonzepts kombiniert Wochenblöcke und Wochenendveranstaltungen und ermöglicht die Vereinbarkeit von Studium und Beruf.

Organisatorisch werden die Aktivitäten im Bereich der Masterstudiengänge seit dem Studienjahr 2014/15 im „Center of Advanced Studies" am Studienort Heilbronn gebündelt. Auf diese Weise sollen standort- und disziplinübergreifende Studienkonzepte (auch im Hinblick auf duale Forschungsprojekte) gefördert werden, ebenso entstehen hier sukzessive diverse Weiterbildungsangebote, um den Bedarf der Betriebe wie der Absolventen zu befriedigen.

4   Fazit und Ausblick

Aufgrund der kurzen Studiendauer und der hohen Erfolgsquote der Studierenden sind die Berufsakademien und die dualen Hochschulen besonders leistungsfähige Institutionen, welche die staatlichen Ressourcen schonen und das Engagement der Wirtschaft und der kooperierenden Sozialeinrichtungen rechtfertigen. Hinzu kommt, dass duale Studiengänge auch eine bessere Ausschöpfung der gesellschaftlichen Bildungsressourcen ermöglichen.

Das Beschäftigungssystem benötigt in zunehmendem Maße hochschulisch Qualifizierte, beklagt aber gleichzeitig deren Praxisferne. Vor dem Hintergrund dieses Dilemmas konstatierte die Bund-Länder-Kommission für Bildungsplanung und Forschungsförderung bereits vor geraumer Zeit (BLK, 2003, S. 11): „Duale Studiengänge waren und werden auch in Zukunft eine Antwort sein auf diese doppelte, sich scheinbar widersprechende Herausforderung des Beschäftigungssystems an die Hochschulen." Konsequenterweise sehen die Betriebe nach einer Umfrage des Bundesinstituts für Berufsbildung auch weiterhin einen wachsenden Bedarf an dualen Studiengängen (Bundesinstitut für Berufsbildung, 2010b, S. 9). Dass dies keine Lippenbekenntnisse sind, zeigen in besonderer Weise die stetigen Wachstumsraten an der DHBW, und auch an anderen Orten scheint „die Dynamik dualer Studiengänge ungebrochen". Allein im Jahr 2013 zeigte sich nach aktuellen Erhebungen des Bundesinstituts für Berufsbildung (2014) eine zweistellige Zuwachsrate, und in Hessen visieren die dortigen Wirtschafts- und Wissenschaftsministerien in Kooperation mit den Industrie- und Handelskammern eine Verdopplung der dualen Studienplätze bis 2020 an (www.dualesstudium-hessen.de/memorandum-of-understanding/).

Nach Erhebungen des Stifterverbandes für die deutsche Wissenschaft und des Instituts der deutschen Wirtschaft (2013, S. 8) investierten in Deutschland ansässige Betriebe im Jahr 2012 insgesamt 948 Millionen Euro in duale Studiengänge. Der Wissenschaftsrat (2014, S. 48) stellt vor diesem Hintergrund anerkennend fest, dass der Bereich des dualen Studiums inzwischen „bevorzugtes Ziel von Bildungsinvestitionen der Wirtschaft" ist.

Das Segment der dualen Studiengänge umfasst aktuell rund 6 % aller Studiengänge bzw. 3,3 % der Studierenden und stellt somit weiterhin eher eine Nische in der Studienlandschaft dar. Aufgrund ihrer „Schnittstellenfunktion im Bildungssystem, der neuen Kooperationsform von Hochschulen und Praxispartnern sowie der auffällig hohen Nachfrage unter Studierenden wie Unternehmen und des daraus resultierenden dynamischen Wachstums" kommt dem dualen Studium jedoch „wissenschaftspolitisch besondere Bedeutung zu" (Wissenschaftsrat 2013, S. 6). Schließlich ermöglicht das duale Studium „über seine Verbindung von berufspraktischen und akademisch-wissenschaftlichen Lerninhalten den Erwerb spezieller Kompetenzprofile, die weder von der akademischen noch von der beruflichen Bildung allein vermittelt werden könnten". In diesem Sinne erweitern die Absolventen dualer Studiengänge das gesellschaftliche Qualifikationsspektrum, wovon nicht zuletzt die regionale Fachkräftesicherung profitiert (Wissenschaftsrat, 2014, S. 71).

Literatur

Berthold, C., Leichsenring, H., Kirst, S. & Voegelin, L. (2009). Demographischer Wandel und Hochschulen. Der Ausbau des dualen Studiums als Antwort auf den Fachkräftemangel. Gütersloh.
Beverungen, J. & Vogel, P. (2009). Die Evolution des Dualen Studiums – ein Referenzmodell. In W. Benz, J. Kohler & K. Landfried (Hrsg.), Handbuch Qualität in Studium und Lehre. Ergänzungslieferung.
Bundesinstitut für Berufsbildung (Hrsg.) (2010a). AusbildungPlus. Betriebsbefragung 2009 zu Zusatzqualifikationen und dualen Studiengängen. Bonn.
Bundesinstitut für Berufsbildung (Hrsg.) (2010b). AusbildungPlus in Zahlen. Trends und Analysen. Bonn.
Bundesinstitut für Berufsbildung (Hrsg.) (2014). Dynamisches Wachstum bei dualem Studium hält an. Pressemitteilung 2/2014.
Bund-Länder-Konferenz für Bildungsplanung und Forschungsförderung (Hrsg.) (2003). Perspektiven für die duale Bildung im tertiären Bereich. Materialien zur Bildungsplanung und zur Forschungsförderung, Heft 110. Bonn.
Deuer, E. (2008). Werben um Bewerber. Personal – Zeitschrift für Human Resource Management, Heft 5/2008, S. 14–16.
Deuer, E. (2010). Erschließung von Bildungsreserven durch duale Studienangebote. In B. Bartoldus & M. John-Ohnesorg (Hrsg.), Bildungsgerechtigkeit und Begabtenförderung. Ein Widerspruch in sich? (S. 68–74). Berlin.

Deuer, E. (2011). Siegeszug des Internets. Personal – Zeitschrift für Human Resource Management, Heft 5, S. 8–10.

Deuer, E. (2014). Berufsstart in Industrie und Handel – Selbstverwirklichung oder Notlösung? In G. Cramer, H. Schmidt & W. Wittwer (Hrsg.), Ausbilderhandbuch, Ergänzungslieferung.

Deuer, E. & Träger, M. (2011). Duale Bachelor-Studiengänge und berufsbegleitende Master-Studiengänge an der Dualen Hochschule Baden-Württemberg – Chancen und Perspektiven aus Sicht der betrieblichen Personalentwicklung. In C. Kreklau & J. Siegers (Hrsg.), Handbuch der Aus- und Weiterbildung, Ergänzungslieferung.

Deutscher Industrie- und Handelskammertag (Hrsg.) (2011). Erwartungen der Wirtschaft an Hochschulabsolventen. Berlin.

Duale Hochschule Baden-Württemberg (Hrsg.) (2010). Leitbild. Stuttgart.

Harney, K., Hartz, S. & Weischet, M. (2001). Beziehungen zwischen Berufsbildungs- und Hochschulsystem im Medium dualer Studiengänge. Recklinghausen.

Heine, C., Quast, H. & Beuße, M. (2010). Studienberechtigte 2008 ein halbes Jahr nach Schulabschluss. Übergang in Studium, Beruf und Ausbildung. HIS Forum Hochschule, Ausgabe 3.

Kramer, J., Nagy, G., Trautwein, U., Lüdtke, O., Jonkmann, K., Maaz, K. & Treptow, R. (2011). Die Klasse an die Universität, die Masse an andere Hochschulen? Wie sich Studierende unterschiedlicher Hochschultypen unterscheiden. Zeitschrift für Erziehungswissenschaft, Heft 3, S. 465–487.

Kupfer, F. (2013). Duale Studiengänge aus Sicht der Betriebe – Praxisnahes Erfolgsmodell durch Bestenauslese. Berufsbildung in Wissenschaft und Praxis, Heft 4, S. 25–29.

Kupfer, F. & Mucke, K. (2010). Duale Studiengänge an Fachhochschulen nach der Umstellung auf Bachelorabschlüsse. Eine Übersicht. Bonn.

Landmesser, M. (2003). Die Zukunft der Bildung ist Handeln. In: Studium Duale. Jahrbuch der Berufsakademie Mannheim. Mannheim, S. 10–11.

Stifterverband für die Deutsche Wissenschaft & Bundesvereinigung der Deutschen Arbeitgeberverbände (Hrsg.) (2011). Erfolgsmodell Duales Studium. Leitfaden für Unternehmen. Essen und Berlin.

Stifterverband für die Deutsche Wissenschaft & Institut der deutschen Wirtschaft Köln (Hrsg.) (2013). Bildungsinvestitionen der Wirtschaft 2012. Köln.

Trautwein, U., Maaz, K., Lüdtke, O., Nagy, G., Husemann, N., Watermann, R. & Köller, O. (2006). Studieren an der Berufsakademie oder an der Universität, Fachhochschule oder Pädagogischen Hochschule? Ein Vergleich des Leistungsstands, familiären Hintergrunds, beruflicher Interessen und der Studienwahlmotive von (künftigen) Studierenden aus Baden-Württemberg. Zeitschrift für Erziehungswissenschaft, Heft 3, S. 393–412.

Universität Tübingen (Hrsg.) (2011). Die Wahl der Hochschule sagt immer noch viel über Leistungsfähigkeit, Persönlichkeit und sozialen Status. Studie der Universität Tübingen findet deutliche Unterschiede zwischen den Studierenden von Uni, FH und Dualer Hochschule. Pressemitteilung vom 4.5.2011

Wiarda, J.-M. (2011). Dual an der Spitze. Die Zeit vom 21.7.2011.

Wissenschaftsrat (Hrsg.) (1993). 10 Thesen zur Hochschulpolitik. Köln/Berlin.
Wissenschaftsrat (Hrsg) (2013). Empfehlungen zur Entwicklung des dualen Studiums. O. O.
Wissenschaftsrat (Hrsg) (2014). Empfehlungen zur Gestaltung des Verhältnisses von beruflicher und akademischer Bildung. Erster Teil der Empfehlungen zur Qualifizierung von Fachkräften vor dem Hintergrund des demographischen Wandels. Darmstadt.

Kompetenzorientierte Beratung zur Prävention von Ausbildungsabbrüchen

Bernd-Joachim Ertelt/Andreas Frey

1 Vorzeitige Lösung von Ausbildungsverträgen aus individueller und wirtschaftlicher Sicht

Die seit Jahren konstanten oder sogar steigenden Zahlen vorzeitiger Vertragslösungen in der dualen Berufsausbildung Deutschlands von durchschnittlich 20–25 % (vgl. Kropp u. a., 2014, S. 9 f.) geben Anlass für eine Vielzahl von Untersuchungen. Dabei kann man sich nicht immer des Eindrucks erwehren, als wolle man durch immer neue Analysen anhand soziobiografischer Merkmale zu einer wirksamen Gegensteuerung kommen. Doch in Anbetracht der kaum noch zu überblickenden Konzepte und Projekte für Berufsvorbereitung und Übergangshilfen ist angesichts der Lösungsquoten kritisch zu fragen, ob hier nicht eine grundlegende strukturelle Schwäche in der Modellbildung vorliegt.

Gerade weil die duale Berufsausbildung als Garant der wirtschaftlichen Leistungsfähigkeit Deutschlands durch abnehmende Zahlen von Bewerbern zunehmend unter Druck gerät (vgl. Pieper, 2014), erhalten wirksame Maßnahmen gegen die dysfunktionale vorzeitige Vertragslösung besondere Priorität.

Dazu gehören auch spezifische Formen des Marketings, die darüber hinaus aktuell in einem damit eng verbundenen anderen Problembereich gefragt sind. Es handelt sich um die zunehmenden Passungsprobleme auf dem Ausbildungsstellenmarkt, vor allem die Erschließung neuer Ausbildungsinteressierten auf der einen und neuer Ausbildungsplätze auf der anderen Seite. Gefordert werden nun in verstärktem Maße die in den berufskundlichen Medien lange vernachlässigten Image- und Statuskriterien von Ausbildungsberufen und -betrieben. Aber „eine Steigerung der Bereitschaft Jugendlicher, sich für die duale Berufsausbildung zu interessieren, kann jedoch nicht allein durch Imagekampagnen erreicht werden. In vielen Branchen und Berufen bedarf es hierfür einer Optimierung der Ausbildungsbedingungen und Karrieremöglichkeiten, da gerade Aspekte wie die Vergütung von Jugendlichen oftmals als Statussignal der Berufe interpretiert werden" (Matthes u. a., 2014, S. 8).

Doch diese Maßnahmen dürften nur bedingt Erfolg haben, denn offensichtlich hängen die angesprochenen Passungsprobleme auch mit dem steigenden Anteil der jungen Menschen mit Hochschulreife zusammen, die weniger als die Hauptklientel, nämlich die Absolventen[1] aus Haupt- und Realschulen, an einer dualen Berufsausbildung interessiert sind (Dummert u. a., 2014, S. 5).

Die vorzeitige Lösung eines Ausbildungsverhältnisses stellt in jedem Fall für das Individuum ein „kritisches Lebensereignis" dar (Schmid, 2012, S. 240), auch wenn es nicht in jedem Fall in einem endgültigen Ausbildungsabbruch mündet, wie Abbildung 1 zeigt (vgl. hierzu auch Uhly, 2015):

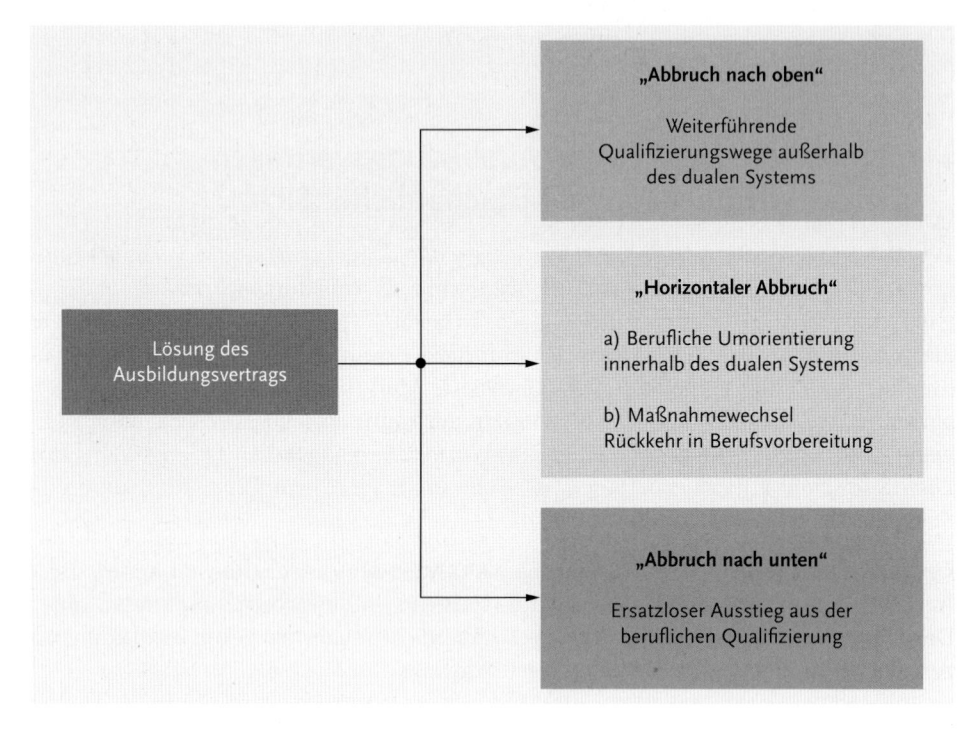

Abb. 1: Arten von Ausbildungsabbrüchen nach Faßmann (1998)

Quelle: Frey und Terhart (2010, S. 110)

Auf die negativen Folgen für die Ausbildungsbetriebe und den Arbeitsstellenmarkt wurde in verschiedenen Beiträgen hingewiesen. So markieren für Deuer (2012, S. 63 f.) Ausbildungsabbrüche Fehlinvestitionen. Für Jugendliche ist es in jedem Fall ein Bruch in der Erwerbsbiografie, auf dem Ausbildungsstellenmarkt steigt die „Altnachfrage", und die Folgen für die Ausbildungsbetriebe umfassen verschlechterte Kosten-Nutzen-Relationen, Schwierigkeiten bei der Wiederbesetzung, was wiederum

---

[1] Die Verwendung nur der männlichen Form ist ausschließlich der leichteren Lesbarkeit geschuldet.

zur Senkung der Ausbildungsbereitschaft beitragen kann (vgl. auch Kropp u. a., 2014, S. 30).

Immer wieder wird in den einschlägigen Studien betont, dass die vorzeitige Vertragslösung oder gar der Ausbildungsabbruch ein „multifaktorielles Geschehen ist". In seinem Kommentar zu einer aktuellen Studie zur Berufsorientierung von Schülern in Deutschland (Vodafone Stiftung, 2014) bezeichnet Hurrelmann bei Eltern und Schülern (inhaltlich ähnliche) hohe Erwartungen an den künftigen Beruf (Beruf soll Spaß machen, den eigenen Fähigkeiten entsprechen und gute Chancen auf dem Arbeitsmarkt bieten) als eine Ursache für Konflikte und Spannungen, weil die Realität in der Berufspraxis diesen nur bedingt standhalten kann. Für ihn sind daher die relativ hohen Abbruchsquoten in Berufsausbildung und Studium ein Symptom für dieses Spannungsverhältnis.

Damit ist die Bedeutung einer realitätsnahen Berufsvorbereitung und Übergangsbegleitung für junge Menschen angesprochen. Dazu gehören jedoch nicht nur die Relativierung der aus unserer Sicht oftmals überbetonten Bedeutung der individuellen Interessen, die allzu leicht in die Nähe des diagnostisch kaum zu fassenden Begriffs „Spaß am Beruf" geraten, sondern auch die präzise Definition der beruflichen Eignung. In den Medien und Maßnahmen der Berufsorientierung scheint bislang eine eher ganzheitliche und betriebsunabhängige Berufsvorstellung vorherrschend, die die verschiedenen berufswahlrelevanten Zwischenetappen beim Hineinwachsen in das Berufsleben vernachlässigt. Die Eignungsabklärungen und Potenzialanalysen sollten daher besser differenzieren in „Bewerbungseignung", „Ausbildungseignung", „Betriebseignung" und „Berufseignung im Erwerbsleben" (vgl. Ertelt & Frey, 2012, S. 218).

Ohne die Bedeutung einer fachlich optimierten Berufsvorbereitung mindern zu wollen, muss doch betont werden, dass die vorzeitigen Vertragslösungen oder gar die Ausbildungsabbrüche dadurch allein nicht nachhaltig verhindert werden können. Denn die nach Einmündung in den Ausbildungsberuf auftretenden Interaktionsprozesse lassen sich nur sehr bedingt prognostizieren.

Die folgenden Ausführungen beziehen sich auf die Phase nach dem Übergang in die duale Berufsausbildung und hier besonders auf die präventiven – weniger die kurativen – Maßnahmen gegen vorzeitige Vertragslösungen. Im Mittelpunkt stehen Beratungsangebote auf der Grundlage der Diagnose überfachlicher Kompetenzen unter Berücksichtigung ausgewählter Objekttheorien zur Berufsentwicklung.

Mit diesem methodischen Ansatz soll der Versuch unternommen werden, die vornehmlich an nachträglich angegebenen Gründen für bereits vollzogene Vertragslösungen (siehe Tabelle 1) orientierten Maßnahmen um solche zu erweitern, die auf Früherkennung von Abbruchstendenzen beruhen (vgl. auch Boockmann u. a., 2014, S. 6 ff.).

Tab. 1: Gründe vorzeitiger Vertragslösung von Ausbildungsabbrechern

Individuelle Ebene (Auszubildende)	• Unzufriedenheit mit der Ausbildung bzw. dem gewählten Beruf, wegen unrealistischer Erwartungen oder aufgrund der Tatsache, in einen unerwünschten Beruf vermittelt worden zu sein • gesundheitliche Beeinträchtigung, z. B. wegen Allergie • Überforderung mit dem Lehrstoff aufgrund nicht ausreichender Schul- oder Allgemeinbildung • Konflikte mit anderen Auszubildenden oder Lehrkräften, z. B. für Konfliktbewältigung • ungewollte Schwangerschaft • Prüfungsangst • finanzielle Schwierigkeiten, Beziehungsprobleme • fehlende Work-Life-Balance (vgl. Deuer 2010, S. 60 f.)	
Schulische Ebene	**Allgemeinbildende Schule** • unzureichende Vorbereitung auf die Anforderungen der Berufswelt • Realitätsferne des Unterrichts	**Berufsschule** • schlechte Qualität des Unterrichts
Betriebliche Ebene	**Kündigung durch Auszubildende** • Unzufriedenheit, v. a. wegen mangelnder Qualität der Lehre und/oder ausbildungsfremder Tätigkeiten • Konflikte mit Ausbilder/innen, Kolleg/innen • fehlende soziale Kompetenzen der Ausbilder/innen, z. B. für Konfliktbewältigung • betriebliches Vorschlagwesen, welches die Auszubildenden anspricht, kann Abbruchsneigung entgegenwirken (vgl. Deuer, 2011, S. 13 f.)	**Kündigung durch Ausbilder/innen** • unzureichende Schul- oder Allgemeinbildung der Auszubildenden • unzureichende soziale Kompetenzen der Auszubildenden, z. B. Unzuverlässigkeit • fehlendes Engagement der Auszubildenden

2 Diagnose überfachlicher Kompetenzen zur beraterischen Abbruchsprävention

Lang-von Wins und Triebel (2006, S. 59 f.) nennen „Eckpunkte" für eine Methode zur kompetenzorientierten Laufbahnberatung, die auch für den Sonderfall einer vorzeitigen Vertragslösung von Interesse sein könnten:

- Kompetenzen sind als sprachliche Konstrukte zu betrachten, die dabei helfen sollen, „die Beziehung zwischen vergangenen Handlungen und ihrer Vorhersagekraft in Bezug auf künftige Anforderungen beschreiben zu können".
- Die in der Beratung angeleitete Reflexion der eigenen Biografie unter dem Aspekt der Kompetenzen beeinflusst durch Rekonstruktion das Bild des Ratsuchenden von sich selbst. Dabei wird eine an Stärken orientierte Rekonstruktion als positiv erlebt. Dadurch werden Selbstwirksamkeits- und Ergebniserwartungen gestärkt.
- Für die individuelle Laufbahnentwicklung ist die Divergenz zwischen den tatsächlichen Fähigkeiten und dem Glauben an die eigenen Fähigkeiten ein ernstes Hindernis.

- Menschen können dann ihre Laufbahninteressen besser formulieren, wenn sie in der Lage sind, ihre Kompetenzen zu benennen und zu dokumentieren.
- Kompetenzorientierte Laufbahnberatung kann den konstruktivistischen Modellen zugerechnet werden. Sie ist stets auch ressourcenorientiert und ressourcenaktivierend.

Berufliche Kompetenzen sind nach Frey (2008) „körperliche und geistige Dispositionen, die gebraucht werden, um anstehende Aufgaben oder Probleme zielorientiert und verantwortungsvoll zu lösen, diese Lösungen zu bewerten und die eigenen Handlungsmuster weiterzuentwickeln".

Es lassen sich disziplin- bzw. berufsorientierte Fachkompetenzen und überfachliche Kompetenzen unterscheiden. Zu letzteren zählen soziale, methodische und personale Kompetenzklassen. Alle zusammen bilden Kompetenzfacetten, die miteinander vernetzt sind und die berufliche Handlungskompetenz einer Person abbilden (vgl. Frey & Balzer, 2011, S. 154).

Verschiedene Studien weisen darauf hin, dass Defizite in den überfachlichen Kompetenzen zu den Hauptursachen vorzeitiger Vertragslösungen zählen (vgl. Frey & Ruppert, 2013).

Daher war es naheliegend, in die Entwicklung innovativer Beratungsansätze zur Prävention vorzeitiger Vertragslösungen entsprechende diagnostische Verfahren einzubeziehen.

Der in der Schweiz entwickelte Selbstbeurteilungsbogen „smk" (vgl. Frey & Balzer, 2005) zur Identifikation und Rückmeldung von überfachlichen Kompetenzen wurde um Aussagen zu Abbruchstendenzen erweitert. Das so entstandene Diagnosetool „smk72+" wurde in dem ersten Leonardo-da-Vinci-Projekt „PraeLab" (2010–2012)[2] umfassend erprobt und Multiplikatoren in systematischen Trainingsmaßnahmen vermittelt (vgl. Balzer, Ertelt & Frey, 2012, S. 148 ff.).

Die *Sozialkompetenzklasse* beinhaltet 36 Items zu den sechs Fähigkeitskonzepten *Soziale Verantwortung, Kooperationsfähigkeit, Konfliktfähigkeit, Kommunikationsfähigkeit, Führungsfähigkeit* und *Situationsgerechtes Auftreten*.

Die *Methodenkompetenzklasse* umfasst ebenfalls sechs Fähigkeitskonzepte, nämlich *Analysefähigkeit, Flexibilität, Zielorientiertes Handeln, Arbeitstechniken, Reflexivität* und *Selbstständigkeit*.

Zur Personalkompetenzklasse zählen die fünf Fähigkeitskonzepte *Freiheitsliebe, Gelassenheit und Geduld, Hilfsbereitschaft und Einfühlsamkeit, Neugierde* und *Leistungsorientierung*.

Jedem dieser Konzepte sind jeweils sechs Items zugeordnet, die auf einer sechsstufigen Skala zu bewerten sind (1 = trifft überhaupt nicht zu; 6 = trifft völlig zu).

---

2 Projektinformationen siehe www.praelab.eu

Der zweite Erhebungsblock dient der Erfassung der latenten und akuten Abbruchsneigung. Hierzu werden die Jugendlichen gebeten, auf acht Aussagen zustimmend oder ablehnend zu antworten (siehe hierzu auch Deuer, 2006):
(1) Ich würde mich für denselben Ausbildungsberuf nochmals entscheiden.
(2) Ich würde mich für denselben Ausbildungsbetrieb nochmals entscheiden.
(3) Ich bin mit der Wahl meines Ausbildungsberufes zufrieden.
(4) Ich bin mit der Wahl meines Ausbildungsbetriebes zufrieden.
(5) Ich möchte meinen Ausbildungsberuf wechseln.
(6) Ich möchte meinen Ausbildungsbetrieb wechseln.
(7) Ich habe viel Interesse und Motivation, meine Ausbildung abzuschließen.
(8) Ich denke aktuell über einen Ausbildungsabbruch nach.

Ein latentes Ausbildungsabbruchsrisiko wird sodann auf drei Stufen abgebildet: Keine oder nur eine geringe Ausprägung ist zu konstatieren, wenn bei keinem oder nur einem Indikator eine entsprechende Antwort gegeben wird (ja/eher ja bei (5), (6) oder (8); nein/eher nein bei den übrigen Aussagen). Sofern bei zwei bis vier Indikatoren entsprechende Antworten gegeben wurden, wurde ein mittleres Risiko diagnostiziert, bei fünf bis acht Indikatoren ein hohes Risiko.

Liegt ein akutes Ausbildungsabbruchsrisiko (8) vor, erhält der Jugendliche eine Liste von 22 möglichen Gründen für die vorzeitige Lösung des Ausbildungsvertrags, mit der Option, selbst Gründe zu formulieren.

Die Datenauswertung wird vom Tool automatisch vorgenommen, und jeder Jugendliche erhält zeitnah eine Rückmeldung, auf der er seine Kompetenzausprägung, auch im Vergleich mit der Referenzgruppe (etwa dem Klassenverband in der Berufsschule), erkennen kann. Wenn der Jugendliche es will, kann er noch bis zu fünf Fremdeinschätzungen seiner Kompetenzen einholen, etwa beim Lehrer, Ausbilder, anderen Auszubildenden oder Berufskollegen.

In einer Reihe empirischer Untersuchungen im Rahmen der Erprobungsphase zeigte sich, dass der „smk72+" ein für die Berufswahl, Berufsentwicklung und Früherkennung von Ausbildungsabbrüchen wichtiges Instrument darstellt. Es erlaubt nämlich die valide und reliable Selbst- und Fremdeinschätzung der für eine erfolgreiche Berufseinmündung und Berufsausbildung zentral wichtigen überfachlichen Kompetenzen. Außerdem zeigte sich bei den bisherigen Untersuchungen, dass Abbruchsrisiko und Abbruchsgründe mehrperspektivisch abgefragt werden können (vgl. Frey & Ertelt, 2013, S. 451 ff.). Die Untersuchungen im Rahmen von PraeLab ergaben für Sozial- und Methodenkompetenzen, dass Personen mit Abbruchsneigung signifikant niedrigere Kompetenzwerte in der Selbsteinschätzung aufwiesen (vgl. Frey & Ruppert, 2013).

Zwar mögen die Korrelationskoeffizienten noch relativ moderat ausfallen, doch darf man die bereits erwähnte multifaktorielle Bedingtheit von Abbruchstendenzen bzw. manifesten Ausbildungsabbrüchen nicht außer Acht lassen.

Die Ergebnisse erlauben nun folgende systematische Präventionsstrategie nach Ausbildungsbeginn (vgl. Frey, 2014, S. 13 f.):
- Befragung aller Jugendlicher zu Schlüsselkompetenzen und Ausbildungsabbruchstendenzen zu Beginn und während der Ausbildung
- Identifikation der Auszubildenden mit hohen und/oder akuten Abbruchstendenzen
- Beratung, Unterstützung und Begleitung der Jugendlichen bei der Entscheidungsfindung und Problemlösung
- Schulung aller Berufsbildungsverantwortlichen (Ausbilder, Lehrer an Berufsschulen, Berufsberater, Fallmanager, Ausbildungsberater der Kammern)
- Vernetzung der o. g. Personenkreise
- Beratung, Unterstützung und Begleitung der an der Berufsausbildung Beteiligten.

3 Objekttheoretische Fundierung kompetenzorientierter Präventionsberatung

Im Folgenden steht die beraterische Umsetzung der Erkenntnisse zu den Ursachen vorzeitiger Vertragslösungen im Mittelpunkt. Denn für ein qualifiziertes Beratungsangebot reicht es nicht aus, von den in verschiedenen Studien aufgeführten Abbruchsgründen direkt Maßnahmen ableiten zu wollen. Vielmehr bedarf es ihrer Einordnung in ein adressatenbezogenes und handlungsnahes Hilfesystem.

Anhand ausgewählter objekttheoretischer Ansätze zur Berufswahl und Berufsentwicklung soll der Versuch unternommen werden, ein solches theoriebasiertes Beratungsangebot unter besonderer Berücksichtigung der überfachlichen Kompetenzen (nach „smk72+") zu diskutieren, ohne zu vergessen, dass der vorzeitigen Lösung von Ausbildungsverträgen als multifaktoriellem Geschehen sicherlich nicht mit nur einem theoretischen Modell zu begegnen ist (vgl. Ertelt & Frey, 2012, S. 201 ff.; Leung, 2008, S. 115 ff.; vgl. auch Überblicksdarstellungen in Arulmani et al. [Hrsg.], 2014; Brown, 2007, S. 27 ff.).

„Trait-and-Factor-Ansatz"

Dieser wohl älteste Ansatz zur Berufsberatung geht auf F. Parsons zurück, der in seinem Buch „Choosing a vocation" (1909) die Voraussetzungen einer optimalen Zuordnung von Mensch und Beruf formulierte. Dieses „Matching" als Auftrag für die berufliche Beratung basiert auf der Grundannahme einer prästabilierten Harmonie zwischen Mensch und Arbeitswelt und lässt sich wie folgt charakterisieren:
(1) Aufgrund psychischer Charakteristika ist jeder Mensch für einen bestimmten Typus von Berufstätigkeiten am besten geeignet.

(2) Die Menschen in den verschiedenen Berufen weisen spezifische psychische Charakteristika auf.
(3) Berufliche Bewährung und Zufriedenheit hängen ab von dem Ausmaß an Übereinstimmung zwischen individuellen und beruflichen Merkmalen.

Der bekannteste Vertreter dieser Richtung war in den letzten Jahrzehnten J. Holland, der Folgendes postulierte:
(1) Die meisten Menschen lassen sich vor allem einem von sechs Persönlichkeitstypen (dem realistischen, dem erforschenden, dem künstlerischen, dem sozialen, dem unternehmerischen oder dem konventionellen) zuordnen.
(2) Das beruflich-soziale Umfeld lässt sich ebenfalls anhand dieser sechs Typen charakterisieren. Jede dieser Umwelten wird dominiert von Menschen des entsprechenden Persönlichkeitstypus.
(3) Denn die Menschen suchen sich diejenigen Umfeldbedingungen, die es ihnen erlauben, ihre Fähigkeiten, Fertigkeiten und Interessen wiederzufinden sowie entsprechende Rollen zu übernehmen.
(4) Kenntnisse der Persönlichkeit und der beruflichen Umwelten ermöglichen dem Berufsberater Vorhersagen in Bezug auf Berufswahl, Berufswechsel, Bildungs- und Sozialverhalten.

Kritisch ist an diesem Trait-and-Factor-Ansatz die Annahme relativer Konstanz der Persönlichkeitsmerkmale und der Anforderungen im Beruf. Doch in der betrieblichen Ausbildung und Berufstätigkeit wirken eine Vielzahl emotionaler und umfeldbezogener Variablen zusammen.

Gerade aus dieser Sicht sind Bemühungen um eine Intensivierung der Berufswahlvorbereitung und der Forderung nach „passgenauer" Vermittlung in Ausbildungsstellen kritisch zu begegnen. Dazu kommt, dass in den berufskundlichen Medien zum Übergang in das duale System Statusaspekte und mögliche Konfliktfelder der betrieblichen Ausbildung weitgehend ausgeklammert bleiben (vgl. Ertelt, 2003, S. 65).

Tatsächlich spielen Image und Attraktivität jedoch eine große Rolle als Berufswahlkriterien (vgl. Kropp u. a., 2014, S. 31 f.).

Die Ergebnisse einer anderen empirischen Studie (vgl. Eberhard, Scholz & Ulrich, 2009, S. 10) zeigen, dass Jugendliche das Ansehen von Personen vor allem an den Eigenschaften „intelligent", „gebildet", „reich" und „ehrgeizig" festmachen und Berufe, die diese repräsentieren, bevorzugen. Wege zur Imageverbesserung von Ausbildungsberufen wären die Veränderung von Berufsbezeichnungen, eine attraktive Gestaltung der Berufsinhalte und die Verbesserung der Verdienstmöglichkeiten. Bei einem prestigeträchtigen Titel ist man zudem eher bereit, schlechtere Bezahlung in Kauf zu nehmen.

Die Stärke des „persönlichkeitstypologischen" Ansatzes sensu J. Holland zur präventiven Beratung zeigt sich besonders bei Abbruchstendenzen, die auf einer Diskrepanz von Wunschberuf und Einmündungsberuf oder auf unzureichenden Vorstellungen in Bezug auf die Befriedigung der eigenen Berufsinteressen beruhen.

Unzufriedenheit, mangelnder Erfolg oder sinkende Motivation während der Ausbildung und letztlich auch wachsende Abbruchsneigung resultieren demnach aus einer nicht adäquaten „Passung" (Kongruenz) von Person und beruflich-sozialem Umfeld. Es könnte jedoch auch sein, dass es dem Auszubildenden an Klarheit und Stabilität des Selbstbildes hinsichtlich der eigenen Interessen, Fähigkeiten, Werte und Ziele mangelt, die letztlich seine Identität ausmachen.

Die Trait-and-Factor-Modelle, besonders in der Ausprägung des „persönlichkeitstypologischen" Ansatzes, können also eine wichtige Rolle bei der Herausbildung eines Wunschberufs und der Suche nach einer adäquaten Realisierungsmöglichkeit spielen. Boockmann u. a. (2014, S. 122) sehen die dazu notwendigen Angebote an Berufsorientierung als ausreichend an, doch müssten sie besser koordiniert und verstärkt durch Praktika ergänzt werden. Gerade Letztere sollten den Berufswählern ein realistisches Bild der angestrebten Berufe vermitteln.

Doch diese relativ punktuellen Erfahrungen können nur dann zur Prävention beitragen, wenn sie die Ausbildungswirklichkeit in den Betrieben erfahrbar machen, nicht nur hinsichtlich der Interessenentsprechung, sondern auch der geforderten überfachlichen Kompetenzen. Letztere werden in dem „persönlichkeitstypologischen" Ansatz gegenüber den berufsbezogenen Interessen eher vernachlässigt (vgl. Ertelt & Frey, 2013, S. 277 ff.).

Der entwicklungsbezogene Ansatz

Dieser hauptsächlich von D. Super geprägte Ansatz lässt eine dynamische Perspektive des Abbruchsgeschehens zu, denn er vereint die beruflichen Lebensräume und Rollen in ihrem Entwicklungszusammenhang. Wie auf einem Regenbogen („Life-Career Rainbow") reihen sich die Stadien „Wachstum" (Kindheit bis 14 Jahre), „Erkundung und Erprobung" (Adoleszenz bis 25 Jahre), „Etablierung" (25–45 Jahre), „Erhaltung des Erreichten" (45–65 Jahre), „Abbau und Rückzug" (über 65 Jahre) aneinander. Je nach Phase in der Lebensspanne stellen sich in Bezug auf die verschiedenen Rollen (Kind, Schüler, Auszubildender/Studierender, Privatperson, Berufstätiger, Bürger, Familienmitglied) spezifische Herausforderungen. Bei den Übergängen und der Bewältigung besonderer Laufbahnereignisse sind die Stadien (Wachstum, Exploration, Etablierung, Aufrechterhaltung und Rückzug) als „Minizyklus" jeweils neu zu durchlaufen.

Für die Auszubildenden (14–25 Jahre) bedeutet dies die Entwicklung eines realistischen Selbstkonzepts, Kennenlernen erweiterter Handlungsmöglichkeiten, Fußfassen im gewählten Beruf, kritische Überprüfung der Berufswahl und Bewältigung der zunehmenden Fremdbestimmung in Bezug auf Zeitmanagement und Freizeitinhalte.

Zur Beschreibung der Übernahme von neuen Rollenanforderungen führt D. Super die Konstrukte „berufliche Identität" und „berufliches Selbstkonzept" ein. Ersteres meint die objektivierte Sicht eines Menschen auf seine beruflichen Ziele, Interessen und Begabungen. Das berufliche Selbstkonzept umfasst die subjektive Wertschätzung der wahrgenommenen Fähigkeiten, Interessen und Werte.

Berufserfolg, Zufriedenheit und Laufbahnstabilität resultieren aus einer guten „Passung" beider Konstrukte. Der Erfolg in Berufsausbildung und Erwerbstätigkeit hängt von der Bereitschaft und Fähigkeit des Individuums ab, diese Zuordnung im Sinne der jeweiligen Aufgabe aktiv zu bewältigen. Dies wird als „Berufsreife" bezeichnet, auf die man durch verstärkende Begleitung und die probeweise Übernahme beruflicher Rollen positiv einwirken kann. Die Ausbildungszufriedenheit steigt danach in dem Maße, wie der Einzelne sein berufliches Selbstkonzept einbringen kann.

Damit ergibt sich ein wichtiger Zugang zu den Hauptfaktoren der Abbruchsneigung und realisierten Abbrüchen, nämlich den „betrieblichen Gründen", und hierbei besonders der Interaktion mit dem Ausbilder. Denn ihm fallen – wie Studien zeigen – eine hohe Verantwortung bei der positiven Rückmeldung gelingender Interaktion von beruflicher Identität und beruflichem Selbstkonzept in der Berufsausbildung zu.

Kommunikationsstörungen zwischen Ausbilder und Auszubildendem müssen daher zwangsläufig zu Enttäuschungen und Selbstwertkonflikten auf beiden Seiten führen.

Schon bei einer früheren Untersuchung (vgl. Deuer & Ertelt, 2001) zeigte sich am Beispiel des betrieblichen Vorschlagswesens, dass die in einer Beteiligung zum Ausdruck kommende Anerkennung einer latenten Abbruchsneigung entgegenwirken kann (vgl. Deuer, 2011, S. 14).

Aus der Sicht entwicklungsbezogener Ansätze sollte sich die Abbruchsprävention auf die Selbstwahrnehmung der Interessen und Kompetenzen, das Selbstwertgefühl sowie die Berufsreife (sensu D. Super) der Auszubildenden konzentrieren.

In der vergleichenden Selbsteinschätzung der überfachlichen Kompetenzen anhand des Instruments „smk72+" sehen wir einen innovativen Beitrag zur Harmonisierung von beruflicher Identität und beruflichem Selbstkonzept.

Life-Designing-Ansatz

M. L. Savickas (2002, S. 149 ff.) führt den Ansatz von D. Super weiter und bezieht sich dabei auf dessen Aussage, dass die Theorie des Selbstkonzepts besser als Theorie persönlicher Konstrukte zu benennen sei. Das bedeutet, dass die individuelle Berufsentwicklung weniger von inneren Reifeprozessen als vielmehr von Anpassungen an Umgebungsbedingungen bestimmt wird: Berufslaufbahnen entfalten sich nicht, sie werden vom Individuum konstruiert.

Die Laufbahnkonstruktion besteht im Wesentlichen aus der Entwicklung und Umsetzung des beruflichen Selbstkonzepts in den Berufsrollen. Das Selbstkonzept entwickelt sich durch Interaktion der Begabungen, physischen Bedingungen, Möglichkeiten zur Beobachtung und Ausübung verschiedener Rollen sowie dem Ausmaß, in dem die Ergebnisse dieses Rollenverhaltens die Zustimmung wichtiger Bezugspersonen finden.

Diese Laufbahnkonstruktion kann in jeder Lebensphase durch geeignete Darstellung der Entwicklungsaufgaben, Übungen zur Stärkung der Anpassungsfähigkeit und Hilfen bei der Bewertung des Selbstkonzepts gefördert werden.

Die aktuelle Fachdiskussion im Bereich der konstruktivistischen Auffassungen zur Berufsentwicklung wird bereichert durch den Ansatz „Life Designing", der die Theorien der Selbstkonstruktion („Self-Constructing") und der Laufbahnkonstruktion („Career Construction") verbindet (vgl. Savickas et al., 2009; Guichard, 2005).

Charakteristisch für beraterische Interventionen sind die lebensbegleitende Funktion, also nicht nur bezogen auf aktuelle Problemsituationen (wie etwa berufliche Übergänge), und der holistische Ansatz, der die Selbstkonstruktion in allen Rollenbezügen berücksichtigt, also das gesamte Lebensumfeld des Menschen einbezieht.

Nur innerhalb dieses Rahmens lassen sich die zentralen Ziele der Life-Designing-Beratung realisieren, nämlich Stärkung der Anpassungsfähigkeit des Klienten an wechselnde Entwicklungserfordernisse („Adaptability"), Bezug zur Biografie und Selbstkonstruktion („Narratability"), Stärkung der Eigenaktivität bei der Persönlichkeitsentwicklung, etwa der Selbstwirksamkeitsüberzeugung („Activity") und Bewusstmachen der individuellen Gestaltungsvorgänge zur Nutzung bei künftigen Selbstkonstruktionen („Intentionality").

Besonders die Anpassungsfähigkeit („Adaptability") wird in der Konzipierung durch Savickas (2005) in den letzten Jahren zunehmend diskutiert. Danach sind vier Einstellungen des Einzelnen wichtig, damit er sein Selbstkonzept in einem Beruf verwirklichen kann: zukunftsbezogene Planung („**C**oncern"), berufliche Entschiedenheit („**C**ontrol"), Zuversicht als berufliche Selbstwirksamkeitserwartung („**C**onfidence") und Neugierde („**C**uriosity").

Nach Hirschi (2014a) haben Untersuchungen gezeigt, dass diese vier Faktoren positiv zusammenhängen mit der individuellen Laufbahnentwicklung, etwa bei der Stellensuche von Arbeitslosen oder beim Übergang von der Schule in den Beruf. Allerdings werden aus seiner Sicht wichtige Erfolgskomponenten, wie z. B. soziale Netzwerke, in dem Konzept der „Adaptability" nicht berücksichtigt.

In seinem eigenen Karriere-Ressourcen-Modell (Hirschi, 2012) verbindet er vier entscheidende Einflussgrößen auf den Laufbahnerfolg: „Humanressourcen" (vor allem Fachkenntnisse und Schlüsselkompetenzen), „Soziale Ressourcen" (Netzwerke und Mentoren), „Psychologische Ressourcen" (Hoffnung) und „Berufliche Identitätsressourcen" (etwa Zielklarheit und Zielkongruenz).

In einer weiteren Studie fand Hirschi (2014b), „dass Hoffnung eine wichtige psychologische Ressource für das selbstgesteuerte Laufbahnmanagement ist, weil Hoffnung positiv mit beruflicher Entschiedenheit, Planung und Selbstwirksamkeit zusammenhängt – als auch mit Lebenszufriedenheit und Berufszufriedenheit".

„Life Designing" erscheint in besonderer Weise geeignet, Abbruchspräventionen im Bereich nicht gelungener Bewältigung von Rollendiskrepanzen zu begegnen. So stellte Deuer (2010, S. 60 f.; 2014, S. 10 f.) in verschiedenen empirischen Untersuchungen einen hochsignifikanten Zusammenhang zwischen dem Empfinden einer Work-Life-Balance und der Ausprägung einer Abbruchsneigung fest. Je höher Letztere ist, umso stärker wird das Verhältnis zwischen Berufsausbildung und Privatleben als nicht ausgewogen empfunden.

Die bereits oben erwähnten Eckpunkte für eine kompetenzorientierte Laufbahnberatung von Lang-von Wins und Triebel (2006, S. 59 f.) weisen eindeutig in die Richtung konstruktivistischer Ansätze, besonders des Life Designing. Denn es werden Kompetenzen als geeignete Strukturierungsinstrumente für eine als sinnvoll und in sich schlüssig erlebte Biografie betrachtet. Dies dürfte die Abbruchsneigung nachhaltig dadurch reduzieren, dass diese Harmonie zwischen den in der Ausbildung wahrzunehmenden Rollen bewusst gemacht wird. Besondere Beachtung verdient eine angemessene Sprache, speziell in Form metaphorischer, erzählender oder unterhaltender Kommunikation, als Mittel zur Konstruktion der subjektiven Realitäten (vgl. Peavy, 1994, S. 32).

Berufliche Entscheidungsfindung als sozialer Lernprozess

Die Theorie des sozialen Lernens von J. D. Krumboltz lenkt bei der Abbruchsprävention den Blick auf die primäre und sekundäre Sozialisation der Auszubildenden. Dabei stehen besonders die Anregungsbedingungen und -ereignisse in Bezug auf die bildungs- und berufsbezogenen Einstellungen im Fokus.

Eine gelingende Berufslaufbahn ist danach nur möglich, wenn entsprechende Lernerfahrungen, besonders Lernen am (positiven) Modell oder konstruktive mittelbare oder stellvertretende Erfahrungen, gemacht werden konnten.

Entscheidendes Gewicht kommt jedoch der Fähigkeit zum Problemlösen zu, die sich im Zusammenspiel von Lernerfahrungen, genetischer Ausstattung, speziellen Begabungen und Umgebungseinflüssen herausbildet. Sie umfasst Arbeitsgewohnheiten, subjektive Arbeitsstandards, Entscheidungsregeln. Es handelt sich um kognitive und praktische Fähigkeiten sowie um emotionale Voraussetzungen für die Bewältigung von Umfeldereignissen. Hier ergibt sich eine enge Verbindung zu den überfachlichen Kompetenzen, wie sie der „smk72+" misst.

Die präventive Beratung muss sich daher sehr stark den individuell prägenden Auffassungen zur Ausbildungssituation und den Verhaltensweisen bei der Lösung von Problemen bzw. Konflikten zuwenden.

Defiziten in diesen Bereichen lassen sich vor allem durch eine Vernetzung von Schule, Übergangssystem, Berufsschule und Ausbildungsbetrieb (vgl. Thiele, 2011, S. 6 ff.) sowie eine nachgehende beraterische Betreuung nach der Einmündung in eine Ausbildung begegnen (siehe hierzu BMBF, Berufsbildungsbericht 2014, S. 70 ff.).

Theorie der Arbeitsangepasstheit

Eine noch stärkere Bedeutung der Interaktion von Person und Arbeitsumgebung postuliert die Theorie der Arbeitsangepasstheit (work adjustment theory) nach Dawis, Lofquist und Weis (vgl. Dawis 1994, S. 33 ff. und 1996, S. 75 ff.). Übertragen auf unsere Zielgruppe könnten ihre Postulate lauten: Wird ein Auszubildender den Anforderungen eines Ausbildungsplatzes gerecht, so kommt es zur Verstärkung durch die Umgebung, was zur Ausbildungszufriedenheit und zur erneuten positiven Beurteilung durch den Ausbilder führt. Verändern sich die Ausbildungsanforderungen und kann der Einzelne dadurch keine angemessenen Leistungen mehr erzielen, erfolgt negative Rückmeldung bis hin zur Bestrafung oder Lösung des Ausbildungsvertrags, wenn keine rechtzeitige Anpassung gelingt.

Bevor es aber zur Anpassung kommt, muss der Mensch erst ein gewisses Maß an Nichtentsprechung ertragen. Wie viel „Leidensdruck" er subjektiv tolerierte, ehe er eine Anpassung vornimmt, definiert seine „Flexibilität". **Aktives** Anpassungsverhalten zielt auf Änderungen der Arbeitsumgebung und ihrer Verstärkermechanismen. Bei **reaktivem** Verhalten versucht der Einzelne, sich so zu ändern, dass er den Anforderungen und der sozialen Umgebung am Ausbildungs- bzw. Arbeitsplatz besser gerecht wird.

Wirksame Unterstützung bedarf der fundierten Kenntnis der individuellen Anpassungsstile. Dazu zählen die diesen Stil prägenden Faktoren, nämlich Flexibilität, Aktivität oder Reaktivität und Ausdauer (perseverance). Probleme entstehen dann, wenn nicht kommunizierte Unterschiede bestehen zwischen der individuellen Toleranz des Auszubildenden und der des Ausbilders hinsichtlich des Grades an Nichtentsprechung zwischen Person und Anforderungen. Man kann auch hier den engen Bezug zu den überfachlichen Kompetenzen erkennen.

Bislang in der Prävention von Ausbildungsabbrüchen weitgehend vernachlässigt ist die Einbeziehung des „psychologischen Vertrags" (psychological contract). Dieser Vertrag „beschreibt die gegenseitigen Erwartungen und Verpflichtungen, die über den juristischen Arbeitsvertrag hinausgehen […], und definiert sich über die Wahrnehmung des Individuums, das im Gegenzug für sein Engagement für die Organisation die in sie gesetzten Erwartungen des Individuums erfüllt" (Hecker, 2010, S. 19 f.).

Dieses Konstrukt erscheint in besonderem Maße geeignet, das Commitment (hohe persönliche Übereinstimmung mit den Organisationszielen, Anstrengungsbereitschaft für die Organisation und Wunsch, die Mitgliedschaft in der Organisation fortzusetzen), die Arbeitszufriedenheit bzw. Ausbildungszufriedenheit sowie die emotionalen und kognitiven Beanspruchungen im Ausbildungskontext zu erklären und damit gestaltbar zu machen.

Wichtig sind hierbei die Einflüsse auf die subjektiv wahrgenommene Work-Life-Balance und das Verhältnis zwischen persönlichen Ressourcen und alltäglichen Belastungen.

In Bezug auf die genannten Einstellungen erwiesen sich die folgenden Merkmale psychologischer Verträge als besonders relevant: sozioemotionale Aspekte, Klarheit und Konkretheit der Beziehung und Rolle des Individuums im Betrieb, wahrgenommene Einzigartigkeit bzw. Nichtersetzbarkeit und Langfristigkeit in der Beziehung zur Organisation (vgl. Hecker, 2010, S. 145 ff.).

Entscheidungstheoretischer Ansatz

Möglichkeiten zu konkreter Abbruchsprävention bietet die **Informationsstrukturelle Methodik der Beratung** (ISM) (vgl. Ertelt & Schulz, 1997, S. 223 ff.; 2015, S. 245 ff.). Dieser Ansatz bezieht sich in besonderem Maße auf die Schnittstelle zwischen Objekttheorien des beruflichen Verhaltens und operativen Theorien der Berufsberatung.

Die ISM lenkt den Blick auch auf die Bedeutung der „Career Management Skills" (CMS), also der individuellen Kompetenz zur systematischen Sammlung, Aufbereitung und Nutzung von Informationen über Bildung und Beruf sowie der Fähigkeit, berufliche Entscheidungen angemessen zu treffen und umzusetzen. Diese CMS benötigt der Mensch, um mit Veränderungen und Herausforderungen in Bildung, Weiterbildung und Arbeit aktiv umzugehen (vgl. European Lifelong Guidance Policy Network, 2011, S. 13 ff.).

Nach ISM lassen sich individuelle Entscheidungs- und Problemlösungsverhalten idealtypisch einteilen in eine Vor-Entscheidungsphase, eine Entschlussphase und eine Nach-Entscheidungsphase. In diesen Phasen kombiniert der Mensch jeweils drei Arten von Informationen: **Faktenwissen** umfasst Angaben über mögliche Alternativen, deren „Befriedigungsangebote" und deren Realisierungsmöglichkeiten; **Wertungswissen** umfasst Kriterien, die sich aus Vorstellungen über sich selbst im Vergleich zum beruflich-sozialen Umfeld entwickelt haben; persönlich verbindliche **Problemlösungsstrategien** weisen dem Einzelnen den Weg, welche faktischen und wertenden Informationen wie miteinander zu verbinden sind, um eine problematische Situation zu bewältigen.

Als **Entscheidungsprämissen** bezeichnet man nur solche Informationen, die in die individuelle Problemlösung einbezogen werden. Der gesamte kognitive Prozess ist begleitet von Emotionen, die den Ablauf zum Teil wesentlich beeinflussen.

Aus dem Blickwinkel des dreiphasigen Entscheidungsverlaufs der Berufswahl befinden sich die Auszubildenden in der Nach-Entscheidungsphase, in der sich Berufswunsch und Realität in Form der Ausbildung in einem bestimmten betrieblichen Umfeld beggenen. Dabei werden mehr oder weniger schmerzliche Abweichungen erlebt, es kommt zu Gefühlen des Bedauerns und Gedanken der Nachbesserung oder Veränderung.

Zur Bewältigung der für die Nach-Entscheidungsphase typischen „kognitiven Dissonanzen" sind beschreibende, bestärkende und interpretierende Informationen zu vermitteln. Es kommt darauf an, dass nicht nur inhaltsbezogene Aspekte, sondern vor allem die Interaktion in der neuen Umgebung angesprochen werden. Die zentrale Rolle spielt die realistische Zuschreibung (Attribution) von Erfolg und Misserfolg für die Entwicklung der berufsbezogenen Leistungsbereitschaft und des Selbstkonzepts. Mancher junge Mensch begreift sich als Versager, nur weil seine Umgebung unangemessene Zuschreibungsmuster kommuniziert. Umgekehrt kann auch falsch verstandene Großzügigkeit bei der Bewertung von Erfolg und Misserfolg bei den Auszubildenden Gefühle der Selbstüberschätzung bewirken, mit ebenfalls negativen Folgen für das Selbstkonzept.

Untersuchungen haben gezeigt, dass gerade den individuellen Problemlösungskompetenzen bei beruflichen Entscheidungen eine besondere Bedeutung zukommt. Schwächen in diesen stark von dem Erfolg früherer sozialer Lernprozesse abhängigen präskriptiven Prämissen (Erkennen der Bedeutung einer Entscheidungssituation, angemessene Definition des Problems, realistische Bestimmung der Lösungsschritte, Entwicklung von Handlungsalternativen, Auswertung früherer Erfahrungen, Informationssuche zu Alternativen und deren Gewichtung) führen zu unangemessenen Reaktionen bei der Lösung von Ausbildungskonflikten (wir erkennen hier die Nähe zu den sog. Career Management Skills (CMS), vgl. ELGPN, 2013, S. 23 ff.).

Die beraterische Hilfe muss sich jedoch an den begrenzten kognitiven Möglichkeiten des Individuums, seinen Emotionen und limitierenden Bedingungen, unter denen es zum Teil sehr weitreichende Entscheidungen treffen muss, orientieren. Damit rücken die sog. „vereinfachenden Heuristiken" ins Blickfeld, also Verallgemeinerungen und Regeln, die Menschen bei Entscheidungen, die unter begrenzter Zeit, begrenztem Wissen und begrenzter Verarbeitungskapazität getroffen werden müssen, benützen (vgl. Ertelt & Schulz, 2015, S. 251 ff.). Solange sich jedoch Berufsorientierung und Beratung an den normativen Modellen der rationalen Entscheidung ausrichten, muss ihre Effektivität begrenzt bleiben. Daher gilt es, für eine innovative Abbruchsprävention neue Instrumente auf der Basis deskriptiver Entscheidungs- und Problemlösungsansätze zu entwickeln.

In Bezug auf die Entscheidungsregeln („präskriptive Prämissen") zeigen Boockmann u. a. (2014, S. 11 ff.) vier Verhaltensmodelle zum Ausbildungsabbruch auf. Nach dem **„Modell des Humankapitals"** nimmt die Wahrscheinlichkeit eines Ausbildungsabbruchs ab, wenn die Ausbildungserträge („Gegenwartswert der Anteile am künftigen Einkommen") steigen. Erhöht sich in den Augen des Auszubildenden allerdings das am Arbeitsmarkt zu erzielende Einkommen ohne Ausbildung, wird ein Abbruch wahrscheinlicher.

Dieses Modell lässt sich auch auf die rationale Wahl zwischen betrieblicher Berufsausbildung und einem Studium übertragen, wobei die Kalkulation allerdings stark von der sozialen Herkunft beeinflusst wird.

Nach dem **„Suchmodell"** wird die Berufsausbildung so lange fortgesetzt, bis der Auszubildende ein für ihn attraktiveres Angebot erhält. Dies kann sich sowohl auf die Bezahlung als auch auf das Image (Betrieb und/oder Beruf) oder einen bislang nicht erreichten Wunschberuf beziehen. Vermutet wird, dass zwischen dem Angebot an Ausbildungsstellen und der Abbruchsquote ein positiver Zusammenhang dergestalt besteht, dass bei guter Marktlage ein Wechsel leichter fällt.

Ein anderes Verhaltensmodell bezieht sich auf die bei der Wahl eines Ausbildungsberufs begrenzten Erfahrungen und die dadurch ausgelösten Unsicherheiten. Danach erfolgen die meisten Abbrüche zu Beginn, wenn nämlich festgestellt wird, dass der Auszubildende und der Ausbildungsberuf bzw. die Ausbildungsstelle nicht zusammenpassen. „Die empirische Implikation ist, dass die Wahrscheinlichkeit eines Wechsels mit der Verweildauer im Betrieb abnimmt" (Boockmann u. a., 2014, S. 14).

Die **„nicht rationalen Modelle des Bildungserwerbs"** tragen der Erkenntnis Rechnung, dass rationale (Berufs-)Wahlen wohl eher unwahrscheinlich und sog. psychologische Faktoren besonders zu beachten sind. Eine zentrale Rolle spielen hierbei die Kontrollüberzeugungen, wobei junge Menschen mit höheren Kontrollüberzeugungen (d. h., Erfolge werden größtenteils sich selbst zugeschrieben) mit geringerer Wahrscheinlichkeit die Ausbildung abbrechen (ebd., S. 15).

Aus der Sicht der ISM betreffen die mit dem „smk72+" gemessenen Kompetenzen vor allem den Bereich der „valuativen Prämissen" (also die Entscheidungskriterien), hängen teilweise aber auch mit den „präskriptiven Prämissen" im Sinne von Entscheidungsregeln zusammen.

4 Schlussfolgerungen und Weiterungen

In diesem Beitrag haben wir uns vor allem auf die Prävention dysfunktionaler Vertragslösungen **während** der betrieblichen Berufsausbildung konzentriert. Selbstverständlich muss diese Aufgabe schon früher vor allem durch eine professionelle Berufsorientierung und Berufsberatung für Schüler der allgemeinbildenden Schulen vorbereitet werden. Eine immer wichtigere Rolle spielen Maßnahmen im Übergang Schule – Ausbildung, etwa durch die Berufseinstiegsbegleitung oder „Bildungsketten". Auch gibt es bereits eine Reihe von Maßnahmen während der Ausbildung, sowohl länderspezifisch als auch bundesweit (vgl. hierzu Boockmann u. a., 2014, S. 15 ff.).

Die bisherigen zahlreichen Studien zur Ursachenklärung vorzeitiger Vertragslösungen oder gar Ausbildungsabbrüche beziehen sich zumeist auf retrospektive Angaben über die Gründe bereits vollzogener Handlungen.

Aus unserer Sicht sollte jedoch mehr als bisher in die Früherkennung von individuellen Abbruchstendenzen investiert werden, denn sie bildet die Grundlage einer wirkungsvollen Prävention. Es muss jedoch betont werden, dass nicht jede Abbruchsneigung auch in eine vorzeitige Vertragslösung mündet, gleichwohl aber Risiken in sich birgt.

Das im Rahmen des Projekts „PraeLab" entwickelte Verfahren, die individuelle Ausprägung der überfachlichen Kompetenzen in Verbindung mit der direkten Messung der Abbruchsneigung als Frühindikatoren für spezifische Beratungsangebote zu nutzen, verspricht ein innovativer und nachhaltiger Weg zur Reduzierung besonders der dysfunktionalen Vertragslösungen zu sein.

In einem größeren deutsch-polnischen Projekt (2015–2016) unter Leitung der Hochschule der Bundesagentur für Arbeit (HdBA) sollen nun die Zusammenhänge zwischen den überfachlichen Kompetenzen (gemessen mit „smk72+") und den Berufsinteressen (gemessen anhand überarbeiteter Dimensionen nach J. Holland) sowie den berufsbezogenen Entscheidungsheuristiken von Schülern in Abschlussklassen allgemeinbildender Schulen erforscht werden. Vorerhebungen (allerdings bei anderen Zielgruppen) ergaben einen nur schwachen Zusammenhang zwischen überfachlichen Kompetenzen und Berufsinteressen (vgl. Ertelt, Frey & Noworol, 2015), was bei einer Übertragung auf die genannte Zielgruppe zu gefährlichen Diskrepanzen zwischen Wunschberuf und Einmündungsberuf führen kann.

Für die Gestaltung angemessener Informations- und Beratungsangebote erscheint es nach einer Reihe von Untersuchungen (vgl. Ertelt & Schulz, 2015, S. 257 ff.; Seyffer, 2015) überfällig, die nicht rationalen Entscheidungsmodelle stärker zu berücksichtigen und methodisch in nachfrageorientierte Methoden umzusetzen. Dazu ist auch ein spezifisches Marketing zu entwickeln, denn ein Schwachpunkt bisheriger Maßnahmen zur Reduzierung vorzeitiger Vertragslösungen scheint eine nicht ausreichende Inanspruchnahme seitens der eigentlichen Zielgruppe zu sein.

Eine besondere Herausforderung stellt die Einbeziehung der aus unserer Sicht bislang nicht ausreichend beachteten Objekttheorien der Berufswahl und Laufbahnentwicklung dar. Ohne eine solche Fundierung werden die entsprechenden Maßnahmen suboptimal bleiben.

Literatur

Arulmani, G., Bakshi, A. J., Leong, F. T. L. & Watts, A. G. (Hrsg.) (2014). Handbook of Career Development – International Perspectives. New York, Heidelberg, Dordrecht, London: Springer Science+ Business Media.

Balzer, L., Ertelt, B.-J. & Frey, A. (2012). Erfassung und Prävention von Ausbildungsabbrüchen – die praktische Umsetzung im EU-Projekt PraeLab. In C. Baumeler, B.-J. Ertelt & A. Frey (Hrsg.), Diagnostik und Prävention von Abbrüchen in der Berufsbildung (S. 139–161). Landau: Verlag Empirische Pädagogik.

Boockmann, B., Dengler, C., Nielen, S., Seidel, K. & Verbeek, H. unter Mitarbeit von Meythaler, N. & Schmid, F. (2014). Ursachen für die vorzeitige Auflösung von Ausbildungsverträgen in Baden-Württemberg. Institut für Angewandte Wirtschaftsforschung e. V. (IAW), Tübingen. IAW Policy Reports Nr. 13, September 2014.

Brown, D. (2007). Career Information, Career Counseling, and Career Development (9. Auflage). Boston: Pearson.

Bundesministerium für Bildung und Forschung (BMBF) (2014). Berufsbildungsbericht.

Dawis, R. V. (1994). The Theory of Work Adjustment as Convergent Theory. In M. L. Savickas & R. W. Lent (Hrsg.), Convergence in Career Development Theories (S. 33–43). Palo Alto/CA: CCP Books.

Dawis, R.V. (1996). The Theory of Work Adjustment and Person – Environment – Correspondence counselling. In: D. Brown and Ass. (2002). Career Choice and Development (4. Auflage, S. 75–120). San Francisco: Jossey-Bass.

Deuer, E. (2006). Früherkennung von Ausbildungsabbrüchen. Ergebnisse einer empirischen Untersuchung im baden-württembergischen Einzelhandel. Dissertation. Mannheim: Universität Mannheim.

Deuer, E. (2010). Work-Life-Balance von Auszubildenden und Ausbildungsabbrüche. „Ein hochsignifikanter Zusammenhang". Personalführung 10/2010, S. 60–61.

Deuer, E. (2011). Betriebliches Vorschlagswesen und betriebliche Personalentwicklung – Zusammenhänge, Abhängigkeiten und Potenziale. Handbuch der Aus- und Weiterbildung, März 2011, S. 1–20.

Deuer, E. (2012). Früherkennung und Prävention von Ausbildungsabbrüchen. In C. Baumeler, B.-J. Ertelt & A. Frey (Hrsg.), Diagnostik und Prävention von Abbrüchen in der Berufsbildung (S. 61–73). Landau: Verlag Empirische Pädagogik.

Deuer, E. (2014). Berufsorientierung, Work-Life-Balance und Abbruchneigung – Zusammenhänge und Handlungsperspektiven. In Ausbilder-Handbuch, 162. Erg.-Lfg – September 2014.

Deuer, E. & Ertelt, B.-J. (2001). Früherkennung und Prävention von Ausbildungsabbrüchen. In Informationen für die Beratungs- und Vermittlungsdienste der Bundesanstalt für Arbeit (ibv), S. 1415–1432.

Dummert, S., Frei, M. & Leber, U. (2014). Betriebe und Bewerber finden schwerer zusammen, dafür sind Übernahmen häufiger denn je. IAB-Kurzbericht 20/2014.

Eberhard, V., Scholz, S. & Ulrich, J. G.(2009). Image als Berufswahlkriterium. Bedeutung für Berufe mit Nachwuchsmangel. In: BWP 38 (2009) 3, S. 9–13.

Ertelt, B.-J. (2003). Prävention von Ausbildungsabbrüchen durch Berufsberatung. In: Information für die Beratungs- und Vermittlungsdienste der Bundesanstalt für Arbeit (ibv) 25/2003, S. 63–67.

Ertelt, B.-J. & Frey, A. (2012). Theorien der beruflichen Entwicklung und Beratung in ihrer Bedeutung für die Abbruchsprävention. In Baumeler, C., Ertelt, B.-J. & Frey, A. (Hrsg.), Diagnostik und Prävention von Abbrüchen in der Berufsbildung (S. 201–221). Landau: Verlag Empirische Pädagogik.

Ertelt, B.-J. & Frey, A. (2013). Interessendiagnostik. In A. Frey, U. Lissmann & B. Schwarz (Hrsg.), Handbuch Berufspädagogische Diagnostik (S. 276–297). Weinheim und Basel: Beltz Verlag.

Ertelt, B.-J., Frey, A. & Noworol, C. (2015). Berufsinteressen und überfachliche Kompetenzen bei Älteren in Deutschland und Polen. In B.-J. Ertelt & M. Scharpf (Hrsg.), Berufliche Beratung für Ältere (in Vorbereitung).

Ertelt, B.-J. & Schulz, W. E. (1997). Beratung in Bildung und Beruf. Leonberg: Rosenberger.

Ertelt, B.-J. & Schulz, W. E. (2015). Handbuch Beratungskompetenz (3. Auflage). Edition Rosenberger. Wiesbaden: SpringerGabler.

European Lifelong Guidance Policy Network (ELGPN) (2013). Entwicklung einer Strategie zur Lebensbegleitenden Beratung: Eine Europäische Handreichung. ELGPN Tools No. 1. Berlin.

Frey, A. (2008). Kompetenzstrukturen von Studierenden in der ersten und zweiten Phase der Lehrerbildung – eine nationale und internationale Standortbestimmung (Erziehungswissenschaft, Band 23). Landau: Verlag Empirische Pädagogik.

Frey, A. (2014). Diagnose und Prävention von Ausbildungsabbruchrisiken – Theoretische Aspekte und empirische Befunde. Präsentation zum Workshop der BSLB in Fribourg 23.06.2014.

Frey, A. & Balzer, L. (2005). Der Beurteilungsbogen smk: Ein Messverfahren für die Diagnose von sozialen und methodischen Fähigkeitskonzepten. In A. Frey, R. S. Jäger & U. Renold (Hrsg.), Kompetenzdiagnostik. Theorien und Methoden zur Erfassung und Bewertung von beruflichen Kompetenzen. Landau: Verlag Empirische Pädagogik.

Frey, A. & Balzer, L. (2011). Die Reihe smk72+ zur Diagnose von überfachlichen Kompetenzen und Ausbildungsabbruchrisiken in der beruflichen Grundbildung. Mannheim: HdBA.

Frey, A. & Ertelt, B.-J. (2013). Diagnostik und Prävention von Ausbildungsabbrüchen in der beruflichen Ausbildung. In A. Frey, U. Lissmann & B. Schwarz (Hrsg.), Handbuch Berufspädagogische Diagnostik (S. 441–466). Weinheim und Basel: Beltz Verlag.

Frey, A. & Ruppert, J.-J. (2013). Structuring and Detecting Competence. In K. Beck & O. Zlatkin-Troitschanskaia (Hrsg.). From Diagnostics to Learning Success (S. 185–198). Rotterdam: Sense Publishers.

Frey, A. & Terhart P. (2010). Ausbildungsabbrüche – Problembeschreibung und Möglichkeiten einer Prävention. Blätter der Wohlfahrtspflege, 105 (3), S. 109–112.

Guichard, J. (2005). Life-long self-construction. International Journal for Educational and Vocational Guidance, 5, S. 111–124.

Hecker, D. (2010). Merkmale psychologischer Verträge zwischen Beschäftigten und Organisationen. Universität Erlangen-Nürnberg, Diss.

Hirschi, A. (2012). The career resources model: an integrative framework for career counsellors. British Journal of Guidance & Counselling, 40 (4), S. 369–383. doi: 10.1080/03069885.2012.700506.

Hirschi, A. (2014a). Moderne Ansätze zur Förderung beruflicher Entwicklung. Nationale Tagung des BSLB 2014, Université de Fribourg, 23. Juni 2014 (Handout).

Hirschi, A. (2014b). Hope as a resource for self-directed career management: Investigating mediating effects on proactive career behaviors and life and job satisfaction. Journal of Happiness Studies, published online ahead of print. doi: 10.1997/s10902–013–9488-x.

Holland, J. L. (1997). Making Vocational Choices – A Theory of Vocational Personalities and Work Environments (3. Auflage). Odessa/Florida: PAR.

Kropp, P., Danek, S., Purz, S., Dietrich, I. & Fritzsche, B. (2014). Die vorzeitige Lösung von Ausbildungsverträgen – eine Beschreibung vorzeitiger Lösungen in Sachsen-Anhalt und eine Auswertung von Bestandsdaten der IHK Halle-Dessau. IAB-Forschungsbericht 13/2014.

Krumboltz, J. D. (2003). Creating and capitalizing on happenstance in educational and vocational guidance. In: SVB/ASOSP, Internationaler AIOSP Fachkongress, Schlussbericht Bern 2003. Zugriff unter http://www.svb-asosp.ch/Kongress/Start.htm

Krumboltz, J. D. & Lewin, A. S. (2004). Luck is no accident: Making the most of happenstance in your life and career. Atascadero/CA: Impact Publishers.

Lang-von Wins, Th. & Triebel, C. (2006). Kompetenzorientierte Laufbahnberatung. Heidelberg: Springer Medien Verlag.

Leung, S. A. (2008). The Big Five Career Theories. In J. A. Athanason & R. Van Esbroeck (Hrsg.), International Handbook of Career Guidance (S. 115–132). Springer Science+Business Media B.V.

Matthes, St., Ulrich, J. G., Krekel, E. M. & Walden, G. (2014). Wenn Angebot und Nachfrage immer seltener zusammenfinden – Wachsende Passungsprobleme auf dem Ausbildungsmarkt: Analysen und Lösungsansätze. Herausgeber: Bundesinstitut für Berufsbildung (BIBB). Bonn.

Parsons, F. (1909). „Choosing a vocation". Boston: Houghton Mifflin.

Peavy, R. V. (1994). A constructivist perspective for counseling. Education and Vocational Guidance Bulletin, 55, S. 31.

Pieper, A. (2014). Duales System vor großen Herausforderungen. Bundesinstitut für Berufsbildung (BIBB), Presse- und Öffentlichkeitsarbeit, 12.12.2014.

Savickas, M. L. (2002). Career Construction – A Developmental Theory of Vocational Behaviour. In D. Brown and Ass. (Hrsg.). Career Choice and Development (4. Auflage, S. 149–205). San Francisco: Jossey-Bass.

Savickas, M. L. (2005). The theory and practice of career construction. In: S. D. Brown & R. W. Lent (Hrsg.), Career development and counselling (S. 42–70). Hoboken, NJ: Wiley Sons Inc.

Savickas, M. L., Nota, L., Rossier, J., Dauwalder, J.-P., Duarte, M. E., Guichard, J., Soresi, S., Van Esbroeck, R. & van Vianen, A. E. M. (2009). Life designing: A paradigm for career construction in the 21st century. Journal of Vocational Behavior, Vol. 75 (2009), S. 239–250.

Schmid, E. (2012). Ausstieg oder Wiedereinstieg? Die Konsequenzen von Lehrvertragsauflösungen auf den weiteren Ausbildungsverlauf von Jugendlichen. In C. Baumeler, B.-J. Ertelt & A. Frey (Hrsg.), Diagnostik und Prävention von Ausbildungsabbrüchen in der Berufsausbildung (S. 239–253). Landau: Verlag Empirische Pädagogik.

Seyffer, S. (2015). Individuelle Migrationsentscheidungen – Ein Beitrag zu einer innovativen Mobilitätsberatung. Landau: Verlag Empirische Pädagogik (im Druck).

Super, D. E. (1994). Der Lebenszeit-, Lebensraumansatz der Laufbahnentwicklung. In D. Brown and Ass. (2002), S. 211–280.

Super, D. E., Savickas, M. L. & Super, C. M. (1996). The Life-Span, Life-Space Approach to Careers. In D. Brown and Ass. (2002), S. 121–178.

Thiele, P. (2011). Systemische Verzahnung von Schule, „Übergangssystem" und Ausbildung. Zeitschrift Berufs- und Wirtschaftspädagogik, 2, S. 6–8.

Uhly, A. (2015). Vorzeitige Vertragslösungen und Ausbildungsverlauf in der dualen Berufsausbildung. Fortschrittsstand, Datenlage und Analysemöglichkeiten auf Basis der Berufsbildungsstatistik. Bundesinstitut für Berufsbildung (BiBB). Bonn

Vodafone Stiftung Deutschland (2014). Schule und dann? – Herausforderungen bei der Berufsorientierung von Schülern in Deutschland. Eine Studie des Instituts für Demoskopie Allensbach. Düsseldorf.

durchgängig alle Items als „ausschlaggebend" bezeichnet werden und somit keine Prioritäten erkennbar werden. Dieser Fall trat nicht ein, es zeigte sich aber, dass die ausgebildeten Nachwuchskräfte die verschiedenen Kriterien häufiger als die anderen Gruppen als „ausschlaggebend" einschätzten.

Zusammenfassend ergab sich das in Abbildung 1 dargestellte Meinungsbild, welches in den nachfolgenden Abschnitten weiter erläutert und bewertet wird.

2.1 Arbeitsorganisation

Im Hinblick auf die Ausgestaltung der Arbeitsorganisation wurde die Bedeutung on interessanten Arbeitsaufgaben, Teamarbeit und „großer Entscheidungsfreiheit" abgefragt, ebenso ging es um die „Möglichkeit, im Ausland zu arbeiten". Besonders auffallend ist hierbei, dass sowohl die Führungskräfte (73 %) als auch die Generation Y (75 %) die interessanten Aufgaben im Vergleich zu den anderen Kriterien am häufigsten als „ausschlaggebend" bewerten. Innerhalb der Generation Y liegt der Wert der akademischen Nachwuchskräfte deutlich über dem der ausgebildeten Nachwuchskräfte (81 % vs. 66 %). Möglicherweise steigt mit höherer Qualifikation der Anspruch an komplexere Arbeitsaufgaben. Es könnte aber auch daran liegen, dass die Arbeitstätigkeit ein gesellschaftliches Statussymbol darstellt, weshalb es besonders für akademische Nachwuchskräfte wichtig erscheint, möglichst interessante Aufgaben zu übernehmen, was nicht zuletzt auch mit einem entsprechenden Bedeutungsgewinn und Einkommenszuwächsen einhergehen dürfte.

Die akademischen Nachwuchskräfte nennen auch die „Möglichkeit, im Ausland zu arbeiten" (34 %), häufiger als die anderen beiden Gruppen als Attraktivitätsfaktor, ansonsten nehmen sie aber zumeist eine mittlere Position ein. Für den größten Teil der Führungskräfte spielt die Möglichkeit, im Ausland zu arbeiten, keine entscheidende Rolle. Dies dürfte sich sowohl auf den Lebensabschnitt bzw. das Alter als auch auf die berufliche Laufbahn zurückführen lassen, da ein großer Teil der Führungskräfte bereits in der Vergangenheit einen Auslandseinsatz absolviert hatte. Bei den ausgebildeten Nachwuchskräften wünschen sich immerhin 21 % entsprechende Angebote der Arbeitgeber, und sogar bei rund einem Drittel der akademischen Nachwuchskräfte stellt dies einen ausschlaggebenden Grund dar. Insgesamt sollte die Relevanz dieses Kriteriums nicht unterschätzt werden, da Auslandsentsendungen die betroffenen Betriebe regelmäßig vor große Herausforderungen stellen. Schließlich ist es in der Praxis oftmals schwierig, die mit der Personalentsendung verbundenen Personalentscheidungen zu treffen und umzusetzen. Ein Grund hierfür liegt in einer oftmals nur mäßigen Bereitschaft der Betroffenen, für eine gewisse Zeit ins Ausland zu gehen (vgl. König, Deuer & Wolff, 2014). Aus anderen Studien ist zudem bekannt, dass sich bereits bei Studierenden im Hinblick auf einen lediglich hypothetischen Auslandseinsatz eine gewisse Zurückhaltung deutlich macht. Vor diesem Hintergrund ist es durchaus ermutigend, dass ein Drittel der akademischen sowie ein Fünftel der ausgebildeten Nachwuchskräfte im Hinblick auf die Attraktivität eines Arbeitsgebers die Möglichkeit einer Auslandsentsendung sogar explizit als aus-

Aspekte der Arbeitgeberattraktivität
(„ausschlaggebend")

Arbeitsorganisation	interessante Aufgaben	Führungskräfte: 72,8 %
		akademische Nachwuchskräfte: 80,5 %
		ausgebildete Nachwuchskräfte: 66,0 %
	große Entscheidungsfreiheit	Führungskräfte: 49,4 %
		akademische Nachwuchskräfte: 24,7 %
		ausgebildete Nachwuchskräfte: 26,8 %
	Möglichkeit, im Ausland zu arbeiten	Führungskräfte: 17,3 %
		akademische Nachwuchskräfte: 33,8 %
		ausgebildete Nachwuchskräfte: 21,4 %
	Teamarbeit	Führungskräfte: 11,1 %
		akademische Nachwuchskräfte: 32,5 %
		ausgebildete Nachwuchskräfte: 41,1 %
Karriereorientierung	Aufstiegsmöglichkeiten	Führungskräfte: 30,9 %
		akademische Nachwuchskräfte: 46,8 %
		ausgebildete Nachwuchskräfte: 57,1 %
	hohes Gehalt	Führungskräfte: 18,5 %
		akademische Nachwuchskräfte: 31,6 %
		ausgebildete Nachwuchskräfte: 37,5 %
	Weiterbildung	Führungskräfte: 12,4 %
		akademische Nachwuchskräfte: 44,2 %
		ausgebildete Nachwuchskräfte: 69,6 %
Vereinbarkeitsaspekte	Vereinbarkeit mit Gesundheit	Führungskräfte: 38,5 %
		akademische Nachwuchskräfte: 23,6 %
		ausgebildete Nachwuchskräfte: 66,7 %
	Vereinbarkeit Familie & Beruf	Führungskräfte: 32,1 %
		akademische Nachwuchskräfte: 48,1 %
		ausgebildete Nachwuchskräfte: 58,9 %
	flexible Arbeitszeiten	Führungskräfte: 18,5 %
		akademische Nachwuchskräfte: 37,6 %
		ausgebildete Nachwuchskräfte: 55,4 %

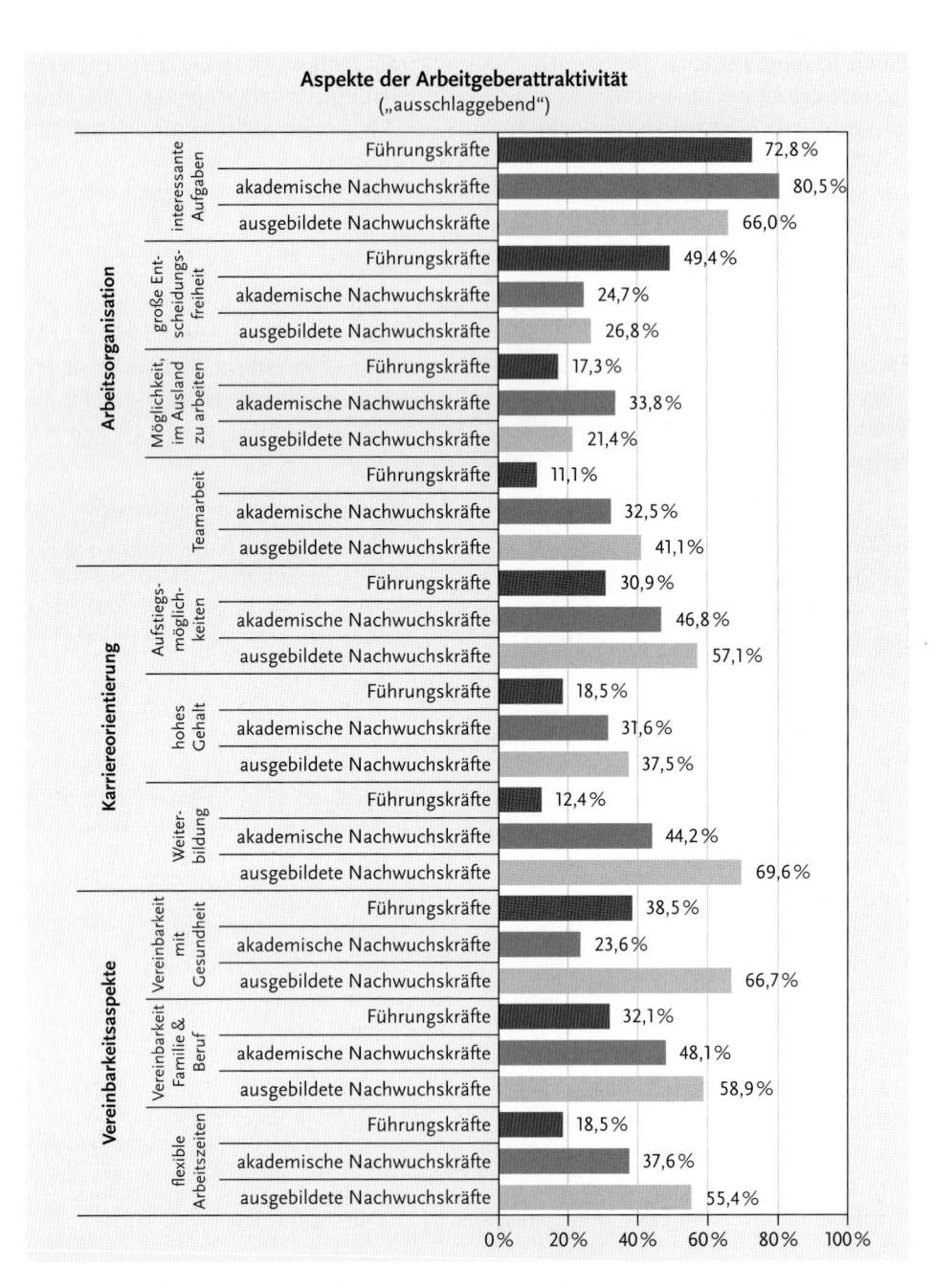

Abb. 1: Facetten der Arbeitgeberattraktivität, differenziert nach Zielgruppen

zu bewerten. Da die verschiedenen Aspekte einzeln abgefragt wurden, gab es keine Begrenzung von Mehrfachantworten, was eine Vergleichbarkeit und Interpretation der Antworten etwas relativiert. Im Extremfall hätte dies bedeuten können, dass

Einige Manager schätzen die junge Generation als äußerst vielseitig und ehrgeizig ein und erkennen eine Forderung nach einer leistungsbezogenen Entlohnung und Karriere (Barth & Graf Lambsdorff, 2009, S. 70; PwC international, 2012, S. 22). Sie sehen aber auch die Problematik, dass die Generation Y eher spaßorientiert sowie schneller gelangweilt ist und daher stetig mit Abwechslung und Flexibilität konfrontiert werden muss (Barth & Graf Lambsdorff, 2009, S. 70 f.).

Auch Mobilität ist in diesem Kontext ein relevantes Thema. Einer Studie aus dem Finanzsektor zufolge möchten 72 % dieser Altersgruppe während ihrer Karriere explizit Auslandserfahrung sammeln (PwC international, 2012, S. 19). Diese Bedürfnisse nach Flexibilität und Mobilität kommen einerseits den betrieblichen Anforderungen entgegen, andererseits stellt dies für die Unternehmen allerdings auch ein Risiko dar, denn hiermit könnte ein geringeres Maß an Loyalität und Bindung an den Arbeitgeber einhergehen.

Der vorliegende Beitrag widmet sich daher der Arbeitgeberattraktivität insbesondere aus dem Blickwinkel der Generation Y heraus. Hierbei wird anhand von generationsübergreifenden Vergleichen auch deutlich, dass Arbeitgeberattraktivität keineswegs eine reine Generationenfrage ist. Vielmehr wird deutlich, dass die konkreten Lebensphasen der Betroffenen sowie die Einflüsse des Arbeitsmarktes jeweils zu berücksichtigen sind.

1.2 Empirische Studie

Für die Betriebe wird es immer wichtiger, diesen Erwartungen gerecht zu werden, um die besten Bewertungen der Arbeitnehmer und damit das Interesse der sogenannten „High Potentials" zu bekommen, was sich zudem in Hinblick auf Rekrutierung und Mitarbeiterbindung positiv auswirken dürfte. Daher befassen sich zahlreiche Unternehmen mit der Frage, welche Aspekte für die jungen Mitarbeiter besonders relevant sind und wie sie sich als attraktive Arbeitgeber positionieren können. Vor diesem Hintergrund führte die ZF Friedrichshafen AG im Herbst 2012 eine firmeninterne Studie (in Form von zwei parallelen Online-Befragungen) durch, in der 239 akademische und ausgebildete Nachwuchskräfte (als Vertreter der Generation Y) und ebenso 129 Führungskräfte befragt wurden. Die Nachwuchskräfte waren bis zu 32 Jahre alt und verfügten über mindestens drei Jahre Betriebszugehörigkeit (Rücklaufquote 58 %, Durchschnittsalter 25 Jahre). Die Führungskräfte gehörten den unteren Managementstufen an, die direkt im Kontakt mit den Mitarbeitern der ausführenden Ebene stehen (Rücklaufquote 63 %, Durchschnittsalter 50 Jahre).

2 Facetten der Arbeitgeberattraktivität

Die Nachwuchskräfte und Führungskräfte wurden gebeten, verschiedene Aspekte im Hinblick auf deren Bedeutung für die wahrgenommene Arbeitgeberattraktivität

Arbeitgeberattraktivität im Zeichen der Generation Y

Lisa König/Ernst Deuer/Michael Wolff

1 Arbeitgeberattraktivität im Wandel

Die demografische Entwicklung lässt unsere Gesellschaft schrumpfen und bringt eine quantitative Reduktion der potenziell verfügbaren Fachkräfte mit sich. Dies hat zur Folge, dass zukünftig nicht nur die Bewerber um die beliebtesten Arbeitsplätze konkurrieren werden, sondern auch die Unternehmen finden sich in einem Rekrutierungswettbewerb wieder. Hiervon sind bereits heute mehrere Branchen betroffen, und nicht zuletzt Ausbildungsbetriebe bekommen diese Entwicklung empfindlich zu spüren.

Nicht nur die Marktverhältnisse ändern sich, sondern auch die Präferenzen und Wertvorstellungen unterliegen einem Wandel. Entsprechend verändern sich somit auch die Anforderungen der Mitarbeiter bzw. Bewerber an einen attraktiven Arbeitgeber. Besonders die jüngste Generation am Arbeitsmarkt, die Generation Y, hat den Ruf, wegen ihrer Knappheit und den damit verbundenen Möglichkeiten hohe Ansprüche an die Unternehmen zu stellen.

1.1 Erwartungen der Generation Y an die Arbeitswelt

Vergleicht man die Charakterisierung der Generation Y in zahlreichen Studien, so fällt auf, dass einige Ergebnisse wiederkehrend auftauchen und auch international betrachtet ähnlich oder gleich ausfallen. Neben technologischer Affinität, besonders in Hinblick auf die Nutzung von Smartphones, Laptops und sozialen Medien, verändert sich dadurch auch Bezug und Distribution von Information. Einer Studie zufolge zieht rund die Hälfte der Generation Y bei kurzen Mitteilungen die elektronische Kommunikation dem Telefonieren oder der „Face-to-Face"-Absprache vor (PwC international, 2012, S. 4). Welche Folgen dies bspw. für die Berufsinformationen und die Rekrutierung von Auszubildenden hat, zeigt auch der Beitrag von K. Schorrer in diesem Band.

schlaggebendes Argument nennen. Dies dürfte auch daran liegen, dass die vorliegende Stichprobe aus einem global agierenden Konzern stammt und viele Nachwuchskräfte bereits während der Ausbildung bzw. im Rahmen des dualen Studiums die Möglichkeit hatten und nutzten, Erfahrungen im Ausland zu sammeln. In diesem Sinne zeigte die Studie auch, dass diejenigen Nachwuchskräfte, die diese Chance bereits genutzt hatten, die Bedeutung eines internationalen Personaleinsatzes auch perspektivisch eher hoch einschätzen.

Eine große Entscheidungsfreiheit schätzen die Führungskräfte insgesamt sehr viel stärker als die Nachwuchskräfte. Fast die Hälfte der Führungskräfte betrachtet diesen Aspekt als ausschlaggebend, während es bei den Nachwuchskräften jeweils nur rund ein Viertel ist. Die Bedeutung von Teamarbeit ist für Führungskräfte dagegen eher nachrangig: Mehr als ein Drittel der Nachwuchskräfte (aber lediglich ein Neuntel der Führungskräfte) betrachtet diese Arbeitsform für das zukünftige Arbeitsleben als wesentlichen Inhalt.

2.2 Karriereorientierung

Bezüglich der Karriereorientierung umfasste die Studie die Aspekte Aufstiegsmöglichkeiten, Vergütung und Weiterbildung. Entgegen der Erwartung scheinen die Führungskräfte diesen Themen weniger Relevanz beizumessen als die Nachwuchskräfte. Aufstiegsmöglichkeiten sind für immerhin ein Drittel der Führungskräfte ein ausschlaggebender Grund, die Wahl zugunsten eines Arbeitgebers zu treffen, während ein hohes Gehalt und Weiterbildung im Vergleich zu anderen Aspekten eine nachrangige Rolle zu spielen scheinen. Die ausgebildeten Nachwuchskräfte argumentieren dagegen besonders häufig karriereorientiert. Die akademischen Nachwuchskräfte nehmen wiederum den Platz in der Mitte ein.

Hierbei gilt es jedoch zu berücksichtigen, dass die ausgebildeten Nachwuchskräfte möglicherweise von Kollegen mit höheren Qualifikationen beeinflusst sind, die ihnen zeigen, dass sie beruflich noch entsprechend Potenzial zur Weiterentwicklung haben. Aber es ist auch nicht auszuschließen, dass ausgebildete Nachwuchskräfte (insbesondere aus eigener Wahrnehmung) härter kämpfen müssen als Führungs- und akademische Nachwuchskräfte und deshalb grundsätzlich eher gewillt sind, für Weiterbildung oder finanzielle bzw. persönliche Weiterentwicklung einzutreten (vgl. Deuer, 2014). Im Hinblick auf die Führungskräfte ist anzumerken, dass die Wichtigkeit der abgefragten Aspekte auch deshalb vergleichsweise gering ausfallen dürfte, weil diese bereits vieles davon erreicht haben, die Karriere bereits fortgeschritten ist und auch das Gehalt bereits entsprechend angestiegen ist. Weitere Karriereschritte sind daher nicht mehr so relevant, und die Bedeutung der Weiterbildung ist daher vermutlich ebenfalls geringer ausgeprägt.

2.3 Vereinbarkeitsaspekte

Im Hinblick auf die Vereinbarkeit von Arbeit und Gesundheitszustand bzw. von Familie und Beruf sowie auf flexible Arbeitszeiten gibt es vor allem seitens der ausgebildeten Nachwuchskräfte besonders häufig Zustimmung. Sie liegen mit den Werten nicht nur deutlich über den anderen beiden Gruppen, sondern weisen auch im Vergleich mit ihren sonstigen Angaben überdurchschnittlich hohe Werte auf. Auch akademische Nachwuchskräfte betrachten die Bereiche Beruf und Familie und flexible Arbeitszeiten sehr häufig als ausschlaggebende Faktoren. Dies ist vermutlich auf den Wunsch nach einer Work-Life-Balance zurückzuführen, würde aber auch die Befunde der Shell Jugendstudie (Shell Deutschland Holding, 2010) oder von Anders Parment (2009) unterstützen, dass sich die Nachwuchsgeneration wieder zunehmend auf die Freizeit- und Familiengestaltung fokussiert.

Die akademischen Nachwuchskräfte bewerten die Vereinbarkeit mit dem Gesundheitszustand seltener als ausschlaggebend als die beiden anderen Gruppen. Dieser Aspekt ist dagegen für Führungskräfte der wichtigste Vereinbarkeitsaspekt, gefolgt von der Familie. Die flexiblen Arbeitszeiten sind für die meisten Führungskräfte eher nachrangig, was sich durch ihre Position und die damit verbundene Personal- bzw. Projektverantwortung begründen lassen könnte. Ebenso kann es sein, dass Flexibilität in diesem Kontext insbesondere bei Führungskräften nicht nur positiv besetzt ist, sondern als Aufforderung verstanden werden kann, flexibel sein zu müssen, und somit zu einer Entgrenzung der Arbeit beitragen kann (vgl. hierzu auch Steinbach & Deuer, 2013).

Interessant ist in diesem Kontext noch ein weiterer Befund. Neben den hier abgefragten Aspekten wurden alle Teilnehmer gebeten, auch die Bedeutung von Überstunden sowie explizite Work-Life-Konflikte zu bewerten. Hier zeigte sich, dass eine deutliche Mehrheit der (älteren) Führungskräfte angab, dass Überstunden unvermeidlich für den beruflichen Erfolg sind (71%) und dass private Aspekte durchaus zugunsten der beruflichen Karriere in den Hintergrund treten müssen (89%). Auch bei den akademischen Nachwuchskräften desselben Unternehmens ist eine breite Mehrheit (74%) bereit, das Privatleben zurückzustellen und betrachtet Überstunden als unvermeidbar (71%). Die ausgebildeten Nachwuchskräfte dieses Unternehmens sind hier jedoch deutlich zurückhaltender (52% bzw. 36%).

3 Handlungsempfehlungen

Um den Erwartungen der jungen Mitarbeiter gerecht zu werden, müssen die Unternehmen auf deren Wünsche eingehen. Der Fokus bei der Mitarbeiter-Akquisition sollte vor allem darauf ausgerichtet sein, der Generation Y Entwicklungsmöglichkeiten aufzuzeigen und ihnen Weiterbildungsmöglichkeiten anzubieten. Neben interessanten Arbeitsaufgaben ist es auch von Vorteil, wenn der Arbeitsplatz abwechslungsreiche Arbeit bietet und eine gewisse Selbstständigkeit erlaubt. Wichtig ist zudem, dass alle Angebote möglichst transparent sind. Um eine Zufriedenheit der Mitarbeiter zu sichern, sind schließlich häufige Feedbacks und regelmäße Entwicklungsgespräche wichtige Instrumente (König, Deuer & Wolff, 2014).

Noch weniger als vorangegangene Generationen lässt sich die Generation Y als weitgehend homogene Gruppe begreifen. Vielmehr treten die unterschiedlichen Ansichten und Wertvorstellungen besonders deutlich zutage. Vor diesem Hintergrund empfehlen sich bspw. Anreizsysteme, welche den Mitarbeitern verschiedene Möglichkeiten bieten. In deren Rahmen können die Mitarbeiter selbst entscheiden, welche Zusatzleistungen oder Arbeitszeitmodelle ihnen vorteilhaft sind.

Ein weiterer Ansatz, der die Möglichkeit bietet, Work-Life-Balance und Karriere zu verbinden, ist das Modell der Lebensarbeitszeit (Rimser, 2006, S. 133 ff.). Hierbei können verschiedene „Karrierebausteine", wie Weiterbildung, Familienzeit oder ein Sabbatical, gewinnbringend in die berufliche Laufbahn integriert werden. Dieses Modell ist für ältere wie jüngere Mitarbeiter reizvoll, da es Flexibilität zulässt und Perspektiven nach eigenen Vorlieben bietet.

Zuletzt sollten die Unternehmen auch sicherstellen, ihre Zielgruppe adäquat zu erreichen. Dies erfordert einerseits, alle relevanten Informationen online bereitzustellen, und andererseits, bspw. durch das Angebot von Praktika direkt mit der Zielgruppe in Kontakt zu treten.

Literatur

Barth, L. J. & Graf Lambsdorff, M. (2009). Werben um die Generation Y. Wie Unternehmen eine attraktive, aber anspruchsvolle neue Generation von Potenzialträgern begeistern und binden können. In: Egon Zehnder International GmbH (Hrsg.), Focus, Heft 1/2009, S. 70–73.
Deuer, E. (2014). Berufsstart in Industrie und Handel – Selbstverwirklichung oder Notlösung? In: G. Cramer, H. Schmidt & W. Wittwer (Hrsg.), Ausbilderhandbuch, Ergänzungslieferung.
König, L., Deuer, E. & Wolff, M. (2014). Feedback und Work-Life-Balance gewünscht – Neue Herausforderungen im Zeichen der Generation Y. Wirtschaft und Erziehung, 66 (3), S. 111–113.
Parment, A. (2009). Die Generation Y – Mitarbeiter der Zukunft. Wiesbaden.
PricewaterhouseCoopers (Hrsg.) (2012). Millennials at work – Reshaping the workplace. Los Angeles. USA.
Rimser, M. (2006). Generation Resource Management. Rosenberger Fachverlag, Leonberg.
Shell Deutschland Holding (Hrsg.). Jugend 2010. Eine pragmatische Generation behauptet sich. 16. Shell Jugendstudie. Frankfurt am Main.

Steinbach, A. & Deuer, E. (2013). Die Entgrenzung der Arbeit und ihre Folgen – von Burnout-Risiken bis hin zur Work-Life-Balance. In C. Kreklau & J. Siegers (Hrsg.), Handbuch der Aus- und Weiterbildung, Ergänzungslieferung.

Optimierungsvorschläge – Gedanken zu einer erfolgreichen Berufsorientierung

Philipp Struck

1 Einleitung

Jugendarbeitslosigkeit und das frühe Wählen einer beruflichen Ausbildung im Jugendalter von 15 Jahren stellt Schulabgänger vor eine große Herausforderung, die zwischen Ansprüchen, Erwartungen und Wünschen zahlreiche Hürden bereithält. Verschiedene Programme versuchen deswegen seit Längerem, die Berufsorientierung zu optimieren, um Adoleszenten beim Übergang Schule – Beruf unterstützen zu können. In dieser Literaturarbeit werden verschiedene Ideen von Wissenschaftlerinnen und Wissenschaftlern sowie Praktikerinnen und Praktikern vorgestellt, die zur Verbesserung der Berufsorientierung sowie zur individuellen Förderung Jugendlicher beitragen sollen. Eine erfolgreiche Berufsorientierung soll Jugendlichen eine angemessene und interessenkongruente Berufswahl ermöglichen. Die Anregungen und Übungen richten sich sowohl an Lehrerinnen und Lehrer (u. a. wie kann ein Praktikum gewinnbringend vor- und nachbereitet werden) als auch an Eltern (wie können Eltern ihre Vorbildrolle nutzen). Des Weiteren werden zusätzlich besondere Anregungen und Aspekte vorgestellt; dazu gehören der Einfluss der Selbstwirksamkeit auf das Berufswahlverhalten sowie entsprechende Übungen. Im Fazit werden die Ideen und Anregungen abschließend diskutiert.

2 Akteure und Einflüsse auf die Berufsorientierung

2.1 Schule

Ein einflussreicher Akteur im Berufswahlprozess Jugendlicher ist die Schule beziehungsweise sind die Lehrerinnen und Lehrer. Sie leisten Berufsaufklärung und ermöglichen erste Betriebskontakte in Form von Praktika. Durch ein Praktikum während der Schulzeit werden erste Einblicke und Erfahrungen in der betrieblichen

Arbeitswelt gesammelt. Als Folge können Berufswünsche korrigiert oder neu entwickelt werden. Unterstützt werden sollte ein Schülerpraktikum durch konkrete Absprachen zwischen Schule und Betrieb, besonders förderlich sind hier langfristig bestehende Kontakte mit festen Strukturen in Form einer regelmäßigen Zusammenarbeit. Erfahrungsgemäß nutzen Unternehmen Praktika zur Rekrutierung ihres Nachwuchses, besonders kleinere Betriebe. Zeigt der Jugendliche Interesse und Engagement, kann er (z. B. bei kleineren Handwerksbetrieben) schlechtere Schulzeugnisse leichter ausgleichen. Besonders schulschwächere Jugendliche können dadurch ihre Chancen auf einen Ausbildungsplatz erhöhen. Diese Übernahmemöglichkeiten sollte die Schule direkt thematisieren und den Jugendlichen aufzeigen (vgl. Bergzog, 2008, S. 5 ff.). Junge Mädchen sollten nach Krone (2006) im Praktikum nicht allein geschlechtsstereotype Berufe wählen, sondern auch geschlechtsuntypische Berufe und weniger bekanntere Berufe ausprobieren. Dies erweitert ihre berufliche Orientierung und Blickrichtung. Außerdem bieten zum Beispiel Arbeitgeber in der IT-Branche sowie in MINT-Berufen jungen Frauen gute Chancen und interessante Aufstiegsperspektiven (vgl. Krone, 2006, S. 272).

Die Vorbereitung auf das Praktikum verlangt vom Jugendlichen die Entwicklung von (Praktikums-)Alternativen sowie die Kenntnis über die benötigten Voraussetzungen zur späteren Ausbildungsaufnahme. Dafür stehen zahlreiche Termine, Veranstaltungen, Maßnahmen und Informationsquellen (wie Expertengespräche in der Schule, außerschulische Erkundungen, Neigungs- und Fähigkeitsdiagnose, BIZ-Besuche, Berufsberater usw.) zur Verfügung. Entscheidend ist eine sinnvolle und aufeinander aufbauende Reihenfolge der Termine und Gespräche. Eine wichtige Unterstützung leistet die Schule durch die Nachbereitung von Betriebspraktika im Unterricht. Dies ermöglicht eine Verknüpfung von Lerninhalten und Erfahrungen und hilft präventiv gegen den Verlust von Informationen. Die Praktikumsnachbereitung sollte im Unterrichtsplan fest integriert werden, denn auch das Engagement der Schule trägt zur Wirksamkeit eines Schülerpraktikums bei. Eine systematische Berufsorientierung vonseiten der Schule hilft, dass Praktikumsstellen nicht zufällig, sondern bewusst gewählt werden (vgl. Bergzog, 2008, S. 22 ff.).

Kann Schule eine realistische Einschätzung der Chancen des Ausbildungs- und Arbeitsmarktes leisten und gleichzeitig unrealistischen Selbsteinschätzungen entgegenwirken, ist sie für Jugendliche besonders förderlich. Zur Umsetzung im Unterricht sollten durch eine erhöhte Praxisorientierung berufsbezogene Inhalte wie auch Soft Skills thematisiert und erarbeitet werden. Hilfreich können beispielsweise Plan- und Rollenspiele sein, sie dienen als Realitätssimulation und helfen Jugendlichen, neu gelerntes Wissen anzuwenden (vgl. Bergzog, 2008, S. 48 ff.; Jung & Oesterle, 2010, S. 190).

Insgesamt benötigt ein Jugendlicher mehrere unterschiedliche, aber individuell aufeinander aufbauende Praktika zur Wahl eines Berufes. In den Klassen 8, 9 und 10 sollten Praktika deshalb bewusst in verschiedenen Berufsfeldern absolviert werden, um einen persönlichen Eindruck von den geforderten (unterschiedlichen) beruflichen Anforderungen sowie den eigenen Fähigkeiten und Fertigkeiten zu erlangen. Das Wissen über Unterschiede verschiedener beruflicher Tätigkeiten ermöglicht einen Abgleich mit den eigenen Neigungen, Interessen und Fähigkeiten. In der Nachbereitung und Analyse des Praktikums im Unterricht sollte ein Erfahrungsaustausch innerhalb der Klasse beziehungsweise des Jahrgangs erfolgen. Berichten Schülerinnen und Schüler einander von ihren Erkenntnissen, ermöglichen sie einen Erfahrungsaustausch wie gleichzeitig eine Wissens- und Informationsweitergabe. Alle Schülerinnen und Schüler würden in diesem Fall von den Erfahrungen eines Einzelnen profitieren (vgl. Bergzog, 2008, S. 50).

Damit Lehrerinnen und Lehrer Jugendliche möglichst gut auf ihre Berufswahl vorbereiten können, sollte bereits im Lehramtsstudium das Thema Berufsorientierung in Theorie und Praxis behandelt werden. Lehrerinnen und Lehrer selbst können ihr Wissen über Berufe und Ausbildungen, zum Beispiel durch eigene Tagespraktika, Seminare oder andere Fortbildungsmaßnahmen, auffrischen und erweitern. Entsprechend sollten Lehrerinnen und Lehrer auch für (regelmäßige) Weiterbildungen über die Entwicklungen, Veränderungen und Anforderungen am Arbeitsmarkt offen sein. Nur so können sie ihre Kompetenzen erweitern und auf dem neusten Wissens- und Informationsstand bleiben. Insgesamt benötigen Lehrerinnen und Lehrer eine angemessene personale Kompetenz, Fachwissen, Methodenkompetenz sowie Feldkompetenz zur Unterstützung der Berufsorientierung Jugendlicher. Innerhalb der Schule ist ein ständiger organisierter Informationsaustausch zwischen Fachlehrerinnen und -lehrern, Berufsschullehrerinnen und -lehrern sowie Ausbilderinnen und Ausbildern über aktuelle Problemlagen, offene Fragen, Veränderungen und Optimierungsoptionen der Berufsorientierungsangebote förderlich. Dabei können Lehrerinnen und Lehrer mit langjähriger Erfahrung und bestehenden Kontakten zu Betrieben ihren jüngeren Lehrerkolleginnen und -kollegen helfen, Kontakte und Netzwerke aufzubauen, sowie ihre Kontakte weitergeben. Besonders effektiv erscheint überdies die Erarbeitung eines strukturierten Leitfadens zur Durchführung von Praktika (und späterer Ausbildungsaufnahme), der regelmäßigen Austausch zwischen Schule und Betrieben, die Erarbeitung von angemessenen Bewerbungen sowie Instrumente zur Interessen- und Fähigkeitsermittlung berücksichtigt. Dazu könnte die Einrichtung einer Anlaufstelle, die die Praktikumsvermittlung koordiniert, in der Schule hilfreich sein (vgl. Bergzog, 2008, S. 44 ff.; Fuchs-Brüninghoff, 2010, S. 127).

2.2 Eltern

Der vermeintlich stärkste und einflussreichste Gesprächspartner bei der Berufswahl sind die Eltern. Über die Thematisierung der Berufswahl in der Familie hinaus gibt es mehrere Möglichkeiten der Unterstützung und Hilfestellung seitens der Eltern. Um ihren Einfluss angemessen und zielgerichtet ausüben zu können, müssen Eltern und Familienangehörige über die Leistungsfähigkeit sowie die beruflichen Möglichkeiten und Chancen ihrer Kinder informiert und aufgeklärt werden. Das Wissen um die Interessen und Fähigkeiten der Jugendlichen ist entscheidend für einen förderlichen, gewinnbringenden Elterneinfluss. Gleichzeitig müssen die Jugendlichen ein eigenaktives und eigenverantwortliches Handeln erlernen. Eltern sollten ihren Kindern gewisse Aufgaben in der Berufswahl (z. B. die Praktikumsplatzsuche) nicht abnehmen, vielmehr sollten Eltern zur bewussten Auseinandersetzung mit der Berufswahl sowie zur Aufnahme eines zusätzlichen freiwilligen Praktikums motivieren (vgl. Bergzog, 2008, S. 52).

Eine wichtige Aufgabe der Eltern ist es, die Jugendlichen zu ermutigen, sich bereits frühzeitig mit ihrer Berufswahl zu beschäftigen. Dafür sollten Eltern mit ihren Kindern über schulisch vermitteltes Wissen und dessen Relevanz diskutieren. Wichtig ist die Vermittlung der Bedeutung eines Bildungsabschlusses, besonders im Hinblick auf einen erfolgreichen Übergang. Das Vertrauen in die Fähigkeiten und Talente der Kinder ist ebenso wichtig. Eltern sollten keinen zusätzlichen Druck aufbauen, Jugendliche brauchen vielmehr Unterstützung und Motivation. Eltern sollten erst dann intervenieren, wenn die Informationssuche der Jugendlichen rückläufig ist. Wollen Eltern ihren Kindern mit konkreten Informationen weiterhelfen, müssen sie sich vorab selbst informieren und mit dem Thema beziehungsweise dem aktuellen Ausbildungsmarkt sowie dem Erstellen von Bewerbungsanschreiben auseinandersetzen. Neuenschwander (2008) sieht bei Eltern mit Bildungsferne sowie Eltern mit Migrationshintergrund die Gefahr einer geringeren Informiertheit über die Anforderungen bei der Stellensuche (wie Informationsbeschaffung, die Erstellung von Bewerbungen oder das Verhalten bei Vorstellungsgesprächen). Eltern aus bildungsfernen Schichten sowie mit Migrationshintergrund benötigen daher (zumindest teilweise) zusätzliche Impulse und Hilfestellungen vonseiten der Schule oder der Berufsberatung, um Jugendliche angemessen unterstützen zu können. Ihnen mangelt es an Strategien und Erfahrungen, die Berufswahl gebührend und Erfolg versprechend initiieren und begleiten zu können. Als Folge einer geeigneten Form der Elternbildung könnten die Bildungschancen benachteiligter Jugendlicher entsprechend erhöht werden (vgl. Neuenschwander, 2008, S. 150 f.; Solga, 2005, S. 311 ff.).

Überdies können Eltern durch ein aktives Freizeitverhalten eine positive Vorbildrolle ausfüllen, sie verfügen dadurch über ein größeres Netzwerk und mehr Kontakte. Dies ermöglicht ihnen einen verbesserten, leichteren Zugang zu Informationen bzgl. der Entwicklung am Ausbildungsmarkt sowie potenzieller freier Ausbildungsplätze (vgl. Neuenschwander, 2008, S. 151). Andererseits haben Eltern, die nicht oder nur selten in die Schule ihrer Kinder kommen (z. B. zum Elternsprechtag), häufig selbst schlechte Schulerfahrungen gemacht und wollen deshalb ungern mit der Schule zusammenarbeiten – besonders solche Eltern benötigen Unterstützung und Hilfestellungen, um ihren Kindern bei der Berufswahl helfen zu können. Eltern, die sich in schwierigen Situationen befinden (Arbeitslosigkeit, Suchtproblematik, Trennung vom Partner), haben größere Schwierigkeiten, ihre Kinder angemessen zu unterstützen (vgl. Richter, 2005, S. 23).

2.3 Besonderes: Übungen und Interventionsmöglichkeiten

Spezielle Tipps und Anregungen sowie Interventionsmöglichkeiten und Übungen zur Berufsorientierung sind gefragt. Daher sollten sie allgemein und leicht anwendbar sein.

Da im Zuge der Veränderungen am Arbeitsmarkt zu erwarten ist, dass nicht jeder Mensch durchgängig und konstant eine bezahlte Arbeitsstelle haben wird beziehungsweise viele Menschen wechselnde Phasen zwischen Erwerbsarbeit und Arbeitslosigkeit durchleben werden, schlägt Koch (2006) vor, für die Phasen der Erwerbslosigkeit spezielle Kompetenzen zu erwerben. Diese Zeitintervalle sollen von den Betroffenen mit sinnvollen Beschäftigungen überbrückt werden, wie zum Beispiel selbstorganisiertem Lernen, Ehrenämtern oder sonstigen privaten Pflichten und Interessen. Jugendliche müssten entsprechend lernen, ein individuell befriedigendes Leben auch jenseits der Erwerbsarbeit führen zu können. Zur Erlangung dieses ausgewogenen Verhältnisses wird vom Individuum eine Art Lebensbewältigungskompetenz (Umgang mit Rückschlägen, Niederlagen oder Arbeitslosigkeit) in Form privater Autonomie, inklusive einer stabilen Persönlichkeit und funktionierender Identität, verlangt. Deshalb, so Koch (2006), müssten Jugendliche bereits während der Berufsorientierung auch auf Phasen der eigenen Arbeitslosigkeit vorbereitet werden. Schule sollte deshalb in der Berufsvorbereitung auch auf Themen wie Persönlichkeitsentwicklung und Lebensbewältigung eingehen. Zusätzlich sollten Jugendliche darauf vorbereitet werden, dass sie in ihrem Leben möglicherweise viele verschiedene Berufe und Tätigkeiten ausüben werden. Sie sollen lernen, sich an variierende Umstände und Gegebenheiten in der Arbeitswelt anpassen zu können (vgl. Koch, 2006, S. 220 ff.; Hirschi, 2008b, S. 166).

Die Suche nach einem Ausbildungsplatz ist besonders für Hauptschulabsolventen schwierig. Deshalb haben Bergmann und Selka (2006) sowie Selka und Bergmann (2007) zwei Auflistungen von Ausbildungsberufen veröffentlicht, bei denen mindestens 33 % der Auszubildenden einen Hauptschulabschluss haben. Die beiden Aufzählungen umfassen jeweils circa 50 Ausbildungsberufe (wie z. B. Bäcker/-in, Fachkraft für Lagerlogistik, Feinwerkmechaniker/-in, Kaufmann/-frau im Einzelhandel, Tischler/-in, Verkäufer/-in) (vgl. Bergmann & Selka, 2006, S. 6 ff.; Selka & Bergmann, 2007, S. 4 ff.).

Um sich auf die entsprechenden Berufe bewerben zu können, sollte zuvor Klarheit über die eigenen beruflichen Interessen vorliegen. Dazu kann nach Lent, Brown und Hackett (2002) sowie Hirschi (2008a) eine praktische Anwendung der Erkenntnisse der sozial-kognitiven Laufbahntheorie von Lent, Brown und Hackett (1994) beitragen. Zentral ist dabei die Berücksichtigung der entscheidenden Rolle der Selbstwirksamkeit. Es bestehen insgesamt drei potenzielle Interventionsbereiche: die Erweiterung beruflicher Interessen, die Überwindung von Hindernissen in der Berufswahl sowie die Entwicklung der Selbstwirksamkeit. Um ihre Interessen zu erweitern, müssen Jugendliche angeregt werden, sich auch in Tätigkeitsfeldern auszuprobieren, die für sie zwar interessant (z. B. aufgrund einfacherer Zugänge zu Ausbildungsstellen gegenüber anderen Ausbildungsberufen) sind, in denen sie aber über geringeres Vertrauen bzgl. ihrer Fähigkeiten und Fertigkeiten verfügen. Dementsprechend sollten Unterschiede zwischen ihrer Selbstwirksamkeit und ihren tatsächlichen Fähigkeiten ermittelt werden, um diese anschließend korrigieren zu können. Folglich sollten genau diese beruflichen Tätigkeitsfelder in der Beratung diskutiert werden. Ansonsten besteht die Gefahr, dass Jugendliche aufgrund falscher beziehungsweise negativer Selbstwirksamkeit kein Interesse an diesen Tätigkeitsfeldern zeigen, obwohl sie eine geeignete und passende Option für sie darstellen (vgl. Hirschi, 2008a, S. 15 f.). Eine Erprobung eigener Fähigkeiten sowie die Erkundung verschiedener Tätigkeiten fungieren als persönliche Lernerfahrung und somit als eine sehr erfolgversprechende Einflussquelle der Selbstwirksamkeit.

Durch geringes Zutrauen in bestimmten (beruflichen) Tätigkeitsfeldern erbringen Jugendliche dort entsprechend schlechtere Leistungen. Ihre schwächeren Leistungen nehmen sie wiederum als Beleg für ihre nicht ausreichenden Fähigkeiten. Dies verstärkt die Überzeugung, sich wenig zutrauen zu können. Dieser negative Kreislauf sollte durchbrochen werden, indem die Selbstwirksamkeit gesteigert wird. Zur Stärkung der Selbstwirksamkeit kann allgemein die Stimulierung der vier von Bandura (1997) ermittelten Quellen der Selbstwirksamkeit genutzt werden. Den stärksten Effekt hat die erste Quelle, die Lernerfahrungen aus persönlichen Leistungen. Entsprechend sollten Situationen geschaffen beziehungsweise den Jugendlichen ermöglicht werden, in denen sie positive Lernerfahrungen sammeln können. Das Ermöglichen solcher Situationen kann und sollte durch Lehrerinnen und Lehrer, Eltern oder Berufsberaterinnen und Berufsberater gefördert werden, denn besonders persönliche Erfolgserlebnisse durch eigene Leistungen ermöglichen eine effektive Selbstwirksamkeitssteigerung. Des Weiteren können Lehrerinnen und Lehrer sowie Eltern ebenso die zweite und dritte Quelle der Selbstwirksamkeit fördern. Das Aufzeigen oder Vorführen von einem positiven Vorbild oder Modell mit ähnlichen wichtigen Merkmalen (z. B. in Herkunft und Geschlecht) zeigt dem Jugendlichen, dass ein anderer Jugendlicher in dem jeweiligen Bereich (z. B. Berufswahl) vor ihnen erfolgreich war und es ebenfalls geschafft hat. Die Erfolge dieser Person können dabei sowohl in der Realität beobachtet als auch per Film oder als Erfahrungsbericht übermittelt werden. Personen werden zu Vorbildern, wenn sie ein erfolgreiches Verhalten in einer bedeutsamen und vergleichbaren Situation gezeigt haben. Die dritte Quelle umfasst die Selbstwirksamkeitssteigerung durch verbale Überredung. Lehrerinnen und Lehrer, Eltern sowie Berufsberaterinnen und Berufsberater können Vertrauen und Mut zusprechen, um Jugendliche zu überzeugen, dass sie die benötigten Kenntnisse zur erfolgreichen Durchführung (z. B. in einem Berufsfeld) besitzen. Eine Steigerung der Selbstwirksamkeit in den Quellen 2 und 3 kann ebenso durch die Peergroup erfolgen. Gleichaltrige oder etwas ältere Jugendliche, die bereits in Ausbildung sind, dienen als authentische Vorbilder und können beispielsweise über eine Form der Peer-Education zusätzlich Zuversicht und Vertrauen übermitteln. Außerdem könnten solche Jugendliche als Paten zur Erlangung eines Ausbildungsplatzes genutzt werden. Besonders wirksam ist die Erhöhung der Selbstwirksamkeit unter gleichzeitiger Stimulierung mehrerer, aller vier Quellen. Trotzdem kann es sein, dass allein eine Steigerung der Selbstwirksamkeit nicht förderlich ist, falls der Jugendliche beispielsweise größere Defizite in seinen Fähigkeiten offenbart. In diesem Fall sollten die folgenden Interventionen (z. B. durch die Berufsberatung) diese Erkenntnisse entsprechend berücksichtigen (vgl. Bandura, 1997, S. 79 ff.; Hirschi, 2008a, S. 17 f.).

Eine pädagogische Intervention zur Steigerung der biomedizinischen (Forschungs-)Selbstwirksamkeit bei Frauen (und Dunkelhäutigen) beschreiben Bakken, Byars-Winston, Gundermann, Ward, Slattery, King, Scott und Taylor (2010). Die entwickelten Strategien und Übungen sind aber ebenso auf den Bereich der Berufsorientierung beziehungsweise der Berufswahl Jugendlicher übertragbar. Zentral ist die Berücksichtigung der Lernerfahrungen. Die Übungen wurden in Form eines Selbstwirksamkeits-Workshops durchgeführt, indem authentische Vorbilder (verschiedener Herkunft) als Coaches fungieren. Zu Beginn werden die Leistungserrungenschaften thematisiert, hierfür stellen alle Teilnehmerinnen und Teilnehmer in Partnerarbeit ihrem Gegenüber zunächst ihren aktuellen Lebenslauf vor und diskutieren und erklären, wie sie das Bisherige erreichen konnten und was sie in den nächsten Monaten noch erreichen möchten. Als Teil einer weiteren Übung („stellvertretendes Lernen") wird die Gruppenleiterin beziehungsweise der Gruppenleiter in ihrer/seiner Vorbildrolle interviewt, unter anderem zum Umgang mit Hindernissen und Rückschlägen. In einer weiteren Übung wird die emotionale Erregung behandelt. Dafür erfolgt eine Anleitung für Relax-Übungen sowie ein adaptives Selbstgespräch (wie gehe ich während einer Übung mit negativen Gedanken und Gefühlen um, die mein Selbstwertgefühl senken?). Des Weiteren wird die „verbale Überredung" thematisiert und ihre Bedeutung hervorgestellt. In Kleingruppen erzählen sich die Teilnehmerinnen und Teilnehmer konkrete Beispiele, wie bei ihnen in der Vergangenheit verbale Überredung zum Erfolg geführt hat (vgl. Bakken et al., 2010, S. 167 ff.). Somit werden im Workshop alle vier Quellen der Selbstwirksamkeit behandelt, besonders die verbale Überredung von authentischen Vorbildern (wie der Gruppenleitung) sowie die Übungen in Partnerarbeit können für Jugendliche im Berufswahlprozess ein geeignetes Mittel sein, die Selbstwirksamkeit zu erhöhen.

3 Fazit und Ausblick

Die verschiedenen vorgestellten Optimierungsvorschläge zur Berufsorientierung und zum Übergang Schule – Beruf der Jugendlichen sind nicht direkt miteinander vergleichbar, außerdem ist ihre Umsetzung unterschiedlich anspruchsvoll. Die Anregungen, die sich an die Schule und die Lehrerinnen und Lehrer richten, sollten nicht als Kritik verstanden werden. Schulen sind in ihren Belastungen und regionalen Anforderungen zwar sehr heterogen, aber gleichzeitig stark gefordert. Lehrerinnen und Lehrer müssen bereits jetzt zahlreichen Aufgaben und Verpflichtungen (außerhalb des alltäglichen Unterrichtens) nachkommen. Möglicherweise könnte jedoch die Einrichtung einer zentralen Stelle zur Praktikumsvermittlung und -betreuung (incl. einer Kartei mit Praktikumsbetrieben) langfristig eine Arbeitserleichterung bedeuten. Gleiches gilt für eine systematische Vor- und Nachbereitung der Praktika durch die Schülerinnen und Schüler selbst in Form von Peer-Education (z. B. eine eigene Berufsmesse in der Schule veranstalten, bei der jeder Jugendliche seinen Praktikumsbetrieb sowie den erprobten Beruf vorstellt).

Der vielleicht wichtigste Gesprächspartner von Jugendlichen bei der Berufswahl sind ihre Eltern. Die Lehrerinnen und Lehrer sowie Berufsberaterinnen und Berufsberater haben das Fachwissen über Berufe und Ausbildungen, die Eltern und die Peers den Einfluss. Eine Kombination von Eltern sowie Lehrerinnen und Lehrern als Gesprächspartner und Begleiter im Berufswahlprozess ist entsprechend förderlich und wünschenswert.

Wichtige Gesprächspartner und zugleich authentische Vorbilder für Jugendliche sind ihre Peers, ihr Freundeskreis und Gleichaltrige. Diese sprechen „dieselbe Sprache" und beschönigen keine potenziellen Nachteile oder negativen (beruflichen) Erfahrungen. Eine Nutzung von Peer-Education in der Schule sowie ein potenzielles Patenprogramm, in dem Jugendliche des ersten oder zweiten Lehrjahrs Schülerinnen und Schülern in Abgangsklassen beim Übergang helfen, können eine effektive Maßnahme zur Berufsorientierung sein.

Der Ansatz von Koch (2006), Jugendliche sollten bereits während der Berufsorientierung auf Phasen der Arbeitslosigkeit vorbereitet werden, kann kritisch betrachtet werden. Als negative Folge können Resignation sowie mangelnde Motivation bei den Jugendlichen entstehen. Dabei sollte genau das Gegenteil erreicht werden. Andererseits nimmt dieser Ansatz den Jugendlichen womöglich auch etwas Druck und relativiert eine potenzielle eigene Arbeitslosigkeit. Die Schwierigkeiten bei der Stellensuche sowie Absagen auf Bewerbungen verlieren dadurch (teilweise) ihren Schrecken, weil dem Jugendlichen bewusst wird, dass es jeden treffen kann und man die Fehler oder Erklärungen nicht bei der eigenen Person suchen muss.

Des Weiteren erscheint zur Verbesserung und Aktivierung des Berufswahlverhaltens bei Jugendlichen eine Stimulierung der Selbstwirksamkeit geeignet. Sie beschreibt das Zutrauen in die eigenen Fähigkeiten. Tätigkeiten, die sich ein Jugendlicher nicht zutraut, scheinen nicht interessant zu sein. Deshalb ist es besonders wichtig, dass Jugendliche in verschiedenen Berufsfeldern selbst Erfahrungen über die eigenen Fähigkeiten sammeln, um diese fundiert beurteilen zu können. Das Erleben und Lösen beruflicher Aufgaben (z. B. im Rahmen eines Praktikums) ermöglicht eine Steigerung der Selbstwirksamkeit. Außerdem können die Übungen von Bakken et al. (2010) angepasst und übernommen werden. Der vorgestellte Workshop kann von Schulen im Rahmen des Unterrichts durchgeführt werden. Er stärkt die Selbstwirksamkeit der Jugendlichen, ermöglicht einen Erfahrungsaustausch und nutzt zugleich die Ressource der Peer-Education.

Literatur

Bakken, L. L., Byars-Winston, A., Gundermann, D. M., Ward, E. C., Slattery, A., King, A., Scott, D. & Taylor, R. E. (2010). Effects of an educational intervention on female biomedical scientists' research self-efficacy. Advances in Health Sciences Education, 15 (2), S. 167–183.
Bandura, A. (1997). Self-Efficacy. The exercise of control. New York: Freeman.
Bergmann, M. & Selka, R. (2006). Berufsstart für Hauptschüler. 51 Ausbildungsberufe, die Hauptschülern wirklich offen stehen (4. akt. Aufl.). Bielefeld: wbv.
Bergzog, T. (2008). Beruf fängt in der Schule an. Die Bedeutung von Schülerbetriebspraktika im Rahmen des Berufsorientierungsprozesses. Berichte zur beruflichen Bildung. Bonn: wbv.
Fuchs-Brüninghoff, E. (2010). Selbsterkenntnis als Wegmarke bei der Identitätsfindung. In U. Sauer-Schiffer & T. Brüggemann (Hrsg.), Der Übergang Schule – Beruf. Beratung als pädagogische Intervention (S. 113–130). Münster: Waxmann.
Hirschi, A. (2008a). Kognitive Laufbahntheorien und ihre Anwendung in der beruflichen Beratung. In D. Läge & A. Hirschi (Hrsg.), Berufliche Übergänge. Psychologische Grundlagen der Berufs-, Studien- und Laufbahnberatung (S. 9–34). Wien: LIT Verlag.
Hirschi, A. (2008b). Die Rolle der Berufswahlbereitschaft für eine erfolgreiche Berufswahl. In D. Läge & A. Hirschi (Hrsg.), Berufliche Übergänge. Psychologische Grundlagen der Berufs-, Studien- und Laufbahnberatung (S. 155–172). Wien: LIT Verlag.
Jung, E. & Oesterle, A. (2010). Beruflich orientierte Selbstkonzepte und Kompetenzerwerb am Übergang Bildungs-/Ausbildungssystem. In U. Sauer-Schiffer & T. Brüggemann (Hrsg.), Der Übergang Schule – Beruf. Beratung als pädagogische Intervention (S. 177–197). Münster: Waxmann.
Koch, C. (2006). Schlüsselqualifikationen an der Schnittstelle zwischen Schule und Beruf. In Bundesministerium für Bildung und Forschung (Hrsg.), Praxis und Perspektiven zur Kompetenzentwicklung vor dem Übergang Schule – Berufsausbildung. Ergebnisse der Entwicklungsplattform 2 „Kompetenzentwicklung vor dem Übergang Schule – Berufsausbildung" (S. 212–222). Berlin: BMBF.
Krone, S. (2006). Berufliche Orientierung für Mädchen und junge Frauen. In N. Bley & M. Rullmann (Hrsg.), Übergang Schule und Beruf. Aus der Praxis für die Praxis – Region Emscher-Lippe. Wissenswertes für Lehrkräfte und Eltern (S. 267–276). Saarbrücken: PRISMA.
Lent, R. W., Brown, S. D. & Hackett, G. (1994). Toward a unifying social cognitive theory of career and academic interest, choice, and performance. Journal of Vocational Behavior, 45, S. 79–122.
Lent, R. W., Brown, S. D. & Hackett, G. (2002). Social cognitive career theory. In D. Brown and Associates (Hrsg.), Career choice and development (4. Aufl., S. 255–311). San Francisco, CA: Jossey-Bass.

Neuenschwander, M. P. (2008). Elternunterstützung im Berufswahlprozess. In D. Läge & A. Hirschi (Hrsg.), Berufliche Übergänge. Psychologische Grundlagen der Berufs-, Studien- und Laufbahnberatung (S. 135–153). Wien: LIT Verlag.

Richter, U. (2005). Den Übergang bewältigen. Gute Beispiele der Förderung an der Ersten Schwelle von der Schule zur Berufsausbildung. München: DJI.

Selka, R. & Bergmann, M. (2007). Berufsstart für Hauptschüler. 50 Berufe 50 Chancen. Bielefeld: wbv.

Solga, H. (2005). Ohne Abschluss in die Bildungsgesellschaft. Die Erwerbschancen gering qualifizierter Personen aus soziologischer und ökonomischer Perspektive. Opladen: Budrich.

10 Merkmale „guter" Praxisausbildung im Rahmen des dualen Studiums

Karl-Hans Brugger/Joachim Frech/Ruth Melzer-Ridinger

Der vorliegende Beitrag beschreibt die Leitlinien für eine gelingende Durchführung der Praxisphasen an der Dualen Hochschule Baden-Württemberg (DHBW).

Zentrales Merkmal der DHBW ist das duale Studienkonzept mit wechselnden Theorie- und Praxisphasen sowie die enge Kooperation zwischen der Hochschule und ihren „dualen Partnern". Die Unternehmen und sozialen Einrichtungen wählen ihre Studierenden selbst aus, schließen mit ihnen einen dreijährigen Vertrag und bieten während des Studiums eine fortlaufende Vergütung. Den theoretischen Teil des Studiums absolvieren die Studierenden an einem der Standorte der DHBW. Durch den kontinuierlichen Wechsel zwischen Theorie- und Praxisphasen im dreimonatigen Rhythmus erwerben die Studierenden neben fachlichem und methodischem Wissen die im Berufsalltag erforderliche Handlungs- und Sozialkompetenz. Theorie- und Praxisinhalte sind dabei eng aufeinander abgestimmt und beziehen aktuelle Entwicklungen in Wirtschaft, Technik und Gesellschaft in die Lehrpläne mit ein.

Das besondere Merkmal der DHBW ist die durchgehende und konsequente Verzahnung des wissenschaftlichen Studiums mit anwendungsbezogenem Lernen in der Arbeitswelt. Die DHBW vermittelt damit attraktive Qualifikationen und ermöglicht umfassende Erfahrungen in der Praxis. Dies schafft die Voraussetzung für eine frühzeitige Übernahme herausfordernder Aufgaben und eine erfolgreiche berufliche Weiterentwicklung.

Die Absolventen der DHBW überzeugen als selbstständig denkende und verantwortlich handelnde Persönlichkeiten mit kritischer Urteilsfähigkeit. Sie zeichnen sich aus durch fundiertes fachliches Wissen, Verständnis für übergreifende Zusammenhänge sowie die Fähigkeit, theoretisches Wissen in die Praxis zu übertragen. Sie lösen Probleme im beruflichen Umfeld methodensicher, zielgerichtet und handeln dabei teamorientiert.

Diese Lernziele erfordern von der wissenschaftlichen Lehre und der betrieblichen Ausbildung eine qualifizierte Umsetzung entsprechend den jeweiligen Handlungsgebieten. Für die betriebliche Ausbildung wurden dazu folgende Leitlinien zur gelungenen Durchführung der Praxisphasen entwickelt, die von den Betreuern der Studierenden entsprechend den betrieblichen Rahmenbedingungen angewandt werden sollen. In den exemplarischen Anregungen zur Umsetzung werden ausgewählte Beispiele aufgeführt, die keinesfalls einen Anspruch auf Vollständigkeit erheben.

Diese offene Herangehensweise hat sich in den letzten Jahren sehr bewährt und wird von den Unternehmen und sozialen Einrichtungen gerne aufgegriffen, um die Qualität des dualen Studienmodells zu steigern und die Bindung der gemeinsam ausgebildeten Fachkräfte zu erhöhen.

1. **Die Praxiseinsätze werden bewusst geplant. Im Laufe des Studiums erwerben die Studierenden durch die Übertragung vielfältiger Aufgaben in mehreren Abteilungen die notwendige fachliche Breite.**

Ziele
- Eine ganzheitliche Planung auf Basis der Anforderungen seitens des Unternehmens und der DHBW stellt eine fundierte und praxisgerechte Ausbildung sicher.
- Eine auf fachliche Breite ausgerichtete Praxisausbildung bietet vielfältige Einsatzmöglichkeiten nach Ende des Studiums und damit Flexibilität bei dem Berufseinstieg; breite fachliche Erfahrungen qualifizieren auch für die abteilungsübergreifende Kooperation.
- Durch eine systematische Planung werden sowohl die fachlichen als auch die überfachlichen Lernpotenziale in den zugedachten Aufgaben bzw. im Einsatzfeld berücksichtigt.

Exemplarische Anregungen zur Umsetzung
a) In größeren Unternehmen werden zwei Prinzipien verfolgt: Die Planung der Inhalte, Dauer, Lernorte und fachlichen Betreuer erfolgt durch die Ausbildungsabteilung, da dort in der Regel die ersten Praxisphasen stattfinden. Während dieser Zeit erhalten die Studierenden eine studiengangsspezifische Grundausbildung, ggf. im Ausbildungszentrum. Im weiteren Verlauf des Studiums wechselt die Verantwortlichkeit für die inhaltliche Gestaltung der Praxisphasen in eine andere Organisationseinheit des Unternehmens. Damit ist je nach Größe der Organisationseinheit eine Funktionsprägung (z. B. Einkauf) oder eine Prägung für das Geschäftsfeld (z. B. Werkzeugmaschinen) verbunden.
b) Eine andere Variante ist, dass sich die Studierenden bei der inhaltlichen Gestaltung der Praxisphasen in den späteren Semestern weitgehend autonom auf angebotene Aufgabenstellungen bewerben. Die Fachabteilungen wählen die Studierenden aus, die Ausbildungsleitung begleitet den Prozess und sichert auf diese Weise die fachliche Breite.
c) In mittleren und kleineren Partnerunternehmen werden die Studierenden oft während des gesamten Studiums durchgängig von einer Person betreut. Diese Person koordiniert im Rahmen der Möglichkeiten des Unternehmens und un-

ter Berücksichtigung der Fähigkeiten bzw. Kompetenzen der Studierenden die Praxisphasen.

Diese Beispiele zeigen die vielfältigen Möglichkeiten bei der Organisation der Praxisphasen, die sowohl die Steuerungswünsche des Unternehmens als auch die Autonomie der Studierenden berücksichtigen.

Die Dauer der Praxiseinsätze sollte nicht zu kurz sein, um eine fachliche Tiefe in den jeweiligen Ausbildungsabteilungen zu erreichen. Da die Studierenden in den Praxisphasen auch ihren Urlaub nehmen müssen, ist eine langfristige Planung notwendig, um sehr kurze Praxisphasen zu vermeiden.

Die Planung der Praxiseinsätze findet vor Studienbeginn statt und wird den Studierenden ausgehändigt. Änderungen können aufgrund betrieblicher Notwendigkeiten oder auf Wunsch der Studierenden erfolgen und werden zwischen diesen und der Ausbildungsleitung abgestimmt.

2. **Die Fachabteilungen werden frühzeitig über Zeitpunkt und Dauer des Praxiseinsatzes, über den Entwicklungsstand der Studierenden und zum qualitativen Anspruch der praktischen Studienphasen (auf Basis des DHBW-Leitbilds und der Praxismodulbeschreibungen) informiert.**

Ziele
- Eine frühzeitige Information der Ansprechpartner in den Fachabteilungen ist eine wichtige Voraussetzung für eine qualifizierte Betreuung.
- Sowohl die Fachabteilung als auch die Studierenden können eventuelle Vorbereitungen für den Einsatz in der Abteilung treffen.
- Die fachlichen Betreuer kennen die Anforderungen der DHBW an die Projektarbeiten in den Praxisphasen und können auf dieser Basis geeignete Aufgabenstellungen definieren.
- Die Ausbildungsleitung stimmt sich mit der Fachabteilung hinsichtlich Projektarbeit und Betreuer entsprechend dem Entwicklungsstand und der Persönlichkeit der Studierenden ab.

Exemplarische Anregungen zur Umsetzung
Die Ausbildungsverantwortlichen beraten die Ansprechpartner in den Fachabteilungen unter Personalentwicklungsaspekten bei der Auswahl von Aufgaben und Betreuer mit einer kurzen Vorstellung der Studierenden und deren Entwicklungsstand (fachlich, persönlich, methodisch, sozial). Bei Bedarf erklärt der Ausbildungsverantwortliche das duale Studium und den Status der Studierenden insbesondere in Abgrenzung zu Praktikanten.

Der Studierende erhält 4 bis 8 Wochen vor Beginn der Praxisphase die Information, in welcher Fachabteilung er eingesetzt wird und wer sein Ansprechpartner ist. Der Studierende nimmt frühzeitig Kontakt mit seinem Betreuer auf, um Details zum

Einsatz und ggf. Voraussetzungen zu klären. Die Fachabteilung stellt einen Arbeitsplatz sicher und organisiert einen guten Einstieg in die Praxisphase.

Der Ausbildungsverantwortliche kennt die Anforderungen der Hochschule an die Projektarbeiten und vermittelt diese den Ansprechpartnern aus der Fachabteilung. Die Organisation (Anmeldung, Abgabe, Bewertung) der Projektarbeiten erfolgt unter Berücksichtigung der Vorgaben der Hochschule. Dabei können zwei Wege der Realisierung erfolgen: Die Studierenden tragen die Verantwortung für den gesamten Prozess, oder die Fachabteilung bzw. die Ausbildungsleitung sichert die notwendige Umsetzung. In jedem Fall ist ein qualifiziertes Feedback zu einer Projektarbeit notwendig.

3. **Die Fachabteilungen stellen fachlich qualifizierte Betreuung und ausreichend Zeit für die Anleitung der Studierenden sicher.**

Ziele
- Fachlich qualifizierte Betreuer bilden die Grundlage für den notwendigen Kompetenzzuwachs während einer Praxisphase.
- Die Studierenden erleben am Beispiel der Fachkräfte im betrieblichen Umfeld die Notwendigkeit einer stetigen fachlichen Weiterentwicklung.
- Die Organisation berücksichtigt die notwendigen Mitarbeiterkapazitäten für die Betreuung der Studierenden durch die Betreuer.

Exemplarische Anregungen zur Umsetzung
Der Studierende hat einen verfügbaren Ansprechpartner für die gesamte Projektphase. Je nach betrieblicher Gegebenheit werden fixe Abstimmungstermine vereinbart, oder es besteht die Möglichkeit, den Ansprechpartner jederzeit zu kontaktieren. Betreuer haben i. d. R. ein relevantes Studium absolviert und kennen daher die Fachthemen ebenso wie die Rahmenbedingungen eines Studiums. Daher werden oft ehemalige DHBW-Studierende als Betreuer eingesetzt.

Die Leitung stellt für die Betreuung der Studierenden entsprechende Kapazitäten als Bildungsinvestment bereit und kommuniziert die Wertschätzung für das Thema Ausbildung, insbesondere im Bereich der DHBW. Ausbildungsleitung und Betreuung von Studierenden wird als Auszeichnung bei der Auswahl der Akteure verstanden.

Die Studierenden werden zu Beginn einer Praxisphase in der Abteilung erwartet, Arbeitsplätze und konkrete Aufgaben sind vorbereitet, und Betreuer kümmern sich frühzeitig um die neuen Mitarbeiter in der Abteilung.

Die Ansprechpartner kennen die Studienstrukturen und Vorlesungsinhalte und stellen die Verknüpfungen von Theorie und Praxis an unternehmerischen Beispielen her; dadurch motivieren sie für die Theoriephasen.

Unternehmensspezifisches Wissen kann in Seminaren vermittelt werden. Eine Vorwegnahme oder Wiederholung von Unterrichtsinhalten der Theoriephasen ist zu vermeiden. Die Ausbildungsleiter müssen daher die Theorieinhalte kennen.

4. **Gegenüber den Studierenden werden die Aufgabe und das Projektziel klar kommuniziert. Eigenständigkeit bei der Ausarbeitung wird eingefordert.**

Ziele
- Eine klare Kommunikation der Aufgabenstellung und Projektziele durch die Betreuer schafft eine sichere Basis für die Aufgabenplanung und -realisierung; vage und undifferenzierte Arbeitsaufträge sind zu vermeiden.
- Die Studierenden haben klare Ziele für die Praxisphase und können so zielgerichtet und eigenständig arbeiten.
- Die Studierenden werden an selbstständiges Arbeiten auch in komplexen Aufgaben herangeführt.

Exemplarische Anregungen zur Umsetzung
- Zu Beginn einer Praxisphase wird eine Aufgabenstellung vergeben und erläutert. Inhaltliche und terminliche Ziele werden besprochen und nach Möglichkeit schriftlich fixiert. Dabei haben die Studierenden die Möglichkeit, Fragen zu stellen, und können sich im Anschluss auf die Aufgabe vorbereiten.
- Eigenständiges Arbeiten kann durch regelmäßige Feedbackgespräche und Überprüfung der Lernziele gefördert werden
- In einigen größeren Unternehmen werden anstehende Aufgabenstellungen vor Beginn der Praxisphase den Studierenden vorgestellt, die sich in Abstimmung mit den Ausbildungsverantwortlichen eine Aufgabe aussuchen und die Praxisphase in der entsprechenden Abteilung verbringen.
- Aufgaben mit einem konkreten Projektabschluss (z. B. Messe oder interne Präsentation, Erstellung eines Prototyps) sind besonders motivierend.
- Studierende sind viel häufiger unterfordert als überfordert. Vertrauen Sie auf die Fähigkeiten der Studierenden, geben Sie aber auch Gelegenheit, Überforderung zu artikulieren.

5. **Die den Studierenden übertragenen Projekte und Aufgaben tragen zur persönlichen und fachlichen Weiterentwicklung bei und sind für interne und externe Kunden wertschöpfend.**

Ziele
- Berufsbefähigung wird durch parallele Weiterentwicklung von Persönlichkeit und fachlichen Kompetenzen sichergestellt.
- Betreuer berücksichtigen bei der Auswahl der Projekte und Aufgaben den individuellen Status der Studierenden hinsichtlich Persönlichkeit als auch fachlicher und methodischer Qualifikation. Dadurch werden mögliche bzw. notwendige Weiterentwicklungen wirkungsvoll unterstützt.

- Die Ausgewogenheit zwischen qualifizierender und wertschöpfender Tätigkeit wird von den Betreuern so ausgesteuert, dass im angemessenen Umfang sowohl Wertschöpfung durch Mitwirkung im operativen Geschäft als auch langfristige Qualifizierung ermöglicht werden.

Exemplarische Anregungen zur Umsetzung
- Sowohl in der Ausbildungsabteilung als auch in der Fachabteilung werden den Studierenden Projekte übertragen. Die Bandbreite reicht von der Unterstützung im Tagesgeschäft bis hin zur eigenständigen Bearbeitung eines Teilprojekts. Damit werden die Studierenden unabhängig von der Unternehmensgröße und dem zugehörigen Ausbildungskonzept in die Abläufe des Unternehmens integriert. Auf diese Weise tragen die Studierenden automatisch ihren Teil zur Wertschöpfungskette bei.
- Je abstrakter und theoretischer die Projektaufgaben werden, desto wichtiger ist das Feedback des Betreuers, da in der Regel keine Motivationswirkung durch fehlende Umsetzung gegeben ist.
- Studierende werden auch in ihrer persönlichen Entwicklung begleitet, Fortschritte und Defizite werden besprochen und erläutert.

6. **Durch Mitarbeit erhalten die Studierenden Einblicke in die Geschäftsabläufe. Die übertragenen Aufgaben bieten Spielraum für Eigeninitiative, eigene Denkansätze und Kreativität. Zunehmende Komplexität und Verantwortung bei den zu lösenden Aufgaben (Praxisprojekt) bieten den Studierenden Chancen zum Erwerb von Handlungskompetenz und Beschäftigungsfähigkeit.**

Ziele
- Absolventen der DHBW überzeugen durch ein fundiertes Verständnis geschäftlicher Prozessabläufe über Abteilungsgrenzen hinaus und können für das Unternehmen ganzheitliche Lösungen entwickeln.
- Absolventen knüpfen durch die entsprechend gewählten Projekte und Aufgaben ein Netzwerk im Betrieb, welches ihnen fundierte Lösungen der Projektaufgaben mit breiter Akzeptanz im Unternehmen ermöglicht.
- Die Aufgaben und Projekte steigern sich von Semester zu Semester hinsichtlich Komplexität und Verantwortung und erlauben so eine rasche Personalentwicklung.

Exemplarische Anregungen zur Umsetzung
- Grundlagenausbildungen z. B. in der Lehrwerkstatt erfolgen zu Beginn des Studiums. Dabei werden handwerkliche Fähigkeiten gelehrt, aber auch die Bedeutung der grundlegenden Fertigkeiten für das Unternehmen und die Bedeutung der gewerblichen Mitarbeiter für den Unternehmenserfolg betont.

- Mitwirkung im Tagesgeschäft kann z. B. erfolgen durch
  - Auswertung von Qualitätskennzahlen,
  - Optimierung von Detailprozessen,
  - Assistenz in Projekten.
- Anspruchsvolle Praxisaufgaben, die eher im letzten Studienjahr umgesetzt werden können, sind z. B.
  - Einführung einer Software inkl. Installation, Anpassung, Schulung,
  - Entwicklung von Produkten und Produktbaugruppen, inkl. vollständiger Dokumentation, Optimierung komplexer Geschäftsprozesse unter Berücksichtigung aller relevanten Kriterien und unter Einbeziehung aller Personen.
- Die befristete Übernahme einer Urlaubs- oder Krankheitsvertretung gibt Einblicke in den Arbeitsalltag und die damit verbundenen Belastungen, auch auf anderen Beschäftigungsniveaus. Hierbei ist auf eine angemessene Befristung zu achten.
- Die Teilnahme an Besprechungen und Teamsitzungen ermöglicht den Studierenden, ihre Aufgaben im Gesamtkontext wahrzunehmen, und zeigt die Bedeutung von methodischen, sozialen und persönlichen Kompetenzen auf.
- Kontakte mit Kunden und Lieferanten ergänzen die Einblicke in betriebliche Prozesse.

7. Die Studierenden haben einen festen Betreuer/Coach für die Dauer des Studiums. In regelmäßig stattfindenden Gesprächen erhalten die Studierenden Feedback zur fachlichen und persönlichen Entwicklung.

Ziele
- Ein fester Betreuer/Coach kennt den Studierenden und den Verlauf seiner Entwicklung.
- In regelmäßigen Feedbacks gibt der Betreuer/Coach dem Studierenden offene Rückmeldung und liefert wertvolle Impulse zur persönlichen Weiterentwicklung. Die daraus resultierende Personalentwicklung gilt es im Interesse des Studierenden und des Unternehmens zu optimieren. Wahlmöglichkeiten, im Studium und zum Berufseinstieg werden mit dieser Vertrauensperson besprochen.
- Zwischen den Betreuern und den Studierenden besteht ein Vertrauensverhältnis. Sollten sich Probleme ergeben, können die Betreuer qualifiziert und verantwortungsvoll mit den Studierenden sprechen und Lösungen herbeiführen.

Exemplarische Anregungen zur Umsetzung
- In kleineren und mittleren Unternehmen haben die Studierenden oftmals einen definierten Ansprechpartner während des gesamten Studiums, der sowohl die organisatorische Betreuung als auch die Rolle eines Ansprechpartners hinsichtlich der persönlichen Entwicklung übernimmt.
- In größeren Unternehmen haben die Studierenden oftmals ergänzend zum offiziellen Ausbildungsleiter feste Betreuer/Coachs aus der Ausbildungsabteilung

("Lernprozessbegleiter"). Diese Person nimmt die Schnittstellenfunktion zwischen Fachabteilung, Hochschule und Studierenden wahr. Sie begleitet die Studierenden vom Einstellprozess bis hin zur Übernahme. Die Fachabteilungen erhalten von ihnen Informationen zu den Praxisarbeiten und zu den Leistungen der Studierenden. Die Lernprozessbegleiter organisieren das Studium, übergreifende Termine und nehmen Coachingaufgaben wahr. Dazu gehören regelmäßige Feedbackgespräche, die mindestens am Ende einer Praxisphase erfolgen. In kleineren und mittleren Unternehmen übernimmt diese Aufgabe eine Person aus der Fachabteilung.
- Mit persönlichen oder akademischen Problemen wenden sich die Studierenden an die vertrauten Ansprechpartner und suchen Lösungen. So können bspw. bei Überlegungen zum Studienabbruch oder Studienwechsel betriebliche Perspektiven aufgezeigt, Vor- und Nachteile erörtert und eine qualifizierte Lösung angeregt werden.

8. **Nach Möglichkeit verbringen die Studierenden eine Praxisphase im Ausland. Die im Ausland übertragenen Aufgaben ergänzen idealtypisch die fachlichen Inhalte der Praxisphasen im Inland. Ein besonderes Augenmerk wird auf den Erwerb von Sprach- und interkultureller Kompetenz gerichtet.**

Ziele
- Nach Abschluss des Studiums verfügen die Absolventen über die notwendige Sprachkompetenz in Englisch und ggf. weiteren Fremdsprachen, um für das Unternehmen auch anspruchsvolle Aufgaben übernehmen zu können.
- Durch erfolgreiche Auslandsphasen wurde bei den Studierenden die Bereitschaft geweckt, internationale Einsätze anzunehmen.
- Die Absolventen verfügen durch interkulturelle Erfahrungen auch über Handlungskompetenz mit Akteuren aus anderen Kulturkreisen.
- Geschäftsprozessketten über die Unternehmens- oder Werksgrenzen hinaus mit internationalen Partnern werden verstanden.

Exemplarische Anregungen zur Umsetzung
- Studierenden wird eine Praxisphase in Auslandsniederlassungen oder -werken gewährt. Die Organisation der Auslandsaufenthalte kann mehr oder weniger detailliert vom Ausbildungsleiter übernommen werden, die Studierenden ergänzen durch eigene Vorbereitung die Planung.
- Die Ausbildungsleitung stellt den Kontakt zum Ansprechpartner im Ausland her und klärt die generellen Modalitäten (Termine, Kostenübernahme). Die Studierenden kümmern sich um Visa, Reisedetails, Unterbringung, aber auch Projektinhalte vor Ort selbst und informieren darüber die Ausbildungsleiter.
- Die Ausbildungsleiter klären alle Details der Praxisphase im Ausland.
- Die Definition von Projektinhalten im Ausland kann je nach Land und Planungshorizont recht schwierig sein. Die Studierenden sind ggf. auf kulturelle Unterschiede vorzubereiten, um große Enttäuschungen zu vermeiden.

- Auch Theoriephasen im Ausland müssen von den Partnerunternehmen gebilligt werden. Reiseerlaubnis und Kostenzuschüsse können vom Leistungsstand der Studierenden abhängig gemacht werden.
- Zur Vorbereitung von Auslandsphasen ist der Kontakt mit in dieser Hinsicht erfahrenen Vorgängern besonders hilfreich. Diese Kontakte stellen die Ausbildungsleiter her.

9. **Die Studierenden werden in Teams integriert und erfahren hierbei eine betriebliche Sozialisierung. Neben dem Erwerb fachlicher und methodischer Kompetenz lernen sie betriebliche Maßstäbe kennen für erfolgreiches berufliches Handeln und unabdingbare Spielregeln für gelingende Kooperation und Kommunikation.**

Ziele
- Die Studierenden erleben Teamarbeit und werden zu teamfähigen Mitarbeitern entwickelt.
- Die Studierenden erlernen vielfältige Methoden der praktizierten Teamarbeit.
- Die innerbetrieblichen Regeln erfolgreichen Handels in selbstständiger Arbeit und im Team werden frühestmöglich erlernt und verinnerlicht.

Exemplarische Anregungen zur Umsetzung
- Kleinere Unternehmen legen Wert darauf, dass die Studierenden viele oder gar jeden Mitarbeiter kennenlernen – dies geschieht im Rahmen von persönlichen Gesprächen zu Beginn des Studiums und schafft eine Vertrauensbasis für die Zusammenarbeit.
- Weitere Möglichkeiten, die Studierenden zu integrieren, sind Teamsitzungen oder Events, bei denen die Studierenden teilnehmen. Bei größeren Unternehmen erfolgt dies in kleineren Unternehmenseinheiten, die einen unmittelbaren Bezug zum Studierenden haben.
- Neben den Ausbildungsleitern geben auch die Fachbetreuer Rückmeldungen zu positivem und negativem Verhalten im betrieblichen Alltag. Bei schweren Regelverletzungen wird die Ausbildungsleitung integriert, um den Studierenden die Relevanz betrieblicher Regeln deutlich zu machen.

10. **Die Studierenden werden von ihren Betreuern/Coachs auch im letzten Studienjahr begleitet und erfahren Hilfe bei der Suche geeigneter Aufgabenstellungen zur Anfertigung der Bachelorarbeit. Darüber hinaus stehen die Betreuer/Coachs den Studierenden beratend bei der Auswahl der ersten Stelle nach Abschluss zur Verfügung, dabei bringen sie ihre Kenntnisse des betrieblichen Umfelds und der Persönlichkeit und Qualifikation der Studierenden ein und unterstützen damit den beruflichen Einstieg zum beiderseitigen Nutzen.**

Ziele
- Die Weichen für Bachelorarbeit und Einstiegsposition werden so früh gestellt, dass die Studierenden alternative Angebote nicht suchen müssen.

- Bei der Wahl eines Tätigkeitsfelds nach Abschluss des Studiums beraten die Betreuer/Coachs, sodass ein Tätigkeitsfeld aufgenommen wird, welches den Studierenden und den Unternehmen eine positive Weiterentwicklung ermöglicht.
- Die Absolventen erfahren eine persönliche Wertschätzung durch die Betreuer und weitere Akteure im Unternehmen, sodass der Verbleib im Unternehmen nicht infrage gestellt wird.
- Im Zuge individueller Absprachen können Studierende, die ein Masterstudium absolvieren, mit geeigneten personalentwicklerischen Maßnahmen ans Unternehmen gebunden werden, um sie nach Abschluss zu beschäftigen.

Exemplarische Anregungen zur Umsetzung
- Die Themenfindung für die Bachelorarbeiten erfolgt durch die Fachabteilung in Zusammenarbeit mit der Ausbildungsabteilung.
- Der Übernahmeprozess wird von der Ausbildungsabteilung initiiert und von der Personalabteilung gesteuert. Dazu finden frühzeitig Gespräche mit den Studierenden statt, um ihre Zukunftswünsche berücksichtigen zu können. In Gesprächen mit der Fachabteilung wird das individuelle Interesse mit dem betrieblichen Bedarf bzw. dem Einsatzfeld abgeglichen. Eine Begleitung des Übernahmeprozesses durch die Ausbildungsabteilung ermöglicht die Berücksichtigung des Kompetenzprofils der Studierenden. Gerade in Betrieben, die keine Funktionsprägung, sondern eine Prägung für das Geschäftsfeld durchführen, ist eine Begleitung des Übernahmeprozesses unerlässlich.
- In kleinen und mittleren Unternehmen werden die Studierenden während des gesamten Studiums für eine bestimmte Funktion geprägt, sodass der Eintritt in das Berufsleben geringere Hürden mit sich bringt. Hierbei sind die Fachabteilungen gefordert, die Bindung der Studierenden an das Unternehmen herzustellen.
- Die Ausbildungsleitung ist vorbereitet, wenn Studierende sich überlegen, einen Master zu machen. Den Studierenden können kurzfristig auf den individuellen Fall zugeschnittene alternative Modelle von Wiedereinstellung nach Studienabschluss, Werksstudententätigkeit oder berufsbegleitetem Studium angeboten werden.

Diese offene Gestaltung der Praxisumsetzung wird im Rahmen der einzelnen Studiengänge noch durch differenzierte inhaltliche Vorgaben ergänzt. Erfolgsfaktor für eine gelungene Ausbildung ist jedoch nicht die formale Umsetzung detaillierter Inhalte, sondern die praxisorientierte Umsetzung im Sinne dieser zehn Leitlinien. Im besten Fall wird dadurch eine Betreuungskultur der Studierenden etabliert, in der „Regelstudierende" ausreichend geführt werden, aber auch Freiheiten genießen können. Studierende mit erhöhtem Betreuungsaufwand oder persönlichen Herausforderungen erfahren ausreichend Hilfestellungen, und „High Potentials" werden früh genug erkannt, sodass eine angepasste Betreuung mit erweiterten Aufgaben und Herausforderungen erfolgt. Das Zusammenspiel von Hochschule und Partnerinstitution greift diese unterschiedlichen Situationen adäquat auf und führt damit zum gemeinsamen Erfolg von Hochschule, Partnerinstitution und Studierenden.

V Instrumente, Maßnahmen und Konzepte

Die azubiarena als interaktives Tool der Rekrutierungspraxis

Thomas Wagenfeld

Weg ist sie. Die schöne Zeit, als Schreibtische in den Personalabteilungen überquollen vor Bewerbungsmappen von Schülerinnen und Schülern. Und sie kommt auch nicht wieder. Dieses könnte man mit dem demografischen Wandel und dem damit verbundenen Rückgang der Schülerzahlen begründen. Aber selbst ohne diesen demografischen Wandel würde die Zahl der Bewerbungen in Papierform jedes Jahr kontinuierlich sinken. Wir wagen sogar die Hypothese, dass Papierbewerbungen längst Exoten wären, wenn es nur nach dem Willen unserer Schülerinnen und Schüler gehen würde.

Aber wie würden Bewerbungen in diesem Fall aussehen? Würden die Schülerinnen und Schüler ihre Bewerbungen dann per E-Mail verschicken? Eher nicht. Die JIM (Jugend, Information, [Multi-]Media)-Studie zeigt seit Jahren die abnehmende Bedeutung von E-Mails als Kommunikationsinstrument von Schülerinnen und Schülern. Soziale Netzwerke, allen voran Facebook, werden deutlich öfter und deutlich lieber zur Kommunikation genutzt, wie die Abbildung 1 aus der JIM-Studie 2013 zeigt.

Dies hat vermutlich bei vielen Unternehmen zu der Hoffnung geführt, dass Stellenausschreibungen bei Facebook zwangsläufig eine gute Resonanz erzeugen müssen. In der Praxis sprechen erfahrungsgemäß zwei Gründe gegen diese Annahme:

Der eine Grund liegt im sogenannten Medienbruch. Das Stellenangebot bei Facebook mag zwar gefunden und auch gelesen werden, die darin enthaltene Bitte um eine Bewerbung per Post oder E-Mail steht aber dem Kommunikationsgedanken von sozialen Netzwerken entgegen. Der zweite Grund liegt darin, dass Schülerinnen und Schüler ganz klar zwischen beruflichen Aspekten und dem privaten Bereich trennen. Und Facebook gehört eindeutig zum privaten Bereich.

Wenn wir also davon ausgehen, dass Schülerinnen und Schüler am liebsten keine Papierbewerbungsmappen erstellen würden und die Kommunikation per E-Mail auch immer weniger genutzt wird, welche Alternativen bleiben dann übrig?

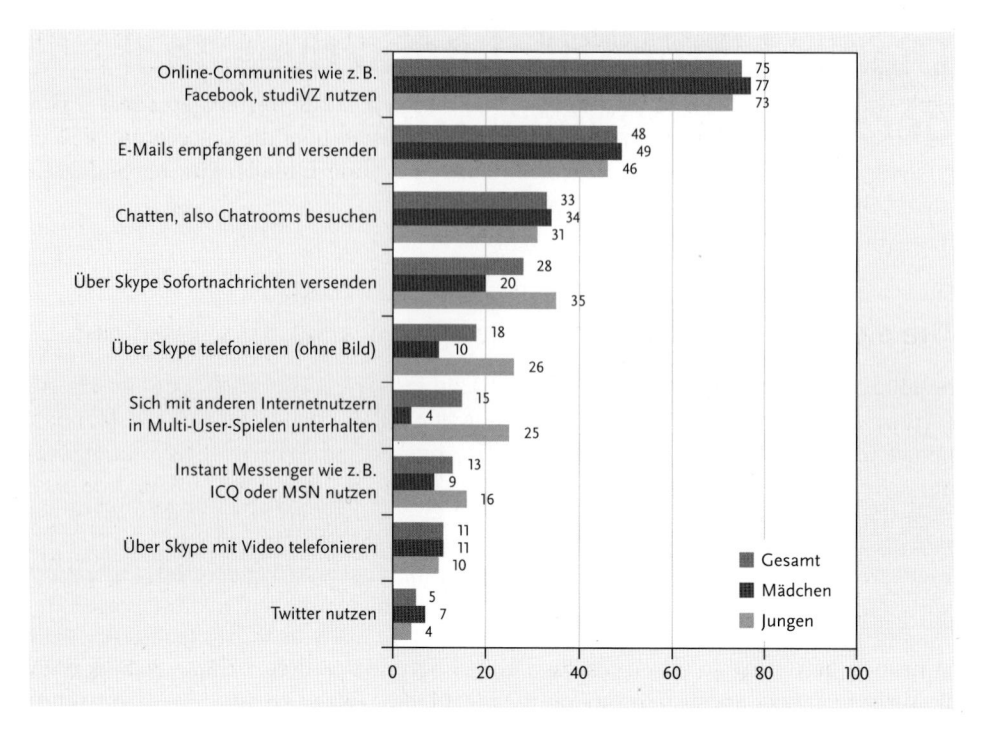

Abb. 1: Aktivitäten im Internet – Schwerpunkt Kommunikation

Quelle: I/M, 2013, Angaben in Prozent, Basis: alle Befragten, n = 1.200

Die unzähligen Ausbildungsplatzbörsen, an die man hier zunächst denken würde, ermöglichen den Unternehmen die Veröffentlichung von Stellenangeboten im Internet.

Bei den meisten dieser Online-Angebote finden Schülerinnen und Schüler dann den Hinweis, sie mögen sich schriftlich oder per E-Mail bewerben. Durch diesen Medienbruch wird der primär gute Online-Gedanke, den Schülerinnen und Schülern eine Bewerbungsmöglichkeit unter Verwendung moderner Medien anzubieten, wieder zunichtegemacht.

Welche Komponenten müsste ein innovatives, integriertes Instrument in sich vereinen?

Zum einen benötigt man eine (aus Schülersicht) zeitgemäße Kommunikationskomponente. Kommunikation mit einem Empfänger muss über einen bestehenden Online-Kanal auf Knopfdruck möglich sein. Zum anderen müssen alle erforderlichen Daten und Dokumente online zur Verfügung stehen und an den Empfänger weitergegeben werden können. Idealerweise automatisch in der Form aufbereitet, die der Empfänger bevorzugen würde.

Diese beiden Komponenten bilden den Kern der azubiarena (www.azubiarena.de), die konsequent als interaktive Kommunikations- und Bewerbungsplattform entwickelt wurde. Daher läuft auf der azubiarena der gesamte Bewerbungsprozess – von der Erstellung eines Angebotes durch ein Unternehmen über die Bewerbung bis hin zur Zu- oder Absage – online ab. Ohne Post und ohne E-Mails. Für Ausbildungsplätze, duales Studium und Schülerpraktika.

Die elektronische Bewerbungsmappe als Schlüsselelement

Schülerinnen und Schüler erstellen in der azubiarena im Unterricht oder zu Hause ihre persönlichen elektronischen Bewerbungsmappen. Dabei werden die Mappen genau in der Form erstellt, wie sie von den meisten Unternehmen bevorzugt werden. Anschreiben, Lebenslauf, Profil, Qualifikationen und alle Dokumente wie Zeugnisse und Bescheinigungen werden zu einem einzigen Gesamtdokument zusammengefügt, welches den Unternehmen im Falle einer Bewerbung durch die Schülerinnen und Schüler sowohl online als auch als PDF-Dokument zur Verfügung gestellt wird.

Unternehmen nutzen dann ein schlankes, integriertes und einfach zu bedienendes Bewerbermanagementsystem, welches sie bei der Auswahl der Bewerber unterstützt. Auch die Unternehmen können mit den Bewerbern über einen direkten Kommunikationskanal innerhalb der Plattform kommunizieren. Diese Funktionalität wirkt sich besonders positiv im Falle von Absagen aus. Das aufwendige Erstellen von individuellen Absageschreiben entfällt ebenso wie der Rückversand von Bewerbungsmappen. Absagen über die azubiarena erfolgen teilautomatisiert, und dennoch erhält jede Schülerin und jeder Schüler ein individuell formuliertes und an ihn adressiertes Absageschreiben.

Vorteile für alle Beteiligten

Schülerinnen und Schüler bekommen mit der azubiarena ein Instrument, welches ihnen den gesamten Bewerbungsvorgang strukturiert und erleichtert. Darüber hinaus werden sie von sämtlichen Bewerbungskosten entlastet, da die Nutzung der azubiarena für Schülerinnen und Schüler komplett kostenfrei ist.

Unternehmen präsentieren sich den Schülerinnen und Schülern in der azubiarena als moderner Ausbildungs- und/oder Praktikumsbetrieb aus der Region. Weiterhin profitieren Unternehmen von dem integrierten, intuitiv nutzbaren Bewerbermanagementsystem, welches sie bei der Auswahl geeigneter Kandidaten unterstützt. Und schließlich reduziert die azubiarena ganz erheblich den Verwaltungsaufwand, sodass den Personalverantwortlichen mehr Zeit für die inhaltliche Auseinandersetzung mit den Bewerbungsunterlagen zur Verfügung steht.

Einsatz im Unterricht

Die Einsatzmöglichkeit im berufsvorbereitenden Unterricht in Schulen war eine zentrale Anforderung bei der Entwicklung der azubiarena.

Dreh- und Angelpunkt einer Bewerbung um einen Ausbildungsplatz ist das Anschreiben. Die besondere Stellung dieses Dokumentes ergibt sich quasi zwangsläufig aus der doch vergleichsweise kurzen Vita der Schülerinnen und Schüler. Ein Lebenslauf, drei Zeugnisse, ein oder zwei Praktikumsbescheinigungen und die eine oder andere Urkunde aus privatem Engagement stellen in der Regel den gesamten Umfang der Bewerbungsmappe von Schülern dar. Daher ist ein gut formuliertes Anschreiben für Personalverantwortliche besonders wichtig.

Idealerweise unterstützen Lehrkräfte ihre Schüler bei der Erstellung dieser Anschreiben. Leider stehen im Schulalltag für berufsvorbereitende Maßnahmen je nach Schulform nur sehr wenige Stunden (wenn überhaupt) zur Verfügung, und diese Stunden werden zum Großteil mit der Erstellung der Basis der Bewerbungsmappe verbracht, vor allem mit der Erstellung und Formatierung von Lebensläufen. Dadurch bleibt in der Regel kaum noch Zeit für die so wichtigen Anschreiben. Hier bringt die Nutzung der azubiarena eindeutige Vorteile. Durch die Online-Unterstützung der Schülerinnen und Schüler bei der Erstellung und Formatierung ihrer Basisbewerbungsmappe inklusive Lebenslauf können Lehrkräfte die knappe Unterrichtszeit beinahe vollständig nutzen, um ihre Schülerinnen und Schüler bei der Formulierung von Anschreiben zu unterstützen.

Fazit

Vor dem Hintergrund des demografischen Wandels in Verbindung mit der sich abzeichnenden Nutzung neuer Kommunikationswege, auch für Bewerbungen, kann die Empfehlung an die Unternehmen nur darin bestehen, (zumindest mittelfristig) verschiedene Wege bzw. Kommunikationskanäle für Bewerbungen von Schülerinnen und Schülern parallel zuzulassen oder noch besser: aktiv zu nutzen und entsprechend zu bewerben.

Bevor eine Schülerin oder ein Schüler sich heutzutage bei einem Unternehmen bewirbt, wird sie oder er sich auf den Webseiten des Unternehmens umschauen. Nach spätestens zwei bis drei Klicks sollten die Informationen über Ausbildungsmöglichkeiten, offene Ausbildungsplätze und Bewerbungsmöglichkeiten zur Verfügung stehen. Sonst läuft das Unternehmen Gefahr, den Besucher für immer zu verlieren. Idealerweise hebt ein Unternehmen die Bedeutung des Themas Ausbildung dadurch hervor, dass ein Interessent bereits auf der Startseite durch einen entsprechenden Link angesprochen und in den Ausbildungsbereich weitergeleitet wird. Integrierte, interaktive Bewerbungsplattformen wie die azubiarena halten daher Instrumente bereit, mit denen Unternehmen ihre Webseiten entsprechend ausbildungsfreundlich anreichern können.

Literatur

Medienpädagogischer Forschungsverbund Südwest (2013). JIM-Studie 2013. Zugriff unter http://www.mpfs.de

Beruflicher Neuanfang

Ausbildung 50+ bei der ING-DiBa

Dieter Doetsch

Hinter dem Konzept „Azubi 50+" steht der Gedanke, gezielt älteren Menschen ab 50 Jahren den Wiedereinstieg ins Berufsleben zu ermöglichen.Deshalb bildet die ING-DiBa seit 2006 auch Mitarbeiter jenseits der 50 aus. Für die Initiative wurde die ING-DiBa mit dem Deutschen Diversity Preis 2011 für das innovativste Projekt ausgezeichnet. Prämiert wurden all jene Arbeitgeber, die Diversity und Diversity Management zielgerichtet und erfolgreich nutzen und sich für eine Arbeitskultur der Vielfalt in Deutschland einsetzen.

Auf den richtigen Mix kommt es an

Die ING-DiBa begrüßte 2013 ihre achtmillionste Kundin. Dieser Erfolg spiegelt sich auch auf der personellen Ebene wider: In den vergangenen zwölf Jahren hat sich die Zahl der Mitarbeiter beinahe versechsfacht. Derzeit arbeiten an den Standorten Frankfurt, Hannover und Nürnberg über 3.400 Mitarbeiter, 2002 waren es noch 600. Das Durchschnittsalter der Belegschaft betrug 2013 etwa 40 Jahre. Um eine Balance zwischen Jung und Alt zu schaffen, bietet die ING-DiBa altersunabhängige Ausbildungsangebote für Berufsanfänger, Quer- und Wiedereinsteiger an. Gleichzeitig trägt der gezielte Altersmix zu einem optimalen Arbeitsverhältnis bei, denn ein Team aus Jung und Alt ermöglicht es, Stärken gemeinsam und gewinnbringend einzusetzen.

Veränderungen intelligent nutzen

Obwohl die Bewerberzahl ein normales Niveau erreicht, ist es schwierig, qualifizierte Fachkräfte zu finden. Für viele leistungsstarke Schüler hat die duale Ausbildung an Attraktivität verloren, sodass sie ein Hochschulstudium vorziehen. Das hat zur Folge, dass die ING-DiBa aufwendigere Auswahlverfahren durchführen muss, um geeignete Auszubildende und duale Studenten zu gewinnen. Hinzu kommt, dass die Erwartungen der Bewerber an ein zukünftig ausbildendes Unternehmen im Hinblick auf die sozialen Leistungen und sonstigen Rahmenbedingungen steigen. Um den Fachkräftebedarf zu sichern, hat sich die ING-DiBa deshalb für einen gezielten Altersmix entschieden und mit der Ausbildung 50+ ein Programm für Menschen mit Lebenserfahrungen entwickelt.

Durchstarten im besten Alter

Anfangs bildete die ING-DiBa in Zusammenarbeit mit einem externen Bildungsträger und der Industrie- und der Handelskammer die 50+-Auszubildenden als Servicefachkräfte für Dialogmarketing aus. Der externe Bildungsträger vermittelte – ähnlich wie eine Berufsschule – das theoretische Wissen, das von der IHK geprüft wurde. Bei der ING-DiBa hatten die Auszubildenden dann die Möglichkeit, das Gelernte in der Praxis anzuwenden.

Allerdings kristallisierte sich schnell heraus, dass die vermittelten Inhalte nicht mit den Tätigkeiten im Unternehmen übereinstimmten. Um eine optimale Ausbildung zu ermöglichen, entwickelten die ING-DiBa und die Industrie- und Handelskammer die Qualifikation zum Bankassistenten. Die theoretischen Inhalte gleichen dem Lehrstoff für Bankkaufleute im ersten Ausbildungsjahr, sodass die Auszubildenden gezielt auf die spätere Arbeit im Unternehmen vorbereitet werden. Interessenten haben die Wahl zwischen einer Ausbildung zum Bankassistenten für den Bereich Immobilienfinanzierung oder den Bereich Kundendialog. Die Ausbildung findet, abhängig von dem Bereich, jährlich abwechselnd an den Standorten Frankfurt, Nürnberg oder Hannover statt und dauert zwölf Monate. Am Ende steht die Prüfung der von der IHK bescheinigten Qualifikation.

Auf die persönlichen Eigenschaften kommt es an

Für die Ausbildung 50+ bei der ING-DiBa ist eine abgeschlossene kaufmännische Ausbildung, eine vergleichbare Qualifikation oder Berufserfahrung in einer entsprechenden Tätigkeit Grundvoraussetzung. Allerdings zählt die Persönlichkeit, Ausstrahlung und Einstellung des Bewerbers viel mehr als der Lebenslauf. Die Eignung prüfen wir in einem Auswahlverfahren, das auf die Anforderungen der Ausbildung abzielt. Es besteht aus einem Telefoninterview und einem Gruppenauswahltag, bei dem die Bewerber Übungen absolvieren, die der zukünftigen Tätigkeit nahekommen.

Wir haben sehr gute Erfahrung mit der Ausbildung 50+ gemacht. Die Auszubildenden zeigen Lernbereitschaft, Leistungsmotivation und Belastbarkeit. Auch soziale

Kompetenzen wie das Kommunikationsverhalten und die Teamorientierung wirken sich in den altersgemischten Teams sehr positiv aus.

Die fachlichen Anforderungen haben die älteren Auszubildenden in der Regel sehr gut bewältigt. Lediglich in Bezug auf das technische Verständnis hatten einige zu Beginn ihre Schwierigkeiten, die mit etwas Geduld jedoch problemlos gemeistert wurden.

Rund 50 Auszubildende haben seit Beginn an dem Programm teilgenommen – der Großteil arbeitet noch heute für die ING-DiBa.

Zufriedene Mitarbeiter sind Teil des Erfolges

Das Programm Azubi 50+ ist Teil eines in Deutschland einzigartigen Zukunftstarifvertrags, in dem sich die ING-DiBa zu Themen wie der Aus- und Weiterbildung, der Vereinbarkeit von Beruf und Familie und einem Gesundheitsprogramm verpflichtet. Zuvor hatte die Bank bereits mit der Gewerkschaft Verdi einen Haustarifvertrag geschlossen, um auf individuelle Belange der ING-DiBa einzugehen.

Damit reagiert das Institut rechtzeitig auf den demografischen Wandel und hat diverse Maßnahmen entwickelt, um auf die Bedürfnisse potenzieller und derzeitiger Mitarbeiter einzugehen. So bietet die ING-DiBa die Möglichkeit, individuelle Teilzeitarbeit zu vereinbaren, um Mitarbeitern die Vereinbarkeit von Familie und Beruf zu erleichtern. Zudem hat jeder, der in Elternzeit geht, eine einjährige Garantie auf seinen ursprünglichen Arbeitsplatz. Außerdem stellt die Bank Beratungs- und Vermittlungsangebote für die Betreuung von Kindern und pflegebedürftigen Angehörigen. Unter bestimmten Voraussetzungen gibt es auch eine finanzielle Unterstützung in Höhe von bis zu 150 Euro pro Monat.

Um die allgemeine Gesundheit der Mitarbeiter geht es bei DiBa FIT. Das vielseitige Gesundheitsprogramm der ING-DiBa betrachtet den ganzen Menschen mit seinen vielfältigen Bedürfnissen rund um das Thema Gesundheit und basiert auf den vier Säulen Ernährung, Bewegung, Vorsorge und psychische Gesundheit. Zu diesen Themen können die Mitarbeiter zahlreiche Angebote in Anspruch nehmen, die kontinuierlich erweitert werden.

Die verschiedenen Maßnahmen kommen bei den Mitarbeitern sehr gut an: Beim größten Arbeitgeberwettbewerb „Great Place to Work" wurde die ING-DiBa 2014 zum achten Mal in Folge zu einem der besten deutschen Arbeitgeber gewählt. Bereits seit 2007 nimmt sie an der jährlich stattfindenden Umfrage teil, die die Zufriedenheit der Mitarbeiter ermittelt.Die Ergebnisse geben nicht nur Aufschlüsse über die Zufriedenheit der Mitarbeiter, sondern haben auch einen Mehrwert für potenzielle Arbeitnehmer. Denn anhand der Ergebnisse gewinnen Interessierte schon vorab einen Eindruck von der Arbeitsatmosphäre im Unternehmen.

Ein Gewinn für alle Seiten: Hauptschüler zur Ausbildungsreife bringen

Angela Josephs

Phoenix Contact ist ein Industrie-Unternehmen mit mehr als 4.000 Mitarbeitenden im ostwestfälischen Blomberg. Das Unternehmen produziert elektrotechnische Verbindungselemente für den Geräte- und Maschinenbau sowie die Energie-Erzeugung.

Junge Menschen mit Migrationshintergrund oder aus schwierigen sozialen Verhältnissen besuchen häufig die Hauptschule. Mit dem Projekt „Aubikom" (Ausbildungs-Kompetenz) fördert Phoenix Contact seit nunmehr zehn Jahren gezielt die Ausbildungsfähigkeit von Hauptschülern.

Die Zielgruppe sind Zehntklässler der örtlichen Hauptschule, die den üblichen Einstellungstest für Auszubildende nicht erfolgreich bewältigen konnten, aber Lernbereitschaft und Interesse zeigen.

Jährlich werden rund 15 Schülerinnen und Schüler in das Projekt aufgenommen. Für die Dauer von 30 Monaten nehmen die Jugendlichen vier Stunden pro Woche an Ausbildungs- und Fördermaßnahmen teil, die jenseits des Schulunterrichts stattfinden. Zwölf Monate verbringen sie in der 10. Klasse der Schule, 18 Monate in der betrieblichen Ausbildung des Unternehmens. Jeder Jahrgang wird aktiv von einem Ausbilder sowie zwei Lehrern unterstützt. Alle Teilnehmer erhalten zum Abschluss ein Zertifikat, das ihnen den Zugang zu Ausbildungsbetrieben erleichtert. Phoenix Contact selbst stellt jährlich fünf Ausbildungsplätze im technischen Bereich für Absolventen des Aubikom-Projekts zur Verfügung. Die Vermittlungsquote der restlichen Teilnehmer liegt bei mehr als 80 Prozent – gegenüber nur 20 Prozent, die direkt von der Hauptschule in Ausbildungsberufe gelangen.

Seit 2004 haben 134 Jugendliche bei Aubikom teilgenommen. Von 2004 bis 2013 hat Phoenix Contact 39 von ihnen als Azubis übernommen. Davon haben 24 junge Menschen bereits erfolgreich ihre Ausbildung absolviert und einen Arbeitsplatz bei Phoenix Contact erhalten. Darüber hinaus haben seit Start des Projekts rund 100 Schülerinnen und Schüler mit dem Zertifikat eine Perspektive auf dem Arbeitsmarkt gewonnen.

Phoenix Contact versteht sich in der Region Lippe wie auch über die Regionsgrenzen hinaus als Vorbild, um andere Unternehmen zu motivieren, jungen, häufig benachteiligten Menschen mit dieser Maßnahme eine Chance zum Erlernen eines Berufs zu bieten. Das Unternehmen kann gute Ergebnisse vorweisen:

Zwei Teilnehmer, die mit glatten Fünfen in Mathe und Physik starteten, haben ihre Facharbeiterprüfung mit der Note Zwei und Drei bestanden. Beide zählten zu den beliebtesten Azubis im Betrieb, da sie sich sehr motiviert und praktisch talentiert zeigten. Ein ehemaliger Teilnehmer, der mit einer 4– in Mathematik begann, hat mittlerweile erfolgreich den Technikertitel erworben. Vier Teilnehmende besuchen noch die Technikerschule, ein Teilnehmer des ersten Jahrgangs hat inzwischen erfolgreich den Meistertitel erworben.

Der Gewinn von Aubikom für das Unternehmen ist offensichtlich: Sie sind sehr stolz auf ihren Abschluss und haben eine besonders hohe Bindung und Loyalität zum Unternehmen.

Gefördert werden soziale Kompetenzen wie Team- und Kommunikationsfähigkeit, Engagement, Leistungsbereitschaft sowie Zuverlässigkeit und Verantwortungsbewusstsein. Zu Beginn werden die Teilnehmenden grundlegend herangeführt: „Lernen lernen" ist das erste Modul, später die Berufs- und Betriebserkundung. Im Fachlichen werden Basiskompetenzen wie Deutsch, anwendungsbezogene Mathematik und Physik sowie technische Grundkenntnisse vermittelt. Das Erlernte können die Teilnehmenden danach in einer Werkstatt- und Praktikumsphase im Betrieb umsetzen. Damit sammeln sie erste praktische Erfahrungen.

Entscheidend für den Erfolg ist die individuelle, schulische und betriebliche Koordination von Fördermaßnahmen vor und während der Berufsausbildung. Die individuelle Förderung umfasst den Bereich der sozialen Kompetenzen. Für die Teilnehmenden bedeutet das vier zusätzliche Unterrichtsstunden pro Woche in der Schule sowie im Betrieb. Durch Gruppengrößen von 12–16 Schülern in der Schule sowie 5–10 Azubis im Betrieb können individuelle Lernproblematiken erkannt und gezielt Lösungen entwickelt werden.

Die Kooperationspartner Schule und Betrieb verfolgen das gemeinsame Ziel, Schülerinnen und Schüler auf die Anforderungen der Ausbildung in gewerblich-technischen Berufen qualifizierend vorzubereiten. Die Schülerinnen und Schüler sollen anschließend in der Lage sein, das Ausbildungsziel der ersten Ausbildungsphase (Teil-1-Prüfung) zu erreichen. Die nachhaltige Förderung von persönlichen Kompetenzen wie Pünktlichkeit, Verantwortungsbewusstsein, Zuverlässigkeit und Selbstständigkeit basiert auf kontinuierlichem Feedback.

Das strukturierte Lernkonzept enthält methodisch unterschiedliche Ansätze. Frontalunterricht mit individueller Lerntypermittlung ist für das Einstiegsmodul „Lernen lernen" das angemessene Format. Für das Modul „Berufserkundungen mit Präsentation" erarbeiten die Teilnehmenden eigenständig Vorträge, die sie vor Vertretern von Betrieb und Schule sowie ihren Eltern halten. Gruppen- oder Teamarbeiten gehören zum Kanon, ebenso wie Selbstlernphasen mit anschließender Dokumentation. In individuellen Förder- und Entwicklungsgesprächen werden persönliche Stärken und Schwächen identifiziert und Lösungskonzepte entworfen. Tests der Leistungsfähigkeit sowie Kontrollen der Lernziele als auch regelmäßige Beurteilungen während des Praktikums erhöhen die Transparenz des Lernfortschritts und dienen so dem individuellen Entwicklungsprozess.

Ein Ausbildungsplatz bei Phoenix Contact ist für die Teilnehmenden sicherlich das primäre Ziel, das jeder erreichen möchte. Grundsätzlich gewinnen alle Jugendlichen durch die individuelle Förderung eine elementare Entwicklung ihrer Ausbildungsreife. Dadurch steigt ihre generelle Chance, auch jenseits von Phoenix Contact einen Ausbildungsplatz zu finden. Die Ganztagsbetreuung bietet ihnen zudem einen großen Vorteil bei ihrer Suche. Auch das schlägt sich in der großen Erfolgsquote von mehr als 80 Prozent erfolgreicher Vermittlung im Vergleich zu den 20 Prozent der unbetreut Suchenden nieder.

Der Erfolg der Maßnahme sowie der Gewinn für alle Beteiligten ist evident. Die begleitenden Lehrer sind interessiert, das Projekt fortzuführen. Mit dieser Maßnahme haben sie die Möglichkeit, Schüler über das Ende ihrer Schulzeit hinaus pädagogisch zu begleiten und einen wichtigen Entwicklungsprozess mitzuerleben. Für die begleitenden Ausbilder ist ihr Einsatz ein guter Teil ideeller Natur, denn die Betreuung nimmt viele Stunden in Anspruch, die oftmals nachgearbeitet werden müssen.

Das Interesse der Lehrer zeigt sich darin, dass auch die jüngeren/neuen Lehrkräfte, die vor zehn Jahren noch nicht unterrichtet haben, bei dem Projekt mitmachen. Auch die jetzige Schulrektorin hat sich, bei Umwandlung der Hauptschule zur Sekundarschule, für das Projekt ausdrücklich ausgesprochen. Am 1. September 2014 haben drei ehemalige Aubikom-Absolventen ihre Lehre begonnen.

Das Projekt wird erst dann abgeschlossen, wenn sich keine begeisterungsfähigen Schülerinnen und Schüler mehr finden. Im Sinne der Nachhaltigkeit wird jedoch den Zehntklässlern deutlich gemacht, wie elementar eine gute Berufsausbildung für ihr weiteres Leben ist und welchen Erfolg der persönliche Invest bringt.

Eigenverantwortliche Jugendliche, die ihren Lernprozess geschafft und ihre Zukunft selbst aktiv in die Hand genommen haben, sind selbstbewusste und charakterstarke Erwachsene geworden. Das ist für Phoenix Contact der ideale Gewinn hinter dem Projekt, weil er den jungen Leuten, der Gesellschaft wie auch dem Unternehmen dient. Mit dieser praktischen Maßnahme von Unternehmensseite ist die Forderung der Politik umgesetzt: „Wir dürfen keinen jungen Menschen zurücklassen."

Der RWE-Ausbildungsnavigator – Eine innovative Karrierewebsite für Schüler

Joachim Diercks/Andrea Große Onnebrink

Nach einer umfangreichen Überarbeitung seines Internetauftritts im Jahr 2011/2012 unterstützt der Energieversorgungskonzern RWE mithilfe spielerisch-interaktiver Instrumente und spannender Informationen rund um den Konzern selbst, zu Jobmessen oder mit Bewerbungstipps Schüler und junge Interessenten bei der Berufsorientierung. Zielsetzung ist neben einer verbesserten Selbstauswahlfähigkeit möglicher Bewerber auch die Positionierung von RWE als attraktives Ausbildungsunternehmen, um auch künftig den zum Konzern passenden Nachwuchs zu finden.

Neuartiges Element: Der Azubi-Channel

Das Innovative am Internetauftritt ist die „bedürfnisgeleitete" Navigation. Ausgangspunkt waren dabei vor allem die Fragen: „Mit welchen Informationsbedürfnissen kommen Nutzer auf die Website und wie werden diese bestmöglich bedient?" Statt also in klassischen Zielgruppen zu denken oder die Website rund um „gesetzte" Ausstattungselemente („Features") herum aufzubauen, standen von vornherein die verschiedenen Nutzungsmotive im Mittelpunkt.

Die avisierte Zielgruppe Schüler ist nicht homogen. Es gibt selbstverständlich junge Menschen, die schon genau wissen, welchen Ausbildungsberuf an welchem Standort sie sich vorstellen. Am anderen Ende des Spektrums gibt es aber auch Jugendliche, die noch überhaupt keine Vorstellung davon haben, welchen beruflichen Weg sie einmal einschlagen möchten. Dazwischen gibt es natürlich viele weitere mögliche Abstufungen.

Diese unterschiedlichen Nutzungsmotive und Bedürfnisse von Schülern mit Interesse an einer Ausbildung oder einem dualen Studium bedient der RWE Azubi-Channel. Je nach individueller Ausgangssituation hält die Karriere-Website die passenden Navigationsinstrumente bereit:
- Interessentest,

- Ausbildungskompass oder
- Filtersuche.

Insgesamt gibt es drei „Navigationspaten", die Schüler auf der Suche nach dem passenden Beruf begleiten und spielerisch zur möglichen Traumausbildung führen.

Die Navigationsinstrumente

1. Der Interessentest (Leitfrage des Navigationspaten: „Welcher Job passt zu mir?"): Für alle, die noch gar keine Vorstellung haben, welcher Beruf ihnen gefallen könnte

Viele Schüler stehen am Ende ihrer Schulzeit vor einer Reihe von Fragen: Wie soll es weitergehen? In welchen Bereichen liegen meine Interessen? Welche Tätigkeiten passen zu mir und welche Aufgaben könnten mir auch langfristig Spaß machen? Der interaktive Interessentest liefert Antworten: Er bietet Nutzern eine Orientierung hinsichtlich der eigenen Interessen, Neigungen und Wünsche. Insgesamt 60 tätigkeitsbezogene Aussagen sind im Interessentest zu bewerten. Ergebnis ist zum einen ein von RWE losgelöstes individuelles Interessenprofil, das Hinweise auf mögliche Interessenschwerpunkte liefert. Zum anderen erwartet den Nutzer ein Ranking der mehr als 40 RWE-Ausbildungsberufe und dualen Studiengänge, das den Grad der eigenen Passung zu den einzelnen Berufen widerspiegelt.

Der Berufsinteressentest wurde über einen Zeitraum von zwei Jahren von der CYQUEST GmbH, einem führenden Anbieter für webgestützte Eignungsdiagnostik, entwickelt. Der Test wurde für RWE individualisiert, sodass die persönlichen Interessenprofile zu dem Ausbildungsangebot des Konzerns passen.

2. Der Ausbildungskompass (Leitfrage des Navigationspaten: „Du kennst die Berufsrichtung?"): Perfekt für diejenigen, die schon ungefähr wissen, welche Richtung sie einschlagen möchten

Im Ausbildungskompass sind alle Berufe und dualen Studienmöglichkeiten von RWE nach Ausbildungsrichtung wie zum Beispiel Technik, Wirtschaft oder IT geordnet. Klickt der User auf die Ausbildungsrichtung seiner Wahl, erwarten ihn in der jeweiligen Kategorie die zugehörigen RWE-Jobpaten, die die Ausbildungsberufe verkörpern und direkt zu den entsprechenden Berufsbeschreibungen führen.

3. Die Filtersuche (Leitfrage des Navigationspaten: „Du weißt schon, was du suchst?"): Genau richtig für alle, die ihr Berufsziel schon ganz klar vor Augen haben

Die Filtersuche ermöglicht es Usern, die sich über das Ausbildungsangebot der RWE insgesamt oder gezielt über ein ganz bestimmtes Berufsbild informieren möchten, unmittelbar zu den entsprechenden Detailinformationen zu gelangen. Auch kann das RWE-Ausbildungsangebot auf der Suche nach dem passenden Ausbildungsberuf nach bestimmten Kriterien wie zum Beispiel „Ausbildungsort" oder

Abb. 1: Individuelles RWE-Interessenprofil

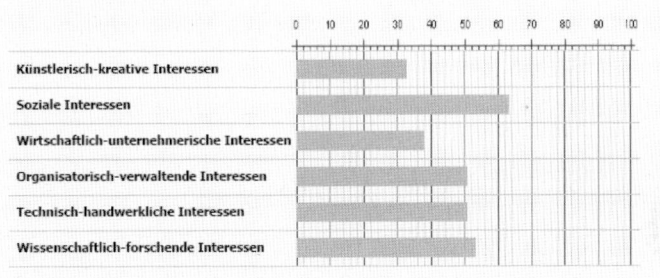

Quelle: CYQUEST GmbH

"benötigter Schulabschluss" gefiltert werden. Eine Besonderheit: Auch die Ergebnisse des oben beschriebenen Interessentests können als Filter in die Filtersuche einbezogen werden.

Alle Wege führen zu den Detailinformationen

Ziel des Azubi-Channels ist es, die Nutzer im letzten Schritt zu den jeweils für sie am besten passenden Berufsprofilen zu leiten. Egal für welche „Eintrittspforte" sich der Interessent entschieden hat – Interessentest, Ausbildungskompass oder Filtersuche–, am Ende gelangt er stets zu detaillierten Informationen. Hierzu zählen neben spannenden Informationen über die Inhalte des Ausbildungsberufs sowie die nötigen Voraussetzungen auch Informationen zu den Ausbildungsorten und weiterführenden Webseiten.

Für einige Berufsbilder hält der Azubi-Channel zusätzlich spielerische Selbsttests bereit, die die jeweilige Ausbildung bei RWE erlebbar machen. Dies sind gegenwärtig folgende elf Ausbildungsberufe:
- Elektroniker für Betriebstechnik
- Fachinformatiker für Anwendungsentwicklung
- Fachinformatiker für Systemintegration
- Industriekaufleute
- Industriemechaniker
- IT-System-Elektroniker
- IT-System-Kaufmann/-frau
- Kaufmann/-frau für Büromanagement
- Konstruktionsmechaniker
- Mechatroniker
- Zerspanungsmechaniker

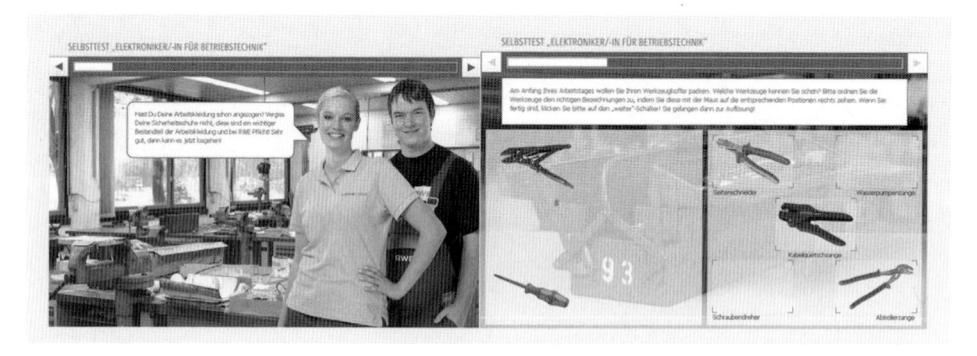

Abb. 2: Selbsttest „Elektroniker/-in für Betriebstechnik" der RWE Bewerberakademie

Quelle: CYQUEST GmbH

Die Selbsttests geben Einblicke in den jeweiligen Ausbildungsberuf, stellen RWE als Arbeitgeber vor und halten rückmeldende Aufgaben bereit. An diesen können sich die Nutzer ausprobieren, wodurch ein Eindruck von den Ausbildungsinhalten vermittelt wird. Interessenten erhalten eine konkretere Vorstellung vom jeweiligen Berufsbild und können ein Gefühl dafür entwickeln, ob sie Spaß an solchen oder ähnlichen Tätigkeiten hätten. Die „Berufsorientierungs-Selbsttests" sind Ausdruck des starken Trends zum sog. Recruitainment, also dem Einsatz spielerisch-simulativer Techniken in Employer Branding und Recruiting. Die Inhalte der Spiele wurden von CYQUEST in enger Zusammenarbeit mit dem Personalmarketing und den für die jeweiligen Berufe zuständigen Ausbildern und aktuellen Auszubildenden entwickelt, sodass in wenigen Minuten typische Berufs- und Ausbildungsinhalte erlebbar gemacht werden.

Der Spielcharakter des Azubi-Channels drückt sich auch visuell in der Gestaltung aus. Neben der Spielbrettlogik, die sich durch den gesamten Kanal zieht, kommen beispielsweise auch Jobkarten zum Einsatz, die für jeden Ausbildungsberuf und jedes duale Studium die wichtigsten Informationen im Überblick enthalten. Diese Jobkarten wurden zudem auch gedruckt und als Offline-Give-aways verteilt.

Erfolge

Der RWE Azubi-Channel stellt ein sehr anschauliches Beispiel für gelungene Berufsorientierungsspiele bzw. Selbsttests mit Recruitainment-Faktor dar.

Ein O-Ton einer Berufsorientierungslehrerin an einer nordrhein-westfälischen Hauptschule zeigt, dass die beabsichtigten Projektziele offenbar erreicht werden:

„Die Animation mit Stimmen sowie die übersichtliche Navigation gefallen mir sehr gut. Besonders gut gefällt mir auch der Interessentest."

Darüber hinaus hat der Energieversorgungskonzern auch die Rückmeldung erhalten, dass viele Eltern, die sich bei RWE für ihre Kinder nach einem Ausbildungsberuf erkundigten, die Möglichkeit des Interessentests und der Selbsttests als sehr gut und hilfreich empfinden.

Die oben beschriebenen Jobkarten erfreuen sich als Give-aways bei der Zielgruppe einer großen Beliebtheit.

Diese eher qualitativen Rückmeldungen werden zudem auch quantitativ untermauert:

Die Informationen über die Ausbildungsberufe und der oben beschriebene Interessentest sind die meistaufgerufenen Inhalte der RWE-Karrierewebseite. Es hat sich ebenfalls gezeigt, dass sich die Absprungraten im Azubi-Channel seit der Einbindung der interaktiven Elemente deutlich reduziert haben. Insbesondere ist auch die überaus niedrige Abbruchquote innerhalb des Interessentests zu betonen: Der Großteil der Nutzer, die diesen Test beginnen, füllen diesen auch vollständig aus und setzen sich mit ihrem individuellen Ergebnis auseinander. Das kann als Beleg dafür gewertet werden, dass in der Zielgruppe ein großer entsprechender Bedarf nach diagnostischer Orientierung vorhanden ist, den der Interessentest aufgrund seiner Kürze und seiner spielerischen Anmutung zudem sehr niederschwellig bedient. Die Interessenten erhalten einen Überblick über ihre Interessen und erfahren, ob eher ein technischer oder kaufmännischer Beruf zu ihren Angaben passt.

Fazit

Insgesamt kombiniert die Karriere-Website für Schüler bei RWE damit eine Reihe von aktuellen Trends: nutzermotivgeleitete Navigationsinstrumente, Realistic Job Previews, Selbsttests, Berufsorientierung, Gamification/Recrutainment und ansprechende Optik. Beteiligt waren insbesondere das RWE-Personalmarketing Konzern, verschiedene Ausbildungsverantwortliche und Auszubildende sowie die beiden Agenturen CYQUEST und Getit.

Der Azubi-Kanal von RWE ist erreichbar über www.rwe.com/ausbildung.

WITTENSTEIN AG: Nachwuchskräfte gehen auf die Walz

Bernhard Teuffel

Innovativer Personalentwicklungsprozess nach dem Vorbild alter Tradition: Im Anschluss an Ausbildung oder Studienabschluss schickt der Mechatronikkonzern WITTENSTEIN Berufsstarter nach alter Handwerkstradition auf Reisen.

Reisen bildet – dessen ist man sich bei der WITTENSTEIN AG mit Sitz in Igersheim-Harthausen bewusst und bietet daher jungen Mitarbeitern bereits seit 2011 die Möglichkeit, für einige Monate „auf die Walz" zu gehen. Jahr für Jahr machen sich junge Kolleginnen und Kollegen auf zu einer rund dreimonatigen Reise. Die jeweiligen Reiseziele werden von ihnen selbst definiert, sowohl lokal als auch inhaltlich. Die frischgebackenen Industriekaufleute, Mechaniker, Ingenieure oder Betriebswirte besuchen Singapur, Australien, Kolumbien oder Peru, Kanada, Vietnam, China, Neuseeland, die Vereinigten Arabischen Emirate oder die USA, um konkrete Fragestellungen zu bearbeiten. Sie nehmen sich vor, Märkte zu erkunden, Erfahrungen zu sammeln und Kontakte zu knüpfen.

Jeweils auf sich alleine gestellt, verfolgen die Walzgänger weltweit feste Ziele, die sie zuvor selbst definiert und der Firmenleitung präsentiert haben. Nach ihrer Rückkehr berichten sie über das Erlebte und ihre daraus gezogenen Erkenntnisse. Die Themen sind so vielfältig und bunt wie der Ländermix: angefangen von der Vor-Ort-Recherche über Lokalisierungsstrategien europäischer Unternehmen in China über Arbeitsmentalität und Bildungsqualität in Mexiko oder über den Einfluss von Kultur und Religion auf Werbung und Kommunikation im Oman. Und damit wird klar, dass die Fragestellungen der Nachwuchskräfte sowohl für die Reisenden selbst als auch für das Unternehmen gleichermaßen von Interesse sind.

Mit diesem für die Industrie vorbildhaften Konzept „Pioniere auf der Walz" gibt WITTENSTEIN jungen Menschen Raum zur persönlichen Entwicklung. Sie sollen Gelegenheit finden, fremde Orte, Mentalitäten, Kulturen sowie Arbeitspraktiken und Wertestellungen kennen- und verstehen zu lernen. Damit stützt das Unternehmen seinen selbst gewählten Vorsatz, weltweit exzellenter Partner für seine Kunden zu sein. Denn exzellente Produkte und Dienstleistungen weltweit anzubieten setzt eben nicht nur voraus, lokale Bedürfnisse und Anforderungen oder den Reifegrad einzelner Märkte für die eigenen hochtechnischen Produkte zu kennen. Prof. Dieter Spath, Vorstandsvorsitzender, bringt es auf den Punkt: „Globales erfolgreiches Handeln erfordert darüber hinaus ein vernetztes Denken aller Mitarbeiter weltweit oder mit drei Schlagworten zusammengefasst: Gefragt sind Offenheit, Vertrautheit und Beziehungskompetenz."

„Die gesamte Gesellschaft, braucht einen neuen, unkomplizierten Umgang mit der Globalisierung. Die persönlichen Erfahrungen und der offene Blick unserer Pioniere auf die Welt werden ihnen selbst am meisten nützen, ihrem Berufsalltag und damit auch unserem Unternehmen", davon ist auch Aufsichtsratsvorsitzender Dr. Manfred Wittenstein überzeugt. Seine auf jahrhundertelanger Tradition fußende neue Fortbildungsidee erfährt heute, im Zeitalter der Globalisierung, neue Aktualität und Bedeutung.

Verabschiedet und nach ihrer Rückkehr empfangen werden die Reisenden von Dr. Manfred Wittenstein, auf dessen Initiative das „Projekt Pioniere auf der Walz" beruht, sowie vom Vorstandsvorsitzenden der global aktiven Unternehmensgruppe persönlich. Dies macht einerseits deutlich, welche Bedeutung und Wertigkeit die Walz aus Sicht der Konzernleitung genießt. Andererseits macht es den „Walzlern" bewusst, dass die Erwartungshaltung ihres Unternehmens an die Ergebnisse ihrer Untersuchungen hoch und anspruchsvoll ist.

Die Erfahrungsberichte der Rückkehrer sind in zweierlei Hinsicht hochinteressant. Erworbenes konkretes Wissen ist für das sich mitten im Globalisierungsprozess befindende Unternehmen sehr hilfreich. Geradezu verblüffend ist die sprunghafte persönliche Entwicklung der jungen Mitarbeiter, die sie nach der nur kurzen Reisezeit aufzeigen. Kommunikationsstärke, Selbstvertrauen und Offenheit, in Alternativen zu denken, sind markante Stärken, die vor ihrer Abreise bei Weitem nicht in dieser Ausprägung vorhanden waren. Ein Phänomen, dass die Reisenden auch an sich selbst erkennen, wie beispielsweise Dominik Sladek, der 2013 seine Ausbildung zum Elektroniker für Geräte und Systeme erfolgreich abschloss und danach auf die Walz ging, nach seiner Rückkehr berichtet. Er hatte sich die Aufgabe gestellt, in Thailand die Arbeitsbedingungen und die Integration junger Menschen in den Berufsalltag zu untersuchen. Noch vor seiner Abreise bereitete er sich sehr intensiv vor. Er besuchte einen Sprachkurs für die Landessprache Thai und schrieb Firmen, Schulen und Universitäten an, um für einen Besuchstermin oder ein Schnupperpraktikum anzufragen. Der Kontaktaufbau erwies sich jedoch als überaus schwierig, und so entschied er sich, vor Ort direkt mit der „Tür ins Haus" zu fallen. Für Dominik Sladek bedeutete die Zeit des Wanderns eine enorme persönliche Weiterentwicklung, und er ist, so sagt er selbst, damit einen großen Schritt in seine Selbstständigkeit gegangen. Eine besondere Herausforderung war, neben der eigentlichen Aufgabe, der tägliche Umgang in einer völlig fremden Kultur. Und so gab es den einen oder anderen Tag, an dem der junge Mann am liebsten das nächste Flugzeug zurück nach Deutschland genommen hätte. Im Mai 2013 kehrte er aus Thailand zurück. Heute sagt er voller Überzeugung, dass er mit der Reise eine einmalige und unglaubliche Chance ergriffen hat. Gewonnen habe er neben vielen Erfahrungen auch neue Freunde, mit denen er sicherlich noch lange in Kontakt bleiben wird.

Als auf Innovation fokussiertes Unternehmen bringt WITTENSTEIN bereits bei der Akquise von Auszubildenden, Studierenden und Berufserfahrenen zum Ausdruck, wie das Unternehmen tickt und wer zu ihm passt. „PIONIERE zu uns" lautet die Kampagne, mit der das Interesse technikbegeisterter Veränderer für den 2013 mit dem Human Resources Excellence Award ausgezeichneten Arbeitgeber geweckt werden soll. Auch die Option der Walz wird in der Unternehmenskommunikation an Schüler mehrfach hervorgehoben und stößt auf großes Interesse bei Bewerbern. Dass das Angebot, nach Abschluss der Ausbildung oder des dualen Studiums auf Firmenkosten auf Reise gehen zu können, WITTENSTEIN als Ausbildungsbetrieb nicht alleine interessant macht, ist natürlich klar. Doch diese Personalentwicklungsmaßnahme ist auf jeden Fall sichtbarer und lebendiger Ausdruck einer komplexen und außergewöhnlichen Unternehmenskultur, die junge Menschen begeistert und auch langfristig bindet, wie es die im Branchenvergleich sehr geringe Fluktuationsquote belegt.

Fachkräfterekrutierung durch Berufsparcours

Karin Ressel

Ausgangssituation

Um Jugendliche auf die Berufe vorzubereiten und den Kontakt zu Unternehmen herzustellen, führt das Technikzentrum Minden-Lübbecke e. V. (TZ) Veranstaltungen durch. Das TZ ist ein gemeinnütziger Verein, gegründet von 60 Frauen im Jahr 1994, führt mit dem Berufsparcours jährlich 200 Veranstaltungen mit 50.000 Jugendlichen und 3.800 Unternehmen in 11 Bundesländern durch. Der Berufsparcours ist ein in einer Halle stationsweise aufgebauter Parcours mit Tischen und Stühlen, auf den praktische Aufgaben für jeweils 8 Jugendliche bereitstehen. In einem System wie bei Open Space können die Jugendlichen frei wählen, welche Station sie ausprobieren. Im Gegensatz zu einer Berufsmesse ist es jedoch eine „geschlossene" Veranstaltung, sodass die Schülerinnen und Schüler sich aktiv beteiligen müssen. Dabei haben Unternehmen die Möglichkeit, bei haptischen Arbeitsproben die Jugendlichen zu beobachten und für sich zu gewinnen.

Meist tragen die dabei entstehenden Kosten die Arbeitsagenturen, die Kammern, Arbeitgeberverbände oder Wirtschaftsförderungen. In jüngster Zeit jedoch werden die Organisationskosten auf die Unternehmen und Jugendlichen übertragen.

Die Mischung aus haptischem Handeln und unmittelbarem Kontakt stellt deutschlandweit die kostengünstigste Art dar, um das Fachkräfteproblem beim Ausbildungsnachwuchs anzugehen.

Außerdem berät die Geschäftsführerin Karin Ressel Unternehmen, Kammern und Verbände in Strategien zur Gewinnung von Ausbildungsnachwuchs. Sie wurde als Social Entrepreneur ausgezeichnet und ist Ashoka Fellow.

Erfahrungen

Bei den Veranstaltungen des TZ haben wir im Laufe von 15 Jahren folgende eigene Erfahrungswerte bei rund 780.000 Jugendlichen aus allen Schularten in den Klassen 7 bis 11 vorgefunden:

Rund 90 % aller Jugendlichen sind ob der Fülle an Informationen, Broschüren und Hinweisen verwirrt und auf das Berufsleben nicht systematisiert vorbereitet. Sie sind überfordert von nicht schulkonformen Aufgabenstellungen (Arbeitsproben) und nicht adäquaten Ausstattungen bei der Erledigung von Aufgaben (rechnen ohne Taschenrechner).

Jugendliche haben teilweise nur die Informationen aus Broschüren, wissen aber nicht, dass z. B. im Metallbereich mit Emulsionen gearbeitet wird, die stark riechen. Bewirbt sich dann ein Jugendlicher für einen Metallberuf, so wird der Auswahlprozess beim Unternehmen bislang schriftlich durchgeführt. Besteht der Jugendliche den Auswahltest und wird eingestellt, so trifft ihn (oder sie) ein großer Schock, wenn zum ersten Mal in der Ausbildungswerkstatt mit Emulsionen gearbeitet wird und der typische Geruch in der Luft ist. Nach einigen Tagen oder Wochen zeigt sich dann, ob der Jugendliche diesen Geruch „ertragen" kann oder die Ausbildung abbricht.

In Befragungen äußerten viele, dass sie auf der Suche nach einem Ausbildungsplatz sind, weil „die Erwachsenen" es von ihnen verlangen. Rund 70 % der teilnehmenden Jugendlichen sind an den beruflichen Aufgabenstellungen von Unternehmen dann interessiert, wenn diese „jugendgerecht" gestellt sind und dem Erfahrungshorizont entsprechen und diese noch interessant gestaltet sind. Weitere Jugendliche sind nicht an Arbeitsproben interessiert, weil sie (auch vielfach auf Anraten der Eltern) der Meinung sind, sie bräuchten in den Schulen, die sie weiterhin besuchen werden, keinerlei Erfahrungen aus der Praxis.

Auf der Seite der Unternehmen zeigt sich, dass rund 85 % der Ausbilder nicht auf diesen neuen Typ Jugendlichen und ihrem Denken und ihren Fähigkeiten vorbereitet sind.

Nach wie vor werden als Arbeitsproben bei den Veranstaltungen und somit auch bei den Praktika uninteressante Objekte eingesetzt. Es herrscht hier das Motto vor: Der Jugendliche, der sich für unseren Beruf interessiert, wird uns schon entdecken und muss bestens darauf vorbereitet sein.

Doch leider kennen die Jugendlichen aus dem Unterricht in der Schule weder den Begriff „Messschieber" noch die Worte „abrichten, ablängen, körnen, abisolieren, Spalten löschen" oder Ähnliches.

Treffen die Jugendlichen dann auf die Ausbilder, dann sprechen diese beiden Gruppen mit unterschiedlichen Worten und verstehen sich teilweise nicht. Jugendliche können die Aufgaben nicht absolvieren, weil sie die Termini nicht kennen und weil sie die Arbeitsgeräte meist auch nie in der Hand hatten. Zudem haben Ausbilder meist nur den männlichen potenziellen Auszubildenden im Blick und haben dann auch z. B. nur Handschuhe in Größe 11 als Ausstattung dabei. Mädchen sind zwar mitgemeint, aber für sie werden die Bedingungen nicht angepasst.

Fazit

Mit einer strategischen Herangehensweise wie dem Berufsparcours könnten viel Zeit und 90 % der bisher aufgewandten Gelder gespart werden, und dennoch Jugendliche effizient in der Berufsorientierung unterstützt werden und gleichzeitig den Unternehmen Fachkräfte zukommen lassen. Ein Messetag bei einer Berufsmesse kostet mit Messeausstattung und Messeaufbau und 2 Personen im Durchschnitt 10.000 €. Ein Berufsparcours kostet rund 1.000 €.

Weiterführende Informationen
www.berufsparcours.de

VI Nachlese

Pakt für berufliche Bildung

Herausforderungen für Bildungsunternehmen

Richard Merk

Vortrag im Rahmen des 20-jährigen Jubiläums der Certqua am 23.09.2014 in Bonn

Einleitung

Die Veränderungen im beruflichen Bildungsmarkt sind gravierend und nachhaltig. Die demografische Entwicklung, der wirtschaftliche Strukturwandel, der Wandel der gesellschaftlichen Werte und insbesondere die Struktur und das Bewusstsein der Arbeitslosen, der Menschen in der Grundsicherung und die Masse der alten Menschen werden die Herausforderungen prägen. Noch völlig unklar ist, welche Wirkungen die neuen Flüchtlingsbewegungen nach Europa und Deutschland mit sich bringen. Ein Arbeitsverbot ist unhaltbar. Die Integration als Fachkräfte bietet bei sinkendem Fachkräftemangel eine Chance.

Der erste Teil untersucht den **beruflichen Bildungssektor – und hier speziell das Segment der öffentlich geförderten beruflichen Bildung.** Dies ist jener Bildungsraum, in dem die meisten Bildungsunternehmen die Auswirkungen der öffentlichen Bildungs- und Arbeitsmarktpolitik erfahren. Es geht um jene Bildungsunternehmen, die sich mit der beruflichen Bildung für benachteiligte Jugendliche, Migranten, Arbeitssuchende, alleinerziehende Mütter, ältere Arbeitslose und Menschen in der Grundsicherung befassen. Daneben gibt es viele berufliche Bildungseinrichtungen, die anders positioniert sind. Diese haben andere, zumeist bessere Rahmenbedingungen als die Erstgenannten.

Der zweite Teil meiner Ausführungen versucht die **Herausforderungen aus der Sicht des Bildungsunternehmens** zu thematisieren. Ausgehend von den Rahmenbedingungen versuche ich, ein **systematisches Unternehmerhandeln** zu konzipieren, dass ein zukunftsfähiges Geschäftsmodell zu entwickeln in der Lage ist. Bei der Entwicklung und Konstruktion von Geschäftsmodellen geht es um Unternehmenskonzepte, die so ausgefeilt sind, dass sie im Wettbewerb erfolgreich sind.

Herausforderungen der beruflichen Bildung

Berufliche Bildung versus hochschulische Bildung

Die aktuelle öffentliche Diskussion und Situation in der beruflichen Bildung ist nicht sehr motivierend. Die Arbeitsmarktakteure fahren die Bildungsprogramme seit Jahren herunter, mit dem Argument, wir brauchen keine Qualifizierung mehr, der Wirtschaft geht es gut!

Zudem beginnt eine öffentliche Auseinandersetzung um die sogenannte **„Akademikerschwemme"**. Von einer „Überakademisierung" zu sprechen verkennt die Tatsachen. Nach der aktuellen OECD-Studie lag die Studienanfängerquote 2012 in Deutschland bei 53 %, die in anderen Ländern im Durchschnitt bei 58 %. Wenn nun das Argument der statistisch nicht berücksichtigten dualen Ausbildung in Deutschland angeführt wird, so sollte zur Kenntnis genommen werden, dass andere Länder auch gestufte Bildungssysteme haben. Gleichzeitig blieben jedoch in Deutschland Ausbildungsstellen unbesetzt. Nach der aktuellen DIHK-Erhebung 2013 etwa 80.000 Plätze bundesweit.

Allen Beteiligten sollte klar sein, wenn in dieser Situation wieder mehr Abiturienten in die duale Ausbildung streben, verdrängen sie die anderen Schulabgänger. Der Verdrängungswettbewerb geht von oben nach unten. Das gab es schon vor 20 Jahren, als in bestimmten Ausbildungsberufen fast nur Abiturienten genommen wurden. Doch heute wählen die Abiturienten selbst.

Das **duale Ausbildungssystem** ist unbestritten hervorragend. Doch gleichzeitig löst es nicht alle **Probleme der Integration von leistungsschwächeren Schülern.** Wenn diese Jugendlichen nicht ausbildungsfähig sind, können sie nicht in den Betrieb. Vor allem in NRW blieb der Zugang vielen Jugendlichen verschlossen. 2013 blieben 6.300 ohne Ausbildungsplatz, und 18.000 befanden sich in den sogenannten „Warteschleifen". Im Ruhrgebiet kommen statistisch auf einen Bewerber nur 0,6 Ausbildungsplätze. Dabei ist festzustellen, Betriebe sind keine Bildungsinstitutionen!

Das Problem ist ein anderes. Das **Bildungssystem in Deutschland ist hochgradig selektiv.** Drei Viertel aller Akademikerkinder haben einen Hochschulzugang, während Nichtakademikerkinder nur zu einem Viertel über einen Hochschulzugang verfügen. Die soziale Herkunft entscheidet die Schul- und Lebenswege.

Anstatt die hervorragende Entwicklung einer 50-prozentigen Abiturquote und einer 20-prozentigen Quote in der dualen Ausbildung bildungs- und wirtschaftspolitisch zu feiern – 20 %, weil nur 20 % der Betriebe tatsächlich ausbilden –, wird die Frage nach einem „Zuviel" oder „Zuwenig" akademischer oder beruflicher Bildung gestellt. Die Bildungswege werden gegeneinander ausgespielt. Der Verdrängungswettbewerb von oben verunsichert die Eltern und Schüler, insbesondere die Nichtakademikerkinder. Hier beginnt die **Demotivation bildungsferner Bevölkerungsgruppen** – worauf ich noch ausführlich zu sprechen komme.

Die **Hochschulbildung wird zum Normalfall,** wie eine aktuelle Studie der Bertelsmann Stiftung zeigt. Der gesellschaftliche Wandel wird an der Spitze vorangetrieben und lässt sich kaum aufhalten. Vielmehr sollte die weltweit einmalige Chance in Deutschland genutzt werden, die duale berufliche Bildung mit dem Regelstudium als dualem oder trialem Studium (FHM) zu verzahnen. Deutschland braucht die weitere Steigerung der Akademikerquote, die weitere Steigerung der Quote der dualen Ausbildung.

Was vor allem gebraucht wird, ist die **Steigerung der Fachkräftequote aus der Gruppe der bildungsfernen Bevölkerung.** Die jungen, erwachsenen, ungelernten Menschen müssen mehr darüber wissen, welche Vorteile berufliche Bildung hat. Die Arbeitslosen (ca. 3 Millionen) und die Menschen in der Grundsicherung (ca. 5 Millionen), also etwa 8 Millionen potenzielle Erwerbstätige, überlässt diese Gesellschaft sich selbst.

Während die schulische Bildung, die Hochschulbildung oder die klassische Berufsausbildung zumindest gut organisiert sind – auch wenn man mit vielem nicht einverstanden sein muss –, ist die berufliche Bildung der benachteiligten und randständigen Jugendlichen und erwachsenen Menschen grenzwertig organisiert.

Die berufliche Bildung wird randständig

Dort, wo in der beruflichen Bildung bildungsferne Menschen ausgebildet werden, beherrscht das Instrument der Ausschreibungen den Markt. Ausschreibungen haben die **Bildungsanbieter an den Rand des Ruins** gebracht. **Billigprogramme** prägen den Bildungsmarkt. Ein Verdienst der Wettbewerbspolitik in einem öffentlich monopolisierten Marktsegment. Der Mindestlohn bestimmt die interne Debatte, was Ausdruck der desolaten Lage ist, in der die öffentlich organisierte und finanzierte berufliche Bildung gekommen ist. Das haben Politiker gemacht und nicht die Bildungsanbieter. Es gibt keinen Bildungssektor in Deutschland, der von der Politik in eine solche randständige Lage gebracht worden wäre.

Die Herausforderungen in der öffentlich verantworteten Bildungsbranche erweisen sich als „unbekannte Unbekannte" (Kahneman), das vor allem dort, wo die Abhängigkeit der beruflichen Bildungsunternehmen von der Arbeitsmarkt- und Bildungspolitik gegeben ist.

In den Achtziger- und Neunzigerjahren hatte die berufliche Bildung noch einen hohen Stellenwert in Deutschland, die öffentlichen Auftraggeber und die Bildungsunternehmen sorgten für Kontinuität, es gab noch kritische Forschung an den Universitäten und eine öffentliche Debatte um den Stellenwert des lebenslangen Lernens. Es wurden in Deutschland sogar Weiterbildungsgesetze für die allgemeine Bevölkerung auf den Weg gebracht, um ein „lebenslanges Lernen" zu ermöglichen. Es gab Kontinuität in der Qualifizierung der jungen und erwachsenen Arbeitssuchenden und Arbeitslosen. Es gab eine Qualifizierungsoffensive. **Bildung war planbar und nachhaltig für die Lernenden und die Bildungsanbieter.**

Bildung motivierte. Große Teile der ungelernten und randständigen Erwerbsbevölkerung sahen in der beruflichen Bildung, in Umschulungen, in abschlussbezogenen Bildungsmaßnahmen einen Sinn. Und trotz der damaligen Massenarbeitslosigkeit waren die Bildungsmaßnahmen voll. Die Menschen wollten weiterkommen, sie mussten weiterkommen, und das wurde durch Bildungsmaßnahmen erzeugt, die einen erkennbaren Mehrwert hatten, der sich auszahlte, wenn die Menschen einen höherwertigen Job als Facharbeiter oder Angestellte bekamen. Mit der Abschaffung der **Umschulungen als Fachkräftemotor** wurde eine der wichtigsten Motivationen für eine aufstiegsorientierte berufliche Bildung in Deutschland abgeschnitten. Aktuell wird über die berufliche Bildung für die Randgruppen der Gesellschaft öffentlich randständig gesprochen – wenn überhaupt noch in Politikerkreisen.

Die Politik wird unberechenbar, wenn über die Frührente mit 63 Jahren den Unternehmen die Fachkräfte entzogen werden, die mit anderen politischen Programmen aus dem Ausland angeworben werden sollen. Da gibt es in Deutschland eine Debatte um den Fachkräftemangel, es werden staatliche Programme versucht aufzulegen, und gleichzeitig werden die erfahrenen Fach- und Führungskräfte nach Hause geschickt. Das gravierende Problem dabei ist die motivationale und mentale Signalwirkung auf die Mehrheit der Menschen. Wer länger arbeitet, muss ja „verrückt" sein, zumindest ist er „dumm", wenn er sich unökonomisch verhält.

Doch wie der wirkliche oder vorgebliche **Fachkräftemangel** durch ausländische Jugendliche und Fachkräfte nachhaltig gedeckt werden könnte, ist nicht erkennbar. AFP meldete jüngst, es seien trotz Erleichterung der Einreisebedingungen nur 170 Fachkräfte aus Nicht-EU-Staaten eingereist. Wie viele ausländische Jugendliche hier in Deutschland tatsächlich eine duale Ausbildung absolvieren werden, ist offen. Ob dies ein nennenswerter Beitrag für die offenen Ausbildungsstellen ist, darf bezweifelt werden. Wie weit dazu die Mobipro-EU-Novelle 2014 hilft, für die der Verwaltungsrat der Bundesagentur für Arbeit (BA) weitere Finanzmittel genehmigt hat, ist offen.

Arbeitsmarkt- und berufliche Bildungspolitik ohne Strategie

Die Arbeitsmarkt- und berufliche Bildungspolitik lässt keine Strategie oder gar eine politische Vision erkennen. Es gibt keine Diskussion, wie aus einem Teil der 3 + 5 Millionen arbeitslosen Menschen Fachkräfte gewonnen werden könnten.

Das **politische Handeln beschränkt sich auf Detailprogramme,** an denen sich die Träger der beruflichen Bildung abarbeiten können, wenn sie denn noch wollen oder müssen, um 20.000–50.000 Bildungsfachleute weiter zu beschäftigen bzw. um der Insolvenz zu entgehen – die es in den letzten Jahren in nennenswertem Umfang gegeben hat.

Die punktuelle Zustandsbeschreibung der beruflichen Bildung ist farb- und hilflos.
- Der **Massenmarkt der Ausschreibungen** schrumpft beständig. Die REZ (Regionalen Einkaufszentren) haben die Ausschreibungsverfahren perfektioniert. Die

Vorschriften richten sich grundsätzlich gegen die Bildungsanbieter, die mit Bonus- oder Malus-Varianten bei Teilnehmerzuweisungen – auf die sie zudem keinen Einfluss haben – gespickt sind. Die Forderung heißt höchste Qualität bei geringstem Preis – zum Mindestlohn.
- Bei der Vergabe von Arbeitsmarktdienstleistungen soll die Qualität Vorfahrt haben, laut BMBF. Es soll **2014 eine EU-Richtlinie** geben, die in einem vereinfachten Verfahren dem ruinösen Preiswettbewerb in der Bildungsbranche Einhalt gebieten soll. Noch hat sie keiner gesehen. Wird wieder die EU bemüht, um keine eigene Entscheidung treffen zu müssen?
- Hier gibt es **Berufsvorbereitungsmaßnahmen** (BVB) für benachteiligte Jugendliche – die sich in den letzten drei Jahren im Umfang halbiert haben.
- Dort gibt es **ausbildungsbegleitende Hilfen** (abH), die von Jahr zu Jahr, von Träger zu Träger rotieren, je nachdem, welcher den Preis um 5 Cent billiger gemacht hat als der Mitbewerber.
- Es gibt **Bildungsgutscheine** für Bildungsmaßnahmen, die eigentlich im freien Bildungsmarkt für Arbeitssuchende und Arbeitslose zugänglich sein sollten, die von den ARGEn und Jobcenter und mit der AZAV und Bundesdurchschnittskostensätzen reglementiert werden.
- Es gibt **Bildungsprämien** für Fortbildungswillige, wobei die Fortbildung aber nicht mehr als 1.000 Euro kosten darf. Das reicht nicht für einen Tag Businessseminar.
- Es wird mal wieder ein **Berufswahlpass** diskutiert, der die Orientierung in der beruflichen Bildung stärken soll.
- Die Ausbildungsmobilität soll über das Innovationsprogramm **„Jobstarter"** gefördert werden.
- Die staatlichen **beruflichen Schulen** in Baden-Württemberg erhalten **Modellstatus,** nur um über die AZAV (Zertifizierung nach der Akkreditierungs- und Zulassungsverordnung Arbeitsförderung) flächendeckend eine erleichterte Umschulung zum Erzieher und Altenpfleger anbieten zu können. Der Staat tritt flächendeckend in die berufliche Bildung ein, die bisher den privaten Bildungsträgern zugewiesen war.

Wird die **Ebene der öffentlichen, politischen Diskussion** betrachtet, so ist das Bundesministerium für Arbeit und Soziales, das für die berufliche Bildung und Arbeitsmarktpolitik der 3 + 8 Millionen Erwerbspersonen zuständig ist, schweigend.

Das Bundesministerium für Bildung und Forschung legt das **Konzept „Chance Beruf"** vor. Das politische Ziel ist es, die „Integrationskraft, Attraktivität und Durchlässigkeit" der beruflichen Bildung zu fördern. Die **Durchlässigkeit** soll Schlüssel für ein zukunftsfähiges Bildungssystem sein:
- Die **Schul- und Ausbildungsabschlüsse** sollen verbessert werden. Das Prinzip „**Prävention statt Reparatur**" soll Vorrang haben. Das Argument hört sich gut an, gibt es jedoch schon seit 30 Jahren.
- Bei der Initiative **„Bildungsketten"** sollen Vereinbarungen des Bundes und der Länder zur Systematisierung der Berufswahlprozesse für alle Schüler zur Opti-

mierung des Übergangs von Schule in Ausbildung bearbeitet werden. Es ist sicherlich konsequent, die politisch selbst erzeugte Unübersichtlichkeit vereinfachen zu wollen. Solange es ein Kooptationsverbot gibt, kann das Grundproblem für ein einfaches, klar gegliedertes Schulsystem nicht gelöst werden – dass die Mehrheit der Bevölkerung verstehen würde.
- Schließlich soll die **Anschlussfähigkeit der beruflichen Bildung** – gemeint ist die berufliche Aufstiegsfortbildung – durchlässiger gestaltet werden. Die Durchlässigkeit soll in beide Richtungen zwischen Berufsbildung und Hochschulbildung erfolgen – was eine bildungspolitische Neuerung darstellen könnte.

Ungenannt bleibt das **zentrale Problem, wie die bildungsfernen Bevölkerungsgruppen** in schulischen und beruflichen Bildungs- und Sozialisationsprozessen nachhaltig in die Lage versetzt werden könnten, am wirtschaftlichen Leben aktiv teilhaben zu können.

Das **Protokoll der Sitzung des Verwaltungsrates** der BA vom Juni 2014 macht das geschäftliche Handeln deutlich. Es geht um Details und Eigeninteressen der BA.
- Die revidierte Arbeitslosen- und Beschäftigungsstatistik wird kritisiert.
- 2016 sollen 20.000 **Fachkräfte in den Erziehungsberufen** benötigt werden. 5.000 Kunden seien aus beiden Rechtskreisen für eine entsprechende Qualifizierung geeignet. Was getan werden soll, bleibt offen.
- Der Verwaltungsrat der BA hat eine Neujustierung des Programms **WeGebAu** beschlossen. Arbeitgeber sollen Anreize erhalten, mehr Beschäftigte für Qualifizierungen freizustellen. Wenn Fachkräfte fehlen, welche sollen dann freigestellt werden?
- Die **Aktivierungs- und Vermittlungsgutscheine** finden wenig Nachfrage, wird festgestellt. Der Verwaltungsrat diskutiert, wie Fehlentwicklungen vermieden werden können. Er stellt für sich fest, dass in der Kundenbefragung die BA bei der Beratung und Betreuung besser abschneide als private Vermittler. Das müsste selbstredend sein ohne wirtschaftliche Grenzen in der eignen Ausstattung.
- Ferner geht es um den Versorgungsfonds für die **Beamtenpensionen** der BA-Mitarbeiter. Eigeninteresse.
- Die BA will als Arbeitgeberin die **Vereinbarkeit von Beruf und Familie/Privatleben** fördern. Gut, wenn daraus auch ein Programm für alleinerziehende, arbeitslose Mütter entwickelt würde.
- Im gleichstellungspolitischen Auftrag der BA soll die **Genderkompetenz** in der Beratungspraxis verbessert werden und Rollenstereotype in der Vermittlungsarbeit abgebaut werden.
- Das IAB erläutert **Simulationsrechnungen** über die Auswirkungen eines gesetzlichen **Mindestlohns**. Diese sollten veröffentlicht werden.
- Ganz nebenbei hat der Verwaltungsrat der BA eingeräumt, dass es **Defizite** beim „**Abbau der Langzeitarbeitslosigkeit**" gebe.

Aus der Sicht eines Bildungsunternehmens kann mit der Selbstpräsentation des höchsten Gremiums der Bundesagentur für Arbeit nur professionell umgegangen werden. Die Chancen und „Nichtmöglichkeiten" des politischen Auftraggebers können bzw. müssen zur Kenntnis genommen werden. Das eigene unternehmerische Handeln hat sich darauf einzustellen. Das eine oder andere Bildungsunternehmen wird im Verdrängungswettbewerb dabei sogar punktuelles Wachstum im Sinne einer Firmenkonjunktur erzeugen. Konsolidieren und Überleben ist für die meisten das vorrangige Ziel. Nicht mehr und nicht weniger.

Die Bildungsmotivation schwindet

Wer nicht zur Tagesordnung übergehen will, sollte die Herausforderungen für die berufliche Bildung neu bewerten. Das wird unabdingbar vor dem Hintergrund der demografischen Entwicklungen und des globalen Wettbewerbs. Zum einen kann die junge Generation in der Zukunft weder die wachsende Zahl der Rentner finanzieren noch die wachsende Zahl der Erwerbslosen in der Grundsicherung auf Dauer alimentieren. Die weitere Steigerung der qualifizierten Erwerbspersonen wird in Deutschland unabdingbar, wenn die internationale Wettbewerbsfähigkeit aufrechterhalten werden soll. Es müssen neue Wege gegangen werden, denn auch die Betriebe nehmen derzeit etwa nur 15 % ungelernte Mitarbeiter auf – mit abnehmender Tendenz, wenn sie im globalen Wettbewerb mithalten wollen.

Die letzten Jahrzehnte haben **grundlegende Veränderungen in der Bildungsmotivation,** insbesondere der beruflichen Bildung, erzeugt. Die Motivation der Randgruppen für Bildung, insbesondere für berufliche Bildung, ist abhandengekommen. Dabei gibt es einen inneren Zusammenhang zwischen der zunehmenden Kluft der Bildungsabschlüsse, die mit der sozialen Stellung der Eltern in der Gesellschaft korreliert. Es ist nicht verwunderlich, dass heute Kinder von bildungsfernen Schichten keine „höherwertige Bildung" mehr anstreben und in schulischer oder beruflicher Bildung kaum ein Motiv mehr sehen, sich anzustrengen. Die kollektive Erfahrung am Rande der Gesellschaft scheint zu sein, **„dass es sich nicht lohnt", „dass es nichts bringt", „mehr zu tun",** als sich in die auskömmlichen sozialen Strukturen einzurichten. Die Menschen bekommen den Tag auch anders herum als mit Lernen oder gar Arbeit. **Das sozioökonomische Alltagsmodell: soziale Grundsicherung + Schwarzarbeit + Spaß haben** ist sinnstiftend, ja unschlagbar. Dann wird anstrengendes Lehren und Lernen, gar Bildung überflüssig.

Doch dieses psychologisch und subjektiv – scheinbar – richtige Handeln ist weniger individuell verursacht als Ausdruck der politischen Rahmenbedingungen. Wenn Bildung keine erkennbaren Vorteile im Alltagsleben der bildungsfernen Bevölkerungsgruppen bringt, wird sie überflüssig. Das Bewusstsein, dass Bildung Aufstieg erzeugt, geht in dem Bereich der Grundsicherung verloren. Die Aufstiegsmotivation ist breiten Teilen der potenziellen Erwerbsbevölkerung abhandengekommen. Es leuchtet ein, das dritte Bewerbungstraining ohne Job wird sinnlos. Drei Wochen Trainingsmaßnahme führen zu keiner höheren Qualifikation, keiner neuen mentalen Einsicht und anschließend schon gar nicht zu einer besseren oder gar besser bezahlten Beschäftigung. Sie scheinen eher die Kreise zu stören, in denen sich der Einzelne eingerichtet hat. Im Gegenteil, wer aus den Strukturen herausgenommen wird, ist schlechter dran und muss sich vor seinesgleichen erklären, dass er sich bilden könnte.

Sofern die Politik diese Tragweite überhaupt wahrgenommen hat, hat sie den Menschen und insbesondere der beruflichen Bildungsbranche etwas anderes versprochen. Die neuen Gesetze und Verordnungen, die heute alle auf „Nachhaltigkeit" zertifiziert sind, haben einen Sektor der beruflichen Bildungsbranche erzeugt, der selbst randständig geworden ist.

Sichtbares Zeichen dafür ist die durch **McKinsey auf Effizienz** getrimmte berufliche Bildung. Eigentlich ist gegen eine ökonomische und effiziente Sichtweise nichts einzuwenden. Es ist im Grunde eine begrüßenswerte Strategie. Doch was wirklich passiert, ist etwas anderes. Die Bildungsprogramme und einzelnen Maßnahmen sind formal top, die Themen sind aktuell, die Normen und Organisationen angemessen, die AZAV wird mit Tausenden von Qualitätsmanagementbeauftragten flächendeckend umgesetzt, die Bundesdurchschnittskostensätze sind definiert – für Gruppen mit 15 Teilnehmern –, auch wenn die BA nur einen Teilnehmer einkauft. Der Qualifikationsanteil ist in den Bildungsmaßnahmen auf ein formales Fähigkeitsniveau definiert, und die Trainingszeiten sind punktgenau. Die Tische sind weder 10 cm zu lang, noch ist die Lux-Helligkeit zu niedrig. Die Arbeitsstätten halten Duschen vor, die keiner benutzt. Beim Datenschutz gibt es kein Pardon, wenn ein Ausbilder beim Bewerbungstraining vergessen hat, die personenbezogenen Daten zu löschen. Und wehe dem, der Vorgaben nicht einhält, nicht nur dass dem REZ ein Prüfrecht zusteht, auch den ARGEn und Jobcentern steht dies zu, und zusätzlich gibt es dann noch besondere Prüfgruppen. Alles ist perfekt organisiert, um Billigpreise bei höchster Qualität durchzusetzen.

Die **Bundesagentur für Arbeit** macht hervorragende Ausschreibungen, das REZ verliert kaum mehr Verwaltungsprozesse. Es hat in den Jahren enorm dazugelernt. Die Bildungsanbieter schlagen sich im Wettbewerb redlich, kämpfen gegen den Mindestlohn und können ihren Mitarbeitern fast nur noch randständige Gehälter zahlen. Von Kontinuität keine Spur. Fristverträge sind die Norm, wenn die ausgeschriebenen Maßnahmen auch nur einige Monate dauern. Und wehe dem Bildungsträger, der einen langjährigen Mitarbeiter unter ausgeschriebener Formalqualifikation einfach weiterbeschäftigen möchte. Die BA spart Hunderte von Millionen Euro jedes Jahr an Bildungsausgaben ein, die zwar im Haushalt vorgesehen sind, die aber angeblich nicht gebraucht werden, weil alle so wirtschaftlich und effizient sind.

Bildungsangebote ohne Bildung

Das Problem ist, dass die Bildungsangebote gar keine Bildung mehr enthalten. Wohl wissend, dass zum Beispiel auch nur von Trainingsmaßnahmen gesprochen wird, ist der psychologische und pädagogische Prozess des Wissens und Know-how-Erwerbs ein völlig anderer. Die öffentlichen Programmmacher verstehen offensichtlich nicht, das Lehr- und Lernprozesse – und dann noch mit den schwächsten Menschen am Rande in dieser Gesellschaft – völlig anders laufen. Ein Lehr- und Lernprozess ohne Sozialisation und Übung in die zu lernenden organisatorischen, formalen oder betrieblichen Strukturen kann gar nicht stattfinden. Das, was in sechs Wochen oder in einer mehrmonatigen Warteschleife gelernt werden kann, ist marginal gemessen an dem, was ein Mitarbeiter an einem Arbeitsplatz im Betrieb – und es muss noch gar kein Facharbeiter sein – zwingend braucht, um im heutigen Arbeitsprozess adäquat handeln zu können.

Wenn das so ist, ist zu fragen, an welche Fähigkeitspotenziale sollen die Trainingsmaßnahmen bei den Jugendlichen eigentlich anschließen, wenn diese ohne Schulabschluss, ohne vernünftige Sprachkenntnisse, ohne entwickelte Kulturfähigkeiten kommen? Die Forderung der Vermittlung in Arbeit ist einfach ausgesprochen, die Kontrolle der BA ist perfektioniert – auch mit geheimen Trägerstatistiken. Doch welcher pädagogische Erfolg oder, einfacher ausgedrückt, welcher Trainingserfolg ist überhaupt realistisch?

Die formalen Fähigkeiten sind das eine. Die mentalen oder motivationalen Einstellungen sind das Wesentliche. Zu hinterfragen ist die Motivation: Worauf sollen die Jugendlichen warten? Sie leben im Hier und Jetzt. Und ob die Warteschleifen mehr Geld, bessere Arbeit, ein besseres Leben bringen werden, widerspricht den subjektiven Erfahrungen im sozialen Umfeld. Wer so berufliche Bildungsprozesse organisiert, darf sich über die bescheidenen Ergebnisse nicht wundern.

Wenn ein Teil der Analyse richtig ist, ergeben sich daraus bildungspolitische Herausforderungen für den Bereich der Bildung von Langzeitarbeitslosen, von Schulabbrechern, von benachteiligten Jugendlichen, von alleinerziehenden Frauen, von Migranten, von Zuwanderern, von Ungelernten, von Jugendlichen der Y-Generation, also von bildungsfernen Menschen, die am Rande dieser hoch entwickelten Gesellschaft leben.

Wenn Fachkräfte qualifiziert werden sollen, die über Qualifikationen und Kompetenzen verfügen, die sie befähigen, in modernen Unternehmen erfolgreich zu sein, muss es andere Bildungsprogramme geben als die derzeit gängigen. Die Billigprogramme gehen an der Realität vorbei. Sie vermitteln nicht die notwendigen Qualifikationen und Kompetenzen, um die Betroffenen nachhaltig in Arbeits- und Berufsbildungsprozesse zu integrieren.

Es bedarf des erklärten Willens der Politik, die 3 + 5 Millionen Arbeitslosen und Menschen in der Grundsicherung in den nächsten Jahrzehnten mehr als nur staatlich zu alimentieren. Die berufliche Bildung braucht für diese Menschen andere Lehr-Lern- und vor allem organisierte Sozialisationsprozesse, die in der Lage sind, diese Menschen in hoch entwickelten Arbeits- und Berufsprozessen zu bilden. Das ist lern- und kompetenzwissenschaftlich nichts Unmögliches, denn alle Menschen sind lernfähig, und der Qualifikationsgrad ist entwickelbar. Es gibt keine „Nichtlernfähigkeit" bei Menschen. Das zeigt historisch und gesellschaftlich in herausragender Art und Weise die jährlich steigende Abiturquote, die einmal 5 % (1960) betrug und heute bei 50 % eines Altersjahrganges angekommen ist. Das verursacht in einer konsequenten betriebs- und volkswirtschaftlichen Sichtweise noch nicht einmal Kosten. Es stellt Investitionen dar, die sich in den nächsten Jahrzehnten hervorragend rechnen werden.

Pakt für berufliche Bildung

Wenn die berufliche Bildung zum erklärten Bestandteil der Arbeitsmarkt- und Wirtschaftspolitik gemacht wird, bedarf es ähnlich dem „Hochschulpakt" eines **„Pakts für die berufliche Bildung"**. Wer die Kluft zwischen der bildungsfernen Bevölkerung und der bildungsaffinen Spitze begrenzen will, kann sich nicht mit beruflichen Billigprogrammen zufriedengeben. Es bedarf einer Neubewertung, um insbesondere die arbeitslose Erwerbsbevölkerung von 3 + 5 Millionen in den nächsten 30 Jahren in das Berufsleben integrieren zu können.

Als Fazit bedeutet das, die staatlich organisierte berufliche Bildung braucht, um die zukünftigen Facharbeiter und Fachkräfte zu bilden, einen „Pakt für die berufliche Bildung" – und keine Almosen! Wie für den Hochschulsektor – in dem derzeit etwa nur 2,2 Millionen Studierende ausgebildet werden – werden für die 3 + 5 Millionen Menschen Milliarden zusätzliche Euro gebraucht.

Wenn der Fachkräftemangel zur zentralen Herausforderung wird, muss die berufliche Bildung neu bewertet werden. Die Politik ist aufgefordert, den „randständigen" Sektor der beruflichen Bildung in den motivationsstiftenden Kern der Wirtschafts- und Bildungspolitik für die erwerbstätige Bevölkerung aufzunehmen – anstatt randständige Billigprogramme zu organisieren.

Unternehmerische Herausforderungen

Zur Situation der beruflichen Bildungsunternehmen

Wer jahrelang berufliche Bildung aktiv mitgemacht hat, kann sich über den aktuellen Zustand vieler beruflicher Bildungsunternehmen kaum wundern. Es ist ökonomisch normal und konsequent, dass in schrumpfenden Märkten Unternehmen kleiner werden, konsolidieren müssen, aufhören oder auch illiquide werden. Jedoch was das einzelne Bildungsunternehmen tun kann, hängt in einem monopolisierten Markt von den politischen Rahmenbedingungen ab.

In den letzten Jahren sind bei der **Halbierung der öffentlichen Bildungsbudgets** viele Anbieter unfreiwillig ausgeschieden. Dabei ist kein Trend zu erkennen, ob der Stellung und Zugehörigkeit zu einer gesellschaftlichen Gruppe, einem kirchlichen Verband oder den Wirtschaftskammern. **Insolvent** wurden sowohl kleine wie große private, gewerkschaftliche oder wirtschaftsnahe Bildungseinrichtungen. Es kam wohl immer darauf an, ob und in welchem Umfange sie sich mit den öffentlichen Ausschreibungen, den Bildungsgutscheinen und Einzelprogrammen, also der Bundesagentur für Arbeit, in der beruflichen Bildung eingelassen haben. Und in einer besonders schwierigen Situation scheinen diejenigen Bildungsträger zu sein, die wegen Zahlung vernünftiger Tarifgehälter seit Jahren Verluste schreiben.

Die privaten Bildungsunternehmen in diesem Sektor haben besondere Herausforderungen zu bewältigen. Sie können nicht einfach wie private Unternehmer handeln und neue Märkte suchen, sie müssen sich auf die besonderen Eigenarten des politisch beeinflussten Auftraggebers Bundesagentur, ARGE bzw. Jobcenter einlassen und mitspielen, sonst sind sie schon vorher draußen.

Es scheint nun eine Steigerung dieses besonderen Spiels zu geben. Zum einen führt die BA ein **Punktesystem (TrEffeR)** zur Bewertung der Bildungsträger ein, das nicht offengelegt wird, was nur bedeuten kann, dass es willkürlich angewendet werden soll. Zudem wird das **Subsidiaritätsprinzip** unterlaufen, indem der Staat selbst Bildungsanbieter wird. Wie im Fall der öffentlichen Schulen in Baden-Württemberg. Wenn dann noch die BA sich selbst als besserer Bildungs- und Vermittlungsanbieter definiert, hat das nichts mehr mit Markt zu tun. Vor einem solchen Hintergrund ist zu fragen, was es mit der angeblich hohen Unzufriedenheit der Bundesagentur mit den Bildungsträgern auf sich. Sollte diese Entwicklung Wirklichkeit werden, wird es eng für alle privaten Bildungsunternehmen und deren Mitarbeiter.

Was dabei **„ärgert"**, ist, dass der politische Auftraggeber wirklich glaubt, mit seinen nicht mehr ausgelasteten Mitarbeitern als „besseres" Bildungs- und Vermittlungsunternehmen tätig werden zu können. Das ihm das gelingen könnte, mit quasi unbegrenzten öffentlichen Mitteln, ohne Wettbewerbsrisiko und ohne Auflagen, wird nicht bezweifelt. Wenn dann die gleichen Akteure einem Teil der Bildungsunternehmen vorhalten – natürlich indirekt –, sie würden die neuen Zeichen der Zeit nicht erkennen und wenig innovativ sein, werden Grenzen überschritten.

Ja, es scheint so zu sein, dass Bildungsunternehmen in dem aktuellen Bildungsmarkt **wenig planvoll** agieren. Auch mögen „einige ausländische Vermittlungs- und Bildungskonzepte" innovativer sein. Das sollten die Bildungsunternehmen ändern. Jedoch scheint einer der wesentlichen Gründe dafür öffentlich verursacht zu sein. Die angespannte Situation vieler Anbieter ist so, weil es den politischen Akteuren gelungen ist, über das Instrument der öffentlichen Ausschreibung und die Billigprogramme die Bildungsanbieter zu nötigen, in den Preiswettbewerb zu treten, um überhaupt noch Bildungsangebote machen zu können, um die eigenen Arbeitsplätze und letztlich das Bildungsunternehmen zu retten. Die Folgen waren und sind Mitarbeitergehälter, die nun durch einen gesetzlichen Mindestlohn nach unten gestoppt werden sollen.

Vertretung der Bildungsbranche

Wer in einer Gesellschaft etwas verändern möchte, muss sich zu Wort melden, organisieren und in demokratischen Strukturen eine Lobby aufbauen, die im politischen Prozess Gehör findet.

Dabei zeichnet sich die Bildungsbranche durch gemischtwirtschaftliche Strukturen aus. Es gibt auf der Seite der **Bildungsanbieter** private und öffentliche Bildungsunternehmen. Es gibt private gewinnorientierte wie gemeinnützige Bildungsanbieter. Es gibt gewerkschaftliche, arbeitgeberorientierte oder kirchliche Tendenzbetriebe.

Auf der Seite der **Kunden** gibt es die Einzelperson und Privatkunden, es gibt Geschäftskunden und Firmenkunden. Es gibt die Millionen arbeitslosen Kunden, die selbst nicht über die Ressourcen verfügen, um sich Bildung zu kaufen. Dafür gibt es eine Arbeitslosenversicherung und die Grundsicherung durch den Staat.

Es gibt öffentliche oder institutionelle **Auftraggeber,** wie die ARGEn, Jobcenter, Berufsgenossenschaften etc., die aufgrund ihrer Marktmacht das staatliche Monopol repräsentieren.

Der **Organisationsgrad** in der Bildungsbranche ist noch wenig ausgeprägt, bei den geschätzten 20.000 bis 50.000 Bildungsanbietern. Die Zahl der großen Bildungsanbieter liegt unter 50, die mehrere Tausend bzw. Hunderte Mitarbeiter beschäftigen.

Es gibt einige Bildungsverbünde, bei denen der BBB (Bundesverband Berufliche Bildung), der VDP (Verband der Privatschulen) und der Wuppertaler Kreis eine bedeutende Rolle in der Vertretung der Bildungsanbieter einnehmen. Gäb es diese Zusammenschlüsse nicht, würde die Bundesagentur nur mit gesellschaftlichen Spitzenverbanden von Arbeitgebern, Gewerkschaften, Kirchen oder Einzelanbietern sprechen können.

Vor dem Hintergrund, dass z. B. der BBB erst einige Jahre politische Verbandsarbeit leistet, ist die politische Beteiligung nennenswert, doch nicht hinreichend. Die Verbände agieren so wie die Bundesagentur in Detailprogrammen. Der Mindestlohn war der letzte Ausweg vor dem vollständigen Absturz der Bildungsbranche. Doch auch dort gibt es berechtigte Uneinigkeit. Keiner der Verbände stellt grundlegende Forderungen nach dem Stellenwert der Bildung für bildungsferne Bevölkerungsgruppen. Die bildungspolitischen und auch die unternehmerischen Herausforderungen der beruflichen Bildung und der Bildungsunternehmen werden zu Randthemen.

Prognosen und Einschätzungen

Die Bildungsmanager und Unternehmer handeln aktuell mit den „**unbekannten Unbekannten**" (Kahnemann) im Bildungsmarkt. Das mag wie ein Wortspiel klingen, ist aber in Wirklichkeit eine psychoökonomische Disposition, mit der es umzugehen gilt.

Als Unternehmer wird der Bildungsmarkt und werden die Herausforderungen aus der **Innenperspektive** eines Unternehmens betrachtet – das ist meist sehr subjektiv. Diese Innenansicht ist immer begrenzt und verstellt den systematischen Blick für das Ganze. Deshalb tun die Bildungsmanager gut daran, die Außenansichten – möglichst in ihrer Vielfalt – wahrzunehmen und einzuschätzen, wobei das Können, dann noch einmal schwieriger ist. Doch in diesem Dilemma, es mit Unbekannten zu tun zu haben, stehen alle anderen Marktakteure auch, und insofern scheint ein Ausgleich im Wettbewerb des Bildungsmarktes stattzufinden. Doch die Wirkungen sind nicht gleich verteilt, denn sonst wäre es kaum zu erklären, dass in schwierigen Märkten die einen Bildungsunternehmen wachsen, die anderen sich schwertun und nicht wenige in den letzten Jahren ausgeschieden sind – freiwillig oder insolvent.

Diese unbekannten Unbekannten haben eine psychologische Wirkung, deren sich Bildungsunternehmer bewusst sein sollten, wenn es um Annahmen zu zukünftigen Bildungsmärkten geht.

Wenn es um die **unternehmerischen Herausforderungen** geht, sind **Prognosen** und **Einschätzungen gefragt,** die auf der einen Seite das Bildungsunternehmen selbst untersuchen und auf der anderen Seite die Beschaffenheit des Bildungsmarktes beleuchten. Aus dem Abgleich ergeben sich die Chancen und Möglichkeiten für das Bildungsunternehmen in der Realität, die immer eine ganz bestimmte Verfasstheit hat. Aus unternehmerischer Sicht geht es um das Erkennen der Marktpotenziale, die in reales Bildungsgeschäft des Unternehmens transferiert werden müssen. Das ist nicht einfach, weil es sich um ein multifaktorielles Bedingungsgefüge handelt. Was nichts anderes bedeutet, als das es klug wäre, das eine oder andere Mal eine Außenmeinung zuzulassen und nicht so „blauäugig" zu handeln.

Bei den Herausforderungen geht es um die Einschätzungen, Bewertungen und schließlich die Umsetzungsrealität, die aufgrund subjektiven Urteils für das Bildungsunternehmen entschieden wird.

Wer mit Führungskräften, Unternehmern, also mit Experten im Bildungsmarkt, spricht, kann den Eindruck gewinnen, das Entscheidungen mehr intuitiv als systematisch getroffen werden. Wohl wissend, dass Experten Entscheidungen aus einem hohen Grad an Erfahrungen und Mustererkennung herleiten können und so intuitiv die richtigen Entscheidungen zu treffen glauben, wissen wir vom Nobelpreisträger für Wirtschaft, Daniel Kahnemann, dass es viele „Pseudoexperten gebe, die nicht ahnen, dass sie nicht wissen, was sie tun (Illusion der Prognosegültigkeit), und dass grundsätzlich der Grad der subjektiven Überzeugung für gewöhnlich zu hoch und oftmals ohne informativen Gehalt sei" (S. 296).

Wenn aber die subjektiven Überzeugungen über den Bildungsmarkt, das politische Handeln der Bundesregierung in der Arbeitsmarkt- und Wirtschaftspolitik oder die Strategien der Mitwerber kaum vorhergesagt werden können, stellt sich die Frage, auf welche Grundlagen die unternehmerischen Entscheidungen gestellt werden können. Die Beantwortung dieser Fragen verdeutlichen erfolgreiche Bildungsunternehmen. Sie haben für sich ein Unternehmensprofil entwickelt, das eine systematische Ziel- und Entwicklungsarbeit im Bildungsmarkt erkennen lässt. Sie haben Grundlagen geschaffen, die es den Fach- und Führungskräften ermöglicht, Positionen zu beziehen und die Kunden von einem Standpunkt aus zu überzeugen.

Wer die Herausforderungen als Bildungsunternehmer in den nächsten fünf Jahren erfolgreich meistern möchte, muss sich systematisch zu den wesentlichen Faktoren des Unternehmens verhalten.

Angesichts der vorgegebenen Zeit meines Vortrags beschränke ich mich dabei auf einige grundlegende Aspekte.

Das Profil des Bildungsunternehmens

Die Grundannahme bezieht sich auf die **Leistungsfähigkeit des eigenen Bildungsunternehmens** zum gegenwärtigen Zeitpunkt. Dabei geht es um ein realistisches Bild – das sich von einem subjektiven oder optimistischen Bild deutlich unterscheidet. Subjektive Sichtweisen und Einschätzungen enthalten immer blinde Flecken und spiegeln ein zu negatives oder ein zu positives Bild. Vor einem zu optimistischen Selbstbild sei gewarnt, weil die Selbstüberschätzung damit einhergeht und „selbstverliebte" oder gar „selbstgefällige" Unternehmer ebenso zu Fehlentscheidungen tendieren wie die Pessimisten, die in schwierigen Märkten die Chancen nicht mehr erkennen können.

Wer in der „alten guten Zeit", die es ja vor Jahren in der Bildungsbranche gegeben haben soll, Bildungsimmobilien erworben hat, die nur für solche Zwecke geeignet sind, hat heute große Probleme, wenn die Auslastung nicht mehr gegeben ist – und ein Verkauf kaum möglich ist. Wer in den letzten Jahren ausschließlich auf Ausschreibungen gesetzt hat, sieht die zukünftige Bildungswelt nicht positiv, weil er es vielleicht verlernt oder es gar nicht gelernt hat, eigene marktfähige Bildungsangebote zu konzipieren, um diese in den verschiedenen privaten Bildungssegmenten des Bildungsmarktes erfolgreich zu vertreiben.

Die Bildungsunternehmen sind sehr unterschiedlich aufgestellt, und oft trügen der äußere Schein und schöne Bilder. Wir finden Bildungsanbieter mit den gleichen Angeboten, denen es sehr verschieden gut oder anders geht. Wir finden Unternehmen, die in schrumpfenden Marktsegmenten wachsen, und solche, die es nicht schaffen aufzuspringen, wenn es Chancen gibt.

Die eigene Leistungsfähigkeit zu analysieren und den eigenen Standort im Bildungsmarkt zu erkennen ist die Grundvoraussetzung für Zukunftsfähigkeit.

Das Leitbild des Bildungsunternehmens

Das **Leitbild** ist mehr als die Abschrift schöner Sprüche. Das Leitbild kann, wenn es präzise ist, ein Nullachtfünfzehn-Unternehmen zu einer Premiummarke machen.

Davon gibt es nicht so viele im beruflichen Bildungsmarkt. Wer sich die Geschäftsberichte der wenigen Bildungsanbieter, die diese überhaupt erstellen oder gar veröffentlichen, ansieht oder die Internetseiten, die das öffentliche Bild des Bildungsunternehmens vermitteln, findet neben wenigen hervorragenden mehr abschreckende Beispiele.

Dabei ist es eine Vermutung, dass es zwischen dem öffentlichen Marktauftritt und der Leistungsfähigkeit eine deutliche Korrelation gibt. Wenn das stimmen sollte, ist es um viele Bildungsanbieter gegenwärtig nur mäßig bestellt, denn von gut sind diese weit entfernt.

Dabei verhält es sich mit dem Leitbild des eigenen Unternehmens recht eigenartig. In **Sonntagsreden** wird es beschworen, im Alltag jedoch kaum positiv unterstützt. Es gibt abwägende, ungläubige, teilweise negative Meinungen. Das Leitbild wird selbst von Unternehmensberatern, die das verkaufen, als „Pflichtübung" und theoretischer – also überflüssiger – Überbau desavouiert.

Die **Leitbildentwicklung** wird in ihrer prägenden Bedeutung für das Unternehmen unterschätzt. Würde sie als Entwicklungsprozess kontinuierlich und vernünftig angelegt, gäbe es eine interne Unternehmenskommunikation, die das Unternehmen, die Mitarbeiter, die Organisation, die Bildungsangebote an die Veränderungen des Marktes kommunikativ anpassen könnte. Und damit wäre die Lernfähigkeit des eigenen Unternehmens gelegt.

Wer keine **prägenden Begriffe,** kein einleuchtendes Bild, kein inhaltliches Profil für sein Unternehmen entwickelt, bleibt farblos. Das mag in der Vergangenheit genügt haben. In der Medienwelt, dem neuen digitalen Bildungsmarkt, der Event- und Entertainment-Kultur und vor allem der internetaffinen Zukunftsgeneration ist das nicht mehr hinreichend. Wer dabei nicht mitmacht, verhindert es, die neuen Zielkunden für das eigene Bildungsunternehmen zu gewinnen. Ohne Leitbild funktioniert heute kein modernes Unternehmen mehr. Das ist aus systematischer Sicht verständlich, denn wer das Ziel beim Laufen nicht kennt, kommt nirgendwo an.

Die Unternehmensstrategie des Bildungsunternehmens

Eng mit dem Leitbild verbunden ist die Forderung einer schriftlich formulierten **Unternehmensstrategie** für die nächsten fünf Jahre. Das leuchtet theoretisch vielleicht ein, praktisch wird das meist als überflüssig erachtet. Wer sich zudem bisher erfolgreich im Markt bewegt hat, hat wenig Einsicht, dass die neuen Marktbedingungen anders sein sollten als die bisherigen. Sind sie aber doch.

Es scheint, als würde die Entwicklung einer Unternehmensstrategie oft eine Überforderung bedeuten. Die Ablehnung scheint bei Bildungsmanagern nicht gering zu sein. Die Argumente wie „theoretisches Zeug", „Kaffeesatz lesen", „unrealistisch, weil die Zukunftsmärkte nicht für fünf Jahre einschätzbar sind" oder weil „die Bundesagentur für Arbeit nicht kalkulierbar ist" sind einleuchtend. Nur, es gibt keine Alternative für eine eigene Strategie.

Die Forderung nach **langjährigen Zielen** sollte konsequent verfolgt werden. Das Hier und Jetzt, vielleicht noch das nächste Jahr werden in strategische Überlegungen einbezogen. Was dabei unterschätzt wird, ist die Zeit der Entwicklung und Markteinführung neuer Produkte und Dienstleistungen. Wer glaubt, ein neues Bildungsangebot sei mal eben entwickelt und dann auch schon flächendeckend eingeführt, hat keine Ahnung von Diffusionsprozessen von Bildungsprodukten oder Dienstleistungen. Dabei sollte klar sein, die Mitbewerber sind schon da.

Aus ökonomischer Sicht ist die **Wachstumsstrategie** und das Ziel, den **Ertrag** zu sichern und zu steigern, für ein Bildungsunternehmen – und das gilt genauso für gemeinnützige wie andere – unabdingbar. Das hört sich nach reiner Betriebswirtschaft an, und das ist es auch, denn die Grundgesetze der Ökonomie werden selbst in der Bildungsbranche nicht außer Kraft gesetzt.

Die Herausforderung, Wachstum und Ertrag zu erzeugen, ist in den Rahmenbedingungen des desolat verfassten Bildungsmarktes kaum zu realisieren. In den letzten Jahren ist der Gedanke vom Wachstum bei vielen Bildungsunternehmen der Notwendigkeit zu konsolidieren gewichen. Beides gleichzeitig zu tun ist eine kaum zu lösende Aufgabe, da ökonomische Schwierigkeiten mit mentalen Blockaden einhergehen. Wer diese jedoch nicht überwindet und neue Wachstumssegmente oder Geschäftsbereiche erschließt, wird die nächsten Jahre ausscheiden müssen.

Die **grundlegenden strategischen Instrumente** sind einfach beschrieben. Wenn es marktfähige Bildungsangebote gibt, müssen diese in den Markt eingeführt werden, es geht um das **Aufbauen.** Sind sie nach Jahren gut eingeführt, sollten sie **geerntet** werden, denn der Lebenszyklus für Bildungsangebote ist endlich. Dem **Abbau,** wenn die Nachfrage einbricht, folgt die Liquidation. Der Zeitpunkt des Abbaus und der Liquidation sollte konsequent betrieben werden, denn ertragsschwache Angebote kosten betriebliche Ressourcen und meist mehr Geld, als sie einbringen.

Die ökonomisch motivierte Wachstumsstrategie ist nicht ohne eine inhaltliche **Bildungsstrategie** zu erreichen. Wachstum ist nicht ohne marktfähige Produkte und Dienstleistungen zu realisieren. Insofern sind diese Strategien komplementär.

Die Bildungsstrategie muss aus dem Leitbild und der Positionsbestimmung im Bildungsmarkt, also dem Bildungsprofil des Unternehmens, entwickelt werden. Die Bildungsprodukte müssen mit dem Anspruch und der Kundenansprache konsistent sein.

Bildungsangebote und Preise

Die optimale **Gestaltung des Bildungsangebots** in einem sich massiv verändernden **Bildungsmarkt** bestimmt das inhaltliche und qualitative Leistungsprofil.

Wer etwas verkaufen will, muss den Markt genau kennen. Die **systematische Markterkundung** befasst sich mit dem Erkennen dessen, was im Bildungsmarkt wirklich geschieht. Man muss Bescheid wissen über Art und Umfang des Bedarfs, über Einstellungen und Gewohnheiten der Kunden und Auftraggeber, über die Mittel und Wege des Absatzes, über die Wettbewerber und über die Ursachen der ständigen Veränderungen des Marktgeschehens. Das machen alle Bildungsunternehmen – mehr oder weniger gut.

Im Sektor der beruflichen Bildung haben sich jedoch viele **Bildungsunternehmen** in eine **selbst gewählte Abhängigkeit** begeben. Sie haben sich seit Jahren auf das Ausschreibungsgeschäft und dessen Spielregeln eingestellt und professionalisiert. Das war und ist ökonomisch sinnvoll, weil es sich bei dem öffentlichen Bildungsmarkt um eines der größten Marktsegmente handelt. Während leichte Nachfrageschwankungen relativ einfach bewältigt werden können, sind große politisch motivierte Rückgänge sowohl in großen als auch in kleinen Unternehmen nur schwer zu bewältigen. Das jedoch aus unterschiedlichen Gründen. Während kleine mangels Finanzkraft oder Willen aufgeben könnten, tun sich die großen Bildungsanbieter schwer umzusteuern. Die Größe wird zum Problem, der Abbau der organisierten und rechtlichen Verpflichtungen ist zeitaufwendig, wenn nicht gar unmöglich. Wenn es dem Bildungsunternehmen dann nicht gelungen ist oder gelingt, neue Bildungs-, Qualifizierungs- oder Vermittlungsangebote zu entwickeln, um neue Kunden und Auftraggeber zu akquirieren, bleibt nur die Konsolidierung, sonst ist das Ende sicher.

Obwohl jeder weiß, dass die aktuellen Bildungsangebote endlich sind – jedes Produkt einen Produktlebenszyklus hat –, ist die Einsicht und vor allem die Entwicklung neuer und **erfolgreicher Bildungsprodukte und Dienstleistungen** ein Stiefkind in Bildungseinrichtungen. Wer erst heute damit anfangen sollte, kommt zu spät.

Wer neue Produkte und Dienstleistungen erzeugen will, braucht eine Unternehmenskultur, die Innovationen und dem Neuen gegenüber aufgeschlossen ist. Für die Umsetzung jeder Strategie werden spezifische Fach- und Führungskräfte benötigt. Wer Ausschreibungen bedienen und Trainingsmaßnahmen perfekt abarbeiten will, braucht Fach- und Führungskräfte, die über andere Qualifikationen und Kompetenzen verfügen als Mitarbeiter, die neue Bildungsdienstleistungen und Produkte kunden- und marktgerecht konzipieren. Wer vom nationalen auf den internationalen Bildungsmarkt ausweichen will, braucht Jahre Vorlauf, um zu verstehen, wie jener funktioniert – und selbst dann ist jedes Ausland anders. Wer bisher für private Einzelkunden oder Firmenkunden keine Angebote gemacht hat, wer bisher kein Marketing im Internet gemacht hat, wer bisher die eingefahrenen Wege nicht verlassen hat, tut sich schwer, mit den aktuellen Herausforderungen des Bildungsmarktes erfolgreich umzugehen.

Hinzu kommt, dass die **Finanzkraft der Bildungsanbieter** erschöpft ist. Wer die letzten Jahre Ausschreibungen mit Marktpreisen bearbeitet hat, hat kaum noch Finanzmittel, um Investitionen zu tätigen. Selbst dort, wo die Bildungsunternehmen als gemeinnützige die Erträge wieder in die Bildungseinrichtung gesteckt haben, ist wenig übrig geblieben.

Wenn dann in einer solchen Situation die Bundesagentur ein Team FbW-Kostenzustimmung im OS der Agentur für Arbeit in Halle einsetzt, mit dem Auftrag, die sogenannten Marktpreise für Bildungsgutscheine auf „Kostenüberschreitung" zu prüfen, wird eine systematische Kostensenkung erzeugt, weil es für jeden Bildungsanbieter besser ist, immer unter dem Bundesdurchschnittskostensatz zu bleiben, um keine Maßnahmen abgelehnt zu bekommen. Wie bei sinkenden „Durchschnittspreisen" die realen Vollkosten ohne Preiserhöhungen erwirtschaftet werden sollen, bleibt außerhalb der Logik der Bundesagentur.

Die Konsequenz daraus kann nur lauten, zukünftig Bildungsangebote nur auf der Basis von Vollkostenpreisen anzubieten. Wer meint, auf Marktpreise der Mitbewerber einsteigen zu müssen, wird die nächste Zeit nicht überleben. Dabei ist das Argument der Gutwilligen, mit dem Marktpreis noch einen Deckungsbeitrag für die sonst leer stehende Einrichtung erzielen zu können, betriebswirtschaftlich unsinnig. Die Deckungsbeitragsrechnung macht nur Sinn für den Fall, das sich das Unternehmen mit den Angeboten in der Gewinnzone befindet. Wer darunterliegt, macht mit jedem Teilnehmer Verluste.

An dieser Stelle muss die **öffentliche Verantwortung der REZ** hinterfragt werden, die wissentlich Aufträge im Rahmen von Ausschreibungen an Bieter gegeben haben, die „unwirtschaftlich" waren. Niemand kann ernsthaft glauben, eine qualitativ vernünftige Bildungsmaßnahme für 1,05 Euro pro Teilnehmerstunde mit maximal 16 Teilnehmern durchführen zu können. Für 16,80 Euro kann selbst ein einzelner Handwerker nicht mehr kostendeckend arbeiten, wie viel weniger Bildungsträger mit AZAV und allem, was mit dem höchsten Qualitätsanspruch verlangt wird.

Dabei stellt sich die Frage, warum machen die **REZ** das? Der einzige Grund kann sein, **Geld zu sparen,** egal wie das Bildungsunternehmen das finanziert. Das schien legitim, wenn es denn auf Dauer funktionieren könnte. Eine einfache betriebswirtschaftliche Kalkulation, die das Bildungsangebot als Kern betrachtet, könnte das verhindern. Wenn es trotzdem geschieht, darf man sich nicht wundern, wenn große bundesweite Ausschreibungen an einzelne Bildungsträger, die vielleicht glauben, die Betriebswirtschaft außer Kraft setzen zu können, nach vier Wochen in die Insolvenz gehen mussten. Das Kalkül der REZ, auch wenn sich das einzelne Bildungsangebot nicht seriös kalkulieren lässt, einen Billigauftrag zu vergeben, weil ja dann die Bundesagentur Geld gespart hat, ist unredlich.

Die Unredlichkeit hat beim **Bundesdurchschnittskostensatz System.** Dort werden Preise als Durchschnitt der Angebotspreise aller Bildungsträger ermittelt. Dabei werden grundsätzlich Teilnehmergruppen zugrunde gelegt, die früher einmal für Gruppenmaßnahmen üblich waren. Das Instrument beim Einsatz von einzelnen Bildungsgutscheinen unterstellt einen Preis für eine Gruppenmaßnahme, der in der Wirklichkeit nicht zutrifft. Wenn Bildungsträger diesen Preis bundesweit dennoch akzeptieren, kann dieser nur kostendeckend sein, wenn auch tatsächlich in Gruppen unterrichtet wird. Das ist in vielen Bildungseinrichtungen nicht der Fall. Wenn der Teilnehmerstundensatz 3,50 Euro beträgt bei 15 Teilnehmern, so beträgt die Teilnehmerstunde 52,50 Euro für einen einzeln zugewiesenen Teilnehmer, die ARGE oder das Jobcenter kaufen keine Gruppenmaßnahme, sondern einen Einzelplatz. Jeder Cent darunter bedeutet reale Verluste beim Bildungsträger.

Das Mindeste wäre ein Staffelpreis. Doch es wird argumentiert, der Bildungsträger könne andere Teilnehmer akquirieren und so sei der Gruppenpreis gerechtfertigt. Das ist denkbar, aber nicht die Vertragsgrundlage bei einem Einzelteilnehmer.

In einem Fall hat ein **Insolvenzverwalter** diesen betriebswirtschaftlichen Sachverhalt richtig analysiert und der ARGE bzw. dem Jobcenter alle einzelnen Bildungsgutscheine von heute auf morgen wegen Unwirtschaftlichkeit gekündigt. Das traut sich jedoch in der Branche kaum ein Bildungsträger, dafür ist die Marktmacht der einzelnen Jobcenter oder ARGEn zu groß, denn sie wissen, wie man mit Bildungsträgern umgehen kann.

Qualitätsmanagement in Bildungsunternehmen

Abschließend möchte ich noch das Qualitätsmanagement als eine der wichtigen Herausforderungen für Bildungsunternehmen betrachten.

Das **Qualitätsmanagement** muss das Qualitätsversprechen des Unternehmens sicherstellen. Das QM-System muss das Geld wert sein, das es „verschlingt". Jeder weiß, dass Qualität eine wirkliche Kundenleistung bedeutet. Die Qualität, die beim Kunden ankommt, muss mehr sein, als nur auf dem Papier zu stehen oder nur im Audit vorgeführt zu werden.

Es ist unstrittig, es muss ein **Regelwerk** für die Träger und Bildungsmaßnahmen geben. Es braucht Normen und Spielregeln in entwickelten Systemen, wie dem beruflichen Bildungssystem, das öffentlich finanziert wird. Professionelle Qualitätssicherung wird von Agenturen begleitet. Die Qualitätssicherung ist gesetzlich verordnet, Qualität wird überwacht, Qualität ist strafbewährt.

Das Wort **„vom Geld verschlingen"** ist bewusst gewählt, weil die Zertifizierungen, die Auditierungen oder Evaluationen in Deutschland die Tendenz haben, das sinnvolle Maß zu verlieren. Im Namen der Professionalität werden die AZAV oder DIN-ISO-Normen und die Regelwerke überstrapaziert. Die Überreglementierung, in der jedes Detail, jeder einzelne Schritt, jede noch so randständige – um nicht zu sagen, unbedeutende – Vorschrift in das Regelverfahren aufgenommen werden muss, führt zum Qualitätsverlust.

Mittlerweile werden fast alle **Verträge,** Vordrucke und Vorschriften in die Begutachtungen der Zertifizierer einbezogen. Das hat System, denn es soll keine blinden Bereiche mehr geben. Immer häufiger werden Qualitätsstandards heraufgesetzt, der Arbeitsschutz, der Umweltschutz oder Datenschutzvorschriften bemüht, in dem

Sinne, das ist wichtig! Es werden neue Felder erschlossen, nur weil sich keiner eingesteht, an irgendeinem Punkt ist genug.

Das Fatale daran ist noch ein anderer Sachverhalt, man könnte ja glauben, dass die überprüften Rechtsvorschriften oder Verfahren nunmehr **rechtssicher** seien, das Gegenteil scheint der Fall. Je ausgefeilter die Bestimmungen sind, je mehr Einzelregelungen fixiert werden, umso angreifbarer sind diese im Einzelfall. Dort, wo früher ein Sachverhalt erörtert und gemeinsam interpretiert wurde, um eine Lösung zu finden, wird der Interpretationsspielraum entzogen. Mit jeder Sitzung des Anerkennungsbeirates, der die vorgetragenen Fälle in Vorschriften umsetzt, wird der Handlungsspielraum geringer. Aus 3 Seiten Vorschriften werden 30 Seiten und mehr. Keiner kennt sie, alle müssen sie anwenden, denn bei Verstoß drohen Strafen.

Es ist vermutlich ein **„unrealistischer" Vorschlag,** auf weitere Detailvorschriften verzichten zu sollen. Das öffentliche Denken ist mittlerweile in Deutschland so weit gekommen, das es nicht angehen kann, das ein Mitarbeiter oder gar ein Unternehmer einfach dann entscheidet, wenn der Fall eintritt. Manchmal, wenn es kein unmittelbares Interesse gibt, wird auch noch der Verbraucherschutz bemüht, um Vorschriften zu erlassen.

Die Art und Weise, wie das **Qualitätsmanagement in Vorschriften erstickt,** die auch der Auditor nicht mehr kennt, wird die Motivation und Qualität des beruflichen Alltagshandelns verändern. Wenn die Vorschriften dann noch strafbewährt sind, geht es keinem Mitarbeiter mehr um die Qualität des Produkts oder der Dienstleistung. Es geht um formal richtiges Handeln und um Fehlervermeidung. Das ist ein völlig anderes Handeln als jenes, das mit Kompetenz und Spaß an der Arbeit die Bildungsqualität zu erzeugen sucht, die sich unsere Kunden wünschen, brauchen und erwarten dürfen.

Das alltägliche Misstrauen öffentlicher Auftraggeber ist mittlerweile so groß, dass die Kontrollsysteme, die als Qualifikationssysteme daherkommen, übermächtig werden. Weniger ist mehr. Eine einfache Weisheit. Doch heute traut es sich keine öffentliche Stelle mehr, sich einfach auf die handelnden Pädagogen, die Trainer, die Ausbilder, die Organisatoren und auch die Bildungsunternehmer zu verlassen. Das wird dann als Professionalität verkauft. Doch sie wird dadurch nicht erfolgreicher, weil die Menschen in den Lehr-, Lern- und Sozialisationsprozessen nicht mehr erreicht werden.

Resümee

Meine sehr geehrten Damen und Herren,

die beruflichen Bildungsträger im öffentlichen Bereich der Arbeitsmarktpolitik – für die Arbeitslosen und Menschen in der Grundsicherung – sollten Lobbyisten ihrer Kunden werden. Die bildungspolitische Talfahrt, in der die sinnstiftende und aufstiegsorientierte Motivation der bildungsfernen Menschen verloren gegangen ist, sollte zu stoppen versucht werden. Das ist möglich, wenn die mentalen Kerne von Bildung Vorrang vor der weiteren Bürokratisierung und Pseudoprofessionalität bekommen. In einem Pakt der beruflichen Bildung müssen zusätzliche Milliarden Euro für die Fachkräftesicherung bildungsferner Bevölkerungsgruppen bereitgestellt werden.

Weil sich die Marktstrukturen nachhaltig verändern, werden die Bildungsunternehmer ihre Einrichtungen grundlegend neu aufstellen müssen. Noch viele werden auf der Strecke bleiben. Es wird jedoch jenen Unternehmen und Bildungsmanagern gelingen, die sich mit Mitteln moderner Unternehmensführung auf den Stand wettbewerbsfähiger Bildungsunternehmen bringen. Dass muss sehr schnell gehen, sonst bleibt keine Zeit mehr umzusteuern.

Ich danke für Ihre Aufmerksamkeit.

Willkommens- und Anerkennungskultur – mehr als schöne Worte

Lars Castellucci

Der vorliegende Beitrag ist die überarbeitete Fassung eines Vortrags anlässlich der Tagung **„Dialogforum BQ-Portal – Berufliche Anerkennung: Vernetzt vom Antrag bis zum Arbeitsplatz"** *am 11. März 2014 im Bundesministerium für Wirtschaft und Energie*

Willkommens- und Anerkennungskultur sind entscheidend dafür, dass Deutschland für Zuwanderung attraktiv ist, bleibt oder wird – je nach Perspektive. Sie haben eine Schlüsselbedeutung im gesamten Kontext des demografischen Wandels und seiner Auswirkungen auf Wirtschaft und Arbeitsmarkt. Seit 2011 gibt es das Gesetz über die Feststellung der Gleichwertigkeit von Berufsqualifikationen, das sogenannte Berufsqualifikationsfeststellungsgesetz – BQFG. Dieses Gesetz ist ein wichtiger Schritt gewesen, gerade auch für die Menschen, die von ihm profitieren können. Vieles spricht dafür, dass es nur ein Mosaiksteinchen in einem weiten Feld ist. Ein Feld, mit dem sich Deutschland ausgesprochen schwertut und das weiter bearbeitet werden muss.

Als Politikwissenschaftler, ehrenamtlicher Kommunalpolitiker und früherer Berater aus der Policy-Forschung und -Gestaltung im Bereich der Arbeitsmarktpolitik interessiert mich vor allem die soziale Nachhaltigkeit, mithin die Frage, wie ein gutes Zusammenleben und natürlich auch Zusammenarbeiten gelingen kann. Vor diesem Hintergrund plädiere ich als Erstes dafür, die **Willkommens- und Anerkennungskultur weit zu fassen** und nicht nur bezogen auf den Arbeitsmarkt zu sehen. Zudem muss die Willkommens- und Anerkennungskultur aus der utilitaristischen Konditionierung gelöst werden. Das Motto „Wir heißen dich willkommen und erkennen dich an, soweit und solange du uns nützlich bist" trägt keine Anerkennungskultur. Um es mit Goethe zu sagen: „So fühlt man Absicht, und man ist verstimmt."[1] Willkommens- und Anerkennungskultur gehen nur ganzheitlich, ungeteilt. Auf dieses Thema komme ich zurück.

---

1   Tasso, II, 1.

Für den nächsten Schritt möchte ich einen literarischen Zugang wählen: In ihrem Roman „Nachts" erzählt Gerlind Reinshagen die Geschichte eines Mannes, der sich verwählt und eine ihm unbekannte Frau erreicht.[2] Sie kommen ins Gespräch, und aus diesem entsteht eine Vertrautheit. Sie telefonieren Nacht für Nacht und erzählen sich ihr Leben. Das Thema des Buches ist die Vereinzelung, die Vereinsamung, die das Leben in einer Großstadt mit sich bringen kann. Nach Angaben des Statistischen Bundesamtes sind in Deutschland circa 24 Prozent aller Haushalte Einpersonenhaushalte, in Berlin sind es über 50 Prozent.[3] Zwei Singles, wie sie neudeutsch genannt werden, sind es auch, die sich in dem Roman in nächtliche Telefongespräche verwickeln, erzählt Cornelia Staudacher in einer Buchbesprechung.[4] Gerlind Reinshagen äußerte sich selbst so: „Wenn Sie abends um sechs telefonieren und Sie haben lauter Singles dran, die telefonieren und telefonieren und telefonieren, ist immer besetzt. Es gibt so unendlich viele einsame Leute, Singles, und sie brauchen es alle, sie wollen sich nicht so bloßstellen mit ihrem Gerede, aber man merkt bis zum Schluss, sie sind auf den anderen angewiesen, um sich selber auch zu erklären, um selber erkannt zu werden. Das Wichtigste war mir bei dem alten Mann, dass er zu dem Schluss kommt, dass die meisten alten Leute weggehen müssen, ohne dass sie als etwas Besonderes erkannt worden sind, was jeder möchte. Das war für mich ganz wichtig, das Erkanntwerden, das beinahe wichtiger ist als eine Liebesbeziehung oder eine Freundschaft."[5]

Damit sind wir beim Thema Wertschätzung, denn es ist klar, dass eine Kultur des Willkommenheißens und der Anerkennung eine Kultur der Wertschätzung sein muss. Ich trage hier als zweites Plädoyer vor: **Versuchen wir die Menschen besser zu erkennen, dann müssen wir weniger anerkennen.** Die Anerkennung ist ein bürokratischer, nachholender Akt. Anerkennung ist ein (notwendiges) Vehikel. Erkennen ist unmittelbare Zuwendung. Erkennen, was das für ein Mensch ist, was er kann, was weniger, was er fürchtet und hofft, wo seine Leidenschaft liegt, was oder wen sie noch braucht, um ihren Weg gehen zu können usw.

Mein drittes Plädoyer schließt sich dem unmittelbar an. Wenn wir einen Menschen kennenlernen, so lernen wir am leichtesten, was uns stört, nervt, was er nicht kann. Daher plädiere ich dafür, dass wir unseren **Defizitblick beenden** oder zumindest in Schranken halten. Natürlich beschäftigen uns Dinge, die nicht funktionieren, die wehtun oder ärgern, mehr als das, was klappt, was gerade einmal nicht wehtut oder was uns freuen könnte. Die Knef hat das so besungen: „Dass es gut war, wie es war, das weiß man hinterher, dass es schlecht ist, wie es ist, das weiß man gleich." So sind unsere Zeitungen gestrickt, unser Fernsehen, unsere Mitarbeitergespräche. In einem Unternehmen wurden die Mitarbeiter einmal gefragt, was sie besonders aus-

---

2 Reinshagen, Gerlind, Nachts, Roman, Frankfurt: 2011.
3 Statistisches Bundesamt, Alleinlebende in Deutschland – Ergebnisse des Mikrozensus 2011, S. 9, https://www.destatis.de/DE/PresseService/Presse/Pressekonferenzen/2012/Alleinlebende/begleitmaterial_PDF.pdf?__blob=publicationFile.
4 Staudacher, Cornelia, Nächtliche Telefongespräche, Büchermarkt vom 1. Februar 2012, Deutschlandfunk.
5 Staudacher: 2012.

zeichne. Einer antwortete: „Ich bin nicht der Schnellste." Das war er tatsächlich nicht. Dafür war er aber begehrt in jedem Team als ruhender, verlässlicher Pol, der sich nicht von jeder Aufregung anstecken ließ und allen half, wieder auf Normaltemperatur zu kommen. (Wie oft muss man hören „Du bist zu langsam", dass man auf die Frage, was einen besonders auszeichnet, antwortet: „Ich bin nicht der Schnellste"?).

Häufig läuft das auch so, dass in einem Satz die besonderen Verdienste des Mitarbeiters erwähnt werden und dann kommt ein „aber". Auf den Kontext der Willkommenskultur bezogen würde man sagen: „Herzlich willkommen, aber ..." Ich spreche dieses Thema auch deshalb an, weil ein anerkannter Abschluss noch lange keinen adäquaten Beruf sichert. Wie viele Menschen mit ausländischen oder ausländisch klingenden Namen haben beste und formal anerkannte Abschlüsse und dennoch Schwierigkeiten im Berufsleben? Vielleicht vermutet man Sprachdefizite oder stellt diese sogar fest. Vielleicht unterstellt man Eigenheiten oder fehlende Passung? Solche Defizite sind schnell vermutet und leichter erkennbar. Umgekehrt ist es ein viel komplizierteres Geschäft, die Kompetenzen oder gar das, was in den Menschen brennt, festzustellen. Dafür brauchen wir Zeit, auch Selbstreflexion, Gespräche, aufmerksames Wahrnehmen. Daher auch mein Plädoyer: Wir brauchen diese Zeit, den Raum und die reflektierte Wahrnehmung des anderen.

Ich komme zu meinem vierten Plädoyer: **Wir müssen den ganzen Menschen willkommen heißen!**

Im Dezember war ich bei einem Empfang des Verbands der Migrantenwirtschaft in Berlin. Dort meldete sich jemand zu Wort, der Folgendes sagte: „Wir leben hier, wir arbeiten hier, wir zahlen hier Steuern, wir gründen hier unsere Familien, wir schaffen Arbeitsplätze. Können wir nicht einfach alle Deutsche sein?" – also statt Ausländer oder ausländische Mitbürger oder Deutsche mit Migrationshintergrund oder Deutsche mit Zuwanderungsgeschichte? – Diese Begrifflichkeiten zeigen ja nur eines, nämlich dass wir an dieser Stelle ein Problem haben.

Dann kam Rita Süssmuth und sagte: „Vergessen Sie Ihre Wurzeln nicht." Hierzu passt meine eigene Familiengeschichte. Mein Vater hat in den 70er-Jahren die italienische Staatsbürgerschaft abgegeben und die deutsche angenommen. Immer wenn ein Acker in der alten Heimat zu vererben war, hat er seinen Geschwistern gesagt: „Macht es unter euch aus. Ich habe damit nichts mehr zu tun." Er ist vor einigen Jahren in Rente gegangen, und dann waren die Fragen wieder da: Wo gehöre ich hin? Wo will ich leben? Vielleicht hier und dort? – Frau Süssmuth hat recht: Die Wurzeln sind da, und ohne seine Wurzeln ist der Mensch nicht ganz. Zu den Wurzeln kommen die Erfahrungen. Wir können uns Menschen wünschen, wir können sie aber nicht backen. Das klingt zunächst natürlich banal, aber so ist der Alltag – und so ist es auch im Arbeitsleben: Wir müssen die Menschen (erst mal) so nehmen, wie sie sind. Wir müssen sie als ganze Menschen willkommen heißen.

Aschermittwoch und seine Nachwehen haben uns einmal mehr einige rhetorische Glanzpunkte beschert. In Baden-Württemberg wurde von konservativer Seite wieder einmal betont, was früher schon der Herr Papa zu seinen Zöglingen gesagt hat: „Solange du deine Füße unter meinen Tisch streckst, wird gemacht, was ich sage." Da ist es wieder: das „Herzlich willkommen, aber". Aber halte dich an die Spielregeln, aber lerne die Sprache, aber benimm und integriere dich. Diese Liste lässt sich fortsetzen. Auch Innenminister Thomas de Maizière hat in seiner Rede im Deutschen Bundestag am 30. Januar 2014 davon gesprochen, wir bräuchten „eine Willkommenskultur für alle, die hier willkommen sind"[6]. Mir ist nicht klar, wie das gehen soll.

Machen wir es an konkreten Situationen fest: Der Zollbeamte, der bei der Einreise als Erster konfrontiert wird: Wie entscheidet er – blitzschnell –, ob die Person, die da kommt, willkommen ist oder nicht? Oder stellen wir uns die Mitarbeiterin der Ausländerbehörde vor. Woran macht sie das fest? Wie reagiert sie im einen und im anderen Fall? Ganz zu schweigen von den Bürgerinnen und Bürgern, die auf der Straße, im Verein oder wo auch immer entscheiden sollen: Dieser Neue – ist er willkommen oder nicht?

Aber auch von der anderen Seite her werden wir das Problem nicht lösen. Nehmen wir zum Beispiel den hoch qualifizierten IT-Spezialisten oder eine Ingenieurin: Woher sollen die nun von außen erkennen, ob sie gerade willkommen sind oder nicht? Wenn zum Beispiel im Bundestag Zuwanderung von einer Seite immer gleich verknüpft wird mit Missbrauch oder Kriminalität? Die wissen ja nicht unbedingt, dass das auch etwas mit anstehenden Wahlen zu tun hat.

Es kann keine geteilte Willkommenskultur geben. Eine geteilte Willkommenskultur stellt Willkommen unter Vorbehalt. Wer Willkommen unter Vorbehalt stellt, schafft aber eben gerade keine Willkommenskultur, sondern einfach Vorbehalte. Die Willkommenskultur, die ich meine, steht übrigens selbstverständlich auf der Grundlage von Recht und Gesetz, wie sie für alle gelten. Sie hat Platz für das Aushandeln von Spielregeln. Sie hat Platz für das Einüben eines guten Zusammenlebens, wie es immer nötig ist, wenn Menschen neu aufeinandertreffen. Das alles schränkt eine Willkommenskultur nicht ein, sondern gehört zu jedem Zusammenleben dazu, wenn es funktionieren soll.

Gutes Zusammenleben kann man einüben – dies ist mein fünftes Plädoyer. Hierzu will ich drei Beispiele als Anregungen geben:

Mein erstes Beispiel kommt aus Wien: Dort gibt es die Wiener Charta. Über 8.000 Wienerinnen und Wiener haben eine Vereinbarung erarbeitet, wie sie miteinander respektvoll zusammenleben können – über kulturelle und andere Grenzen hinweg. Für mich ein Modellprojekt für eine immer vielfältigere Welt und ein faszinierender Beteiligungsprozess. Die Kernidee dabei ist, dass besser miteinander als übereinander geredet wird. Dies ist keine neue Idee, aber es ist leichter und öfter gesagt als

---

6 Plenarprotokoll Bundestag 18/11, S. 779.

tatsächlich getan. Zusammengekommen sind ganz simple und im Alltag doch oft wenig selbstverständliche Dinge: „Ein einfaches Bitte oder Danke", „Kinderlärm ist kein Lärm" oder „Wir respektieren ältere Menschen". Die Charta steht nun vor der Bewährungsprobe, nämlich Tag für Tag gelebt zu werden.[7]

Das zweite Beispiel stammt aus Mannheim. Der Mannheimer Stadtteil Jungbusch ist *Arrival City*, wie die Stuttgarter Zeitung am 10. Mai 2013 schreibt.[8] Es ist eines der Zentren osteuropäischer Zuwanderung mit vielfältigen und zum Teil drastischen Problemlagen. Das Gemeinschaftszentrum organisiert dort Straßengespräche und sorgt so für gegenseitiges Verständnis, auch der Spielregeln, die im ehemaligen Hafenviertel gelten sollen. Hierzu bedarf es nicht viel: Ein engagierter Quartiersmanager als Moderator, ein paar Bierbänke und Tische auf der Straße, Mund-zu-Mund-Propaganda über Multiplikatoren, die für eine Beteiligung sorgen, Dolmetscher aus dem Stadtteil – so kann eine recht unkomplizierte, niedrigschwellige, klärende und deeskalierende Vorgehensweise aussehen.

Das dritte Beispiel ist überall vorstellbar. Wählen Sie zufällig zehn Bürgerinnen und Bürger Ihrer Stadt, Mitarbeiterinnen und Mitarbeiter Ihres Unternehmens, Kolleginnen und Kollegen aus der Verwaltung aus. Lassen Sie sie in einem moderierten Verfahren erkunden, welche zehn Punkte ihnen für ihr Zusammenleben oder Zusammenarbeiten am wichtigsten sind. Dabei geht es nicht um Ziele für die Stadt oder Strategien für ein Unternehmen, sondern um Spielregeln, um Verhaltensweisen oder, um es altmodisch auszudrücken, um Tugenden. Diskutieren Sie das Ergebnis anschließend auf unterschiedlichen Ebenen vom Vorstand bis in die Abteilungen. Daher ist mein Plädoyer: nachmachen, ausprobieren! Ich erwähne diese Projekte auch deshalb, weil Sie eine Willkommens- und Anerkennungskultur natürlich nicht alleine schaffen können.

Mein nächstes Plädoyer betrifft die Vernetzung. Zu Beginn meines Berufslebens entstand die Metropolregion Rhein-Neckar, und ich war unter anderem für eine Projektidee zuständig, die den Titel „Wishyouwerehere" trug. Diese Idee bildete die Basis für das, was in der Rhein-Neckar-Region heute unter dem Stichwort Willkommenskultur läuft. „Wishyouwerehere" wurde als internetbasiertes Angebot an Fach- und Führungskräfte gestartet, um ihnen die Region näher zu bringen ebenso wie praktische Hilfestellung anzubieten, ob man den Kühlschrank von daheim mitnehmen kann oder ob es internationale Schulen gibt etc.

Das ist etwa zehn Jahre her, und schon damals war unsere Hauptsorge, wie es dann weitergeht: Die Leute kommen wegen unserer tollen Homepage zu uns und was dann? Was passiert auf dem Flughafen, was auf dem Weg zur Firma, was im angepeilten Wohnort, was im Kindergarten, was mit dem Partner oder der Partnerin, die ebenfalls arbeiten möchte. Es stellen sich zahllose Fragen, die keine Institution alleine bearbeiten kann. Die Willkommenskultur, soll sie funktionieren, braucht das,

---

7   https://charta.wien.gv.at/start/charta/.
8   Lachenmann, Akiko, Willkommen in Arrival City, in: Stuttgarter Zeitung vom 10. Mai 2013.

was im Titel der Veranstaltung steht: Vernetzung. Hierzu möchte ich nur einen Tipp geben: Vernetzung funktioniert besonders gut über beteiligungsorientierte Formate. Meinem sechsten Plädoyer sind Sie als Teilnehmerinnen und Teilnehmer dieser Tagung bereits gefolgt: Sie sind heute da, da wird das nämlich praktiziert, sobald ich aufgehört habe zu reden, was ich bald tun werde.

Willkommen heißen und sich willkommen fühlen – zwei Paar Schuhe. Ich habe die Willkommenskultur anfangs groß gemacht, ich will sie nun gegen Ende wieder etwas entlasten. Denn selbst wenn alle anderen alles richtig machen, muss sich noch längst niemand willkommen und anerkannt fühlen. Ob ich mich willkommen und anerkannt fühle, liegt nämlich bei jedem selbst. Und damit insgesamt bei unserer psychischen Verfassung, wie wir aufgewachsen sind usw.

Als Bundestagsabgeordneter habe ich jetzt eine sogenannte Senator-Card eines großen deutschen Luftfahrtunternehmens erhalten. Mein Vater ist Römer und wollte schon immer einen Senator als Sohn. Als Senator dieser Fluglinie wird man mit Namen angesprochen, wenn man das Flugzeug betritt und am Platz bedient wird. Das ist nett gemeint, mir persönlich aber eher unangenehm. Vielleicht ist das sogar professionell, womit wir wieder bei Goethe und beim Stichwort Anerkennungskultur sind. Ich wurde da erkannt. Kennen tun die mich aber noch lange nicht. Die Stewards haben ein Blatt Papier mit Bildern und Namen und lernen das auswendig. Das macht die freundliche Geste in der Tendenz so unstimmig.

Demgegenüber erwarte ich in meinem Stammlokal, mit Namen begrüßt zu werden. Da grüße ich übrigens mit Namen zurück. Da stimmt's. Nehmen wir mal an, ich wäre eher der Typ, der sich geschmeichelt fühlt oder sogar denkt, dass mir diese Behandlung zustehe. Vielleicht möchte ein Bürgermeister oder Landrat dieses Modell in seiner Verwaltung einführen, weil es ihm so gut gefällt. Daher ergeht die Anweisung: „Wer zur Tür reinkommt, wird mit Namen begrüßt." Eigentlich eine gute Idee. Aber wenn jemand aus einem fernen Land kommt und ein ganz anderes Verhältnis zur Verwaltung hat, kann sich die freundliche Geste in etwas sehr Unangenehmes verwandeln. Denn es gibt Länder, in denen es nichts Gutes verheißt, wenn die Verwaltung jemanden mit Namen kennt.

Das ist kein Plädoyer für lausige Manieren, sondern mein siebtes Plädoyer **für empathische Gelassenheit** oder auch **gelassene Empathie.** Es gibt keine deutsch-perfekte, professionelle Willkommens- und Anerkennungskultur. Den Unterschied machen Menschen, die gelernt haben, aufeinander einzugehen, und deren Arbeitsumfeld ihnen auch die Kraft lässt, dies Tag für Tag zu leisten. Menschen, die dann auch damit umgehen können, wenn jemand in sein Recht auf ein Anerkennungsverfahren der beruflichen Qualifikation seine gesamte Lebensgeschichte legt und endlich „(an-)erkannt" werden will.

Wir müssen die Willkommens- und Anerkennungskultur auch nach innen leben. Ich habe das Stichwort Arbeitsumfeld genannt. Um es kurz zu machen: Wer selbst am Arbeitsplatz Wertschätzung, Stärkenorientierung, Empathie erlebt, wird dies auch besser nach außen leben können. Der eigene Arbeitsplatz, die Kolleginnen und Kollegen, Mitarbeiterinnen und Mitarbeiter sind täglich der Ernstfall und das Erprobungsfeld für eine Willkommens- und Anerkennungskultur. Ich denke, in dieser Beziehung kann jede und jeder von uns in seinem Umfeld noch etwas tun. Daher mein achtes Plädoyer: **einfach ausprobieren, eine Geste, ein Feedback, eine unkonditionierte Zuwendung**. Wie es in den Wald hineinruft, so schallt es heraus.

Zum Schluss möchte ich noch auf die europäische Dimension zu sprechen kommen. Wir befinden uns im Jahr einer Europawahl. Nicht nur vor diesem Hintergrund muss gesagt werden: Eine Willkommenskultur hat eine europäische Dimension. Es ist unser ganzer Kontinent, mit dem Menschen in der Ferne Hoffnungen verbinden. Lampedusa oder die Schweizer Volksabstimmung sind nur zwei aktuelle Schlaglichter, die leider eher das Bild einer Festung Europa hervorrufen und niemandem das Gefühl geben, willkommen zu sein. Wir brauchen hier eine andere Politik, im Sinne der Humanität, am Ende einer Zielkaskade auch im Sinne einer Fachkräftesicherungsstrategie. Diese Politik muss das stärken, was den Kontinent stark gemacht und vor allem befriedet hat: die Solidarität seiner Nationen. Europa ist aber natürlich nicht nur ein Problem, sondern vor allem eine große Errungenschaft und Chance. Wo, wenn nicht hier, wo wir alle so nah beieinanderleben, können wir Interkulturalität, Willkommen und Anerkennung besser einüben? Unsere Grenzregionen sind hier besonders gefragt. Leben, Essen, Einkaufen findet hier bereits grenzenlos statt. Wirtschaften und Arbeiten stößt dagegen weiterhin auf Schlagbäume in den Köpfen und die zahllosen Regelungen, die hüben wie drüben so unterschiedlich sind und alles so kompliziert machen. Grenzregionen sind Experimentierräume für Pioniere. Ein schönes Beispiel ist die Partnerschaft zwischen dem Großraum Straßburg und der Ortenau auf badischer Seite. Ein gemeinsamer Arbeitsmarkt und gemeinsame Beschäftigungsinitiativen sind das Ziel. In der Charlemagne-Grenzregion um Aachen denkt man über Ähnliches nach.[9]

Mein letztes Plädoyer: **Europa ist wichtig. Gestalten wir es von unten mit.**

---

9   Badische Zeitung vom 21. Februar 2013, „Der Arbeitsmarkt überwindet die Landesgrenze".

Autorenverzeichnis

Brugger, Karl-Hans, Ausbildungsleiter Siemens AG, Region Südwest, Stuttgart. Arbeitsschwerpunkte: Duale Studiengänge und Ausbildungsgänge in den Berufsgruppen Technik, IT und Betriebswirtschaft.

Brüggemann, Tim, Dr. phil., Dipl.-Päd., Studienrat im Hochschuldienst am Institut für Erziehungswissenschaft und Geschäftsführer des Zentrums für Berufsorientierungs- und Berufsverlaufsforschung (ZBB) der Westfälischen Wilhelms-Universität Münster. Arbeitsschwerpunkte: Berufsorientierungs- und Berufsverlaufsforschung.

Castellucci, Lars, Dr. phil., Professor für Nachhaltiges Management, insbesondere Integrations- und Diversity Management, Hochschule der Wirtschaft für Management, Mannheim. Mitglied des Bundestages. Arbeitsschwerpunkte: Soziale Nachhaltigkeit, Beratung, Partizipation.

Deuer, Ernst, Prof. Dr., Dipl.-Betriebswirt (BA) und Dipl.-Hdl., Professur für Personalmanagement und Mitarbeiterfühung an der DHBW Ravensburg. Arbeitsschwerpunkte: Duale Ausbildung, Duales Studium, Ausbildungs- und Studienabbrüche.

Diercks, Joachim, Geschäftsführer CYQUEST GmbH, Hamburg. Arbeitsschwerpunkte: Online-Assessment, Self-Assessment, Employer Branding, Personalmarketing, Berufs- und Studienorientierung (online).

Doetsch, Dieter, Ressortleiter Ausbildung ING-DiBa, Frankfurt/Main. Arbeitsschwerpunkte: duale Ausbildungsgänge, duale Studiengänge, Chancen durch Ausbildung (Inklusion), Praktikanten.

Diesel-Lange, Katja, Dr. phil., Dipl.-Päd., Wissenschaftliche Mitarbeiterin am Institut für Erziehungswissenschaft der Westfälischen Wilhelms-Universität Münster. Arbeitsschwerpunkte: Berufsorientierungsforschung, Berufliche Entwicklung und Gender.

Ertelt, Bernd-Joachim, Dr., Dipl.-Hdl., Professor an der Jan Dlugosz Universität Czestochowa/Polen, Lehrbeauftragter an der Hochschule der BA (HdBA), der Universität Heidelberg und der Universität Mannheim, Arbeitsort: Mannheim und Czestochowa. Arbeitsschwerpunkte: Berufs- und Wirtschaftspädagogik, Qualifizierung von Beratungskräften und berufliche Beratungsforschung.

Frech, Joachim, Prof. Dr.-Ing., Dekan Technik, Duale Hochschule Baden-Württemberg, DHBW CAS, Heilbronn; Vorsitzender Fachkommission Technik, Stuttgart. Arbeitsschwerpunkte: Entwicklung von Curricula dualer Studiengänge, Qualitätsmanagement.

Frey, Andreas, Dr. phil. habil., Dipl.-Päd., Professor an der Hochschule der BA (HdBA), Arbeitsort: Mannheim und Schwerin. Arbeitsschwerpunkte: Berufs- und Wirtschaftspädagogik, Kompetenzdiagnostik, Qualifizierung von Beratungskräften und berufliche Beratungsforschung.

Garloff, Alfred, Wissenschaftlicher Mitarbeiter am Institut für Arbeitsmarkt- und Berufsforschung, Frankfurt a. M. Arbeitsschwerpunkte: Arbeitsmarktökonomik, Demografie.

Gehrau, Volker, Dr. phil, M. A., Professor am Institut für Kommunikationswissenschaft der Westfälischen Wilhelms-Universität Münster. Arbeitsschwerpunkte: Mediennutzungsforschung, Medienwirkungsforschung, Medien und Berufsorientierung.

Josephs, Angela, M. A., Leitung Presse- und Öffentlichkeitsarbeit sowie Pressesprecherin der Phoenix Contact GmbH & Co KG, Blomberg. Arbeitsschwerpunkte: Unternehmenskommunikation incl. HR-Themen, Interne Kommunikation incl. Mitarbeiter-Magazin, Fachpressearbeit, Kundenmagazin, Öffentlichkeitsarbeit.

König, Lisa, B. A., Masterstudentin der Wirtschaftspsychologie an der Hochschule Fresenius in München. Arbeitsschwerpunkte: Forschung im Bereich der Personalführung, Personal- und Organisationsberatung.

Krieg, Silvana, Studium der Wirtschaftswissenschaften (BA) an der Fachhochschule Schmalkalden; Referentin für Ausbildungsmarketing und Ausbildungsthemen bei der K+S KALI GmbH im Werk Werra.

Melzer-Ridinger, Ruth, Prof. Dr., Dekanin der Fakultät Wirtschaft am Center for Advanced Studies (CAS) der Dualen Hochschule Baden-Württemberg (DHBW) in Heilbronn. Arbeitsschwerpunkte: Qualitätsmanagement an Hochschulen; Supply Chain Management.

Merk, Richard, Prof. Dr., Geschäftsführer Fachhochschule des Mittelstands in Bielefeld (FHM). Arbeitsschwerpunkte: Hochschulentwicklung und Geschäftsmodellentwicklung.

Große Onnebrink, Andrea, Referentin im Personalmarketing der RWE AG, Essen (jetzt RWE Group Business Services GmbH). Arbeitsschwerpunkt: Personalmarketing.

Ratschinski, Günter, Prof. Dr. phil. habil., Apl. Professor am Institut für Berufspädagogik und Erwachsenenbildung der Leibniz Universität Hannover. Arbeitsschwerpunkte: Psychologische Aspekte der Berufs- und Wirtschaftspädagogik.

Ressel, Karin, Geschäftsführerin, Dipl.-Päd., Dipl.-Verwaltungswirtin Hille, Technikzentrum Minden – Lübbecke e. V. Arbeitsschwerpunkte: Berufsorientierung von Jugendlichen und Erwachsenen, Entwicklung von Arbeitsproben zum Berufstraining.

Röttger, Ulrike, Dipl.-Journ., Dr. phil., Professorin am Institut für Kommunikationswissenschaft der Westfälischen Wilhelms-Universität Münster. Arbeitsschwerpunkte: Strategische Kommunikation, Organisationskommunikation.

Schorrer, Katrin, Assistenz der kaufmännischen Leitung der Zollern GmbH & Co. KG.

Simon, Anke, Professorin und Studiendekanin des Studienzentrums Gesundheitswissenschaften & Management an der Dualen Hochschule Baden Württemberg in Stuttgart. Arbeitsschwerpunkte: Versorgungsqualität, Patient Outcome Resarch, Gesundheitsökonomie.

Staudtmeister, Kerstin, Studium der Pädagogik, Sozialpädagogik, Supervision und Organisationsentwicklung in Jena und Hannover (Dipl.;Dipl). Leiterin für den Bereich Ausbildung der K+S KALI GmbH im Werk Werra. Arbeitsschwerpunkte: Personalentwicklung, Führungskräfteentwicklung und Fachkräftesicherung.

Struck, Philipp, M. A., Wissenschaftlicher Mitarbeiter am Institut für Berufspädagogik und Erwachsenenbildung an der Leibniz Universität Hannover. Arbeitsschwerpunkte: Berufswahlverhalten Jugendlicher.

Teuffel, Bernhard, Leiter Personalmarketing der WITTENSTEIN AG, Arbeitsort: Igersheim-Harthausen. Arbeitsschwerpunkte: Internes und externes Personalmarketing.

Träger, Manfred, Prof., Rektor DHBW Heidenheim. Arbeitsschwerpunkte: Personalwirtschaft, Qualitätsmanagement an Hochschulen.

Wagenfeld, Thomas, Geschäftsführer der IMPIRIS GmbH & Co. KG in Minden. Arbeitsschwerpunkte: Internetplattformen zu Berufsfelderkundung, Schülerpraktika, Ausbildung und duales Studium.

Weyer, Christian, Dipl.-Päd., Wissenschaftlicher Mitarbeiter am Institut für Erziehungswissenschaft der Westfälischen Wilhelms-Universität Münster. Arbeitsschwerpunkte: Berufsorientierungs- und Berufsverlaufsforschung.

Wolff, Michael, Leiter Personalentwicklung Projekte, ZF Friedrichshafen AG, Friedrichshafen. Arbeitsschwerpunkte: Weltweite Projekte im Umfeld der Personal- und Organisationsentwicklung.

Neue Ansätze in der Berufsorientierung

Evaluation vorhandener Angebote

↗ wbv.de/uebergang

- Innovative Lösungen für die Berufsorientierung und die Zusammenarbeit mit der Wirtschaft
- Monitoring als Instrument des Regionalen Übergangsmanagements

Die Publikation stellt die Ergebnisse der Förderinitiative „Regionales Übergangsmanagement" aus dem vom Bundesministerium für Bildung und Forschung ins Leben gerufenen Programm „Perspektive Berufsabschluss" vor. Damit Schülerinnen und Schüler den Übergang ins Berufsleben schaffen und die Zusammenarbeit mit der Wirtschaft verbessert wird, erarbeitet der Projektband innovative Lösungen sowie Instrumente, welche auch die Bedeutung von Genderaspekten herausstellen.

Projektträger im DLR (Hg.)

Übergang Schule – Beruf erfolgreich managen

Datenbasis schaffen und Berufsorientierung ausrichten – Programmpraxis

Perspektive Berufsabschluss, 6

2013, 235 S., 39,90 € (D)
ISBN 978-3-7639-4764-5
Als E-Book bei wbv.de

W. Bertelsmann Verlag 0521 91101-0 wbv.de

Praxiserfahrung in der Berufsorientierung

Projektberichte aus Wissenschaft und Praxis

↗ wbv.de/uebergang

■ Berufsorientierung mit Praxisbezug organisieren

Während der Berufsorientierung sind praktische Erfahrungen in der Arbeitswelt besonders wichtig. Autoren aus dem BIBB, von Bildungsanbietern, aus Unternehmen und der universitären Forschung berichten über ihre Projekterfahrungen zum Thema.

Die Herausgeberinnen ordnen den aktuellen Stand sechs Aspekten zu: 1. Programmatische Organisation, 2. Betriebspraktika, 3. Regionale Berufsorientierung, 4. Betriebsprojekte zur Berufsorientierung, 5. Persönliche Begleitung, 6. Elternunterstützung.

Carolin Kunert, Angelika Puhlmann (Hg.)

Die praktische Seite der Berufsorientierung

Modelle und Aspekte der Organisation von Praxiserfahrungen im Rahmen der Berufsorientierung

Berichte zur beruflichen Bildung

2014, 178 S., 26,90 € (D)
ISBN 978-3-7639-1171-4
Als E-Book bei wbv.de

W. Bertelsmann Verlag 0521 91101-0 wbv.de

Berufserkundung in Sportstadien

Didaktisches Konzept und Studienergebnisse

↗ wbv.de/uebergang

- Besonderes Berufsorientierungsprojekt
- Wissenschaftliche Begleitung und Praxistransfer

In dem Berufsorientierungsprojekt Arena4You werden verschiedene Berufe hinter den Kulissen großer Sportstadien vorgestellt. Der Band erläutert das didaktische Konzept und präsentiert die Ergebnisse einer wissenschaftlichen Begleitstudie. Für die Umsetzung dieser besonderen Berufserkundung gibt es modular aufbereitetes Material für Schulen und Stadien, mit dem sie die Maßnahmen vor- und nachbereiten können.

Hilke Teubert, Ansgar Thiel

Sportstadien als Stätten beruflicher Bildung

2015, 223 S., 34,90 € (D)
ISBN 978-3-7639-5506-0
Als E-Book bei wbv.de

W. Bertelsmann Verlag 0521 91101-0 wbv.de

wbv OpenAccess

Freier Zugang zu Wissenschaft und Fachinformation

↗ **wbv-open-access.de**

- Der ProfilPASS in der schulischen Berufsvorbereitung
- Theoretische Grundlagen und Modellprojekte

Das Praxisbuch enthält theoretische und konzeptionelle Grundlagen, Handlungsempfehlungen sowie zahlreiche Umsetzungsbeispiele für den erfolgreichen Einsatz des ProfilPASS in der schulischen Berufsorientierung.

Sabine Seidel, Katrin Hülsmann, Gabriele Reinshagen, Elke Walgert

ProfilPASS für junge Menschen

Einsatz in der Schule

Perspektive Praxis

2014, 92 S., 19,90 € (D)
ISBN 978-3-7639-5334-9
Kostenloser Download:
wbv-open-access.de

W. Bertelsmann Verlag 0521 91101-0 wbv.de